레닌과 21세기

이 도서의 국립중앙도서관 출판예정도서목록(CIP)은 서지정보유통지원시스템 홈페이지 (http://seoji.nl.go.kr)와 국가자료종합목록 구축시스템(http://kolis-net.nl.go.kr)에서 이용하실 수 있습니다. (CIP제어번호 : CIP2019029286)

레닌과 21세기

존 몰리뉴 지음 | 이수현 옮김

책갈피

Lenin for Today by John Molyneux
Published in 2017 by Bookmarks Publications
ⓒ Bookmarks Publications

Korean translation edition ⓒ 2019 by Chaekgalpi Publishing Co.
Bookmarks와의 협약에 따라 이 책의 한국어 판권은 책갈피 출판사에 있습니다.

레닌과 21세기

지은이 | | 존 몰리뉴
옮긴이 | | 이수현

펴낸이 | | 김태훈
편집 | 이재권
본문 디자인 | 고은이

펴낸곳 | 도서출판 책갈피
등록 | 1992년 2월 14일(제2014-000019호)
주소 | 서울 성동구 무학봉15길 12 2층
전화 | 02) 2265-6354
팩스 | 02) 2265-6395
이메일 | bookmarx@naver.com
홈페이지 | http://chaekgalpi.com
페이스북 | http://facebook.com/chaekgalpi

첫 번째 찍은 날 2019년 8월 19일

값 20,000원

ISBN 978-89-7966-163-7
잘못된 책은 바꿔 드립니다.

일러두기

1. 이 책은 John Molyneux, *Lenin for Today*(Bookmarks, 2017)를 번역한 것이다.

2. 인명과 지명 등의 외래어는 최대한 외래어 표기법에 맞춰 표기했다.

3. 《 》 부호는 책과 잡지를 나타내고, 〈 〉 부호는 신문과 주간지를 나타낸다. 논문과 신문 기사 등은 " "로 나타냈다.

4. 본문에서 [ ]는 옮긴이가 독자의 이해를 돕거나 문맥을 매끄럽게 하려고 덧붙인 것이다. 지은이가 인용문 등에 덧붙인 것은 [— 지은이]로 표기했다.

5. 본문의 각주는 옮긴이가 넣은 것이다. 지은이의 각주는 ' — 지은이'로 표기했다.

6. 원문에서 이탤릭체로 강조한 부분은 고딕체로 나타냈다.

감사의 말

나는 《소련 국가자본주의》와* 《레닌: 정치적 전기》의** 지은이이자 국제사회주의경향IST의 창시자인 토니 클리프에게 핵심적인 지적 부채가 있으므로 그에게 특별히 감사해야겠다. 던컨 핼러스와 크리스 하먼도 나에게 중요한 영향을 미쳤다.

이 책의 원고를 읽고 유익한 논평을 많이 해 준 샐리 캠벨, 리나 니컬리, 마틴 엠프슨, 사메흐 나깁, 휴 윌리엄스에게도 감사하고 싶다. 물론 이 책에 사실관계나 판단의 오류가 있다면 그것은 모두 내 책임이다. 또, 이 책의 출판 작업을 위해 애써 준 피터 로빈슨, 캐럴 윌리엄스, 벤 윈저와 북마크스 출판사 여러분에게도 감사한다.

* 국역: 《소련은 과연 사회주의였는가》, 책갈피, 2011.

** 국역: 《레닌 평전 1~4》, 책갈피, 2019~2013.

머리말

2016년 여름에 나는 파트너와 함께 아테네 거리를 걷다가 벽에 큼지막하게 쓰인 낙서를 봤다. "빌어먹을 68년 5월, 지금 싸우자!" 그런데 68년 5월은 나에게 많은 의미가 있었다. 당시 파리에 간 나는 학생 반란과 노동자 총파업을 목격하고 혁명적 사회주의자·마르크스주의자가 되겠다는 결심을 굳히고 곧바로 한 달여 뒤 [영국에서] 국제사회주의자들IS이란 단체에 가입했다. 그렇지만 아테네에서 본 그 낙서의 정신도 나에게는 매력적이었고, 그 정신이 이 책에 어느 정도 영향을 미쳤기를 바란다.

레닌을 다룬 문헌은 엄청나게 많다. 그중에 일부, 더 정확히 말하면 많은 것들은 내가 보기에 쓰레기다. 물론 매우 유익한 것도 많다. 내가 보기에 레닌을 다룬 훌륭한 책이 두 권 있다. 하나는 레닌이 죽은 직후인 1924년에 죄르지 루카치가 쓴 《레닌: 그의 사상의 통일성에 관한 연구》이고, 다른 하나는 토니 클리프가 1970년대에 쓴 4권짜리 정치적 전기다. 루카치의 책은 레닌의 이론 '체계'를 대단히 훌륭하게 요약하고 있는데, 그 제목이 시사하듯이 레닌 사상의 변증법적 통일성을 매우 힘차게 입증하는 동시에 레닌이야말로 "프롤레타리아 해방 투쟁의 역사에서 마르크스와 맞먹을 만한 유일한 이론가"라고 주장한다. 레닌의 정치적 생애를 자세히 살펴보는 클리프의 책은(클리프는 레닌의 개인적 측면에는 관심이 거의 없다) 루카치의 책만큼 잘 쓴 것도 아니고 예술적 완성도도 떨어지지만, 오히려 실천하는 혁명가이자 혁명적 정당의 지도자였던 레닌의 모습을 보여 주는 데는 훨씬 더 철저하고 치밀하다. 물론 그 이유는 전기를 쓰고 있을 당시 클리프 자신이 바로 그런 사람이었기 때문이다.

그렇다면 이 많은 문헌에 내가 책을 하나 더 보태는 이유는 무엇인가? 나는 루카치만큼 변증법을 잘 알지도 못하고 이론적으로 뛰어나지도 않다. 또, 레닌이 대응해야 했던 역사적 상황과 맥락을 클리프만큼 광범하고 상세하고 치밀하게 파악하고 있지도 않다. 사실 나는 라스 리 같은 사람들처럼 학식이 풍부한 것도 아니고, 레닌에 관해 근본적으로 새로운 '해석'을 제시하려는 것도 아니다. 이런저런 차이가 있기는 하지만, 대체로 나는 루카치가 1924년에 제시한 해석을 받아들인다(그러나 1967년에 붙인 후기의 해석에는 반대한다). 또, 트로츠키가 스탈린주의에 맞서 레닌주의를 역사적으로 옹호하면서 제시한 해석이나 클리프가 쓴 레닌 전기에 나오는 해석, 그리고 폴 르블랑이 《레닌과 혁명적 정당》이라는 책에서 제시한 해석에도 대체로 동의한다.

그러나 냉전 시대에 주류 학계에서 발전한 해석, 즉 라스 리가 "교과서적 해석"이라고 부른 것은 철저히 거부한다. 또, 스탈린주의의 성인전聖人傳식 해석도 거부한다. 스탈린주의자들이 묘사하는 레닌은 모든 것을 다 아는 무오류의 타고난 지도자다. 이런 해석은 오늘날 많이 사라졌기 때문에 이 책에서는 별로 다루지 않을 것이다(그래도 관심 있는 독자라면 클리프의 책에서 스탈린주의 해석을 바로잡는 주장을 많이 볼 수 있을 것이다). 나는 《재발견한 레닌》에서 라스 리가 "교과서적 해석"을 낱낱이 해체한 것을 환영한다. 그러나 내 생각에 그는 [혁명적] 정당에 관한 레닌의 견해가 경험을 통해, 또 상황 변화에 대응하면서 변화하고 발전했다는 사실을 과소평가한다. 그리고 리는 레닌과 카우츠키의 차이, 볼셰비즘과 독일 사회민주주의의 차이를 경시하는 경향이 있는데, 나는 이것도 강하게 반대한다.[1]

오히려 내가 이 책에서 주장하고자 하는 바는 레닌의 주요 정치적 원칙들이 오늘날의 세계에서도 여전히 적절하다는 것이다. 이것이 의미하는 바와 의미하지 않는 바를 설명해야겠다. 루카치는 자신의 책 《레닌》에 붙인 1967년 후기에서 "1920년대는 이제 완전히 끝나 버린 [혁명적 노동계급 운동의] 지나간 시기"일 뿐이라고 말했다.[2] 이것은 프롤레타리아 혁명과 국가 파괴에 관한 주장 따위는 모두 잊으라는 뜻이다. 그리고 레닌과 관련해서 남아 있는 적절한 것은 그가 "새로운 인간 유형"과* "현실을 대하는 모범적 태도의 새로운 형태"를 보여 줬다는 점이라고 루카치는 주장했다.[3] 마찬가지로, 슬라보이 지제크도 "오늘날 레닌주의적 행동"을 한다는 것에 관해 썼다.[4] [그러나] 내 목적은

---

* 루카치는 근대의 민주주의 혁명들에서 등장한 혁명 지도자의 유형은 당통과 로베스피에르로 양극화했으나 레닌은 완전히 새로운 제3의 유형이라고 주장했다.

이런 것이 아니다. 나는 레닌의 독특한 개인적 특징을 잘 알고 많이 경외하지만, 내가 주장하고 싶은 것은 훨씬 더 평범하면서도 더 중요한 것이다. 레닌의 정치의 핵심, 즉 그의 주요 저작과 볼셰비크로서의 정치적 실천과 공산주의인터내셔널[이하 코민테른으로 줄임] 활동에서 분명히 나타난 중심 사상들(노동계급 혁명에 헌신하고, 제국주의에 철저히 반대하고, 자본주의 국가를 파괴하고, 혁명적 정당을 건설하고, 모든 형태의 억압에 맞서 싸울 필요성을 강조한 것)은 오늘날 사회주의자들의 실천에서도 여전히 가장 중요하다는 것이다. 이런 이유로 이 책은 1893년이나 1917년의 레닌이 아니라, 세계의 현재 상태에 관한 주장(왜 우리에게 혁명이 필요한지, 왜 그 혁명은 노동자 혁명일 것인지)으로 시작한다.

물론 이것은 '시류를 거스르는' 주장이다. 주류 부르주아 정치, 자본주의 대중매체, 학계의 일치된 견해를 거스를 뿐 아니라, 좌파들 사이에서 지배적인 '흐름'도 거스르는 주장이다. 오늘날 좌파의 '시대정신'은 다양한 좌파 개혁주의다. 그중에는 2015년에 유럽의 좌파를 열광시킨 [그리스의] 시리자도 있고, [스페인의] 포데모스와 [영국의] 코빈 현상도 있고, 물론 은유적 혁명이었을 뿐인 샌더스의 '정치혁명'도 있다. 이 다양한 운동은 모두 매우 긍정적인 사건들이고 우파에 맞서 우리가 지지할 만하다. 그러나 그 운동들이 승리할 수 있는지 없는지는, 즉 단지 선거에서 승리하는 것만이 아니라 사회를 대대적으로 변혁할 수 있는지 없는지는 다른 문제다. 만약 그럴 수 있고 실제로 그런다면, 이 책의 주장은 분명히 틀린 것으로, 부적절한 것으로 판명 날 것이다. 그러나 유감스럽게도 나는 앞으로 자세히 설명할 이유들 때문에 그럴 가능성은 극히 낮다고 생각한다. 따라서 그런 진보적 운동들을 지지하고 함께 협력하면서도 그들과 다른, 더 혁명적인 기반 위에서 [미래를] 준비할 필요가 있다.

그렇다고 해서 기계적으로 레닌을 모방하거나 볼셰비키당의 특정한 조직 형태를 재현해야 한다는 말이 아니라는 것을 다시금 강조해야겠다(이 문제는 나중에 다시 살펴볼 것이다). 시대가 변했고 상황이 달라졌는데도 기계적으로 [과거를] 반복한다면 놀림거리밖에 안 될 것이다(어쨌든 레닌의 정신과는 정반대인 이런 경우를 두고 토니 클리프는 "장난감 볼셰비즘"이라고 불렀다). 더욱이, 오늘날 마르크스주의자가 되고 혁명가가 된다는 것은 레닌이 죽은 뒤에 생겨난 많은 문제들, 그래서 그가 해 줄 말이 거의 없거나 전혀 없는 문제들을 다뤄야 한다는 것을 의미한다. 나는 마지막 장章에서 이 문제를 다룰 것이다. 그러나 내가 보기에 레닌은 결정적으로 중요한 많은 문제에서 100년 전에도 옳았고 지금도 여전히 옳다는 사실이 바뀌는 것은 아니다. 그것은 자본축적 문제에서 마르크스가 1867년에도 옳았고 지금도 옳은 것과 마찬가지고, 진화론 문제에서 다윈이 1859년에도 옳았고 지금도 옳은 것과 마찬가지다.

끝으로, 개인적 여담 하나를 이야기하고 싶다. 내가 레닌을 처음 접한 것은 1968년 [항쟁]의 한창때였다. 그 후 1970년대 초에 내 첫 책 《마르크스주의와 정당》을* 쓰면서 레닌을 더 깊이 알게 됐다. 당시 나의 레닌관은 그 책을 편집해 준 토니 클리프와 영국의 대규모

---

* 국역: 《마르크스주의와 정당》, 책갈피, 2013.

산업 투쟁 물결의 영향을 강하게 받았다. 많은 점에서 나의 레닌관은 그때 이후 근본적으로 바뀌지 않았다. 그러나 지난 7년간 아일랜드에서 정치 활동을 하면서 레닌에 대한 나의 이해는 변화했고 (바라건대) 깊어졌다는 것도 사실이다. 틀림없이 그것이 이 책의 내용과 형식에 영향을 미쳤을 것이다.

이런 이유로(또 그 밖의 이유들로) 나는 이 책을 메리 스미스와 모든 아일랜드 동지들에게 바친다. 그리고 나를 설득해서 이 책을 쓰게 만든 이집트 혁명가 사메흐 나깁에게도 감사한다. 물론 그는 이 책의 내용에 대해 아무 책임도 없다.

들어가며: 우리에게는 혁명이 필요하다

　오늘날 우리가 사는 세계는 도덕적으로 용납이 안 된다. 억만장자 358명의 재산이 세계 인구 하위 50퍼센트의 재산과 맞먹고, 전 세계의 연간 군비 지출이 1조 7660억 달러인 반면 10억 명 이상은 하루에 1달러도 안 되는 돈으로 살아가고, 미국·영국·아일랜드처럼 세계에서 손꼽히는 부국에도 끔찍한 빈곤과 불평등이 존재한다는 사실은 도덕적으로 용납이 안 된다. 주로 서방 열강들이 만들어 낸 비인간적 상황, 특히 전쟁을 피해서 고국을 떠나온 난민들이 바로 그 서방 열강들에게 위험한 도둑놈 취급을 받는다는 사실도 용납이 안 된다. 미국에서 노예제가 폐지된 지 150년이 지났고 맬컴 엑스가 암살당한 지 50년이 지난 오늘날에도 흑인들은 경찰에게 살해당하기 일쑤인 반면 흑인을 살해한 경찰은 거의 처벌받지 않는다는 사실도 도덕적으로 용납이 안 된다. 우리가 살고 있는 세계에서 그렇게 도덕적으로 용납이 안 되는 특징들은 한없이 나열할 수 있다.

　불행히도 여기에 새로운 것은 전혀 없다. 약 150년 전에 훨씬 더 나은 사회를 위한 물질적 전제 조건이 개발됐을 때부터 이미 세계 질서는 도덕적으로 용납이 안 됐다. 1871년에 파리코뮌 참여자 3만 명이 거리에서 학살당한 것도 용납이 안 됐다. 인도와 중국 등지에서 헤아릴 수 없이 많은 사람들이 굶어 죽은 '후기 빅토리아시대의 홀로코스트'도 용납이 안 됐다.[5] 제1차세계대전을 비롯해서 이렇게 용납이 안 되는 과거사도 한없이 나열할 수 있다.

그러나 오늘날의 상황이 더 두드러진 이유는 단지 도덕적 부당함 때문이 아니라, 세계 질서가 점점 더 불안정해지고 지속 불가능한 것이 돼 가고 있기 때문이다. 세계 질서를 불안정하게 만드는 요인들은 다음과 같다. 첫째, 불평등의 심화. 둘째, 경제 위기의 가능성 증대. 셋째, 전쟁으로 이어지는 지정학적 경쟁의 격화. 세계 질서를 지속 불가능한 것으로 만드는 요인들은 이 모든 것 더하기 기후변화다. 그리고 기후변화는 더 광범한 환경 위기의 핵심 요인이다.

세계적으로든 일국적으로든 경제적 불평등은 커지고 있고, 수십 년 동안 커져 왔으며, 보통 사람들은 이것을 뚜렷이 체감하고 있다. 이런 불평등 증대는 토마 피케티의 유명한 책 《21세기 자본》이나 그 밖의 많은 학자들이 합리적 의심의 여지 없이 경험적으로 입증했다. 특히 두드러진 사실은 엄청나게 부유한 상위 1퍼센트와 나머지 우리 사이의 격차가 커졌다는 점이다. 또, 리처드 윌킨슨과 케이트 피킷의 세심한 연구가 돋보이는 책 《수준기水準器》를* 보면 불평등은 사회 전체에 심각하게 해롭다는 사실도 알 수 있다. 즉, 불평등은 건강 악화,

---

* 국역:《평등이 답이다》, 이후, 2012.

폭력, 범죄, 마약중독을 비롯한 많은 사회악을 증대시킨다는 것이다. 또, 이런 불평등 증대는 항의 시위와 저항의 주요 원인이기도 하다. 그래서 [영국의 사회지리학자] 대니 돌링은 다음과 같이 말했다.

영국의 일반 대중은 빈부 격차의 부당성이 그 어느 때보다 더 심각하다고 확신하는데, 이 확신은 해가 갈수록 더 확고해지고 있다. 2010년에 실시된 영국의 연례 [사회] 태도 조사에서 응답자의 75퍼센트는 소득 격차가 너무 크다고 말했다. 2012년에 이 비율은 82퍼센트까지 높아졌다. 2006년 이후의 세계적 항의 시위는 대부분 경제 정의 문제에 초점을 맞춘 것이었다. 2006년 전 세계에서 기록된 대규모 항의 시위는 59건이었지만, 2013년에는 비슷한 규모의 항의 시위가 상반기에만 112건이나 벌어졌다.[6]

불평등을 악화시킨 것은 2008~2009년의 대불황이었다. 당시 각국 정부와 지배계급들은 경제 위기의 대가를 평범한 사람들이 치르게 만들었다. 자본주의는 언제나 호황과 불황 사이를 오갔지만, 2008년 불황은 1930년대 대불황 이후 가장 심각했고, 그 뒤 경기회복은 매우 느리고 미약했다. 유럽 전체에서는 사실상 어떤 경기회복도 없었다. 더욱이, 내년* 이후 경제가 다시 붕괴할 만만찮은 가능성이 있고, (최근 가장 성공한 경제 대국인) 중국도 성장이 둔화하면서 경제가 무너질 가능성이 커지고 있다.

———

* 이 책의 원서는 2017년에 출판됐다.

심각한 불황은 심각한 사회적·정치적 결과를 낳는다. 먼저, 실업이 크게 증가하고 그에 따른 온갖 고통도 증가한다.[7] 그 결과로 아동 빈곤과 노숙 같은 다른 수많은 병폐도 증가한다. 대체로 불황과 경제 위기 자체가 즉시 저항을 불러일으키지는 않는다. 예컨대, 미국에서도 영국에서도 1929년의 주식시장 붕괴와 이후의 불황은 대규모 저항이나 반란에 부닥치지 않았고, 2008~2009년의 세계 상황도 마찬가지였다. 그러나 불황이 오래 지속될수록 대중의 고통과 분노가 실제로 커지고, 그 결과로 한 시기 동안 사람들이 급진화한다(이런 고통과 분노를 분명히 표현하는 정치 세력들이 존재한다면 말이다). 또, 경제 위기와 불황 때는 극우 세력이 대중의 고통과 분노를 이용해서 희생양(예컨대, 유대인·이민자·무슬림 등)을 공격할 가능성도 생겨난다.

1930년대 대불황 당시 바로 이런 일이 모두 일어났다. 그러나 1934~1935년 미국의 대규모 파업 물결과 노동조합 조직화 운동이나 1936년 프랑스 총파업과 스페인 혁명 같은 엄청난 투쟁들에도 불구하고 결국 승리한 것은 대개 극우파였다. 2008~2009년 이후에도 이런 양극화 과정이 나타났고 계속되고 있다. 그래서 기본적으로 그리스·스페인·포르투갈·아일랜드·스코틀랜드에서는 급진화가 일어난 반면, 프랑스의 국민전선이나* 헝가리의 요비크,** 그리스의 황금새벽당, 영국 독립당UKIP 같은 극우파와 파시즘 운동이 성장하는 곳도 있

---

* 국민전선은 2018년 6월 국민연합으로 이름을 바꿨다.
** 요비크는 '더 좋은 헝가리를 위한 운동'의 준말이다.

다. 미국에서 우리는 샌더스 현상과 트럼프의 승리를 모두 목격했고, 트럼프가 대통령 선거에서 승리하자 대규모 시위와 저항 물결이 일었다. 요컨대, 심각한 불황은 정치적 양극화를 낳는다.

만약 세계경제가 이렇다 할 실질적 회복 없이 앞으로 2년 안에 다시 대규모 불황에 빠진다면, 그 경제적·정치적 결과는 엄청날 것이다. 특히, 그것은 신자유주의적 자본주의의 실패와 파탄을 극적으로 입증할 것이고, 그래서 엄청난 이데올로기적 영향을 미칠 것이다. 지난 30년간, 특히 지난 8년간의 주요 정치적 특징 하나는 유럽의 많은 나라에서 이른바 '주류' 중도정당들에 대한 지지가 꾸준히 감소했다는 것이다. 만약 다시 불황이 닥친다면 이 과정은 더 빨라질 것이고, 온갖 종류의 정치적 혼란과 위기가 나타날 것이고, 그 와중에 다양한 형태의 민족주의와 분리주의도 성장할 것이다.[8]

불황은 또, 20세기 말과 21세기 초에 이미 확립된 추세, 즉 전쟁과 전쟁 가능성을 낳는 국제적 긴장과 경쟁의 확산 추세도 강화할 것이다. 1989~1991년에 이른바 '공산주의'가 붕괴했을 때 조지 부시 1세는 "새로운 세계 질서"가 출현했다고, 즉 패권 국가 미국이 주도하는 평화와 안정의 새 시대가 열렸다고 선언했고, 프랜시스 후쿠야마는 서방의 '자유민주적' 자본주의에 대한 만만찮은 도전은 모두 끝났다며 "역사의 종말"이라는 유명한 말을 했다. 물론 실제로 일어난 일은 결코 그렇지 않았다. 오히려 지난 25년 동안 충돌과 전쟁이 계속됐다. 그런 충돌과 전쟁은 특히 중동에서 집중적으로 벌어졌지만, 결코 중동에 국한되지 않았다(1990년대의 발칸 전쟁, 2001년부터 지금까지 계속되고 있는 아프가니스탄 전쟁, [2014년 이후] 우크라이나에서 벌어지고 있는 전쟁, 아프리카의 다양한 전쟁 등).

이런 사태 전개의 근저에는 미국 전략가들이 꿈꾸는 유일 패권 국가 미국과는 정반대되는 현실이 놓여 있다. 즉, 세계 제일 초강대국의 경제적·군사적 지배력이 상대적으로 계속 쇠퇴해 왔다는 것이다. 이 말을 오해해서는 안 된다. 여기서 '상대적으로'라는 말이 중요하다. 미국의 경제는 여전히 세계에서 가장 강력하고 군사력도 압도적이다.[9] 그러나 미국이 전 세계에 자신의 의지를 강요하는 능력은 전보다 많이 약해졌다. 근본적으로 이것은 전 세계 국내총생산GDP에서 미국이 차지하는 비중이 2013년에는 19.31퍼센트인[10] 반면에 1950년에는 27.3퍼센트, 1973년에는 22.1퍼센트였다는[11] 사실로 요약된다. 이 사실의 가장 두드러진 군사적 표현은 미국이 아프가니스탄과 이라크에서 자신의 목표를 달성하는 데 처참하게 실패했으며, 그래서 이 전역戰域들에서 군대를 철수하도록 거의 강요당했다는 것이다. 그렇다고 해서 세계가 덜 위험해지거나 더 평화로워진 것은 결코 아니다. 반대로 자신이 '지상군 투입'은 꺼리면서도 (사우디아라비아·터키·이란·이스라엘 같은) 다양한 지역 강국들에 대한 자신의 패권을 계속 유지하려 하고, 이 지역 강국들은 앞다퉈 [미국의] 특혜를 받으려고 애쓰는 동시에 서로 사이가 틀어지는 그런 상황이 됐다. 그 결과로 시리아 내전, '이라크·시리아 이슬람국가ISIS'의 등장, 리비아의 재앙, 사우디아라비아의 예멘 폭격 같은 끔찍하고 비참한 사태들이 벌어졌다.

그와 동시에, 죽은 지 오래됐던 냉전의 유령이 되살아나서 특히 우크라이나 상공을 맴돌고 있다. 장기적으로 훨씬 더 중요한 사실은 남중국해에서 미국과 중국 사이의 긴장이 고조되고 있다는 것이다. 이것은 세계 1·2위 경제 대국 사이의 경쟁을 보여 주는 징후다. 언론에서 떠들어 대는 말(압도적으로 무슬림 '극단주의자들'의 위협에 집중돼 있다)이 아니라 실제 정책이라는 측면에서 보면, 미국은 이미 오바마 정부 시절부터 이른바 '아시아로 귀환'[아시아 재균형]을 시작해서 중국을 장기적 전략의 진정한 표적으로 삼았다.[12] 세계 GDP에서 미국이 차지하는 비중은 감소하는 반면, 중국의 비중은 (1950년 4.5퍼센트에서 2014년 15.4퍼센트로) 증대해 왔다.[13] 중국은 세계경제 서열에서 처음에는 독일을 제치더니 나중에는 일본도 제치고 미국을 바짝 추격하고 있다. 이것이 군사적으로 무엇을 의미하는지는 주요 열강들의 2045년 방위비 지출을 다음과 같이 예상한 영국 국방부 보고서가 잘 보여 준다.[14]

순위	국가	구매력평가 기준 방위비 지출 (단위: 10억 달러)
1	미국	1,335
2	중국	1,270
3	인도	654

30년 후를 내다본 예상이 추측에 불과하다는 것은 분명하지만, 그 추측은 미국 국방부에 있는 전략가들의 뇌리를 떠나지 않을 것이다. 그리고 우리가 꽤 확실히 말할 수 있는 것 하나는 바로 그런 군사적 균형에 대한 두려움이 앞으로 수십 년 동안 미국 지배계급의 정책들을 좌우할 것이라는 점이다. 그들의 안건 목록에 평화와 안정

의 시대는 들어 있지 않다.

다른 모든 것을 압도하는 문제는 환경 위기다. 환경 위기는 더 나빠질 것이 확실하다는 의미에서 이미 일어나고 있을 뿐 아니라 어렴풋이 나타나고 있기도 하다. 환경 위기는 대규모 멸종 사태(6600만 년 전에 공룡과 함께 지구 상의 동식물 종 4분의 3이 사라진 백악기 말의 대멸종 이후 찾아볼 수 없었던 규모다)부터[15] 강·도시의 오염(알렉산드리아부터 발리퍼모츠·발리오건까지* 수많은 지역사회와 중국을 보라),[16] 그리고 수압파쇄법까지** 아주 다양할 뿐 아니라, 대재앙을 부를 기후변화 문제가 가장 두드러지기도 한다. 이 문제가 가장 두드러진 이유는 간단하다. 인류의 미래 자체를 위협하기 때문이다.

기후변화 문제는 해명이 필요하다. 이 문제는 딱히 언제라고 말하기 힘든 미래의 어느 시점에 70억 명의 인간이 갑자기 전멸한다는 것이 아니다. 그것은 지금부터 해가 바뀔수록, 또 수십 년이 지나면 지구온난화와 그에 따른 기상이변(폭염·가뭄·화재·폭풍우·홍수 등) 때문에, 헤아릴 수 없이 많은 사람들의 삶은 점점 더 힘들어지고 세계 여러 곳에서는 심지어 불가능해진다는 것이다. 그리고 이런 일들 가운데 일부는 이미 [자본주의] 체제에 고착된 [지구]온난화 때문에 인간이 무슨 조치를 취하든지 간에 일어나고 말 것이라는 점은 분명하다. 당장 화석연료를 포기하고 탄소 배출이 극적으로 역전된다고

---

* 발리퍼모츠와 발리오건은 아일랜드의 지명들이다.

** 수압파쇄법은 셰일가스 시추 기술이다.

하더라도, 다뤄야 할 엄청난 문제들이 있을 것이다. 그러나 그럴 조짐은 전혀 안 보인다.

요컨대, 지구촌 사회는 오늘날 재앙을 향해 가고 있다. 오늘날 전 세계의 생산력과 실제로 생산된 부富는 인류 역사상 최고 수준이다. 이 문제에 관한 가장 유명한 전문가인 앵거스 매디슨은 국제 기어리·카미스 달러[이하 GK$로 표기함]라는 척도를 사용해서, 수백 년 동안 세계 GDP가 어떻게 변화했는지를 조사했다. 그가 추산한 결과를 보면, 기원후 1000년의 세계 GDP는 대략 1170억 GK$였고 1500년에는 2480억 GK$였으며 1870년에는 1조 1000억 GK$였는데, 2000년에는 37조 GK$나 됐다.[17] 그러나 우리는 분명히 많은 영역에서 대재앙을 향해 가고 있다.

내가 이런 말을 하면, "세계의 종말이 임박했다"고 쓰인 광고판을 들고 있는 사람의 말처럼 들릴 위험이 있다는 것도 나는 안다. 그래도 이런 말을 하는 이유는 여기서 극히 작은 일부만을 언급한 증거가 설득력이 있을 뿐 아니라 실제로 널리 알려져 있다고 생각하기 때문이다. 따라서 나는 재앙을 예언하는 사람들이 항상 틀린 것은 아니라는 말만 하고 넘어가겠다. 1914년 이전까지 (당시 유럽 전역에서 수많은 노동자들의 열렬한 지지를 받던) 국제 사회주의 운동은 제국주의 세계대전이라는 재앙이 임박했다고 거듭거듭 경고했다. 그들의 말은 옳았다. 트로츠키는 터키의 프린키포섬에 망명해 있을 때 독일 좌파들에게 히틀러가 끔찍한 위험 요인이 될 수 있음을 경고하려고 애썼고, 1931년 12월에는 "파시즘이 집권하면 무시무시한 탱크처럼 여러분의 머리뼈와 등뼈를 짓이길 것"이라고 썼으며,[18] 그래서 반나치 공동전선을 구축하는 것이 시급하다고 촉구했다. 트로츠키의 말도 옳았다. 진정한 문제는 우리가 어떤 결론을 끌어내야 하는지, 이를 위해 무엇을 하려고 노력해야 하는지다.

소수의 시민들은 지금까지 내가 개괄한 '문제들'을 고민하며 뭔가를 해 보려고 노력한다. 어떤 사람들은 정당한 이유에서 불평등을 핵심 문제로 제기하며 (아동 빈곤, 식량 빈곤, 연료 부족, 제3세계의 빈곤 등) 다양한 측면에서 불평등 문제를 부각하기 위해 자료와 보고서를 끝없이 만들어 낸다. 그들은 이런 부당성을 대중에게 알리고 권력자들을 설득해서 뭔가 조치를 취하게 만들려고 노력한다. [그러나] 힘없는 '대중'은 자선단체에 기부금을 내는 것 말고는 할 수 있는 일이 없고, 권력자는 그들의 조언을 무시한다. [한편] 불황 때는 많은 '경제학자'와 '전문가'가 경제 위기를 해결하고 성장 엔진을 복원하는 것이 핵심 문제라고 말한다. 그중 일부는 불평등을 줄이고 노동 대중의 주머니에 더 많은 돈을 넣어 주는 동시에 경기 부양을 위해 정부 지출을 늘리는 것이 해결책이라고 주장한다. [그러나] 이런 사람들의 주장도 대체로 무시당한다.

다른 사람들은 '우리'가 모두 분수에 맞게 사는 법을 배워야 하고 경제가 다시 돌아가도록 삭감과 긴축을 받아들여야 한다고 말한다. [권력자들은] 이런 사람들의 말은 대체로 귀담아듣는다. 그러나 그렇게 해서는 불평등이 오히려 커지고 문제가 해결되지 않는다. 그와 동시에 더 높은 경제성장은 (혹시 달성된다면) 기후변화 과정을 가속시킬 뿐이다. [한편] 전쟁이 유행하면, 영속적 평화를 주장하는 활동가들과 대중적 반전운동이 모두 생겨난다. [그러나] 그들은 대체로 무시당한다. 2003년에 토니 블레어는 영국 역사상 최대 규모의 반전시위를 무시하고 이라크 전쟁을 감행했다. 전 세계에서 진지한 과학자들과 수많은 평범한 사람들이 옳게도 환경 위기와 기후변화에 대해 경고신호를 보낸다. [그러나 권력자들은] 그들의 이론, 더 정확히 말하면 그들의 말은 귀담아듣지만 실천은 무시한다.

물론 개인의 제한된 능력이라는 관점에서 보면, 한 가지 문제에 집중하는 것이 이치에 맞는 듯하다. 특히 큰 그림이 너무 어마어마해서 도저히 다룰 수 없는 것처럼 보일 때는 더 그렇다. 불행히도 이 모든 문제들은 분명히 교차하고 상호작용한다. 그래서 어떤 문제도 따로 다루거나 해결할 수 없다. 예컨대, 불평등 문제는 단지 불평등으로 고통받는 사람들만의 문제가 아니라, 불평등 덕분에 이득을 보는 사람들의 문제이기도 하다(그리고 그들이 바로 정치체제를 지배하고 국가를 운영하고 언론을 통제하고 엑손모빌과 비피BP 같은 거대 기업을 소유·경영하는 사람들이다). 만약 우리가 그런 불평등한 세계에 살고 있지 않다면, 또 경제 위기 때문에 성장을 복구할 필요가 없다면, 또 강대국들 간의 경쟁이 없다면, 미국·중국·인도·러시아와 유럽연합EU 각국의 정부들을 설득해서 기후변화에 대항하는 진지한 전쟁을 벌이게 하고 그래서 기후변화를 중단시키거나 제때 기후변화 속도를 늦추는 것이 가능할지 모른다. 그러나 그것은 우리가 살고 있는 세계가 아니다.

또 이런 문제들은 공통의 근원이 있고, 그것을 한마디로 요약할 수 있다는 것도 분명하다. 그것은 바로 이윤이다. 극소수 사람들은 억만장자가 되게 하고 대다수 사람들의 소득은 억제해서 극단적 불평등을 만들어 내는 것이 바로 이윤을 위한 생산이다. 경기후퇴 때 자본가들이 충분한 이윤을 얻을 수 없다는 것을 알고 노동자들을 해고하게 만드는 것이 바로 이윤을 위한 생산이다. 중동산 석유 공급을 통제하기 위한 전쟁과 남중국해에서 격화하고 있는 경쟁의 이면에 숨어 있는 것이 바로 이윤을 위한 경쟁적 투쟁이다. 그리고 기후변화를 일으키고 있는 탄소 배출의 원동력도 바로 (화석연료에 투자되고 화석연료에서 나오는 막대한 자본 형태의) 이윤이다.

그러나 이윤을 위한 생산에 바탕을 두지 않는 사회, 즉 비非자본주의 사회가 가능할까? 또, 어떻게 그런 사회를 만들 수 있을까? 이런 물음은 사람을 매우 주눅 들게 하는 듯하다("자본주의의 종말을 상상하는 것보다는 세계의 종말을 상상하는 것이 더 쉽다"는[19] 말도 있다). 그래서 일반적·세계적 문제가 있다는 것을 알고 있는 많은 사람들도 기가 죽어서, 문제는 신자유주의나 신자유주의적 자본주의라고 말한다. 물론 이 말에는 많은 진실이 담겨 있다. 신자유주의, 즉 자유 시장 지상주의 학설은 우리 시대의 지배적 이데올로기이고, 이런저런 형태의 신자유주의적 자본주의가 오늘날 자본주의의 지배적 형태이며, 적어도 1980년대와 대처·레이건 집권기 이후 줄곧 그랬다는 의미에서 그렇다. 그러나 신자유주의 비판에 집중하는 것의 함의 하나는, 또 많은 좌파들이 그렇게 하는 이유 하나는, 만약 우리가 이 이데올로기를 대체하거나 이 형태의 자본주의를 제거할 수만 있다면(그리고 예컨대, 1950년대와 1960년대의 괜찮은 자본주의, 규제된 자본주의로 돌아갈 수만 있다면) 상황이 완전히 좋아지거나 적어도 훨씬 더 좋아질 수 있다는 것이다. [그러나] 불행히도 이것은 희망 사항일 뿐이다.

첫째, 1950년대와 1960년대에 유럽과 북아메리카의 불평등이 오늘날만큼 극심하지는 않았다는 것이 사실이라 해도 어쨌든 당시에도 불평등이 매우 컸다는 것은 확실하고, 아프리카 대부분과 남아시아의 대규모 영양실조를 포함해 국제적 불평등은 완전히 끔찍했다. 둘째, 규제된(또는 케인스주의적) 자본주의는 국가 간의 경제적 경쟁과 다툼이 전쟁으로 비화하는 것을 결코 극복하거나 막지 못한다. 이 점은 20세기의 역사를 대충 훑어보기만 해도 알 수 있다. 셋째, 똑같은 이유로 환경을 사정없이 파괴하는 경제성장 드라이브도 약화시키지 못한다. 소련과 중국의 국가자본주의가 환경 위기를 다루지 못했듯이 케인스주의적 자본주의도 그럴 수 없다. 넷째, 신자유주의의 지배가 확립된 것은 바로 1973~1974년에 케인스주의적 규제 자본주의가 국제적으로 위기에 빠졌기 때문이라는 사실을 이해할 필요가 있다. 이 위기의 근본적 원인은 전후 장기 호황 때 느리게 진행되고 있던 투자 대비 수익 비율[이윤율]의 하락이었다. 국제적으로 지배계급들이 이윤율 회복 수단으로 신자유주의에 의존한 이유는, 거듭 말하지만 자본주의에서 생산을 추동하는 것이 이윤이기 때문이다. 요컨대, 주눅이 들었든 안 들었든 우리가 다뤄야만 하는 것은 단지 신자유주의가 아니라 자본주의다.

그리고 자본주의를 다루는 분명한 방법은 여러 나라에서 반자본주의 정부를 (계속) 선출하는 것이라는 말이 그럴듯하게 들릴 수 있다. 이런 방법이 그럴듯하게 들리는 주된 이유는 우리가 모두 사실상 태어날 때부터 거의 날마다 듣는 말이 나라는 정부가 운영한다는 것, 상황이 마음에 들지 않으면 정부를 바꿔야 한다는 것이기 때문이다. 학교에서 그렇게 배울 뿐 아니라, 대통령과 총리를 비롯한 주요 정치인들의 언행이나 의회 일정에 관한 언론 보도, 온갖 선거 홍보물과 광고 따위도 그런 생각을 끊임없이 강화한다.

불행히도, 그 방법은 효과가 없다. 왜냐하면 그런 사회변혁 방법의 근거가 되는 전제가 틀렸기 때문이다. 정부는 '나라'를 운영하지 않는다. 특히 경제를 운영하지는 않는다. 오히려 경제가 정부를 운영한다. 물론 이 말은 지나치게 단순화한 것이지만(어떤 정부인지에 따라 실제로 어느 정도 차이가 날 수 있다) 근본적으로는 사실이다. 그리고 우리가 자본주의를 끝장내는 방법에 관해 말하고 있다면, 우리는 근본적인 것들에 관해 말하고 있는 것이다. 선출된 정부는 사회의 막대한 부나 생산력을 소유하거나 통제하지 못한다. 사회의 부나 생산력은 여전히 공적·사적 기업의 수중에 남아 있고, 그런 기업의 최고경영자나 고위 경영진은 선출되지 않고 임명된다. 이 사람들은 그 엄청난 경제력을 이용해 정부를 설득하고 압박하고 위협해서 자신들이 원하는 것을 정부가 하게 만든다. 또, 정부가 운신할 수 있는 폭도 정해 준다(그 안에 반자본주의나 반자본주의 비슷한 것은 전혀 들어 있지 않다). 또, 만약 '반자본주의' 정부가 조금이라도 완강하게 버티는 조짐을 보이면 자본가들은 나라 경제를 훼손하고 파괴한다.

그러나 정부가 자신의 권한을 사용해서, 공적·사적 기업의 자본가들이 훼방을 놓지 못하게 막거나 더 나아가서 은행과 주요 산업들을 국유화해 자본가들의 경제력을 빼앗는 법률을 제정할 수도 있지 않을까? 글쎄, 그럴 수도 있겠지만 그 법률을 어떻게 집행할 것인가?

이것이 핵심 문제다. 왜냐하면 부자들, 즉 법인 자본의 소유자와 주주, 고위 경영진이 자신의 부를 빼앗기는 것을 가만히 지켜보고 있을 가능성은 전혀 없기 때문이다. 반대로 그들은 자신이 가진 모든 자원을 총동원해서 반격에 나설 것이고, 그들의 자원은 (국내외에) 엄청나게 많을 것이다.

정부가 자신의 결정과 법률을 집행하는 데 사용하는 주된 수단은 국가기구다. 즉, 공무원·경찰·법원·보안경찰과 궁극적으로는 군대다. 이것들은 정부가 일부 국민의 저항에 부딪혔을 때 의지하게 되는 기관들이다. 즉, 노사 관계 법령을 거부하는 파업 노동자들, 비어 있는 건물을 무단으로 점거해서 살고 있는 사람들, 불법 행진을 하거나 통제를 벗어난 시위대, 방화를 저지르는 폭도, 폭탄을 설치하는 테러리스트들을 다스리려 할 때 정부는 그런 기관들에 의지하는 것이다. 그러나 이런 충돌이 벌어지면 그 국가기관들은 (선출된 정부와 경제적 지배계급 사이에서) 누구를 편들 것인가?

이성과 경험은 모두 국가기관들이 부자들 편에 설 것임을 분명히 보여 준다. 국가기관은 상관에게 복종하는 것이 원칙인 위계적 기구다. 이 상관들(경찰서장·판사·장군 등)은 압도적으로 금융업자·은행가·기업주들과 똑같은 계급 출신이다. 그들은 서로 친·인척 관계로 맺어져 있고, 똑같은 사립학교와 명문 대학을 나와서 똑같은 동호회나 사교계에 속하게 된다. 또, 대체로 똑같은 정치적 이데올로기를 공유한다. 적어도 급진적 변화나 반자본주의적 변화를 적대시한다는 공통점이 있다. 예외적으로 다른 계급(하층계급) 출신이 몇 명 있다 해도 그들이 고위직으로 승진하려면 이미 확립된 게임의 규칙을 기

꺼이 지키겠다는 것을 입증해야 한다는 절대적 조건이 따른다.[20]

더욱이, 국가기관의 많은 하급 직원들도 일상적 업무에서는 평범한 사람들을 권위주의적으로 대하는 반면 부자와 권력자들의 말을 따르는 데 익숙할 것이다(이 점은 경찰이 가장 분명하지만 다른 기관들도 마찬가지다). 이런 관행은 그들의 태도와 정치적 이데올로기에도 영향을 미칠 수밖에 없다(흔히 [영국] 경찰의 '매점 문화'로[*] 묘사되는 관행이나[21] 미국 경찰의 행태를 찍은 유튜브 동영상을 보라).

여기서 명심해야 하는 사실은 급진적 정부의 선출과 동시에 대안적 국가기구가 등장하는 것은 아니라는 점이다. 자본주의 사회의 국가기구는 수십 년을 거치며, 주요 나라들에서는 수백 년을 거치며 지배 도구로서 만들어졌다. 그런데 국가기구의 통제를 받아야 한다고 여겨지는 바로 그 사람들[부자들]이 국가기구를 만들었기 때문에, 국가기구가 그들을 통제하는 일은 없을 것이다. 오히려 급진적 정부가 '벼락부자'처럼 등장해서 [자본주의] 사회를 파괴하려 할 때 국가기구는 부자들과 협력해서 정부를 약화시키고 방해할 것이다.

이 점은 역사적 기록을 봐도 의심의 여지가 없다. 1819년 [영국의] 피털루 대학살부터 1848년 파리의 7월[**] 봉기, 1871년 파리코뮌, 1905년 상트페테르부르크에서 일어난 '피의 일요일' 사건, 1919년 (로자 룩셈부르크와 카를 리프크네히트가 살해된) 스파르타쿠스동

---

[*] 경찰들이 매점에 모여 앉아서 인종차별적·여성차별적 언사를 지껄이는 것을 일컫는 말이다.

[**] 6월의 오타인 듯하다.

맹의 봉기 진압까지 줄곧 그랬고, 1973년 [칠레에서] 피노체트 장군이 아옌데 정부를 전복한 쿠데타, 1981년 폴란드 군부가 솔리다르노시치[연대노조]를 분쇄한 사건, 1984~1985년 [영국에서] 경찰이 광원 대파업을 진압하기 위해 벌인 전쟁, 2013년 이집트 혁명을 패배시킨 군사 쿠데타까지 역사는 국가가 무력을 사용해서 민중과 온갖 종류의 아래로부터 저항을 진압한 사례로 점철돼 있다. 반자본주의 방향으로 사회를 개조하는 과정을 국가가 도와준 경우는 단 한 번도 없었다.

2015년 1월 그리스 총선에서 시리자[급진좌파연합]가 승리했다. 이것은 유럽에서 수십 년 만에 의회 선거를 이용해, 적어도 반자본주의적 변화 과정을 시작하겠다고 약속한 급진 좌파 정부를 수립하려는 가장 만만찮은 시도였다. [그러나] 시리자 프로젝트는 6개월도 안 돼 암초에 부딪혀 와해되고 있었다. 그 암초는 트로이카(유럽연합 집행위원회, 유럽중앙은행, 국제통화기금IMF)라는 '기관들'이었다.

6개월 동안 [그리스 총리] 알렉시스 치프라스를 비롯한 시리자 지도부는 이 기관들을 '파트너'로 여긴다고 말하면서, 그리스 은행을 위한 구제금융을 확보하려고 이 기관들과 '공정한' 거래를 하는 데 몰두했다. [그러나] 트로이카는 철저하게 비타협적인 태도로 대응하면서, 그리스 은행들을 폐쇄하겠다고 위협하는 등 극단적인 경제적 협박도 서슴지 않았다. 그리스의 노동 대중은 트로이카가 요구하는 조건들을 받아들일지 말지를 묻는 국민투표에서 '오히!'(반대!)라고 대답해서 큰 반향을 불러일으켰다. 그러나 며칠이 안 돼 시리자 정부는 [트로이카에] 굴복해서, 자신의 반자본주의적 염원과 선거 강령뿐 아니라 긴축정책 종식이라는 가장 기본적인 약속조차 모두 내팽개 쳤다.

그리스의 많은 주요 좌파들은 이런 굴복을 시리자 지도부의 좌파 유럽주의 탓으로 돌렸다. 즉, 유럽연합은 (유럽의 은행가와 대기업들 이 그리스와 유럽 전체에서 대중의 이해관계를 거슬러서 자신들의 이해관계를 강요하기 위해 고안해 낸 유럽 자본의 프로젝트가 아니 라) 유럽인들을 하나의 '가족'으로 만들어 주는 일종의 진보적 프로 젝트라고 생각한 잘못된 신념 탓이었다는 것이다. 물론 이것은 의심 의 여지 없이 잘못된 신념이고 분명히 시리자의 굴복에서 중요한 구 실을 했지만, 문제의 뿌리는 아니었다. 좌파 유럽주의는 더 심층적인 착각이 유럽연합 기관들에 투영된 것이다. 그 착각이란 일국적 자본 주의 국가의 기관들과 협력해서 반자본주의 방향으로 나아가는 것 이 가능하다는 생각이다.

[그러나] 이런 일은 일어나지 않을 것이다. 반자본주의 방향으로 나 아가려면, 심지어 그 방향으로 진지하게 전환하려고만 해도(이것은 오늘날 세계의 모든 상황이 우리에게 요구하는 바다) 혁명이 필요하 다. 이것은 무장한 소수의 군사작전(산악 지대에서 무장투쟁을 벌인 체 게바라나 북아일랜드의 아일랜드공화국군IRA 같은)을 의미하는 것이 아니라, 노동계급과 그 동맹 세력들이 대중적으로 봉기해서 사 회를 통제하는 것, 즉 사회의 정치와 경제를 모두 통제하는 것을 의 미한다.

이것은 내 주장의 끝이 아니라 단지 출발점일 뿐이다. 그것은 다 른 많은 정치적·전략적 문제들을 제기한다. 그런 혁명이 과연 가능할까? 누가, 어떻게 그런 혁명을 일으킬 것인가? 이런 문제들을 이 책에서 다루겠지만, 특히 대다수 노동자들은(그들이 없다면 혁명은 불가능할 것이다) 이 책을 비롯해서 이런저런 책을 읽는다고 해서 혁명의 필요성을 인정하는 쪽으로 생각이 쉽게 바뀌지는 않을 것이라는 사실을 이해해야 한다. 그들은 자신의 경험과 투쟁을 통해 혁명이 필요하다는 결론에 도달할 것이고, 십중팔구 그 경험에는 좌파 정부 수립도 포함될 것이다. 앞으로 보게 되겠지만, 이 문제와 관련해서 레닌은 우리에게 해 줄 말이 많다. 그러나 우리에게 혁명이 필요하다는 점을 이해하는 것이야말로 21세기에 러시아 혁명과 레닌을 진지하게 다루기 위한 전제 조건이다.

물론 러시아 혁명은 중요한 역사적 사건이고 레닌은 중요한 역사적 인물이다. 그러나 이 책에서 내 관심사는 러시아 혁명과 레닌을 그 자체로 연구하는 것이 아니라, 오늘날 우리에게 어떤 의미가 있는지를 살펴보는 것이다.

이런 말을 할 때는 다음과 같은 사실을 강조해야 한다. 인류가 직면한 위기에 관해 내가 쓴 것은 모두 이것이 세계적 위기이므로 세계적 해결책, 즉 국제 혁명이 필요하다는 것을 보여 준다는 점이다. 유감스럽게도 세계의 서로 다른 지역은 상황도 서로 다르기 때문에, 많은 나라에서 동시에 혁명이 일어날 것 같지는 않다. 그러나 지구촌화한 오늘날의 세계에서 살아남으려면, 한 나라에서 시작된 혁명이라도 다른 나라로 확산돼야 하고 국제적 전망을 가져야 한다. 이 사실 때문에도 우리는 1917년과 레닌의 현대적 의미에 주의를 기울이게 되는 것이다.

1장
레닌의 현대적 의미

레닌이 21세기에도 의미가 있는 이유는 러시아 혁명이 의미가 있기 때문이다. 러시아 혁명이 의미가 있는 이유는 21세기의 혁명이 노동자 혁명일 것이고 러시아 혁명이 노동자 혁명이었기 때문이다. 이것은 옳음을 입증해야 하는 중요한 주장들이다.

오늘날의 노동자 혁명

21세기의 혁명이 노동자 혁명일 것이라는 내 말은 단지 미사여구가 아니다. 그것은 매우 정확한 의미가 있다. 즉, 인류가 완전히 재앙적인 미래를 피하기 위해 필요한 혁명은 국제 노동계급이 일으킬 것이고, 그 혁명을 통해 노동계급이 국제적으로 권력을 장악하게 될 것이라는 의미다.

여기서 말하는 노동계급은 오로지 또는 거의 오로지 자신의 노동력을 팔아서 먹고사는 사람들이다. 그러므로 노동계급에는 블루칼라 노동자뿐 아니라 화이트칼라 노동자도 포함되고 교사와 간호사, 공장노동자와 소방관, 사무직원과 사무실 청소부, 가게 점원과 버스 운전사 등이 모두 포함된다. 그러나 봉급을 받는 피고용인 중에서 오로지 또는 주로 다른 사람들의 노동을 관리하는 일을 하는 교장이나 상점 지배인 등은 노동계급에 포함되지 않는다. 또, [영국의] 사무 변호사처럼 업무상 노동자를 고용할 수밖에 없는 사람들도 노동계급에 포함되지 않는다. 이런 식으로 정의하면 노동계급은 미국·독일·아일랜드 같은 선진 자본주의 나라에서 인구의 70퍼센트 이상을 차지한다.

전후 호황이 시작되고 나서 지난 60년 동안 마르크스가 말한 프롤레타리아, 즉 자본주의를 전복할 능력이 있는 노동계급이 [체제 내로] 포섭됐다거나 죽었다거나 사라졌다고 주장하는 이론과 연구 결과들이 지속적으로 쏟아져 나왔다.

처음에 나온 것은 이른바 [프롤레타리아의] 부르주아화 명제였다. 즉, 부유한 노동자들이 소비재를 구입해서 '중간계급 지향'을 갖게 된 덕분에 노동계급이 중간계급화하고 있다는 것이었다.[22] 이 주장은 존 골드소프와 데이비드 록우드가 [영국 잉글랜드 남동부의 도시] 루턴의 부유한 노동자들을 연구해서 실증적으로 '논박'했다. 그렇지만 골드소프와 록우드도 이 부유한 노동자들이 '개인화·원자화'해서, 사회 변혁 세력이 될 가능성은 사라졌다고 주장했다.[23] 사실 1960년대에 (때로는 '마르크스주의자들'로 알려진) 매우 많은 '좌파' 사회학자들 (보토모어·다렌도르프·렉스 등)이 노동계급의 혁명적 구실을 부인하는 데 동의했다. 국제적으로 신좌파의 주요 대변인으로 여겨진 사람들(예컨대, 허버트 마르쿠제와 폴 배런, 폴 스위지, 프란츠 파농, 레지 드브레, 루디 두치케 등)도 대부분 그랬다. 1960년대의 실천적 운동들에 가장 중요한 영향을 미친 마오쩌둥주의와 게바라주의도 모두 프롤레타리아가 아니라 농민을 혁명의 주체로 선택한 명시적 결

정에 바탕을 두고 있었다.[24]

1978년에 주요 마르크스주의 역사가 에릭 홉스봄은 '노동계급의 전진은 멈췄는가?'라는 강연에서 노동계급이 자신들의 가장 중요한 사회적 구실을 하지 못하기 때문에 이제 좌파 정당들은 노동계급과만 관계 맺지 말고 중간계급에게도 호소하는 것을 목표로 삼아야 한다고 주장했다. 1980년에 프랑스 이론가 앙드레 고르는 《프롤레타리아여 안녕》이라는 책을 펴냈다. 최근에는 마이클 하트와 안토니오 네그리가 사회변혁의 주체는 노동계급이 아니라 '다중'이라고 주장했다.[25] 또, 가이 스탠딩은 '프레카리아트'라는 "새로운 위험한 계급"을 [사회변혁의 주체로] 선택했다.[26]

이런 이론가들 중에서 일부는 노동계급이 역사적으로 나타난 한 형태, 즉 이른바 '포디즘' 자본주의 시대의 산업 프롤레타리아를 노동계급 자체와 동일시했다. 그들은 노동계급이 공장 노동자, 항만 노동자, 광원, 철강 노동자 등으로 구성된다고 봤다. 그래서 이런 산업들이 쇠퇴하자(유럽에서는 실제로 쇠퇴했다) 노동계급도 사라졌다고 생각한 것이다. 다른 이론가들은 1964년이나 1984년이나 2004년, 또는 그 언제든 자신이 직접 목격한 현실의 노동계급과, 사회주의 의식이나 심지어 혁명적 의식이 충만한 과거의 이상적 노동계급을 대조했다. 마치 1917년 10월 [러시아 혁명 당시] 페트로그라드의 노동계급이나 1919년 [공장점거 운동이 한창이던] 토리노의 노동계급이 '좋았던 옛 시절'의 정상적 모습이었다는 듯이 주장했다. 그러나 그들이 모두 놓치고 있는 것은 이 시기[전후 호황기]에 이른바 제3세계의 많은 지역에서 자본주의가 성장한 결과로 노동계급이 국제적으로 엄청나게 확산되고 성장하고 있었다는 사실이다.

마르크스가 《공산당 선언》에서 "프롤레타리아의 운동은 압도 다수의 이익을 위한 압도 다수의 자의식적·자주적 운동"이라고 썼을 때, 이 말이 실증적으로 맞는 곳은 유럽 북서부의 작은 지역(영국과 어쩌면 네덜란드·벨기에 정도)뿐이었고 그조차도 크게 봐서 그랬다. 도시에 사는 사람들이 모두 노동자인 것도 아니고 어떤 노동자들은 도시에 살지 않으므로 도시화와 프롤레타리아화는 똑같은 것이 아니지만, 그래도 도시화 비율은 모종의 판단 근거가 될 수 있다. 도시를 연구하고 분석한 폴 베로크와 게리 거츠가 계산한 결과를 보면, 1850년에 인구 5000명 이상의 도시에 사는 사람의 비율은 영국이 39.6퍼센트, 네덜란드가 35.6퍼센트, 벨기에가 33.5퍼센트였다. 프랑스는 19.5퍼센트였고 독일은 대략 15퍼센트였다. 러시아는 7.2퍼센트, 미국은 겨우 5.3퍼센트에 불과했다.[27]

당시 프랑스·독일·스페인·이탈리아에서 사람 수가 가장 많은 사회 계급은 단연 소농이었고 동유럽 전역에서는 훨씬 더 그랬다. 그리고 마르크스가 국제 사회주의·공산주의 운동의 핵심 구호인 "만국의 노동자여, 단결하라!"라고 외쳤을 때, 경험적으로만 말하면 그것은 세계 대부분 지역에서는 아무 의미 없는 주장이었다. 1848년에 세계 인구의 75퍼센트가 살고 있던 아시아와 아프리카에는 근대적 노동계급 비슷한 것조차 거의 존재하지 않았다.[28]

1917년 러시아 혁명 때까지 프롤레타리아는 유럽, 특히 영국·프랑스·독일·이탈리아뿐 아니라 미국에서도 크게 성장했다. 그러나 동유럽과 러시아 자체에서는 여전히 매우 소수였고, 전 세계적으로 보면 정말로 극소수였다. 지난 세기 동안, 특히 지난 25년 사이에 이런 상황은 근본적으로 바뀌었다. 세계의 통계자료를 모으는 정부 기관들이 마르크스주의나 사회주의의 범주들에 따라 작업하지는 않으므로 전 세계 프롤레타리아나 노동계급의 규모에 관한 정확한 수치를 알 수는 없다. 오히려 우리는 임금 취업자나 도시화의 비율 같은 근삿값들로 만족해야 한다. 그러나 이런 정확성 부족은 중요하지 않다. 왜냐하면 큰 그림이 중요한데, 큰 그림 자체가 워낙 극적이고 강렬하기 때문이다.

1993년에 대략 55억 2600만 명이던 전 세계 인구 중에서 임금이나 봉급을 받는 취업자는 9억 8500만 명, 즉 약 18퍼센트였다. 2013년까지 임금이나 봉급을 받는 취업자의 수는 전 세계 인구 70억 8600만 명 중에서 15억 7500만 명, 즉 22퍼센트를 약간 웃도는 수준까지 증가했다. 그리고 의미심장하게도 이것은 전 세계 총노동인구 약 30억 명의 50퍼센트를 약간 넘는 수치였다. 물론 이런 임금 취업자가 모두 노동자인 것은 아니었지만(소수는 관리자나 경영자였을 것이다) 대부분은 노동자였고, 이것이 뜻하는 바는 마르크스가 말한 프롤레타리아가 역사상 처음으로 전 세계에서 사회의 다수 비슷하게 됐다는 것이다.

절대적 수치보다 훨씬 더 중요한 것은 추세다. 1993년부터 2013년까지 20년 동안 임금 취업자나 봉급생활자의 수는 5억 8981만 4000명이 증가했다(1993년 수치의 60퍼센트나 된다). 연평균 2900만 명씩 임금노동자 대열에 합류한 것이다. 더욱이, 임금노동의 성장은 개발도상국들에 집중됐다. 선진국들에서는 봉급생활자나 임금 취업자의 수가 3억 4500만 명(1993년)에서 4억 1000만 명(2013년)으로 느리게 증가했다. 개발도상국들은 6억 4000만 명(1993년)에서 11억 6500만 명(2013년)으로 폭발적 성장을 했다. 오늘날 개발도상국들의 임금노동자는 20년 전의 전 세계 임금노동자보다 더 많다. 2013년에 동아시아의 임금 취업자와 봉급생활자는 4억 4500만 명으로 추산됐는데, 이 숫자는 모든 선진국을 합친 것보다 더 많았다!

국제 노동계급의 성장을 평가할 때 가장 중요한 나라는 단연 중국이다. 물론 중국의 통계는 믿을 수 없기로 악명 높다는 문제가 있기는 하다. 그렇지만 중국 국가통계국의 수치들은 정말 놀라운 모습을 보여 준다. 2013년에 중국의 취업자는 약 7억 6900만 명이었는데 그중에 약 6140만 명의 자영업자를 포함한 3억 8240만 명은 도시의 취업자였다. 농촌 취업자는 약 3200만 명의 자영업자를 포함한 3억 8730만 명이었다. 2011년에는 중국의 (광)공업 종사자가 2억 2540만 명, 서비스업 종사자가 2억 7300만 명, 농업 종사자가 2억 6600만 명이었다. 중국 출신의 마르크스주의 경제학자 리민치는[29] 다음과 같이 썼다.

중국의 전체 취업자 수에서 비농업 취업자가 차지하는 비중은 1980년 31퍼센트에서 2000년 50퍼센트로 증가했고, 2008년에는 더 증가해서 60퍼센트가 됐다. 2002년에 중국 사회과학원이 준비한 보고서를 보면, 비농업 노동인구의 약 80퍼센트는 프롤레타리아화한 임금노동자들, 즉 산업 노동자, 서비스 노동자, 사무직 노동자, 실업자 등으로 이뤄져 있었다. 비농업 노동자의 압도 다수는 자신의 노동력을 팔아서 먹고살아야 하는 임금노동자이기 때문에, 비농업 취업자의 급속한 증가는 중국에서 프롤레타리아화한 노동계급이 대규모로 형성됐음을 시사한다.[30]

이런 수치나 계산의 정확도에 상관없이, 오늘날 중국의 노동계급은 지금까지 존재한 어느 한 나라의 프롤레타리아 가운데 단연 최대 규모이고 마르크스 시대의 전 세계 프롤레타리아보다 50~100배 더 크다는 사실은 결코 부인할 수 없다.

세계 프롤레타리아의 규모 외에도, 프롤레타리아의 엄청난 사회적·정치적 잠재력을 보여 주기 때문에 중요한 요인이 또 하나 있다. 그것은 바로 프롤레타리아가 점점 더 대도시에 집중된다는 사실이다. 세계은행이 발표한 나라별 도시화 순위를 보면, 인구의 80퍼센트 이상이 도시에 사는 나라가 30개국이 넘는다. 그중에는 아르헨티나(92퍼센트), 호주(89퍼센트), 벨기에(98퍼센트), 브라질(85퍼센트), 칠레(89퍼센트), 네덜란드(90퍼센트), 카타르(96퍼센트), 사우디아라비아(83퍼센트), 영국(82퍼센트), 미국(81퍼센트), 우루과이(95퍼센트) 등이 있다.[31] 임금노동이 확산되면서 개발도상국들에서 도시화 과정이 가장 급속하게 진행됐고, 아주 최근까지도 농촌인구가 압도적으로 많았던 여러 나라들이 지금은 대체로 도시화했다. 예컨대, 알제리(70퍼센트), 볼리비아(68퍼센트), 몽골(71퍼센트), 페루(78퍼센트), 터키(73퍼센트) 등이 그렇다.[32] 세계지도를 보면, 인구 500만 명 이상의 도시가 69곳이고 1000만 명이 넘는 도시도 26곳이나 된다.[33]

그리고 여기서도 중국은 엄청나게 많은 인구와 급속한 경제성장 때문에 가장 중요한 사례다. 수백 년 동안 중국은 전 세계에서 농민

인구가 가장 많은 나라였고, 20세기 후반기에 프롤레타리아가 세계 인구의 다수가 되지 못한 것은 무엇보다도 중국 농민의 규모 때문이었다. 지난 25년 동안 어마어마하게 많은 중국인이 집중적으로 농촌에서 도시로 이주했다. 특히, 젊은 여성이 많이 이주했다.[34] 2010년에 중국은 대체로 도시 사회가 됐고, 지금 중국에는 인구가 약 2400만 명인 상하이나 2100만 명 이상인 베이징 같은 거대 도시들을 비롯해서 인구 100만 명 이상의 도시가 60곳을 넘는다. 아마 [중국의] 발전상을 가장 잘 보여 주는 사례는 광둥성일 것이다. 광둥성은 무분별한 도시 개발이 엄청나게 확산되면서 2010년 인구조사 결과 1억 400만 명이 거주하는, 중국에서 인구가 가장 많은 성省이 됐다. 지금 광둥성에 있는 6만 개의 공장은 "날마다 약 3억 달러어치의 제품을 생산하고, 중국 수출의 약 30퍼센트와 세계 신발·섬유·장난감 생산의 3분의 1을 차지"하는 것으로 추산된다.[35]

우리가 세계혁명의 필요성을 진지하게 받아들인다면, 또 인류가 직면한 위기 때문에 그것을 진지하게 받아들일 수밖에 없다면, 우리는 세계 자본의 엄청난 경제적·정치적 권력을 이길 수 있는 사회 세력에 관해 이야기해야만 한다. 즉, 거대 기업들, IMF, 세계은행, 미국 국가와 군대, 유럽연합의 경제력과 국가권력들, 엄청난 중국 국가기구, 러시아 국가, 사우디아라비아 국가 외에도 수많은 적수들에 맞서 싸워 이길 수 있는 사회 세력 말이다. 그런 일을 조금이라도 해낼 수 있는 사회 세력은 단 하나뿐이다. 바로 15억 명에 달하는 국제 노동계급이다(마르크스가 말한 "압도 다수의 이익을 위한 압도 다수의 자주적 운동").

전망이 단지 한 나라를 변혁하는 것이거나 여러 나라를 따로따로 (아마 하나씩 하나씩) 변혁하는 것이라면, 국제 노동계급에 관해 이야기할 필요는 없을 것이다. 전망이 의회 선거에서 승리해서(그런데 선거는 본질적으로 각 나라별로 실시된다) 개혁 입법을 통해 사회변혁을 추진하는 것이라면, 선거 승리를 보장해 줄 다양한 사회적 연합을 구상할 수 있을 것이다. 그러나 19세기 후반부터 최근까지의 경험을 보면 그것이 결코 가능하지 않다는 사실을 알 수 있다.

어느 한 나라에서 좌파 정부가 선출되거나 심지어 혁명적 정부가 들어선다면, 국제 지배계급들은 실질적 변화의 가능성을 분쇄하고 자본주의를 방어하기 위한 행동에 돌입할 것이다. 그들은 아랍의 봄과 그리스 시리자에 바로 그렇게 대응했다. 그들은 항상 그렇게 대응할 것이다. 오직 국제적으로 존재하는 사회 세력과 국제적 전망을 가진 운동만이 그런 지배계급의 반격을 물리칠 수 있을 것이다. 그렇다고 해서 내가 전 세계에서 동시에 무장봉기를 해야 한다는 공상적 주장을 하려는 것은 아니다. 혁명은 십중팔구 한 나라에서 시작되겠지만, 몇 달이나 몇 년 안에 다른 나라들로 점차 확산돼서 국제적 추진력을 확보해야 한다는 뜻이다. 거듭 말하지만, 전 세계의 핵심 지역들에서 이런 과업을 달성할 수 있는 경제적·사회적·정치적 잠재력을 지닌 사회 세력은 오직 노동계급뿐이다.

물론 노동계급이 혁명적 변화의 주체라거나 그렇게 될 것이라는 주장에 대해서는 널리 알려진 반론들도 많다. 그런 반론들은 다음과 같이 요약할 수 있다. 첫째, '노동계급'이라는 개념은 너무 제한적이거나 배타적이다. 둘째, 정말로 억압받고 짓밟힌 사람들에 비하면 노동계급으로 일컬어지는 사람들이나 노동계급의 다수는 특권을 누리고 있다. 셋째, 자본주의 생산의 변화와 신자유주의의 출현 때문에 노동계급은 너무 약해져서 자본주의를 전복할 능력이 없다. 넷째, 노동계급이 반자본주의 의식이나 혁명적 의식을 갖추게 될 조짐이 전혀 안 보인다. 이런 반론들에 간단히 답해 보겠다.

'노동계급'이라는 용어가 배타적이라거나 분열을 초래한다는 반론은 새롭게 급진화하는 사람들이나 정치적으로 순진한 사람들이 흔히 제기하는 것이지만("그냥 우리가 모두 하나로 뭉치면 되지 않을까?"), '다중' 개념을 선호하는 하트와 네그리도 그런 반론을 편다.

노동계급이라는 개념은 배타적 개념으로 쓰이게 됐다. … [가장 좁은 의미로 쓰일 때 이 개념은] 오직 산업 노동자만을 가리킨다. 그래서 농업 노동자나 서비스 노동자, 그 밖의 부문에서 일하는 노동자와 산업 노동자를 분리시킨다. [가장 넓은 의미의 노동계급은] 모든 임금노동자를 가리킨다. 그래서 빈민이나 무급 가사 노동자, 임금을 받지 않는 다른 모든 사람과 임금노동자를 분리시킨다. 이와 달리 다중은 개방적이고 포괄적인 개념이다.[36]

이것은 완전히 틀린 생각이다. 첫째, 이 책뿐 아니라 다른 마르크스주의자들도 제시한 노동계급 개념은 일반적으로 산업 노동자만을 가리키지 않는다. 또, 산업 노동자만을 노동계급으로 보는 것이 흔한 어법도 아니다. 예컨대, 영국의 수많은 조사 결과를 보면 산업 노동자 수보다 훨씬 많은 약 60퍼센트의 사람들이 스스로 노동계급이라고 생각한다. 버스 운전사, 환경미화원, 사무실 청소부, 병원 노동자, 슈퍼마켓 계산대 직원은 '산업' 노동자는 아니지만 거의 어디서나 노동자로 여겨지는 집단의 몇 가지 사례일 뿐이다. 모든 나라의 노동조합은 화이트칼라 노동자와 서비스 노동자를 조직하고, 이들은 노동조합운동에서 중요한 구실을 한다. 둘째, 노동계급이나 프롤레타리아를 가장 중요한 혁명적 세력으로 여긴다고 해서 다른 피억압 집단들을 투쟁이나 혁명에서 '배제한다'는 뜻은 결코 아니다. 오히려 역사를 보면 노동계급이 대중행동, 특히 혁명적 행동에 나설 때 모든 종류의 피억압 집단도 더 쉽게 투쟁에 나서고 소상점 주인 같은 중간계급 집단들도 노동계급 편으로 끌어들이기 쉬워진다는 사실을 알 수 있다.

그러나 노동계급과 소상공인(마르크스주의 용어로는 프티부르주아)을 구분하는 것은 필수적이다. 왜냐하면 후자를 노동계급 편으로 끌어들일 수 있고 끌어들여야 하지만 그들이 투쟁의 정신적 지주나 추진력이 될 수는 없기 때문이다. 현실에서 그들은 소착취자다. 이것이 뜻하는 바는 만약 그들이 운동을 지도하거나 지배한다면 그 운동은 반동적 방향으로 나아가기 쉽다는 것이다. 또, 다양한 피착취·피억압 집단을 얼마나 고통받는지가 아니라 사회적 비중, 즉 경제적·정치적 잠재력이 어느 정도인지에 따라서 전략적으로 구분할 필요도 있다. 불행한 사실이지만 그래도 사실인 것은 노동자들, 특히 가장 중요한 특정 산업에 고용된 노동자들이 실업자들보다 더 강력한 힘을 지니고 있다는 점이다. 그것은 경제에서, 또 기업주들이 얻는 이윤을 창출하는 데서 그들이 하는 구실 때문이고, 작업장에서 그들이 집단을 형성하기 때문이다.

흔히 노동계급 전체나 주요 부문들이 더 가난한 계층에 비해 물질적 특권을 누리기 때문에 잠재적으로 혁명적이지 않다거나 이제 더는 혁명적이지 않게 됐다고 생각하지만, 이것은 사실 아주 오래된 주장이다. 그런 주장은 어떤 때는 농민과 비교해서 제기됐고(러시아의 나로드니키나 체 게바라, 프란츠 파농 등이 그렇게 주장했다), 또 어떤 때는 '노동귀족'의 존재라는 측면에서 제기됐으며(레닌), 실업자들과 비교해서(네그리와 이탈리아 자율주의자들), 또 이른바 "프레카리아트"와 비교해서,[37] 가장 최근에는 화이트칼라와 공공 부문 노동자들이 "봉급 받는 부르주아지"가 됐다는 측면에서(슬라보이 지제크)[38] 제기되기도 했다.

물론 노동계급의 임금수준이나 일반적 생활수준이 부문별로 다르다는 것은 항상 사실이었다. 그래서 일반적으로 숙련 노동자가 미숙련 노동자보다, 화이트칼라 노동자가 블루칼라 노동자보다, 풀타임 노동자가 파트타임 노동자보다, 취업 노동자가 실업자보다, 선진국 노동자가 제3세계의 노동자나 농민보다 (훨씬) 더 많은 보수를 받았다. 그러나 이 분명한 사실 때문에 노동계급의 혁명적 잠재력이 약화했다는 주장은 기본적으로 두 가지 점에서 잘못됐다. 그런 주장은 (상대적으로) 고액의 보수를 받는 노동자들조차 그들의 노동에서 잉여가치가 추출된다는 점에서 여전히 자본에게 착취당한다는 사실과, 그러므로 그들은 항상 자본과 적대 관계일 수밖에 없다는 사실을 놓치고 있다.[39]

그런 주장은 또, 얼마나 가난하고 고통받는지와 혁명적 잠재력을 동일시한다. 역사를 보면 그것이 틀렸음을 분명히 알 수 있다. 극심한 가난·기근·억압은 사회가 계급으로 분열된 이후 역사적으로 계속 존재했고, 혁명적 격변과 대중투쟁의 시기에는 흔히 더 많은 보수를 받는 노동자들이 지도적 구실을 한다. 예컨대, 제1차세계대전이 끝나고 유럽을 휩쓴 혁명의 물결에서 숙련 금속 노동자들이 바로 그랬다. 더욱이, 불안정 노동자, 실업자, 흑인(예컨대 미국의), '청년' 등의 집단을 노동계급 전체와 대립시키면서 '새로운' 혁명적 주체로 내세우는 것은 일국적으로든 국제적으로든 재앙적 전략이다. 이 집단들은 모두 사회에서 매우 소수인데, 그런 소수가 엄청나게 강력한 지배계급뿐 아니라 대다수 '평범한' 사람들과도 싸워야 하므로 그런 전략은 '패배의 비결'이라 할 만하다.

신자유주의나 세계화 시대의 자본주의에서는 노동계급이 근본적으로 약해졌고 자본주의를 전복할 수 있는 잠재력도 잃어버렸다는 주장은 영국을 비롯한 유럽 각국에서 큰 반향을 불러일으켰다. 유럽 각국에서는 1960~1970년대의 높은 파업 수준과 산업 전투성이 점차 사라져 1980년대 이후에는 작업장 투쟁 수준이 매우 낮아졌기 때문이다. 그러나 이런 주장이 영국과 관련해서 어떤 장점이 있든지 간에(나는 그런 장점을 인정하지 않는다),[40] 세계 규모로 보면 앞에서 대강 설명한 [노동계급의] 수와 도시집중 증대를 감안할 때 그런 주장이 틀렸다는 것은 분명하다. 지난 몇 년 동안 브라질과 인도 같은 나라에서는 엄청난 총파업이 벌어졌을 뿐 아니라, 그리스·스페인·포르투갈·이집트에서도 대중 동원과 파업이 벌어졌고, 중국에서도 파업과 항의 시위가 계속 부글부글 끓고 있다. 여기서 필요한 것은 약간의 상상력이다. 광둥성의 공장 6만 개가 공장점거 물결에 휩

쏠린다거나 중국의 도시 노동자 3억~4억 명 가운데 상당 부분만이라도 총파업을 벌인다고 상상해 보라. 이것은 자본주의를 패배시킬 능력을 지닌 대중운동이 될 것이고, 역사상 전례 없는 엄청난 사건이 될 것이다.

이제 노동계급의 현재 정치의식을 근거로 한 반론이 남았다. 이런 주장은 약간 비꼬듯이 말하면 "노동계급은 마르크스가 그들에게 부여한 혁명적 구실을 하고 싶은 생각이 전혀 없다"는 것이다. 그리고 만약 노동계급 대중의 현재 정치적 태도를 두고 하는 말이라면 이것은 분명히 맞는 말이다. 노동계급 대중의 현재 정치의식을 국제적 수준에서 가늠해 본다면, 그들의 지배적 의식은 좌파 개혁주의와 민족주의가 결합된 것이라고 할 만하다. 따라서 어떤 나라들에서는(예컨대, 그리스·스페인·아일랜드와 어쩌면 영국도) 좌파 개혁주의가 상당히 분출했고, 다른 나라들에서는 좌파 민족주의와 우파 민족주의가 섞이거나 둘 사이를 오락가락하고 있다(아일랜드 신페인당, 스코틀랜드 국민당SNP, 스페인 국가 내의 카탈루냐 민족주의 [같은 좌파 민족주의]와 대조적으로 영국 독립당, 프랑스 국민전선, 인도 인민당 [같은 우파 민족주의]도 있다). 확실히, 의미 있는 규모의 혁명적 사회주의는 대체로 찾아볼 수 없다.

혁명적 사회주의가 잘 안 보인다는 것은 분명히 중요한 문제지만, 당연히 예상할 수 있는 일이기도 하다. 노동계급을 일컬어 혁명적 계급이라고 하는 것은 그들의 현재 의식이 아니라 잠재력을 근거로 한 것이다.[41] 마르크스가 이미 1845년에 지적했듯이, 정상적 시기에는 언제나 지배계급의 사상이 지배적 사상이다. 즉, 사회를 물질적으로 지배하는 계급이 동시에 그 사회를 정신적으로도 지배한다. 물질적 생산수단을 지배하는 계급이 동시에 정신적 생산수단도 지배하므로 정신적 생산수단이 없는 사람들의 사상은 대체로 지배계급의 사상에 종속된다.[42]

그리고 〈폭스 뉴스〉, 디즈니, 루퍼트 머독, 〈엑스 팩터〉의[*] 시대에 마르크스의 이 말은 그 어느 때보다 맞는 이야기다. 혁명이 일어나는 이유는 노동계급 대중이 처음으로 혁명적 사상으로 전향하기 때문이 아니다. 혁명은 당면한 구체적 요구들을 내걸고 대중이 투쟁에 나서고 이런 대중투쟁이 정상적 정치의 한계를 뛰어넘을 때 일어난다. 이런 투쟁이 벌어지면 대중이 역사의 무대로 뛰어오르고 그 과정에서 대중은 자신들의 집단적 힘을 자각하게 된다. 다시 말해, 대중의 혁명적 의식은 혁명이 일어나기 전이 아니라 일어난 후에 형성되고 혁명적 투쟁 과정에서 발전한다.

노동계급 대중의 혁명적 의식이 발전하는 문제와 관련해서 오늘날에는 우파 대중매체나 일반적 '부르주아 헤게모니'의 지배력 말고도 독특한 문제가 하나 있는데, 아마 혁명적 의식이 가장 필요한 곳(예컨대 중국)에서 그 문제가 가장 첨예할 것이다. 그것은 바로 혁명을 이야기할 때 즉시 떠오르는 말이나 이름, 즉 마르크스·레닌·1917년·계급투쟁·소비에트·공산주의, 심지어 사회주의 등을 보면서 수많은 사람들이 즉시 연상하는 것은 심각한 불신의 대상이 돼 버린 역사,

---

[*] 〈엑스 팩터X Factor〉는 영국 ITV에서 시작된 리얼리티 음악 오디션 프로그램이다.

즉 소련과 스탈린주의의 역사나 중국판 스탈린주의('마오쩌둥주의')의 역사라는 사실이다.

이 책은 부분적으로는 이 문제를 다루려는 시도이고, 마지막 장에서 나는 이 문제로 돌아가 몇 가지 의견도 내놓을 것이다. 그러나 궁극적으로 이 문제를 해결할 수 있는 것은 책이 아니라 삶이다. 내 생각에는 이 문제와 관련해서 결정적으로 상황을 바꿔 놓을 수 있는 것이 바로 기후변화다. 왜냐하면 인간이 살아남으려면 혁명이 필요하다는 사실이, 현재의 폭정을 없애려다가 더 나쁜 폭정을 만들어 낼지 모른다는 두려움을 능가할 것이기 때문이다.

자본주의는 이 세계를 엄청난 격변으로 몰아넣고 있는데, 그 모든 격변에서 전 세계의 수많은 노동계급 대중이 중요한 구실을 할 것이다. 바로 그 때문에 우리는 지난번의 위대한 노동자 혁명 경험과 그 혁명의 주요 지도자였던 레닌의 사상에 의지해서 그 격변에 대비해야 하는 것이다.

노동계급과 러시아 혁명

1917년 러시아 혁명이 다른 모든 성공한 혁명(1649년 영국 혁명, 1789년 프랑스 혁명, 1949년 중국 혁명, 1959년 쿠바 혁명, 1962년 알제리 혁명, 1974년 포르투갈 혁명 등)이나 실패한 수많은 혁명(1919~1923년 독일 혁명, 1936년 스페인 혁명, 1956년 헝가리 혁명, 2011년 이집트 혁명과 그 밖의 많은 사건들)과 다른 점은 러시아 혁명에서는 또 그 혁명을 통해 노동계급이 실제로 사회의 권력을 장악했다는 것, 적어도 몇 년 동안은 그랬다는 것이다. 역사적으로 러시아 혁명과 가장 비슷한 사건은 1871년의 파리코뮌이었다. 파리코뮌 때도 노동계급이 파리를 지배했지만, 겨우 한 도시에서 74일 동안만 그랬을 뿐이다.

물론 러시아 혁명의 노동계급적 성격은 항상 논쟁거리였다. 러시아 혁명 당시에도 1917년 2월 차르 체제의 몰락 이후 중요한 구실을 하게 된 대다수 반체제 인사들은 혁명의 노동계급적 성격에 이의를 제기했다. 즉, 부르주아 정당인 입헌민주당(이하 카데츠로 줄임)의 자유민주주의자들, 사회혁명당SRs의 민중주의자들, (케렌스키가 이끄는) 트루도비키,* 멘셰비키 같은 다양한 집단들은 러시아 혁명이 영국이나 프랑스의 길을 따라 자본주의적 입헌 민주주의 체제를 수립하는 것 이상으로 나아가서는 안 된다는 데 모두 동의했다. 플레하노프(러시아 마르크스주의의 창시자)와 마르토프, 단 같은 베테랑 사회주의자들이 포함된 멘셰비키는 이런 주장을 뒷받침하는 '마르크스주의적' 근거를 대면서, 러시아는 아직 철저한 산업혁명을 겪지 않았고 여전히 대체로 농업국이며 프롤레타리아는 아직 인구의 극소수에 불과하므로 먼저 (1789~1793년의 프랑스처럼) 부르주아지가 이끄는 부르주아 민주주의 혁명 단계를 거친 뒤에야 프롤레타리아의 권력 장악 투쟁을 생각해 볼 수 있을 것이라고 주장했다. 그 뒤에도 대다수 '주류' 역사가들은 10월 혁명이 노동계급 혁명이 아니라 레닌

---

* '노동단'이라는 뜻으로, 1906년 1차 두마에 대한 태도 문제를 둘러싸고 사회혁명당에서 분열해 나온 농민 정당.

과 볼셰비키가 위로부터 노동계급에게 강요한 쿠데타일 뿐이라고 주장하면서 러시아 혁명의 노동계급적 성격에 이의를 제기했다.

그러나 러시아 혁명의 추진력이 도시 노동계급의 투쟁, 특히 페트로그라드와 모스크바 노동자들의 투쟁이었다는 증거는 차고 넘친다. 잘 알려져 있고 이론의 여지가 없는 사실들을 근거로 이를 증명할 수 있다. 그중에서 첫째는 2월 혁명의 자발적 성격이다. 이 점을 두고 심각한 논쟁이 벌어진 적은 한 번도 없었다. 1917년 2월 18일 페트로그라드에 있는 거대한 푸틸로프 공장의 일부 노동자들이 50퍼센트 임금 인상을 요구하며 점거파업을 시작했다. 2월 21일 그들이 해고당하자 파업이 확산됐고 결국 공장 전체가 폐쇄됐다. 2월 23일(국제 여성의 날)에는* 식량 부족 때문에 여성들이 거리로 몰려나와 빵을 요구했다. 러시아 보안경찰인 오흐라나의 보고서는 당시 무슨 일이 일어났는지를 다음과 같이 매우 생생하게 묘사했다.

2월 23일 아침 9시에 비보르크구區의 여러 공장 노동자들이 빵 가게와 식료품 가게에 검은 빵이 부족하다고 항의하며 파업을 벌이기 시작했다. 파업은 페트로그라드구, 로즈데스트벤스키구, 리테이니구의 일부 공장들로 확산됐다. 이날 하루 동안 50개 공장에서 작업이 중단되고, 8만 7534명의 노동자들이 파업을 벌였다.

오후 1시쯤 비보르크의 노동자들은 떼 지어 거리로 뛰쳐나와 "우리에게 빵을 달라" 하고 외치기 시작했다. 그리고 무질서하게 시내 곳곳을 돌아

---

* 당시 러시아는 서유럽의 그레고리력보다 13일 늦은 율리우스력을 사용하고 있었다.

다니며 다른 노동자들에게 작업 중단과 시위 참가를 호소했다. 그들은 또, 시가전차의 운행도 중단시켰다. 시위대가 전차 기관사들한테서 전원 키를 빼앗았기 때문에 전차 15대가 운행을 중단하고 페트로그라드 차량 기지로 돌아갈 수밖에 없었다.

시위 진압을 위해 출동한 경찰과 군대의 추격을 받으며 파업 노동자들은 흩어졌다 모이기를 거듭하며 완강하게 시위를 지속했다. 비보르크에서는 오후 7시가 돼서야 질서가 회복됐다.[43]

그 뒤 이틀 동안 파업이 계속 확대되더니 페트로그라드 전체의 총 파업이 벌어졌고 거리에서는 질서 회복을 위해 파견된 병사들이 민중의 편에 서기 시작했다. 이 시점에서 파업은 모스크바로 확산됐다. 2월 말에 정권은 수도에 대한 통제력을 완전히 상실했고 사실상 어떤 군대도 정권의 명령을 따르지 않았다. 마침내 1917년 3월 2일 차르가 퇴위했다.

이 사건들은 결코 계획되거나 위에서 지도한 것이 아니었다. 카데츠와 그 밖의 부르주아 정당들은 사실상 혁명에 반대했다. 주요 혁명적 지도자들(레닌·트로츠키·지노비예프·카메네프·루나차르스키 등)은 외국에 망명 중이었고, 러시아 국내의 볼셰비키로 말하자면 그들은 처음에 상황이 유리하지 않다고 판단하고 [노동자들에게] 거리 시위에 나서지 말라고 경고했다. 노동자들은 볼셰비키의 경고를 무시했다. 멘셰비키 동조자인 수하노프가 자기 회고록에서 썼듯이 "어떤 정당도 대격변을 준비하고 있지 않았다."[44] 물론 그람시가 말했듯이 "역사에서 순수한 자발성은 존재하지 않는다. … [가장 자발적인 운동에서는] '의식적 지도'의 요소들이 단지 확인되지 않은 것일 뿐이다."⁴⁵ 그리고 트로츠키는 《러시아 혁명사》의 8장 전체를 할애해서 주장하기를 현장에서 2월 혁명을 지도한 것은 "대부분 레닌의 당에게 교육받은 의식적이고 단련된 노동자들"이라고 했다.⁴⁶ 그렇기는 하지만 2월 혁명은 주로 페트로그라드의 노동계급이 개시하고 실행했고 병사들이 지원하고 모스크바 노동자들이 지지했다는 사실은 결코 부인할 수 없다.

1917년에 혁명이 발전하는 동안 혁명의 노동계급적 성격도 심화했다. 심지어 차르가 퇴위하기도 전인 2월 27일 파업과 거리 시위, 병사들의 반란이 한창일 때 페트로그라드 노동계급은 자신들이 1905년 혁명 때 멈췄던 곳에서 다시 시작했다. 즉, 페트로그라드 노동자 대표 소비에트를 재건한 것이다.⁴⁷ 2월 28일 페트로그라드 노동자 대표 소비에트는 기관지 〈이즈베스티야〉(소비에트의 소식) 첫 호를 발행했고, 3월 1일에는 모스크바 소비에트가 설립돼서 페트로그라드 소비에트에 합류했다. 이후 소비에트(노동자 평의회)는 러시아 전역으로 확산됐다. 3월 17일 무렵에는 49개 도시에 소비에트가 있었고, 6월쯤에는 59개 도시에 소비에트가 있었다.⁴⁸ 또, 3월 1일 페트로그라드 소비에트는 그 유명한 명령 제1호를 공포해서, 군대 전체의 각급 부대에서 병사 대표들로 구성된 위원회를 선출할 것을 요구하고 "국가 두마[임시정부 — 지은이] 군사위원회의 명령은 노동자·병사 대표 소비에트의 명령이나 결정과 충돌하지 않는 경우에만 집행될 수 있다"고 명시했다.⁴⁹ 이 문서[명령 제1호]가 며칠 안에 전선의 모든 군부대에서 읽히면서, 국가 두마가 수립한 임시정부와 소비에트 사이의 '이중[이원]권력' 상황을 위한 장場이 마련됐고, 이 이중권력 체제는 2월 말부터 10월

25일까지 존속했다.

2월의 노동자 혁명에도 불구하고 이중권력(사회의 권력을 장악하기 위해 서로 다투는 두 당국)이 만들어진 이유는 페트로그라드와 여타 지역의 노동자·병사들이 대표를 선출해서 소비에트로 보냈을 때 주로 가장 유명한 반체제 인사들이었던 그 대표들은 흔히 더 온건한 사회주의자들 — 멘셰비키, 트루도비키, 무소속, 특히 (농민에 기반을 둔) 민중주의적 사회혁명당원들 — 이었기 때문이다. 노동계급과 소비에트가 분명히 페트로그라드의 지배자였지만 혁명의 부르주아적 성격을 굳게 믿은 이 대표들은 리보프 공, 카데츠 등의 형태를 한 부르주아지에게 권력을 넘겨줬다.

그런 사람들이 대표로 선출된 것과 그들의 정책(을 처음에 혁명적 대중이 받아들인 것)은 이 단계에서 노동자·병사 다수의 의식이 반영된 결과였다. 한편으로 노동자·병사 대중은 차르 체제를 증오해서, 특히 전쟁에 넌더리가 나서 항쟁에 나섰고 빵·평화·토지를 원했지만, 이런 것들을 쟁취하기 위해 자신들이 직접 권력을 장악해야 한다고는 생각하지 않았다. 2월부터 10월까지 9개월간의 이야기는 노동계급이 이 모순을 해결해 나가는 이야기였다.

레닌은 "대중이 [볼셰비키]당보다 왼쪽에 있다"고 여러 번 이야기했고,[50] 1917년의 많은 경우에 페트로그라드 노동자들은 분명히 그랬다. 3월 1일 페트로그라드 소비에트 집행위원회는 부르주아 임시정부에 권력을 넘겨주는 문제를 논의했고, 볼셰비키 대표들도 집행위원회에 포함돼 있었지만 이 [권력 이양] 제안은 만장일치로 받아들여졌다. 그러나 페트로그라드의 대표적인 노동자 지구이자 공장 밀집 지역에 있는 비보르크구 소비에트는 이 결정을 반대하고 소비에트로 권력 이양을 요구하는 리플릿을 발행했다.[51] 이때는 레닌이 러시아로 돌아와 "4월 테제"를 발표해서, 임시정부를 믿지 말 것과 "모든 권력을 소비에트로"를 외치기 전이었다.

4월 3일 레닌이 망명지에서 돌아와 핀란드 역에 도착하자마자 제2의 혁명과 노동자 권력 수립을 지지하는 발언을 했을 때 그는 볼셰비키 지도부 안에서도 완전히 고립됐다. 당시 볼셰비키 지도부는 여전히 자신들의 낡은 공식에 집착하면서, 혁명이 부르주아 민주주의의 한계를 벗어나면 안 된다고 생각하고 있었다. 그러나 3주가 안 돼, 처음에는 볼셰비키당의 페트로그라드 시 협의회에서, 나중에는 전국 협의회에서 다수가 레닌의 주장을 받아들였다.

어떻게 이런 일이 일어났을까? 그것은 볼셰비키가 지도자의 말에 따라 행동하는 관행이 있었기 때문인가? 결코 그렇지 않다. 페트로그라드 시 협의회에서든 전국 협의회에서든 가장 경험 많은 당원들은 레닌의 주장에 반대하는 발언을 했다. 레닌이 결국 표결에서 이기고 당을 설득해서 자기편으로 만들 수 있었던 것은 그의 주장이 당시 볼셰비키당으로 대거 몰려들던 새로운 노동자 당원들의 염원과 딱 맞았기 때문이다. 그리고 이 새로운 노동자 당원들은 페트로그라드 대중의 분위기를 반영하고 있었는데, 페트로그라드 대중은 [4월 18일] 외무부 장관 밀류코프가 [동맹국들에 각서를 보내] 전쟁을 계속하겠다고 선언한 것에 반대해서 무장 시위를 벌이기도 했다(이른바 4월 사태). 이 시점에서 페트로그라드 노동자들은 사실상 레닌보다도 왼쪽에 있었다. 레닌은 전국적으로 노동계급의 다수를 설득하기 전에 때 이르게 정부와 충돌하는 사태가 벌어질까 봐 걱정했기 때문에 대중에게 신중하게 행동할 것을 촉구했는데, 레닌의 이런 태도는 옳았다.

이런 양상은 6월과 7월에도 점점 더 강렬하게 되풀이됐다. 볼셰비키는 6월 10일 페트로그라드에서 대규모 시위를 벌일 계획을 세웠지만, 페트로그라드 소비에트 집행위원회가 시위 금지 명령을 내렸다. 4월에 그랬듯이 레닌과 볼셰비키 지도부는 (이 시위가 무장 시위이고 따라서 거의 무장봉기에 가깝다는 사실을 감안해서) 때 이른 충돌을 피하려고 했고, 천신만고 끝에 기층 노동자들을 설득해서 가까스로 시위를 철회하게 만들 수 있었다. 그러자 소비에트 지도부가 자신들의 입지를 강화하고자 8일 뒤에 독자적 시위를 벌이겠다고 발표했다. 시위 당일 실제로 페트로그라드 노동계급 전체인 40만 명이 거리로 쏟아져 나왔지만, 시위대의 압도 다수는 임시정부에 반대하고 볼셰비키를 지지하는 현수막을 들고 행진했다.

7월 4일 [페트로그라드 수비대] 연대들을 전선으로 보내려는 정부 계획에 격분해서 수십만 명의 노동자와 병사들, 특히 병사들이 손에 총을 들고 수도의 거리로 뛰쳐나왔다. 그들의 다수는 당장 정부를 전복할 작정이었고, 실제로 그리 어렵지 않게 정부를 전복할 수 있었을 것이다. 그러나 레닌과 볼셰비키 지도부는 다시 한 번 페트로그라드 대중의 무장봉기 시도를 제지하고 나섰다. 왜냐하면 당장 페트로그라드에서는 권력 장악이 가능하더라도 나라 전체의 상황은 아직 시기상조이고, 페트로그라드에서 무장봉기가 승리하더라도 1871년의 파리코뮌처럼 고립돼 결국 반혁명에 분쇄당하고 말 것이라고 확신했기 때문이다.

러시아 노동계급과 함께 병사·수병들이 이렇듯 신속하게 극적으로 급진화한 것이 1917년 봄·여름·가을의 주요 특징이자 혁명의 추진력이었다. 그런 급진화는 러시아의 양대 도시인 페트로그라드와 모스크바에서 집중적으로 나타났지만, 두 도시에 국한되지 않았을 뿐 아니라 다른 많은 현상으로도 나타났다. 예컨대, 크론시타트 해군 기지에서는 이미 5월 17일에 크론시타트 소비에트가 스스로 [크론시타트섬의] 유일한 통치 권력이라고 선언했고, 모데르네 원형극장에서 빈번하게 열린 대규모 군중집회에서는 특히 트로츠키가 자주 연설했고[52] 루나차르스키 같은 연사들이 (고대 그리스비극을 주제로) 강연을 하기도 했다. 또, 공장에서는 하루 8시간 노동제와 [생산에 대한] 노동자 통제를 요구하는 투쟁들이 갈수록 성장했다. 그리고 5월 30일 열린 제1차 [페트로그라드] 공장위원회 협의회에서는 처음부터 볼셰비키가 다수파였고, 페트로그라드와 모스크바와 그 밖의 지역 소비에트들에서도 9월 초부터는 볼셰비키가 다수파를 차지하기 시작했다.

이런 급진화와 노동계급의 혁명적 구실로 말미암아, 노동계급의 지도적 구실을 부정한 멘셰비키가 지지 기반을 급속히 상실했다는 것도 중요한 사실이다. 이것은 소비에트와 거리에서만 나타난 현상이 아니라, 10월 혁명 후 실시된 제헌의회 선거에서도 나타났다. 제헌의회 선거에서 멘셰비키는 겨우 16석을 얻은 반면 볼셰비키는 175석을 차지했다.[53] 이 제헌의회 선거 결과에 관한 문제는 나중에 다시 살펴보겠다.

1917년에 노동계급이 혁명적·자주적 활동을 했음을 보여 주는 역사적 증거가 이렇게 압도적으로 많다는 사실을 강조하면, 러시아 혁명의 노동계급적 성격을 부정하는 사람들의 주된 반응은 혁명의 절정인 10월 무장봉기를 물고 늘어지는 것이다. 그들의 주장인즉, 10월 봉기는 노동계급이 권력을 장악한 행동이 아니라, 권력욕에 혈안이 된 레닌과 볼셰비키가 위로부터 감행한 쿠데타였을 뿐이라는 것이다.

이런 견해가 어느 정도 그럴듯하게 들리는 이유는 무장봉기가 10월 24~25일 밤에 유혈 사태 없이 놀라울 만큼 신속하게 승리했기 때문이다. 1848년과 1871년(또는 1968년 5월)의 파리나 2월 혁명 같은 '전형적' 사례들과 달리 10월 혁명 때는 거리에 바리케이드도 없었고, 소요 사태나 시가전도 없었으며, 대규모 군중집회나 총파업도 벌어지지 않았다. 단지 페트로그라드 소비에트(의장이 레온 트로츠키였다) 산하 군사혁명위원회의 지시에 따라 행동하는 수천 명의 적위대가 주요 건물들을 점령하고 임시정부 요인들을 체포하는 일종의 치안 유지 작전이 벌어졌을 뿐이다. 더욱이, 2월 혁명과 달리 10월 혁명은 분명히 사전에 미리 계획됐다. 레닌의 강력한 촉구 끝에 열린 10월 10일 볼셰비키당 중앙위원회 회의에서 무장봉기를 지지하는 결정이 내려졌다. 그 회의에는 겨우 12명(전체 중앙위원 21명 가운데 11명과 후보위원 1명)만이 참석했고, 무장봉기를 지지한 사람이 10명, 반대한 사람이 2명(지노비예프와 카메네프)이었다. 행동은 10월 24일 밤에 시작돼서 이튿날에는 사실상 모두 끝나 버렸다.[54]

이런 해석은 꽤 그럴듯하게 들린다고 내가 말했지만, 그래도 그것은 피상적이고 틀렸다. 아마 첫째 요점은 그냥 다음과 같은 물음을 던져 보면 분명히 드러날 것이다. 오늘날 수천 명의 혁명가들이 런던의 국회의사당과 버킹엄궁전, 파리의 엘리제궁전이나 모스크바의 크렘린을 점령해서 권력을 장악하려고 시도한다면 무슨 일이 벌어질까? 또는 다른 방식으로 물음을 던져 볼 수도 있다. 1916년 [아일랜드] 더블린에서 2000명의 혁명가들이 중앙 우체국을 비롯한 여러 곳을 점령했을 때 과연 무슨 일이 벌어졌는가?

둘째 물음의 답을 우리는 알고 있다. 국가, 이 경우에는 영국 국가의 군대가 그냥 중앙 우체국과 더블린 도심에 폭격을 퍼붓자 패배가 확실해진 반군들이 결국 항복할 수밖에 없었다는 것이다. 첫째 물음의 답도 매우 분명하다. 경찰이 상황에 대처할 수 없다면 군대가 투입될 것이고(필요하다면 각종 특수부대도 동원될 것이다), 그래서 몇 시간 또는 며칠 안에 반란은 진압될 것이다. 이렇게 답이 너무 뻔하다는 바로 그 사실 때문에, 혁명적 조직이나 정당을 자처하는 어떤 집단도 지난 70년 동안 유럽에서 그런 행동을 시도하지 않았던 것이고, 모름지기 진지한 혁명가라면 그런 행동을 생각조차 하지 않았던 것이다.

1917년 10월에 그런 일이 일어나지 않은 이유는 이미 10월 24일쯤에는 무장봉기의 10분의 9가 완수된 것이나 다름없었기 때문이다. 자본주의 국가, 그것도 제국주의 국가를 전복하는 것은 야전에서 적을 물리치는 문제가 결코 아니었다. 평상시에 노동자들은 총을 갖고 있지 않고, 기관총부대 1개 연대만 있어도 비무장 군중 수십만 명을 단 몇 분 만에 진압하고 해산시킬 수 있다. 심지어 무장한 노동자들도 순전히 군사적 대결에서는 대포·탱크·비행기를 이길 수 없다. 따라서 정규군이나 게릴라 부대와 달리 노동계급이 국가를 이길 수 있는 것은 국가의 군대가 기층에서는 노동자들로(러시아의 경우에는 농민들로도) 이뤄져 있다는 사실 때문이다. 그래서 혁명은 군대의 일반 사병들을 설득하고 끌어들여서 국가를 와해시킬 수 있는 것이다. 물론 이런 일이 일어나려면, 군대 안에 불만이 많아야 하고 군대가 만만찮은 대중운동과 대치하면서 그 운동의 영향을 받아야 한다. 그래서 모든 병사들이 만약 자신이 발포한다면 자기 형제, 자매, 사촌, 어릴 적 친구를 쏘게 될 것임을 깨달아야 하고, 또 자신이 상관의 명령을 거부하거나 상관에게 총구를 돌리더라도 '넘어가' 의지할 수 있는 사회 세력이 실제로 존재한다는 사실을 알고 있어야 한다.

혁명의 역사에서는 바로 이런 일이 거듭거듭 일어났거나 일어나기 시작했다. 1871년 3월 18일 파리의 몽마르트르 언덕에서 바로 그런 일이 일어나면서 파리코뮌은 시작됐다. 1918년 11월 독일 킬 군항의 수병 반란과 함께 바로 그런 일이 일어나면서 독일 혁명은 시작됐다. 1974~1975년에 포르투갈 혁명도 바로 그런 식으로 전개됐다. 1979년 이란에서도 바로 그런 일이 일어나면서 샤가* 몰락했고, 2011년 2월 이집트에서도 바로 그런 일이 일어날까 봐 두려워서 군 장성들이 군대를 동원해 호스니 무바라크를 구할 엄두를 내지 못했던 것이다. 1917년의 러시아는 이런 과정의 극단적 사례였다.

1905년의 1차 러시아 혁명(이른바 '예행 총연습')과 1917년 2월 혁

---

* 샤Shah는 이란 국왕의 칭호다.

명의 기본적 차이는 1905년에는 군대가 여전히 차르에게 충성한 반면 2월 혁명 때는 군대가 차르 체제와 결정적으로 결별했다는 것이다. 이 점을 분명히 보여 주는 사실은 며칠간의 시가전 뒤에 차르 체제를 방어하는 데 동원할 수 있는 군부대가 하나도 없었다는 것과, 앞서 말했듯이 2월 28일쯤에는 이미 페트로그라드 소비에트가 사실상 도시를 지배하고 있었다는 것이다. 10월 무렵 러시아 병사들과 수병들은 공장노동자들의 영향과 압력을 받아서, 차르 체제뿐 아니라 자본가들과도, 결정적으로는 자본가들과 타협하기를 원했던 '사회주의자들'이나 '혁명가들'과도 결별한 상태였다.

이런 사태 전개의 바탕에는 재앙적 제1차세계대전과 러시아 군대의 엄청난 인명 손실이 있었다. 이 문제를 더 두드러지게 하고 악화시킨 것은 부르주아 자유주의자들(카데츠)과 케렌스키와 사회혁명당과 멘셰비키가 모두 재앙적 전쟁을 계속하는 데 몰두하고 있다는 [대중의] 깨달음이었다. 이 사실 때문에 크론시타트 수병들이나 페트로그라드 수비대 병사들에게는 임시정부를 전복하는 것이 그야말로 사느냐 죽느냐 하는 문제가 됐다. 즉, 전선으로 보내지느냐 마느냐에 따라 생사가 갈릴 판이었던 것이다. 여기에 더해 경제 위기가 급속하게 악화하고 농촌에서는 농민반란이 증가하고 있었다. 농민반란의 증가가 특히 중요했던 이유는 러시아 군대의 압도 다수가 군복 입은 농민이었기 때문이다.

결국 8월 말에 왕당파 장군 코르닐로프가 반혁명 쿠데타를 기도했다. 코르닐로프의 의도는 분명히 소비에트를 짓밟고 혁명을 피바다에 빠뜨리는 것이었다. 이 쿠데타 기도를 물리칠 수 있었던 것은,

노동자와 병사를 대거 동원해서 혁명을 방어하고 코르닐로프 부대에 선동가들을 보내 병사들을 설득하려고 애쓴 덕분이었다(이런 활동은 주로 볼셰비키가 조직했다).[55] 그 결과로 반혁명군은 수도에 도착하기도 전에 이미 증발해 버렸다.

바로 이 사건 며칠 뒤에 대부분의 주요 소비에트에서 볼셰비키가 다수파가 됐고, 노동자·병사·수병의 다수는(단지 페트로그라드에서만이 아니라 다른 주요 도시들과 발트함대와 서부전선에서도) 그동안 이룬 혁명의 성과가 모두 파괴되는 것을 막을 방법은 오직 단호한 혁명적 행동뿐이라고 확신하게 됐다. 이런 확신에 더해서, 케렌스키가 처음에 쿠데타를 공모했다는 증거가 드러나고 부르주아지와 임시정부가 소비에트와 혁명을 완전히 분쇄하기 위해 페트로그라드를 독일군에게 넘겨주려 한다는 확신이 널리 퍼지면서 단호한 혁명적 행동은 더 시급해졌다.[56]

이에 대응해 10월 13일* 페트로그라드 소비에트는 산하에 군사혁명위원회를 설치했다. 레온 트로츠키가 지휘한 이 기구의 목적은 페트로그라드 수비대와 협력해서 이 혁명의 도시를 확실히 방어하는 것이었다. 케렌스키가 페트로그라드 수비대를 전선으로 보내라는 명령을 내렸을 때, 군사혁명위원회는 10월 21일 열린 페트로그라드 수비대 협의회에서 이제부터는 임시정부와 군사령부가 내리는 명령은 듣지 않고 오직 군사혁명위원회와 소비에트의 명령만 따르겠다는 동의를 얻어 냈다. 수비대 협의회에서 통과된 결의안의 초안은 트로츠

---

* 16일의 오타인 듯하다.

키가 작성했는데, 거기에는 다음과 같이 명시돼 있었다.

이제 말잔치의 시대는 끝났다. [다가오는] 전국 소비에트 대회는 직접 권력을 장악해서 민중에게 평화와 토지와 빵을 보장해야 한다. … 페트로그라드 수비대의 모든 부대는 전국 소비에트 대회의 명령을 따를 것이고, 마지막 한 사람까지 이 요구들[모든 권력을 소비에트로!, 평화·토지·빵, 제헌의회 소집]을 위해 투쟁할 것이라고 엄숙히 약속한다.
우리 자신과, 병사·노동자·농민의 권위 있는 대표들을 믿고 의지하라. 우리는 자기 자리에서 죽을 때까지 싸울 각오가 돼 있다.[57]

7년 후 이 사건에 관해 논평하면서 트로츠키는 다음과 같이 말했다.

수비대 병력의 3분의 2를 전선으로 보내라는 케렌스키의 명령을 우리 페트로그라드 소비에트가 무효화시킨 바로 그 순간부터 우리는 사실상 무장봉기에 돌입했다. … 그러나 우리가 페트로그라드 수비대의 [전선] 이동에 반대하고, 군사혁명위원회를 창설하고(10월 16일), 모든 사단과 군대 기구에 우리 자신의 정치위원들을 임명해서 파견하고, 그렇게 해서 페트로그라드 군관구 참모본부뿐 아니라 정부 자체도 완전히 고립시킨 순간에 10월 25일 무장봉기의 결과는 적어도 4분의 3이 이미 결정된 것이나 다름없었다. 사실 우리는 이때 이미 무장봉기에 돌입했다(그것은 임시정부에 대항하는 페트로그라드 수비대 연대들의 무혈 무장봉기였다). 그 봉기는 군사혁명위원회의 지도 아래 제2차 전국 소비에트 대회를 수호할 준비를 한다는 구호를 내걸고 추진되고 있었다. 이 소비에트 대회에서 국가권력의 최종 운명이 결정될 터였다.[58]

또 트로츠키와 군사혁명위원회는 그즈음에 네바강 변에 있는 페트로파블롭스크 요새의 수비대와 심지어 카자크[*] 연대들도 설득하는 데 성공했다.

바로 그래서 10월 25일의 권력 장악이 그토록 쉽고 순조롭게 이뤄졌던 것이다. 임시정부가 이렇다 할 싸움 한번 하지 못하고 몰락한 이유는 그들을 방어해 줄 사람들이 아무도 남아 있지 않았기 때문이다. 다시 말해, 10월 무장봉기가 유혈 사태 없이 신속하게 끝났다는 것을 근거로 볼셰비키의 쿠데타일 뿐이라고 주장하는 것은 사실 그 반대를 증언하는 셈이다. 즉, 10월 봉기가 노동계급과 군복 입은 노동자·농민의 엄청난 지지를 받았다는 증거인 것이다.

무장봉기 직전까지 이미 10분의 9가 달성됐다는 말은 마지막 10분의 1, 즉 10월 25일의 '권력 장악'이 중요하지 않았다는 뜻이 아니다. 오히려 당시 레닌이 주장했듯이 그것은 엄청나게 중요했고, 그 '권력 장악'이 없었다면 6년 후인 1923년 10월 독일에서 그랬듯이 기회의 창 전체가 닫혀 버릴 수 있었다. 즉, '혁명의 호기'가 날아가 버릴 수 있었던 것이다. 더욱이, 무장봉기가 비록 소비에트의 이름으로 실행되

---

[*] 러시아제국 중앙정부의 영향력이 닿지 않는 남쪽 변경 지대로 도피해 터전을 잡은 농민 전사 집단. 18세기까지는 러시아 정부에 대항하는 세력이었지만, 그 뒤로는 농토를 소유할 수 있는 특권을 중앙정부한테 인정받은 대신, 한동안 기병대로 러시아제국에 봉사했다. 도시에서는 혁명운동을 탄압하는 치안대로 활동했다.

고 소비에트 산하 군사혁명위원회를 통해 조직되기는 했지만 그 정치적 추진력이 레닌의 볼셰비키당에서 나왔다는 것은 분명하다. 따라서 10월 혁명이 분명히 노동자 혁명이었다는 주장의 많은 부분은 볼셰비키당의 성격, 또 볼셰비키당과 노동계급의 관계에 의존하고 있다. 흔히 하는 말처럼 만약 볼셰비키가 프롤레타리아 위에 군림하거나 프롤레타리아 외부에 고립된 대표성 없는 소수 집단이었다면 또는 [영국의 역사가] 로버트 콩퀘스트의 말처럼 근본적으로 "무장한 지식인들의 집단"이었다면, 정말로 10월 무장봉기는 노동자 혁명을 강탈하거나 찬탈한 사건이었다고 할 수 있을 것이다. 그러나 [역사적] 사실들을 보면 결코 그렇지 않다는 것을 확실히 알 수 있다.

1905년 이래로 볼셰비키당은 압도적으로 프롤레타리아로 이뤄진 조직이었다. 데이비드 레인이 만든 자료를 보면, 1905년에 볼셰비키 당원의 구성은 노동자 61.9퍼센트, 농민 4.8퍼센트, 화이트칼라 27.4퍼센트, 기타 5.9퍼센트였다.[59] 볼셰비키의 신문 〈프라우다〉가 1914년 1사분기에 받은 전체 기부금 가운데 87퍼센트는 노동자들이 보내 준 돈이었고 13퍼센트는 노동자가 아닌 사람들이 보낸 것이었다.[60] 또, 이미 2월 혁명 직전에 볼셰비키 당원 수는 2만 3600명을 헤아렸고, 그 중에 60퍼센트가 노동자였다.[61] 물론 1억 6000만 명쯤 되는 러시아 전체 인구에 비하면 너무 적어서 사실상 아무 의미 없는 숫자라고 일축해 버릴 수 있다. 그러나 겨우 2400만 명에 불과한 도시인구에 비하면, 특히 볼셰비키의 주요 사회적 기반이었던 산업 노동계급에 비하면, 이것은 매우 인상적인 숫자였다. 특히 당시 볼셰비키는 전쟁이 한창일 때 불법 상황에서 전쟁에 반대하는 활동을 전개한 정당이었음을 감안하면 더욱 인상적인 숫자다. 1917년 내내 볼셰비키당은 급속하게 성장했다. 4월 말쯤 볼셰비키 당원 수는 7만 9204명으로 늘어났고 8월에는 약 25만 명으로 추산됐다. 10월에는 규모가 훨씬 더 컸을 것이다. 이런 성장은 압도적으로 노동계급과 수병들 사이에서 이뤄진 것이었다. 멘셰비키였던 수하노프조차 다음과 같이 말했다. "이 정당은 도저히 막을 수 없을 만큼 빠르게 성장하고 있었다. 그것도 거의 오로지 프롤레타리아 사이에서 성장하고 있었다."[62] 또, 트로츠키도 다음과 같이 말했다. "지식인들은 볼셰비키당에 거의 가입하지 않았다."[63]

결코 볼셰비즘을 지지하지 않았던 [영국의 역사학자] 레너드 샤피로도 다음과 같이 썼다. "25개 도시의 조직들이 보낸 회답을 표본으로 보면 도시의 공장노동자 가운데 볼셰비키로 조직된 비율은 이 시점(1917년 8월)에 1퍼센트에서 12퍼센트까지 다양했다(25개 도시의 평균은 5.4퍼센트였다)."[64] 볼셰비키 투사가 된다는 것은 비교적 높은 수준의 활동에 참가해야 한다는 것이었고 이 활동은 경제투쟁과 정치투쟁을 가리지 않고 공장 자체에 집중됐음을 감안하면, 이것은 매우 높은 비율이었다. 그것이 뜻하는 바는 볼셰비키당과 노동계급 사이에는 서로 영향을 주고받으며 강력하게 상호작용하는 관계, 즉 매우 유기적인 관계가 존재했다는 것이다. 그런 상황에서 볼셰비키당이 노동자들의 염원을 거슬러서 무장봉기를 감행하는 것은 불가능했을 것이고, 만약 그랬다가는 당원의 재앙적 손실을 겪었을 것이다.[65]

마지막으로, 비록 볼셰비키에 반대하는 사람들이었지만 당시 상황을 아주 좋은 위치에서 목격한 증인이 두 명 있다. 먼저, 수하노프는 다음과 같이 말했다.

페테르부르크 프롤레타리아는 10월 무장봉기 조직자들에게 동조했는가 안 했는가? 그들은 볼셰비키를 지지했는가 아니면 볼셰비키는 그들과 관계없이 행동하고 있었는가? 그들은 [임시정부] 전복을 지지했는가 아니면 중립적이었는가 아니면 반대했는가?

여기서 답은 하나뿐이다. 그렇다, 볼셰비키는 페테르부르크 노동자·병사의 전폭적 지지를 받고 행동했다. 그리고 무장봉기의 성공에 필요한 만큼만(매우 적은!) 무력을 투입해서 봉기를 감행했다.[66]

마찬가지로, 레닌의 오랜 적수였던 마르토프도 다음과 같이 말했다. "어쨌든, 우리 앞에 있는 것은 승리한 프롤레타리아 봉기라는 사실을 아셔야 합니다. 프롤레타리아는 거의 모두 레닌을 지지하면서, 봉기를 통해 자신들의 사회적 해방이 이뤄지기를 기대하고 있습니다."[67]

레닌과 노동계급

러시아 혁명이 노동자 혁명이었고 볼셰비키가 노동자 정당이었다면 레닌 자신은 어떤가? 레닌은 중간계급 출신이었고(비록 할아버지는 농노였지만) 고등교육을 받은 지식인이었다. 그는 노동계급과 어떤 정치적 관계를 맺고 있었는가? 이 문제를 제기해야 하는 이유는 그것이 매우 논란이 많은 문제이기 때문이다.

주류 학계와 주요 대중매체의 지배적 견해는[68] 레닌이 노동계급 대

중을 조종하는 엘리트주의적 관계였다는 것이다(수십 년 동안 지속
된 견해다). 내가 레닌에 관한 '마키아벨리즘적 해석'이라고 부르는 이
런 견해에 따르면,[69] 레닌은 거의 처음부터 독재자가 되고 싶어 했고,
권력 자체를 위한 권력을 무자비하게 추구했으며, 평범한 사람들과
노동자들, 사실은 다른 사회민주주의자들과 심지어 다른 볼셰비키
당원들을, 또 민주주의와 정치적 자유의 문제들도 순전히 [자신의 목적
을 위한] 수단으로만 대하고 다뤘다는 것이다. 만약 레닌에 관한 이런
견해가 맞다면, 비록 1917년에 모든 혁명적 사건들의 추진력이 노동
계급 투쟁이었다고 하더라도, 또 볼셰비키당이 압도적으로 러시아의
공장 프롤레타리아에 깊이 뿌리내린 노동자 정당이었다고 하더라도,
또 대다수 노동자들이 10월 무장봉기를 지지했다고 하더라도, 그들
은 모두 레닌이나 그의 측근들(레닌과 비슷한 "전체주의적" 사고방식
을 갖고 있었다)에게 이용당했을 뿐이라고 주장하는 것이 가능하다.

　마키아벨리즘적 해석을 떠받치는 지주는 두 가지다. 첫째는 매우
한결같은 인신공격인데, 레닌의 평생 행적을 '다 안다는 듯한' 해석이
다. 그래서 1903년에 러시아 사회민주노동당RSDLP이 당원 자격 문제
를 둘러싸고 볼셰비키와 멘셰비키로 분열했다면 그것은 조직관의 차
이 때문이 아니라 사실은 레닌이 권력을 장악하려고 욕심을 부렸기
때문이라는 것이다. 예컨대, 로버트 대니얼스는 다음과 같이 썼다. "문
제의 근원은 레닌이었다. 즉, 조직은 빈틈이 없어야 한다는 그의 생
각, 당 지도부를 뒤흔들려는 그의 계획, 혁명 지도자로서 그의 개성,
운동을 지배하려는 그의 욕망이 문제였다."[70] 1903년에 레닌이 〈이스
크라〉(불꽃)라는 신문의 편집부를 플레하노프와 마르토프와 자신만

으로 구성하고 자술리치·포트레소프·악셀로드를 해임해야 한다고 주장했다면, 그것은 레닌이 자술리치·포트레소프·악셀로드가 편집자로서 쓸모없다고 생각했기 때문이 아니라 자신의 개인적 통제권을 강화하고 싶었기 때문이라는 것이다.

마찬가지로, 1908~1909년에 레닌이 보그다노프와 마흐주의자들의 철학적 견해를 비판하는 《유물론과 경험비판론》을 쓴 것은 그런 철학적 견해에 동의하지 않고 그것이 운동에 해롭다고 생각했기 때문이 아니라 사실은 레닌이 반대나 이견을 결코 용납할 수 없었기 때문이라는 것이다.

둘째 지주는 이론적인 것이다. 그것은 1902년에 출판된 레닌의 책 《무엇을 할 것인가?》에 초점을 맞춘다. 특히 그 책에 나오는 두 가지 주장, 즉 노동계급은 아무리 노력해 봐야 '노동조합 의식'만을 발전시킬 수 있을 뿐이라는 것과 따라서 사회주의 의식은 노동계급의 '외부에서' 도입돼야 한다는 것이다.

이 두 지주는 상호작용하며 서로 강화해 준다. 《무엇을 할 것인가?》에 나오는 주장들은 자칫 은폐될 수도 있었을 레닌 사상의 본질, 즉 대중을 조종해야 한다는 레닌의 생각을 밝히 보여 주고 그의 성격과 행동 전체에 관한 마키아벨리즘적 해석이 옳음을 입증하는 '결정적 증거'인 양 제시된다. 그와 동시에, 레닌의 정치적 생애 전체에 관한 마키아벨리즘적 해석은 《무엇을 할 것인가?》가 문제의 근원이며 그것을 레닌주의의 핵심 문서, 심지어 가장 중요한 문서로 격상시키는 해석을 정당화하는 데 한몫한다. 이런 상호작용 때문에 나는 먼저 마키아벨리즘적 해석의 전반적 맥락과 의미에 관해 내 의견을 밝히고 나서 《무엇을 할 것인가?》의 세부 내용을 살펴본 다음, 다시 레닌과 노동계급의 실제 관계 문제로 돌아가겠다.

레닌의 권력의지?

레닌의 정치 활동 동기는 무엇보다도 개인적·절대적 권력욕이었다는 생각이 널리 퍼져 있다. 그런 생각의 신뢰성과 설득력은 대부분 권력욕이 모든 정치인과 모든 정치투쟁의 동기라는 흔한 통념에서 나온다. 그리고 이 통념의 뿌리는 권력의지가 인간의 역사 전체, 심지어 세계의 모든 역사 밑바탕에 있다는 니체의 견해, 기독교의 원죄설, 인간 본성은 근본적으로 이기적이라는 주장 따위다. 여기서 이런 형이상학적 이론들을 논할 수는 없다. 이런 이론들이 타당하다면, 사회주의나 자유롭고 평등한 사회는 완전히 불가능할 것이다.[71] 그러나 그런 이론들이 문화 안에 깊이 배어 있고 '상식'으로 통하다 보니 일부 엉성한 학문이 용납되고 득세한다는 사실은 지적해 둘 만하다.

예컨대, [역사학 잡지] 《아날》의 공동 편집자인 마르크 페로는 10월 혁명에 관해 다음과 같이 썼다.

심지어 평화적으로 권력을 장악할 수 있다고 하더라도 폭력으로 권력을 장악해야만 폭력적 경향을 몰아낼 수 있다는 것이 십중팔구 레닌의 생각이었다. 그는 동료들에게 무장봉기를 설득하려다가, [케렌스키] 정권은 어쨌든 붕괴할 것이라는 카메네프와 트로츠키의 반론에 부딪히자 그렇게 생각했다. 이런 생각은 레닌의 근본적 사상을 반영했을 개연성이 아주 높다.[72]

이 주장은 내적으로 일관되지 않을 뿐 아니라, 사실관계에서도 분명한 오류를 포함하고 있다. 예컨대, 트로츠키는 무장봉기를 지지했고, "정권은 어쨌든 붕괴할 것"이라고 주장하지 않았다. 훨씬 더 중요한 점은 페로의 핵심 주장 두 가지, 즉 "폭력으로 권력을 장악해야만 폭력적 경향[레닌의? 민중의? — 지은이]을 몰아낼 수 있다는 것"이 "레닌의 생각"이었다는 주장과, "이런 생각은 레닌의 근본적 사상을 반영했을 개연성이 아주 높다"는 주장을 뒷받침할 증거나 참고 문헌이 전혀 제시되지 않는다는 것이다. 이것이 아무 문제도 되지 않는 이유는 레닌의 동기가 바로 그런 것이었다는 사실을 "모든 사람이 다 알고 있기" 때문이다. 마찬가지로 마르크 페로는 다음과 같이 썼다.

권력을 장악할 때까지 볼셰비키는 제헌의회를 자신들의 의제로 남겨 뒀다. 그러나 레닌은 친한 사람들에게는 소비에트 권력이 수립됐을 때 제헌의회를 소집하는 것은 후퇴일 것이라고 털어놨다. 즉, 제헌의회는 "자유주의적 농담"이라는 것이었다. 그러면서 다음과 같이 덧붙였다. "사태 전개로 말미암아 우리가 권력을 잡을 수도 있다. 그리고 우리는 권력을 잡게 되면 결코 그 권력을 놓지 않을 것이다."[73]

이것은 레닌의 유죄를 강력히 시사하는 중요한 주장이다. 페로는 레닌이 친한 사람들에게 이렇게 털어놨다고 말한다. 그렇다면 페로는 그 사실을 어떻게 알았는가? 독자들은 당연히 인용문이나 증언이나 참고 문헌 같은 모종의 증거가 제시됐을 것이라고 생각할 것이다. 그러나 아무것도 없다. 페로는 단지 그것이 사실이라고 강하게 주장할 뿐이다. 여기서 페로를 힐난하는 것은 불공평하다. 레닌을 이런 식으로 다룬 문헌은 어마어마하게 많기 때문이다. 그 사건들이 일어난지 50년 또는 70년이 지난 뒤에 '학자들'은 마치 레닌의 마음속 생각과 동기를 들여다보기라도 한 것처럼 글을 쓴다. 그리고 레닌의 마음속 생각과 동기는 언제나 냉소적인 권력욕에서 비롯한 것으로 묘사한다. 이런 일이 (주류 학계에서) 권장되고 대체로 아무런 도전도 받지 않는 이유는, 레닌에 관한 그런 견해가 우리 사회에서 매우 강력한 세력들의 본능이나 이해관계와 딱 맞기 때문이다.[74]

그러나 사실 레닌의 성격에 관한 마키아벨리즘적 해석은 대단히 믿기 힘들뿐더러 레닌 생애의 중요하고 부정할 수 없는 많은 사실과 충돌한다. 1887년 레닌이 17살이었을 때 형이 차르 암살을 기도했다가 처형당했다. 그래서 어린 레닌은 차르 치하 러시아에서 혁명 활동의 결과가 어떤 것인지를 처음부터 잘 알고 있었다. 이에 대한 레닌의 반응은 나로드니키 비밀 조직에 스스로 가입했다가 체포되고 대학에서 쫓겨난 것이었다. 그래도 그는 단념하지 않았다. 레닌은 또 다른 조직에 가입했는데, 거기서 마르크스의 《자본론》을 접하고 1889년쯤 마르크스주의자가 돼서 '러시아 마르크스주의의 아버지' 플레하노프의 저작들을 읽기 시작했다. 1893년에 상트페테르부르크로 이사한 레닌은 마르크스주의 노동자 서클에 가입했고 플레하노프의 노동해방단과 협력했다. 그런 활동의 대가는 항상 체포와 시베리아 유배였는데, 1895년 12월 레닌에게도 실제로 그런 일이 일어났다. 젊은이다운 이런 영웅적 행동과 자기희생이 모두 개인적 권력 장악이라는 장기적 전략의 일환으로 시작됐다는 말을 우리더러 정말

믿으라는 것인가? 레닌의 목적이 정말로 그런 것이었다면, 차르 체제의 관료 기구에 들어가거나 좀 더 나중에 러시아의 주요 부르주아 정당인 카데츠에 가입하는 것이 더 간단하지 않았을까?

또, 1905년 혁명이 패배한 뒤의 암울한 반동기에 대한 레닌의 반응도 살펴보자. 이 반동은 실제로는 1907년 6월의 스톨리핀 쿠데타* 이후 본격화했는데, 정말 극심했다. 1905년에는 노동자 286만 3000명이 파업에 참가했는데 1910년에는 겨우 4만 7000명만이 참가했고, 볼셰비키당도 거의 붕괴하다시피 해서 당원 수가 급감했다. 1907년에는 상트페테르부르크에 약 7000명의 당원이 있었지만 1908년 12월에는 겨우 300~400명만 있었고, 모스크바의 당원은 1906년 5월 5320명에서 1908년 말 150명으로 줄어들었다.[75] 그때는 야심만만한 기회주의자라면 배에서 뛰어내릴 순간이었다. 즉, 실패해서 와해된 운동을 포기하고 기성 사회와 화해할 때가 온 것이다. 당시 다른 많은 지식인들은 실제로 그렇게 했다.[76] 그러나 레닌의 반응은 정반대였다. 혁명과 [볼셰비키]당을 훨씬 더 격렬하게 고수한 것이다.

그 뒤 제1차세계대전이 터졌다. 1912년부터 1914년까지는 러시아의 [노동]운동과 [볼셰비키]당이 회복되고 더 강력해지고 있었으나 1914년 8월 전쟁이 시작되자 이 성장 추세는 중단됐다. 러시아와 유럽 전역에서 애국주의와 전쟁 열기가 엄청나게 분출했다. 이 때문에 모든 사회주의 정당과 지도자들은 압력을 받았고 대다수는 그 압력

---

* 1907년 6월 3일 내무부 장관 스톨리핀이 2차 두마를 해산하고, 정부에서 다수파 야당을 제거할 목적으로 새로운 선거법을 발표한 사건.

에 굴복했다. 독일부터 영국까지, 오스트리아부터 프랑스까지 거의 모든 사회주의자 국회의원이나 장차 정부 입각을 바라는 사회주의자들은 1914년 7월까지만 해도 전쟁에 반대하던 태도를 바꿔서 이제 '자국' 정부와 전쟁을 지지하고 나섰다. 독일 사회민주당SPD(이하 사민당으로 줄임)에는 112명의 국회의원이 있었다. 그들은 111 대 1로 전쟁공채에 찬성표를 던졌다. 반대한 사람은 카를 리프크네히트뿐이었다. 당시 유럽 전체에서 리프크네히트와 같은 편에 선 사람들은 극소수였다. 예컨대, 로자 룩셈부르크, 레온 트로츠키, 존 매클레인, 제임스 코널리가 그랬다.[*] 그들에게 무슨 일이 일어났는가? 감옥에 갇히고 죽었다. 그렇다면 레닌의 입장은 어땠는가? 사실 그는 자신의 동료 볼셰비키 당원들을 포함해서 그 누구보다 더 강경하고 비타협적인 반전 입장을 취했다. 즉, 제국주의 전쟁을 내전으로 전환시켜야 한다고 주장하면서, 극도로 인기 없는 '혁명적 패배주의' 입장을 취한 것이다.[77]

물론 레닌의 마음속을 꿰뚫어 보는 듯한 우리의 심리학자들은 23살의 청년 레닌이 그야말로 대단한 선견지명의 소유자여서, 24년쯤 뒤에는 자신의 소규모 마르크스주의 서클이 대중정당으로 변모해서 당 지도자인 자신과 당 자체를 권좌에 올려놓을 것임을 알고 있었다고 주장할 수 있을 것이다. 그리고 1908년과 1914년의 암울하고 고립된 시기에도 레닌은 흐름이 곧 바뀔 것이고 자신이 머지않아 러시아의 지배자로 떠오를 운명이라는 것을 알고 있었다고 주장

---

[*] 매클레인과 코널리는 각각 스코틀랜드와 아일랜드의 혁명적 사회주의자였다.

할 수도 있을 것이다. 단, 1917년 1월까지도 레닌이 "이 다가오는 혁명의 결정적 전투"를 살아생전에 볼 수 있을지 의심스러워했다는 증거가 있다는 사실은 예외다.[78] 또, 2월 혁명 때까지도 레닌은 다가오는 러시아 혁명이 부르주아 민주주의 혁명일 것이라는 전망을 갖고 있었고, 따라서 자신이나 자신의 정당이 러시아의 절대적 지배자가 될 것이라는 전망과는 완전히 거리가 멀었다는 사실도 우리는 기억해야 한다.

외부에서 도입되는 사회주의?

이제 레닌에 관한 마키아벨리즘적 해석의 이론적 주장을 살펴보자. 앞서 말했듯이, 이것은 《무엇을 할 것인가?》에 나오는 두 구절에 집중되고 거의 완전히 의존한다. 《무엇을 할 것인가?》는 레닌이 1901년에 썼고 1902년에 출판됐다. 그 책의 주요 목표는 두 가지였다. 하나는 러시아 전역에 흩어져 있는 수많은 사회민주주의(사회주의) 조직과 그룹을 설득해서 단일한 전국적 정당, 즉 러시아 사회민주노동당으로 통합하는 것이었다. 그 정당은 직업 혁명가들이 중핵을 이루고 전국적 [정치] 신문을 중심으로 활동할 터였다. 다른 목표는 러시아 사회주의 운동에서 '경제주의'로 알려진 경향에 맞서 싸우는 것이었다. '경제주의자들'은 러시아에서 사회민주주의자들의 주된 임무가 노동자들의 경제투쟁을 집중적으로 지원하는 것이고, '전제정치 타도!' 같은 정치적 요구를 제기해서는 안 된다고 주장했다. 레닌의 견해는 정반대였다. 그는 사회주의자들이 노동자 운동 안에서 정치적 요구들, 특히 전제정치 타도 요구를 제기하는 것은 필수적이라고 주장했다. 차르 체제에 대항하는 투쟁과 정치적 민주주의를 위한 투쟁을 부르주아 자유주의자들에게 맡겨 두고 그들을 그저 지지하기만 한다면 러시아 혁명은 파탄 나고 말 것이라고 레닌은 주장했다. 왜냐하면 레닌이 보기에 러시아 자유주의자들은 너무 소심하고 겁이 많아서, 차르 체제에 대항하는 혁명을 끝까지 밀고 나갈 수 없었기 때문이다. 그런 혁명은 오직 노동계급의 지도 아래서만 가능할 것이고, 따라서 노동계급이 정치적 문제들을 제기하는 것은 결정적으로 중요[하다고 레닌은 생각]했다.

경제주의를 비판하는 과정에서 레닌은 1890년대의 러시아 파업에 관해 다음과 같이 썼다.

> 저절로 일어난 이 파업들은 노동조합 투쟁이었을 뿐이고 아직 사회민주주의 투쟁은 아니었다. 그 파업들은 노동자와 사용자 사이의 적대 관계에 대한 각성을 보여 줬지만, 노동자들은 현대의 정치·사회 체제 전체와 자신들의 이익이 화해할 수 없는 적대 관계에 놓여 있다는 사실을 의식하지 않았고 의식할 수도 없었다. 즉, 그들의 의식은 아직 사회민주주의 의식이 아니었다. 이런 의미에서 1890년대의 파업들은 [1860년대와 1870년대에 기계 파괴 등을 수반하면서 일어난] '폭동들'과 비교하면 엄청난 진보였지만, 그래도 아직은 순전히 자발적인 운동이었다.

그리고 이렇게 덧붙였다.

우리는 노동자들에게 사회민주주의 의식이 존재할 수 없었다고 말했다. 사회민주주의 의식은 외부에서 노동자들에게 도입돼야 할 것이다. 모든 나라의 역사는 노동계급 자신의 노력만으로는 노동조합 의식을 발전시킬 수 있을 뿐이라는 것을 보여 준다. 즉, 노동조합으로 단결해 사용자와 싸우고 정부가 노동자들에게 필요한 노동법을 제정하도록 강제하는 것 등이 필요하다는 신념 말이다. 그러나 사회주의 이론은 유산계급의 교육받은 대변자들, 즉 지식인들이 정교하게 다듬은 철학·역사·경제 이론에서 나온 것이다. 현대의 과학적 사회주의의 창시자인 마르크스와 엥겔스도 사회적 지위로 보면 부르주아 지식인이었다. 마찬가지로 러시아에서도 사회민주주의 이론은 노동계급 운동의 자발적 성장과 전혀 무관하게 나타났다. 그것은 혁명적 사회주의 지식인들의 사상이 발전한 자연적·필연적 결과로 생겨났다.[79]

이 주장(과 이 구절)을 물고 늘어지면서, 일반적으로 마르크스주의에 반대하는 수많은 저술가들은 레닌이 노동계급을 대하는 진정한 태도나 근본적 태도가 저런 것이었다고, 또 볼셰비즘과 레닌주의의 핵심 원칙이나 근본 원칙이 저런 것이었다고 주장한다. 그들은 위의 인용문을 보면 레닌이 노동계급의 정치적 능력을 의심하고 깔봤으며 노동자들은 스스로 혁명가가 되지 못하는 사람들이라고 생각했다는 것을 알 수 있다고 암시한다. 따라서 레닌 자신과 같은 중간계급 지식인들이 권위주의적인 중앙집중적 정당을 통해 노동계급에게 혁명적 의식과 목표를 부여해야 한다고 생각했다는 것이다.

그래서 이런 견해의 주요 대변자인 애덤 울람은 다음과 같이 썼다.

비록 레닌의 주장은 독일의 수정주의와 러시아판 수정주의자들을 비판하는 것이었지만, 레닌과 에두아르트 베른슈타인은 다음과 같은 점에서는 근본적으로 견해가 일치했다. 즉, 역사의 힘이 노동계급을 혁명적 계급으로 만드는 것이 아니고, 노동자들의 자발적 조직은 혁명이 아니라 경제적 향상과 노동조건 개선을 위한 투쟁으로 노동자들을 이끈다는 것이다. … 베른슈타인은 노동자 정당이 노동자들의 뜻을 따라야 하고 산업 노동자의 고유한 노동자주의를 받아들여야 한다고 생각한 반면에, 레닌은 노동자들을 혁명적 마르크스주의로 강제 전향시켜야 한다고 생각했다. …

러시아에서 성장하는 노동계급 운동을 그 자연적 경로에서 이탈시키려고 한 자들은 누구인가? 외국에서 발행되는 신문을 통해 활동하는 한 줌의 혁명가들이었다(그중 일부는 차르의 감옥에 갇혀 있었다). 그러나 [사회민주주의자들의 임무는 자발성에 맞서 싸우는 것이라는] 그 주장에는 레닌주의의 본질이 담겨 있다. 즉, 물질적 힘의 자연적 발전과 이에 대한 사람들의 자연스러운 반응이 낳을 결과는 산업화가 장기적으로 노동자들에게 미치는 영향에 대한 마르크스의 예상과 사뭇 다를 것이라는 깨달음이 담겨 있는 것이다. [마르크스주의가 선진 공업국 노동자들의 심리를 예측하지 못했다고 해서 마르크스주의를 버려서는 안 된다고 레닌은 말했다.] 정당의 도움을 받아서 이런 [노동자들의] 심리를 혁명적 방향으로 '개선하고' 발전시켜야 한다는 것이다.[80]

울람의 비판이 터무니없다는 것은 분명하다. 1901년에 레닌이 "노동자들을 혁명적 마르크스주의로 강제 전향시켜야 한다"고 주장했다지만, 당시 그것은 명백히 불가능했고 그때 레닌은 분명히 사회민주주의자들이 노동자들 사이에서 사회주의를 선전할 필요성에 대해서만 이야기하고 있었다. 불행히도 이런 식의 주장이 반反레닌 문헌에는 너무 흔하다.

사실 《무엇을 할 것인가?》에 나오는 레닌의 독특한 표현은 트로츠키가 오랜 세월 후에 지적했듯이 "편향적이고, 따라서 잘못됐다."[81] 마르크스주의의 역사적 발전을 "사회주의 이론은 유산계급의 교육받은 대변자들, 즉 지식인들이 정교하게 다듬은 것"이라고 설명하는 레닌의 말은 틀렸다. 사회주의 이론은 "노동계급 운동의 자발적 성장과 전혀 무관하게" 발전한 것이 아니라, 노동계급 운동의 영향을 깊이 받았다. 마르크스가 파리에서 공산주의 노동자들을 만나지 않았거나 [독일] 슐레지엔 직공들의 반란이나 영국의 대중적 차티스트운동이 없었다면 마르크스주의라는 것도 없었을 것이다.[82] 그리고 노동계급 투쟁이 마르크스주의 이론의 발전에 미친 이런 영향은 1848년의 혁명들, 하루 10시간 노동을 위한 투쟁, 파리코뮌 등을 통해 지속됐다.[83] 그리고 "노동계급 자신의 노력만으로는 노동조합 의식을 발전시킬 수 있을 뿐"이라는 주장은 1905년 혁명과 1917년 혁명에서 틀렸음이 실천적으로 입증됐다. 그러나 [레닌의] 이런 표현이 틀렸다고 해서, 레닌주의에 반대하는 그 수많은 사람들이 이 표현에 부여한 의미와 중요성이 옳은 것은 결코 아니다.

첫째, 《무엇을 할 것인가?》가 볼셰비즘이나 레닌주의의 기본 문서였다는 흔한 주장은 아무 근거가 없다. 오히려 그것은 '경제주의'에 맞서 싸우려고 쓴 논쟁적 저작이었고, ('레닌주의'는 말할 것도 없고) 볼셰비즘이 생겨나기 전에 그리고 볼셰비즘이나 레닌주의라는 것이 생겨날 수 있음을 누군가가 알아차리기 전에 나온 것이었다. 나중에 멘셰비키 지도자가 되는 사람들도 《무엇을 할 것인가?》가 처음 나왔을 때는 그 책의 내용을 지지했고 논란의 여지가 없다고 여겼다. "외부에서 도입되는 사회주의"라는 표현은 자발성을 명분 삼아 정치적 요구와 선전에 반대하는 사람들을 반박하는 논쟁적 맥락에서 삽입된 것이었다.

레닌 자신이 《무엇을 할 것인가?》를 포함한 당시 저작들을 모아서 1907년에 다시 펴낸 책자의 머리말에서 이 점을 매우 분명히 밝혔다.

지금 《무엇을 할 것인가?》를 비판하는 사람들이 저지르는 기본적 실수는 그 소책자를 구체적인 역사적 상황의 맥락에서 떼어 내서, 즉 우리 당의 발전 과정에서 이제는 오래전 일이 돼 버린 특정 시기의 상황과 무관하게 그 소책자를 다룬다는 것이다. …

《무엇을 할 것인가?》는 1901년과 1902년에 〈이스크라〉파의 전술과 〈이스크라〉파의 조직 방침을 요약한 것이다. 더도 덜도 아니고 딱 '요약'인 것이다.

또, 나는 … 《무엇을 할 것인가?》에서 내가 제시한 공식들을 '강령' 수준으로 격상해서 특별한 원칙으로 만들고 싶은 생각도 전혀 없었다. 반대로 내가 사용한 표현은 '경제주의자들'이 한쪽 극단으로 나아갔다는 것이었다(그 후 이 표현은 자주 인용되고 있다). 《무엇을 할 것인가?》는 '경제주의자들'이 구부린 것을 곧게 편 것이라고 나는 말했다. … 이런 이야기의 의미는 아주 명백하다. 《무엇을 할 것인가?》는 '경제주의자들'이 왜

곡한 것을 논쟁을 통해 바로잡은 것이다. 그 소책자를 다른 관점에서 보는 것은 잘못이다.[84]

둘째, 1905년 혁명 때 페트로그라드 소비에트가 만들어지는 등 거대한 혁명적 투쟁이 자발적으로 분출하고 노동조합운동이 크게 발전한 것의 영향을 받아서 레닌의 입장이 분명히 바뀌었다. 《민주주의 혁명에서 사회민주당의 두 가지 전술》이라는 중요한 소책자의 머리말에서 레닌은 다음과 같이 썼다. "그런 [혁명적] 시기에 노동계급은 공공연한 혁명적 행동을 하고 싶은 본능적 충동을 느낀다."[85] 그 소책자의 뒷부분에서는 1848년 [혁명]을 두고 "가장 위대한 사상가들[마르크스와 엥겔스 — 지은이]의 생각을 노동계급의 초보적 본능이 바로잡을 수 있다는 것을 보여 줬다"고 말한 프란츠 메링을 인용했고,[86] 1905년 11월에는 "노동계급은 본능적으로, 자발적으로 사회민주주의자다" 하고 썼다.[87] 1905년 이후 레닌은 "외부에서 도입되는 사회주의"라는 서투른 표현을 다시는 되풀이하지 않았다.

셋째, 레닌이 얼마나 정확하게 표현했는지와 상관없이 절대로 분명한 사실은 레닌이 노동계급은 사회민주주의자들의 선전과 선동의 영향을 받아서 완전한 사회주의 의식에 이를 수 있고 이르게 될 것이라고 믿었다는 점이다.

우리가 오래전부터 익히 알고 있는 마르티노프 동지와 새로운 〈이스크라〉가 모두 저지르고 있는 죄는 지식인들에게 고유한 것인데, 바로 프롤레타리아의 능력을, 즉 일반적으로는 조직할 능력, 특수하게는 당 조직을 만들어 낼 능력, 또 정치투쟁을 수행할 능력을 믿지 않는다는 것이다. 〈라보체예 델로〉(노동자의 임무)는 프롤레타리아가 사용자와 정부에 대항하는 경제투쟁의 한계를 넘어선 정치투쟁을 수행할 능력이 아직 없고 앞으로도 오랫동안 그럴 것이라고 믿었다. 새로운 〈이스크라〉는 프롤레타리아가 독자적으로 혁명적 행동을 할 능력이 아직 없고 앞으로도 오랫동안 그럴 것이라고 믿는다.[88]

라스 리는 《재발견한 레닌》이라는 주요 저서에서 당시 러시아의 모든 사회주의 저술가 중에서 가장 한결같이 노동계급의 정치적 잠재력을 열렬히 낙관한 사람이 바로 레닌이었다고 주장하면서 많은 증거를 제시한다. 이와 달리, 1901년에 레닌이 노동계급의 의식을 부정적으로 평가했다고 비난하는 많은 사람들은, 노동자들에게 위로부터 사회주의 의식이 강요되기 전까지 노동자들은 결코 사회주의자가 되지 못할 것이라는 견해를 사실상 공유하는 듯하다. 마치 자본주의 정부와 자본주의 대중매체가 일반적으로 '평범한' 사람들은 오직 '먹고사는' 일상적 문제들에만 관심이 있을 뿐이라고 생각해서, '평범한' 사람들이 정치적으로 급진화하는 조짐이 조금이라도 보이면 죄다 사악한 '외부 세력'의 영향 탓으로 돌리듯이 말이다.

지금까지는 어쩔 수 없이 레닌을 깎아내리는 온갖 비판에 답변을 했으니, 이제는 레닌과 노동계급의 실제 관계가 어땠는지를 살펴볼 수 있겠다.

유기적 관계

레닌은 처형당한 형의 민중주의(나로디즘) 정치에서 출발했지만 《공산당 선언》과 《자본론》과 게오르기 플레하노프의 저작들을 읽고 나서 1892년쯤* 마르크스주의자가 됐다. 레닌이 이렇게 나로드니키와 결별할 때, 상호 연관된 세 가지 쟁점이 중요했다. 첫째, 레닌은 러시아에서 자본주의가 발전하고 있다는 사실을 인식하고, 러시아는 이런 자본주의 발전을 피하거나 막을 수 있다는 [민중주의자들의] 생각을 버렸다. 둘째, 정치투쟁의 방법으로서 개인적 테러리즘을 거부했다. 셋째, (농민이나 [계급이] 구분되지 않는 '민중'이 아니라) 노동계급이 혁명을 지도할 계급이라고 인식했다. 이 문제들은 서로 완전히 연관돼 있었다. 왜냐하면 자본주의가 발전하면서 자본주의의 무덤을 파게 될 현대적 노동계급, 즉 프롤레타리아를 만들어 내고 있었고, 가장 중요한 혁명적 계급이 농민에서 프롤레타리아로 바뀌자 개인적 테러리즘도 거부하게 됐기 때문이다.

1895~1896년 감옥에 갇혀 있을 때 청년 레닌은 러시아에 아직 존재하지 않는 사회민주주의 정당을 위한 "강령 초안"을 작성했다. 그의 나중 저작들과 비교해 보면, 이 글은 비록 표현은 서투르지만 압도적으로 노동계급의 발전과 구실에 초점을 맞추고 있다. 다음과 같은 발췌문을 보자.

---

*   74쪽에는 "1889년쯤"으로 돼 있다.

러시아에서는 대공장이 점점 더 급속하게 발전하면서, 영세 수공업자와 농민을 파산시켜서 재산 없는 노동자로 만들고 있다. … 대공장은 자본에 대항하는 투쟁을 벌일 수 있는 특별한 계급, 즉 노동계급을 만들어 내고 있다. … 자본가계급에 대항하는 노동계급의 이 투쟁은 다른 사람들의 노동으로 먹고사는 모든 계급에 대항하는 투쟁이고 모든 착취에 대항하는 투쟁이다. 그 투쟁은 오직 노동계급의 손으로 정치권력이 넘어와야만 끝날 수 있다. … 러시아 노동계급의 운동은 그 성격과 목적에 따라 모든 나라 노동계급의 국제 (사회민주주의) 운동의 일부다. … 노동자들의 해방은 노동계급 자신의 행동이어야 한다.[89]

이때 이후로 레닌의 확신, 즉 마르크스주의는 프롤레타리아(혁명)의 이론이며 [러시아] 사회민주당(과 나중의 볼셰비키당과 그 뒤의 공산당)은 프롤레타리아의 정당이라는(또는 그래야 한다는) 신념은 결코 흔들리지 않았다.

19세기 말과 20세기 초에 러시아 혁명운동의 가장 중요한 전략적 논쟁은 다가오는 혁명의 계급적 성격과 동역학에 관한 것이었다. 당시 혁명운동에 참가한 거의 모든 사람은 러시아가 혁명을 향해 가고 있다는 것을 인정했다. 민중주의자들과 그들을 계승한 사회혁명당은 다가오는 혁명이 그냥 '민중 혁명'일 것이라고 모호하게 주장했는데, 이것이 실제로 의미하는 바는 러시아 인구의 압도 다수가 농민이었으므로 농민을 기반으로 하는 혁명을 지식인들이 지도하리라는 것이었다. 한편, 자신들이 '정설' 마르크스주의자라고 믿은 멘셰비키는 다가오는 혁명은 부르주아지가 지도하는 부르주아 [민주주의] 혁명일 것이라고 주장했다(1789년의 프랑스 혁명을 거의 그대로 되풀이할 것이라고 생각한 것이다).

레닌은 (1917년까지는) 다가오는 혁명이 결국 부르주아 민주주의의 한계를 넘지 못할 것이라는 생각을 받아들였지만, 그래도 프롤레타리아가 혁명을 지도할 것이라고 주장했다. 자유주의 부르주아지(카데츠 등)는 너무 보수적이고 소심하며 유럽 [자본]의 투자에 의존적인 데다가 노동계급을 너무 두려워해서 결코 혁명을 주도할 수 없을 것이라고 레닌은 말했다. 차르 체제를 전복하려면 프롤레타리아가 혁명의 주도권을 쥐어야 하고, 따라서 프롤레타리아가 러시아의 모든 근로 민중, 특히 농민을 이끌고 토지와 자유를 위한 투쟁의 선두에 서야 한다는 것이었다. 그리고 이것이 뜻하는 바는 노동계급이 무장봉기를 조직하고 임시혁명정부를 수립해서 전제정치와 봉건적 특권의 잔재를 모두 쓸어버려야 한다는 것이었다. 멘셰비키의 입장은 노동계급이 자유주의 부르주아지를 겁줘서 쫓아 버리(거나, 그래서 혁명을 무산시키)지 않도록 요구와 투쟁 수위를 누그러뜨려야 한다는 것이었다. 반면에, 레닌의 입장은 프롤레타리아의 투쟁을 최대한 높은 수준까지 끌어올리기 위해 분투한다는 것이었다.[90]

따라서 레닌은 러시아 혁명의 성격에 대한 독특한 분석 덕분에, 노동계급에 헌신하는 자신의 일반적 마르크스주의 관점을 확인하고 강화할 수 있었다. 프롤레타리아는 일반적 세계사의 측면에서 혁명적·사회주의적 계급이었을 뿐 아니라, 지금 당장 러시아에서 차르 체제를 전복하는 [혁명을] 지도하도록 요구받은 계급이기도 했다.

이 때문에 레닌은 모든 저작에서, 즉 중요한 강령적·이론적 문서

뿐 아니라 아주 사소한 글에서도 끊임없이 "혁명적 프롤레타리아", "선진적 계급 프롤레타리아", "계급의식적 프롤레타리아", "프롤레타리아의 정당인 사회민주당" 등을 언급한다. 거의 항상 레닌은 (국제·러시아) '프롤레타리아'의 이름으로 말하고 글을 썼지, 예컨대 '좌파'나 '급진 좌파'의 이름으로 또는 '급진적 지식인'으로서 말하고 글을 쓰지 않았다. 이것은 레닌이 자기중심적으로 또는 대리주의적으로 그랬다는 뜻이 아니다. 그는 자신에 관해 말할 때는 보통 '정치 평론가'로서만 언급했다. 레닌은 노조 지도자들이 흔히 노동자들을 일컬어 "나의 조합원들" 어쩌고저쩌고하듯이 프롤레타리아를 자신의 '추종자' 취급하는 투로 말하지 않았다. 오히려 프롤레타리아가 성취한 것과 앞으로 성취하리라고 그가 확신하는 것을 존경하고 신뢰하는 마음으로, 그리고 완전히 동일시하고 공감하는 마음으로 프롤레타리아에 대해 이야기했다.

이것이 어느 정도였고 얼마나 강력했는지를 제대로 이해하려면 레닌의 유명한 책뿐 아니라 사소한 글도 폭넓게 읽어 볼 필요가 있지만, 여기서는 다양한 시기에 쓰인 여러 글의 발췌문 몇 개만 소개해서 독자들에게 맛만 보여 줄 수밖에 없을 듯하다(이하 인용문에서 강조는 모두 내가 추가한 것이다).

먼저 1901년에 레닌이 쓴 글을 보자.

〈이스크라〉 편집부는 G V 플레하노프의 혁명 활동 25주년을 기념하는 일에 완전히 동참하고 있다. 이 기념행사가 혁명적 마르크스주의의 입지를 강화하는 데 기여하기를 바란다. 오직 혁명적 마르크스주의만이 **프롤**

레타리아의 해방을 위한 세계적 투쟁의 지침이 될 수 있다.[91]

이번에는 1907년에 쓴 글을 보자.

사회민주주의자들이 러시아의 경제 현실을 분석해서 우리 혁명에서 프롤레타리아가 지도적 구실을 한다는 것, 즉 프롤레타리아의 헤게모니를 추론했을 때, 이것은 마치 이론가들의 탁상공론에 불과한 것처럼 보였다. [1905년 — 지은이] 혁명은 우리의 이론을 확인해 줬다. ⋯ 프롤레타리아는 실제로 혁명에서 줄곧 선두에 섰다. 사회민주주의자들은 실제로 프롤레타리아의 이데올로기적 전위라는 것이 입증됐다.[92]

또, 1912년에 쓴 글을 보자.

사건들[레나 금광에서 파업 중이던 광원들이 학살당하자 이에 항의하며 벌어진 대중 파업 — 지은이]은 혁명적 대중 파업의 전통이 노동자들 사이에 살아 있다는 것, 노동자들이 즉시 이 전통을 이어받아 되살렸다는 것을 보여 준다. 러시아 혁명은 처음으로 이 프롤레타리아적 선동 방법, 즉 대중을 분기시키고 단결시키는 방법, 대중을 투쟁으로 끌어들이는 방법을 대규모로 발전시켰다. 이제 프롤레타리아는 이 방법을 다시 한 번, 그리고 훨씬 더 확고하게 적용하고 있다. 지구상에서 어떤 권력도 프롤레타리아의 혁명적 전위가 이 방법으로 성취하고 있는 것을 성취할 수 없을 것이다.[93]

마지막으로, 1915년에 쓴 글을 보자.

러시아에서 저들이 국수주의로 감염시킬 수 없었던 유일한 계급이 프롤레타리아다. 노동자들 중에서 가장 무지한 계층만이 전쟁 초기에 나타난 몇몇 과도한 행위들에 연루됐다. 모스크바의 반反독일 폭동에서 노동자들이 한 구실은 크게 과장됐다. 일반적으로 또 대체로 러시아 노동계급은 국수주의에 감염되지 않았다는 것이 입증됐다. 이것은 나라의 혁명적 상황과 러시아 프롤레타리아의 일반적 생활 조건을 보더라도 알 수 있다.[94]

물론 이것은 현실의 살아 있는 노동자들과 아무 관계도 없는 한 지식인의 말일 뿐이라고, 수사적 기교나 '추상적' 이론일 뿐이라고 생각할 수 있다. 어쨌든 러시아 마르크스주의의 이론적 창시자인 플레하노프도 이론상으로는 프롤레타리아에게 헌신했고, 1889년 제2인터내셔널 창립 대회에 참석해서 "러시아 혁명은 노동자 혁명으로 승리하거나 그러지 않으면 아예 승리하지 못할 것"이라는 유명한 말을 하기도 했다. 그러나 플레하노프는 현실의 노동자들과 관계를 맺지 못했고, 오히려 노동자들이 찾아와서 뭔가를 요청하면 퇴짜를 놓기만 했다. 레닌은 결코 그러지 않았다.

러시아 마르크스주의자들이 노동자들과 처음으로 관계를 맺은 것은 마르크스주의 학습 서클을 통해서였다. 이런 서클에 가입한 극소수의 '선진' 노동자들은 배우려는 열망이 강렬했다. 그러나 레닌은 체포당하기 1년 전인 1894~1895년에, 즉 러시아에서 파업이 서서히 증가하기 시작했을 때 공장 선동에 열정적으로 투신했다. 그는 《공장노동자들에게 부과된 벌금법 해설》이라는 상세한 소책자와, 상트페테르부르크의 손턴 공장을 비롯한 여러 공장의 노동자들에게 배포할

리플릿도 썼다.[95] 그 리플릿들은 레닌이 노동자들을 한 사람씩 개인적으로 면담해서 노동조건을 아주 자세히 물어본 결과를 바탕으로 작성한 것이었다. 레닌의 아내인 나데즈다 크룹스카야는 회고록《레닌을 회상하며》에서 당시 이런 정보를 힘들게 모으는 과정을 생생하게 묘사하고, 이런 활동의 중요성에 관해 다음과 같이 말했다.

블라디미르 일리치[레닌]의 활동에서 이 상트페테르부르크 시기는 대단히 중요했다. 비록 그 활동 자체는 주목할 만한 것도 아니고 결코 두드러진 것도 아니었지만 말이다. 레닌 자신이 당시의 활동을 그렇게 묘사한 적이 있는데, 그 기록은 지금 어디 있는지 보이지 않는다. 그의 활동은 영웅적인 것이었다기보다는 대중과 긴밀한 관계를 구축하기 위해 대중에게 더 가까이 다가가고, 대중의 가장 훌륭한 염원을 전달하는 법과 대중의 신뢰를 얻어서 대중이 우리를 따르게 하는 법을 배우는 과정이었다. 그러나 바로 이 상트페테르부르크 시기의 활동을 통해서 블라디미르 일리치는 노동 대중의 지도자로 형성됐다.[96]

따라서 레닌은 이때 처음으로 러시아 노동자들과 유기적 관계, 즉 배우면서도 가르치는 변증법적 관계를 맺었다.《나의 생애》에서 트로츠키는 [레닌보다] 1년 남짓 뒤에 러시아 남부의 니콜라예프에서* 비슷한 경험을 하고, 다시 1917년에도 모데르네 원형극장과 크론시타트 등지에서 대중 집회에 참가하고 연설하면서 훨씬 더 극적인 규모

———

* 현재의 우크라이나 미콜라이우.

로 비슷한 경험을 한 이야기를 들려준다.[97] 그람시는 1919~1920년에
〈오르디네 누오보〉(신질서)라는 신문을 통해 토리노 노동자들과 관
계를 맺은 것에 대해 다음과 같이 말했다.

당시에는 노동자들의 의견을 충분히 반영하지 않은 것이면 … 어떤 계획
도 실천에 옮기지 않았다. 이런 이유로 우리의 계획들은 [노동자들의] 절
실한 욕구를 반영한 것이었지 결코 지적 도식을 냉정하게 적용한 것이
아니었다.[98]

더욱이 레닌은 오랜 망명 기간에도 이런 유기적 관계, 특히 노동계
급에게 배우는 능력을 유지할 수 있었다. 이것은 그가 (이론적으로
든 신문·잡지 활동을 통해서든 조직적으로든) 볼셰비키당에 열정적
으로 직접 관여했고 또 볼셰비키당은 노동계급에 뿌리를 내리고 있
었기 때문이다. 두 가지 사례가 이 점을 매우 분명히 보여 준다.
첫째는 1905년의 소비에트 문제다. 1903~1904년에 레닌과 함께
당을 건설했던 볼셰비키 페테르부르크 위원회 동지들을 포함해서
많은 '직업 혁명가'들은 1905년에 페테르부르크 소비에트가 출현하
자 이 기구를 매우 의심하면서 종파주의적 반응을 보였다. 그들은
이 새로운 기구를 [사회민주노동]당과 영향력 다툼을 벌일 잠재적 경
쟁자로 여겼다. 그래서 당의 강령을 채택하고 심지어 공식적으로 당
에 가입할 것을 소비에트에 요구하려 했다. 트로츠키는 이를 두고 다
음과 같이 논평했다. "당시 볼셰비키 노동자 대표단도 포함돼 있던
페테르부르크 소비에트 전체는 눈 하나 깜박 안 하고 이 최후통첩을

무시했다."[99] 레닌은 [외국 망명지에 있는] 자신이 멀리서 조언하는 '구경꾼'일 뿐이라는 사실을 인정하면서도 다음과 같이 논쟁을 제기했다.

내가 보기에 라딘 동지가 노동자 대표 소비에트인가 아니면 [사회민주노동]당인가 … 하고 문제를 제기하는 것은 틀렸다. 나는 문제를 이렇게 제기하는 것이 틀렸고, 따라서 다음과 같이 **분명히** 결정해야 한다고 생각한다. 노동자 대표 소비에트와 당 둘 다 중요하다. 유일한 문제(또 매우 중요한 문제)는 소비에트의 과제와 러시아 사회민주노동당의 과제를 어떻게 나누고 어떻게 결합시킬 것인가 하는 것이다. …
나는 소비에트가 어느 한 정당을 전적으로 지지하는 것은 바람직하지 않다고 생각한다. …
내가 틀렸을지도 모르지만, (내가 구할 수 있는 '신문'의 불완전한 정보에만 의거해서) 나는 정치적으로 노동자 대표 소비에트를 임시혁명정부의 맹아로 여겨야 한다고 생각한다. 나는 소비에트가 되도록 빨리 자신이 러시아 전체의 임시혁명정부임을 선포하든지 아니면 임시혁명정부(형태만 다를 뿐 진짜 혁명정부라 할 수 있는)를 세워야 한다고 생각한다.[100]

비록 멀리 떨어져 있었어도 레닌의 본능이 이 문제에서는 옳았음을 역사는 분명히 입증했다. 트로츠키가 지적했듯이 레닌은 "소비에트를 '프롤레타리아 정부'라고 부른 페테르부르크 대중의 말을 죄다 엿듣는 법을 알고 있었다."[101]

둘째는 레닌이 1917년 [9월 말]에 쓴《볼셰비키는 국가권력을 유지할 수 있는가?》라는 소책자에서 7월 사태와 관련해 들려준 이야기다. 약간 편집했는데도 긴 인용문이지만, 레닌의 관점을 아주 잘 보여 주기 때문에 충분히 인용할 만한 가치가 있다.

7월 사태 이후 … 나는 지하로 숨어야 했다. 물론 우리 같은 사람들을 숨겨 준 것은 노동자들이었다. 후미진 페트로그라드 교외의 노동계급 지구에 있는 자그마한 노동자 집에서 사람들이 저녁을 먹고 있었다. 여주인이 빵을 식탁에 내놓자 남자 주인이 이렇게 말했다. "얼마나 좋은 빵인지 보세요. '저들'은 지금 우리한테 감히 나쁜 빵을 주지 못해요. 우리는 [7월 사태 전에는] 페트로그라드에서 좋은 빵을 먹는다는 생각조차 포기할 뻔했는데 말예요."

나는 7월 사태에 대한 이 계급적 평가에 놀랐다. 나는 7월 사태의 정치적 의미만을 생각했고, 7월 사태가 상황의 일반 흐름에서 하는 구실만을 따져 봤고, 역사에서 이런 지그재그를 낳은 상황과 이 지그재그가 앞으로 낳을 상황, 그리고 바뀐 상황에 적응하기 위해 우리 구호를 어떻게 바꿀 것인지, 당 기구를 어떻게 바꿀 것인지만 분석했다. 빵이 부족한 적이 없었던 나는 빵을 생각도 못했다. 빵은 말하자면 필자의 노동의 부산물로서 당연히 있는 것으로 여겼다. 그런 사고방식은 극도로 복잡하고 구불구불한 길을 따라가는 정치적 분석을 통해 모든 것의 토대, 빵을 얻기 위한 계급투쟁에 접근한다.

그러나 이 피억압 계급의 구성원들은, 보수도 넉넉하게 받고 교육 수준도 높은 노동자일지라도, 우리 지식인들이 도저히 따라갈 수 없을 만큼 놀라울 정도로 간단하고 솔직하게, 아주 단호하고 명확한 관점으로 난국을 헤쳐 나간다. …

"정말 골치 아픈 문제는 혁명이 만들어 낸 '유별나게 복잡한 상황'이다." 이게 바로 부르주아 지식인들이 생각하고 느끼는 바다.

"우리가 '저들'을 조금 쥐어짰더니 '저들'은 전처럼 우리한테 감히 큰소리 치지 못한다. 우리는 다시 저들을 쥐어짜고 아예 몰아내 버리겠다." 이게 바로 노동자들이 생각하고 느끼는 바다.[102]

1917년 9월 말에 일어난 사건은 레닌과 노동계급의 관계를 다른 각도에서 보여 준다. 당시 레닌은 볼셰비키당 중앙위원회를 설득해서 권력 장악을 위한 무장봉기를 조직하게 만들려고 격렬하게 투쟁하고 있었다. 그는 중앙위원회에 계속 편지 공세를 퍼부으면서 "때를 놓치지 말고 붙잡으라"고 갈수록 다급하게 요구했다. 이 편지들에서 거듭 거듭 강조한 주제는 혁명이 결정적 전환점에 이르렀다는 것, 그래서 "꾸물거리는 것은 곧 죽음으로 가는 지름길"이라는 것이었다. 1917년 9월 29일 레닌은 다음과 같이 썼다.

위기는 무르익었다. 러시아 혁명의 미래 전체가 위태롭다. 볼셰비키당의 명예가 의심을 받고 있다. 국제 노동자들의 사회주의 혁명의 미래 [전체] 가 위태롭다. …

지금 권력을 장악하지 않고 [소비에트 대회를] '기다리는' 것은 … **혁명을 망하게 하는 것이다.**[강조는 원문 그대로다 — 지은이]

그러더니 다른 볼셰비키 지도자들이 행동에 나서지 않아서 결국 기회를 놓쳐 버릴지도 모른다는 두려움에 레닌은 중앙위원직을 사퇴하겠다고 선언했다.

나는 중앙위원 사퇴서를 제출할 수밖에 없고, 이 문서로 사퇴서를 대신한다. 그래야 내가 당의 평당원들 사이에서 또 당대회에서 자유롭게 선동할 권리가 보장된다.

나는 우리가 소비에트 대회를 '기다리면서' 지금 이 순간을 놓쳐 버린다면 혁명을 망치고 말 것이라고 깊이 확신하기 때문이다.[103]

그래서 가장 결정적인 순간에 레닌은 자신의 정치 생애 전부를 바쳐서 건설하려고 애쓴 바로 그 정당의 지도부에서 사퇴하겠다고 위협했다. 당의 평당원들 사이에서, 즉 노동자와 수병 사이에서 자유롭게 선동하기 위해서였다. 이 사건을 살펴보면서 트로츠키는 다음과 같이 논평했다.

레닌이 사퇴를 선언한 것을 순간적으로 짜증 나서 한 행동이라고 볼 수는 없다. 사퇴 선언을 통해 레닌은 필요하다면 중앙위원회의 내부 규율에서 자유로워질 수 있기를 바란 것이 분명하다. 4월에 그랬듯이 이번에도 기층의 평당원들에게 직접 호소하면 자신이 승리할 것이라고 굳게 믿었던 것이다.[104]

트로츠키가 말했듯이, 이를 위해서는 "프롤레타리아에 대한 강력한 신뢰가 필요했다."[105]

마지막으로, 이 주제에 관해서 나는 레닌이 집권한 이후의 사례

두 가지를 인용하고 싶다. 첫째는 그가 1920년에 쓴 유명한 소책자 《좌파 공산주의 ― 유치증》에 나오는 것이다. 레닌은 자신이 보기에 혁명가들이 부르주아 의회 선거에 참여하는 것이 필수적인 이유를 설명하고 나서, 클라이드사이드 현장위원회 운동의 지도자인 윌리 갤러커가 의회 선거 참여에 반대하며 쓴 편지를 인용한다. 레닌은 그 편지가 "젊은 공산주의자들이나 [이제 막 공산주의를 받아들이기 시작한] 현장 노동자들의 분위기와 관점을 훌륭하게 표현하고 있고, … 부르주아계급 정치인들에 대한 노동계급의 숭고한 증오로 가득 차 있다"고 지나치게 칭찬하면서, 이런 계급적 증오가 없다면 "영국에서 그리고 다른 어떤 나라에서도 프롤레타리아 혁명의 승리를 기대할 수 없을 것"이라고 강조한다.[106] 그런 다음에 갤러커의 주장에서 부족하거나 빠져 있는 부분을 정중하게 그러나 체계적으로 지적하기 시작한다.

요점은 이것이다. 그때 레닌은 필사적 내전의 한복판에서 소비에트 국가를 책임지는 위치에 있으면서도 영국 노동자 혁명을 전진시키기 위해 글래스고의 현장위원과 세부적 논쟁을 벌이는 시간과 수고를 아끼지 않는다는 것이다(그래서 그 현장위원을 설득해야만 했다).[107] 다른 어떤 혁명적 '지도자'나 지도적인 사회주의 정치인·이론가가 그런 위치에 있으면서도 레닌처럼 했을지 상상하기 어렵다.

둘째는 레닌이 거의 죽기 직전인 1922년 12월에 있었던 일이다. 스탈린과 오르조니키제가 그루지야* 자치 문제를 둘러싸고 그루지야

---

* 오늘날의 조지아.

공산주의자들에게 억압적 행위를 했음을 알게 된 레닌은 다음과 같이 썼다.

> 저는 러시아 노동자들에게 제가 몹시 태만했다고 생각합니다. 왜냐하면 공식적으로는 소비에트사회주의공화국연방 수립 문제라고 부르는 이 악명 높은 자치공화국화 문제에 제가 있는 힘껏 단호하게 개입하지 못했기 때문입니다.[108]

여기서 쟁점이 된 문제, 즉 피억압 민족의 자결권 문제는 그때나 지금이나 매우 중요하지만(그래서 나중에 이 문제를 다시 살펴볼 것이다), 여기서 두드러진 것은 자신의 실수를 인정하는 레닌의 준거점이다. 건강이 매우 나빠져서 거의 활동을 못하게 된 상황에서도 레닌은 혁명이 어디로 가고 있는지를, 특히 관료화의 증대를 몹시 걱정하고, 이 문제에서 스탈린이 하는 구실을 점점 더 경계했다. 임종 직전에 레닌은 마르크스주의나 공산주의나 혁명이나 당이 아니라(물론 그가 이 모든 것에 충실했다는 점은 명백하다), 바로 노동자들에게 자신이 죄책감을 느끼고 표명해야 한다고 생각했다.

이런 사례들이 모두 보여 주는 것, 그리고 레닌의 저술·정치 활동 전체가 보여 주는 것은 노동계급의 자력 해방 투쟁에 대한 깊은 이론적·실천적 헌신과, 루카치가 말한 "프롤레타리아의 관점"을 단지 추상적 이론만이 아니라 유기적 세계관으로도 내면 깊숙이 받아들였다는 것이다.

왜 이 문제가 중요한가?

지금까지 내가 이렇게 자세히 설명한 것은 레닌을 역사적으로 옹호하기 위해서가 아니다. 물론 그런 노력은 정당하고 타당한 것이겠지만, 내 목적은 그것이 아니다. 나는 레닌이 오늘날에도 의미가 있고 적절하다는 것을 보여 주고 싶었다. 오늘날에도 러시아 혁명이 의미가 있고 레닌이 의미가 있는 이유는 21세기의 혁명이 노동자 혁명일 것이기 때문이고 노동자 투쟁과 노동계급 혁명의 역사와 경험에는 정말로 연속성이 존재하기 때문이다.

마르크스가 쓴 《루이 보나파르트의 브뤼메르 18일》에는 "세계사에서 중요한 모든 사건과 인물은, 말하자면 두 번 나타난다. … 처음에는 비극으로, 나중에는 희극으로"라는 유명한 경구가 나온다. 이 경구에도 불구하고 역사는 결코 똑같이 또는 기계적으로 되풀이되지 않는다는 것은 분명하다. 그러나 노동자 혁명이 발전하는 동역학을 보면, 어떤 광범한 패턴과 근본적 쟁점들이 되풀이된다는 것도 사실이다. 바로 그래서 역사에서, 경험에서 배우는 것이 의미 있는 노력인 것이다.

우리가 여러 번 목격한 그런 패턴 하나는 대략 다음과 같이 정리할 수 있다.

혁명은 거리에서 대중 항쟁이 분출하면서 거의 자발적으로 시작돼 극적으로 급속하게 발전한다. 순식간에 혁명은 구체제의 주요 우두머리(황제·국왕·독재자 등)를 타도하는 데 성공한다. 그들은 아래로부터 항쟁에 직면하고 지배계급의 강요를 받아서 사퇴하거나 퇴위하거나 도피한다. 그러면 한동안 행복감이 널리 퍼진다. 옛 지배층을 제외한 거의 모든 사회집단이 혁명의 승리를 축하하고 새로운 시대의 시작을 선언하면서 하나로 단결한 것처럼 보인다. 그러나 머지않아 계급의 이해관계와 정치적 전망의 근본적 차이가 나타나기 시작하면서 이 '국민 전체의' 혁명적 단결에 금이 가기 시작한다. 비록 증오의 초점이었던 우두머리는 사라졌지만, 구질서의 많은 측면들은 여전히 그대로 남아 있다. 물론 이제는, 아일랜드인들이 '봉기한 민중'이라고 부르는 사람들, 무엇보다도 두려움을 잊고 빠르게 급진화하는 노동계급과 구질서가 맞서고 있다는 차이는 있다. 그러면 짧게는 몇 달, 길게는 몇 년씩 지속될 수 있는 '혁명적 시기'가 뒤따른다. 그 시기에 부르주아지와 그들의 정치적 대표자들은 필요하다면 반혁명적 폭력을 써서라도 '질서'와 '안정'을 회복하기 위해 분투하는 반면, 노동계급은 혁명을 그 결론까지, 즉 새로운 사회질서를 실제로 수립할 때까지 밀어붙이려 한다.

1848년 프랑스 혁명, 1917년 러시아 혁명, 1918~1923년의 독일 혁명, 1974~1975년의 포르투갈 혁명, 2010~2012년의 튀니지 혁명, 2011~2013년의 이집트 혁명은 모두 이런 기본적 패턴과 일치한다. 다른 혁명이나 준準혁명들도 이런 시나리오의 특정 측면들을 보여주지만, 중요한 차이도 있다. 예컨대, 1919~1920년 이탈리아의 '붉은 2년', 1968년 프랑스의 5월 항쟁, 1980년 폴란드 솔리다르노시치의 반란이 그렇다. 때로는 1970년 칠레와 1936년 스페인에서 그랬듯이, 아래로부터 자발적 항쟁이 아니라 좌파의 선거 승리로 혁명적 시기가 시작된 경우도 있지만 거기서도 비슷한 동역학을 찾아볼 수 있다.

혁명적 시기에는 많은 쟁점이 거듭거듭 나타난다. 무엇보다도 국가 문제가 있다. 국가기구(경찰·군대·판사·공무원 등)는 혁명적 민중에게 어떻게 대응할까? 혁명가들은 국가에 어떻게 대응해야 하는가? 이것은 모름지기 혁명이라면, 사회를 변혁하려는 진지한 시도라면 결코 피할 수 없는 문제다. 과거에도 그랬고 미래에도 그럴 것이다. 이 것과 연결된 문제는 기존의 정부·의회 형태와 함께(그러나 다른 사회적·경제적 우선순위와 정책들을 가지고) 활동할 것인지 아니면 새로운 형태의 민주주의나 지배 체제를 수립할 것인지다. 그리고 만약 후자라면, 그것은 어떤 것이어야 하고 어떻게 발전할 수 있는가? 또, 혁명의 특징은 타협을 일절 거부하는 것이라고 생각해서 현실과 상관없이 그냥 계속 전진하기로 작정한, 엄청나게 열정적이지만 경험은 거의 없는 혁명가들 때문에 생겨나는 문제도 있다. 이것이 특히 난제였던 경우는 1917년 7월의 러시아, 1919년과 1921년의 독일, '붉은 2년' 기간과 그 직후의 이탈리아, 2012년의 이집트였다. 그리고 이것과 결부된 문제는 선거제도를 이용할지 말지, 이용한다면 어떻게 이용할지다.

또, 노동계급과 여타 사회 세력들의 관계에 관한 문제들도 있다. 러시아에서 이 문제는 단연 노동자와 농민의 관계 문제였다. 이 문제는 고도로 도시화한 많은 서구 사회에서는 중요하지 않지만, 이집트 혁명에서는 일정한 구실을 했고, 오늘날의 중국이나 인도, 그 밖에 혁명적 중요성이 큰 많은 나라에서는 분명히 중요할 것이다. 또, '프티부르주아지'나 여타 '중산층'이나 중간 계층(학생 같은)과 노동계급의 관계 문제도 중요할 것이고, 마찬가지로 소수 민족·인종·종교 집단의 문제를 어떻게 다룰지 또는 노동계급과 '민중' 내부의 성·인종·종파별 분열을 어떻게 극복할지도 중요한 문제다.

이런 문제 목록은 상당히 확대될 수 있다. 즉, 혁명의 국제적 동역학은 무엇이고, 한 나라의 혁명은 어떻게 다른 모든 나라의 투쟁과 관계 맺을 수 있는가? 혁명 과정에서 경제 파업과 정치 파업, 노동조합이 하는 구실은 무엇인가? 과거의 모든 대중 혁명에서는 예외 없이, 마르크스의 표현을 빌리면 "사회 전체가 혁명적으로 재구성될" 때까지 투쟁을 밀어붙이기를 원하는 사람들과 그것은 불가능하거나 너무 위험하다고 판단해서 기존 질서와 타협하기를 원하는 사람들이 서로 충돌했다. 미래의 어떤 혁명에서도 이런 일이 일어날 것이라는 점은 의심의 여지가 없다. 그런 상황에서는 어떻게 대처해야 하는가? 그리고 오랫동안 논쟁과 논란의 대상이 된 다음과 같은 문제도 있다. 혁명가들은 자신들의 목적을 달성하기 위해 어떻게 조직해야 하는가?

오늘날 또는 미래의 어떤 노동자 혁명이라도 분명히 지금 예측할 수 없는 새로운 문제를 많이 제기할 것이다. 그러나 지금까지 간략하게 살펴본 쟁점들이 대부분 또는 많이 포함되지 않을 것이라고 보기는 매우 힘들다. 그리고 이 책의 목적은 그 모든 문제에서 레닌이 극히 유용한 말을 많이 해 줄 수 있음을 보여 주는 것이다.

2장
제국주의, 전쟁, 혁명

《레닌》에서 죄르지 루카치는 "레닌의 당 조직 개념은 혁명의 사실, 즉 현실성을 전제한다"면서, 다음과 같은 레닌의 말을 인용했다. "[정치적 문제는 조직 문제와 기계적으로 분리될 수 없다.] 우리가 프롤레타리아 혁명의 시대에 살고 있는지 아닌지와 상관없이 볼셰비키 당 조직을 받아들이거나 거부하는 사람은 누구나 그것을 완전히 잘못 이해한 것이다."[109]

레닌이 보기에, 볼셰비즘이 처음 등장한 20세기 초 러시아에서 혁명의 현실성은 늘 위기에 시달리고 시대에 뒤떨어진 차르 체제의 성격에서 비롯했다. 당시 러시아는 1789년 프랑스 혁명 같은 부르주아 민주주의 혁명 직전에 있었다(사실, 러시아는 부르주아 민주주의 혁명의 조건이 너무 무르익은 상태였다). 멘셰비키와 볼셰비키를 막론하고 러시아 마르크스주의자들은 모두 그렇게 생각했다.

그들은 다가오는 혁명의 성격과 동역학에 관해서는 심각한 이견이 있었지만,[110] 러시아에서 혁명이 일정에 올라 있다는 것 자체를 두고는 견해가 일치했고 실제로 혁명은 일어났다. 1914년 이후에는 러시아에서만이 아니라 국제적으로도 혁명의 현실성이 존재했다. 그것은 수많은 사상자를 낸 제1차세계대전이라는 끔찍한 사실과 그 전쟁을 불러일으킨 제국주의에 대한 분석에서 비롯했다. 레닌은 제1차세계대전이 이중적 재앙이라고 봤다. 국제 노동계급에게 재앙인 이유는 사상 초유의 대규모 학살극 속에서 노동자들끼리 서로 싸우다 죽어 갔기 때문이고, 국제 사회주의 운동에도 재앙인 이유는 운동의 주요 지도자들과 주요 정당들이 기존의 반전 입장을 포기하고 전쟁에서 '자기' 나라, 즉 자국의 지배계급을 지지했기 때문이다.

레닌이 보기에 이것은 하나의 분수령이었다. 그는 사회주의 정당들(특히 제2인터내셔널을 지도하던 독일 사민당)과 자신이 전에 존경하던 이론가들(특히 '마르크스주의의 교황'으로 일컬어지던 카를 카우츠키)이 사회주의적 국제주의를 배신하는 끔찍한 사태를 목격하고 완전히 경악했다. 처음부터 레닌은 그 전쟁이 제국주의 전쟁이라며 비난했고, 극소수의 다른 국제주의자들(독일의 로자 룩셈부르크와 카를 리프크네히트, [러시아의] 트로츠키, 스코틀랜드의 매클레인, 아일랜드의 제임스 코널리 등)과 함께 전쟁을 전면 반대하고 나섰다. 그중에서도 레닌은 가장 '극단적'이고 비타협적으로 전쟁에 반대했다. 그는 제국주의 전쟁에서 혁명적 사회주의자들은 '자국' 정부의 패배를 지지해야 한다고 주장하면서 "제국주의 전쟁을 내전으로 [전환시키자]!"라는 요구를 내놨다.

> "모든 선진국에서 전쟁으로 말미암아 사회주의 혁명이라는 구호가 의제로 떠올랐다. … 현재의 제국주의 전쟁을 내전으로 전환시키는 것만이 유일하게 올바른 프롤레타리아의 구호다."[111]

그와 동시에 레닌은 개혁주의적인 제2인터내셔널과 결정적으로 갈

라섰고, 새로운 제3인터내셔널 건설을 촉구하기 시작했다.

제2인터내셔널은 기회주의에 짓눌려 죽었다. 기회주의를 타도하자, 제3인터내셔널 만세! … 제2인터내셔널은 가장 야만적인 자본주의 노예제의 시기, 자본주의가 가장 급속하게 발전하던 19세기 말과 20세기 초의 오랜 '평화적' 시기에 프롤레타리아 대중을 미리 조직하는 유용한 준비 활동을 함으로써 제 몫을 다했다. 각국의 자본주의 정부에 대한 혁명적 공격을 위해, 부르주아지한테서 정치권력을 쟁취하는 내전을 위해, 사회주의의 승리를 위해 프롤레타리아 세력을 조직하는 과제는 이제 제3인터내셔널의 몫이 됐다.[112]

그러나 레닌은 이런 위기에 정치적으로만 대응한 것이 아니라, 이론적으로도 대응했다. 그는 치열한 탐구 과정을 통해 마르크스주의의 철학적·경제학적·정치적 기초를 재검토했다. 헤겔[의 저작]을 다시 읽으며 변증법에 대한 이해를 심화하고 부활시켰다.[113] 제국주의의 경제적 뿌리를 치열하게 연구했고 마르크스주의 국가론을 다시 살펴봤다. 2장에서는 레닌의 제국주의 분석에 초점을 맞출 것이다. 레닌의 제국주의 분석은 주로 1916년 봄에 쓴 유명한 소책자 《제국주의: 자본주의의 최고 단계》[이하 《제국주의론》으로 줄임]에 요약돼 있다. 이 저작의 첫째 목적은 다음과 같은 사실을 증명하는 것이었다.

1914~1918년의 전쟁은 이 전쟁에 참여한 두 진영 모두에게 제국주의 전쟁, 즉 영토 합병과 약탈과 노략질을 위한 전쟁이었다. 다시 말해, 그것은

세계 분할을 위한 전쟁, 식민지와 금융자본의 '세력권' 등을 분할하고 재분할하기 위한 전쟁이었다.[114]

그 책의 둘째 목적은 레닌을 비롯한 여러 마르크스주의자들이 '제국주의'라고 부른 현 단계의 세계 자본주의를 분석하는 것이었다. 이를 통해 자본주의 체제가 "쇠퇴하고" 있고 "기생적"이며, 프롤레타리아 혁명을 거쳐 사회주의로 이행하기 직전의 "최고" 또는 "최후" 발전 단계에 와 있다는 점을 보여 주는 것이었다. 더욱이, 이 단계의 근본적 특징은 제국주의 전쟁, 즉 식민지 정복 전쟁과 제국주의 열강 간의 전쟁이 모두 필연적이라는 점이었다.

레닌의 제국주의 이론에는 두 가지 특징이 더 있었지만, "차르 정권의 검열을 의식하면서 쓴"[115] 이 소책자에서는 제대로 전개할 수 없었다. 그러나 그 특징들은 그때나 지금이나 여전히 매우 중요한데, 그것은 첫째, 국제 사회주의 운동이 개혁주의 진영과 혁명적 진영으로 분열한 이유를 설명한 것이다. 그 분열은 거의 20년 동안 수면 아래서 부글부글 끓고 있다가 1914년에 전쟁이 터지자 공공연히 분출한 것이었다. 둘째, 제국주의 단계의 자본주의는 필연적으로 반제국주의 저항을 불러일으키고, 그래서 민족해방전쟁이 벌어지게 된다는 점을 설명한 것이다.

종합적으로 레닌의 제국주의 이론은 자본주의를 "최종" 단계에 도달한 것으로, 그래서 전쟁과 혁명의 시대에 들어선 것으로 묘사했다. 그것은 혁명의 발발이 임박했음을 보여 준다고 레닌은 확신했다. 그는 1917년 1월 취리히에서 1905년 러시아 혁명을 주제로 강연할 때 다음과 같이 말했다.

우리는 지금 유럽이 무덤처럼 고요한 것에 속지 말아야 합니다. 유럽은
혁명을 잉태하고 있습니다. 제국주의 전쟁의 끔찍한 참상, 높은 생활비로
인한 고통이 어디서나 혁명적 분위기를 만들어 내고 있습니다. …
앞으로 몇 년 동안 유럽[에서는 — 지은이] 바로 이 약탈 전쟁 때문에, 금
융자본의 권력에 대항하고 거대 은행들에 대항하고 자본가들에게 대항
해서 프롤레타리아가 이끄는 민중 봉기들이 일어날 것입니다. 그리고 이
격변들은 부르주아지의 재산을 몰수하고 사회주의가 승리해야만 끝날
수 있을 것입니다.[116]

레닌의 이론

중심부의 강력한 권력(도시국가, 지배 왕조, 황실 등)이 방대한 영
토를 정복한다는 의미의 제국주의는 역사가 매우 오래됐다. 언뜻 생
각나는 것만 해도 페르시아제국, 로마제국, 몽골제국, 신성로마제국,
오스만제국이 있고 그 밖에도 많은 사례가 있다. 또, 16·17·18세기
에 많은 유럽 나라들(스페인·포르투갈·네덜란드·프랑스·영국)이 거
대한 제국을 수립하고 식민지 쟁탈전을 여러 차례 벌였다는 것도 사
실이다. 그러나 '제국주의'라는 용어가 실제로 통용된 것은 19세기
말, 즉 1877년 빅토리아 여왕이 '인도 여황제' 칭호를 얻고 '아프리카
쟁탈전'이 치열하게 벌어진 때인 듯하다. 그 뒤 레닌은 자신이 자본
주의 세계경제 체제의 새로운 특정 단계라고 주장한 것을 일컫는 명

칭으로 이 용어를 사용했다.[117] 이것은 딱히 획기적인 일이 아니었다. 1902년에 이미 영국 경제학자 J A 홉슨이 《제국주의 연구》를* 펴냈고, 제1차세계대전이 일어나기 전에도 제국주의라는 용어는 국제 좌파들 사이에서 널리 사용됐다.

또, 마르크스주의자들 사이에서 중요한 이론적 논쟁도 벌어졌다. 그 시작은 오스트리아 마르크스주의자 루돌프 힐퍼딩이 1910년에 펴낸 책 《금융자본》이었고,** 이어서 로자 룩셈부르크가 1913년에 《자본축적》을 펴냈으며,*** 1914년에 카를 카우츠키가 이 논쟁에 개입했고, 1915년에 룩셈부르크는 자신을 비판하는 주장들을 반박했다. 또, 1915년에 부하린이 《제국주의와 세계경제》를 저술했고,**** 그 책의 원고는 《제국주의론》을 쓸 당시 레닌의 수중에 있었다. 레닌의 《제국주의론》은 매우 이론적인 이 논쟁에 개입하고 그 논쟁을 요약하는 동시에 자신의 견해를 대중적으로 설명한다(그 책의 부제가 "대중적 개설"이다)는 점이 특이하다. 그러나 명백한 사실은 레닌의 《제국주의론》이 다른 모든 사람들의 저작을 합친 것보다 더 많은 영향을 미쳤다는 것이다.[118] 레닌의 이론은 다음과 같다.

제국주의의 첫째 특징, 즉 제국주의를 자본주의의 새로운 특정 단계로 만들어 주는 것은 바로 생산의 집중과 독점기업들의 발전이다.

---

*   국역: 《제국주의론》, 창작과비평사, 1993.

**   국역: 《금융자본론》, 비르투, 2011.

***   국역: 《자본의 축적》, 지식을만드는지식, 2013.

**** 국역: 《세계경제와 제국주의》, 책갈피, 2018.

이것은 마르크스가 자본주의의 근본 법칙이라고 여긴 자본의 집적과 집중이 실현된 것이라고 레닌은 주장하면서, 이런 일이 특히 독일·미국·영국에서 일어나고 있음을 보여 주는 많은 실증적 근거를 제시한다. 이 증거들을 보면 "새로운 자본주의가 낡은 자본주의[독점 이전의 자유 시장 자본주의 — 지은이]를 분명히 대체한 시기를 어느 정도 정확히 밝혀낼 수 있다"고 레닌은 말한다. "그것은 바로 20세기 초였다."[119]

그다음에 레닌은 독점기업들의 진정한 의의를 파악하려면 은행의 새로운 구실을 봐야 한다고 주장한다. 생산의 집중이 극적으로 증대한 것처럼 은행의 구실도 질적으로 변모했다. 그래서 "소극적 중개자에서 강력한 독점기업으로 성장한" 은행은 "모든 자본가와 소상공인의 거의 모든 화폐자본과, 어느 한 나라나 여러 나라의 생산수단과 원료 자원의 대부분을 지배하게 된다."[120] 다시 한 번 레닌은 많은 증거(주로 독일의 사례)를 들어서 이 주장을 실증한다. 은행의 규모와 힘이 이렇게 커지면서, 힐퍼딩을 따라 레닌이 금융자본이라고 부른 것도 성장한다. "금융자본이란 은행이 통제하고 산업자본가가 이용하는 자본을 말한다."[121] 제국주의의 전형적 특징은 소수의 거대한 금융자본들이 경제를 지배하고 주요 자본주의 국가들이 [세계를] 지배한다는 것이라고 레닌은 주장한다. "다른 모든 형태의 자본에 대한 금융자본의 우위는 곧 금리생활자와 금융과두제의 지배를 뜻한다. 이것은 또, 금융이 강력한 소수의 국가들이 다른 모든 국가들 위에 군림한다는 것을 뜻한다."[122]

독점기업과 금융자본의 성장과 함께 나타난 또 다른 중요한 변화도 제국주의 단계에 이른 자본주의의 특징인데, 그것은 바로 자본수출의 증대다.

자유경쟁이 완전히 지배적이었던 낡은 자본주의의 전형적 특징은 **상품수출**이었다. 독점기업들이 지배하는 최근 단계 자본주의의 전형적 특징은 **자본수출**이다. …

20세기의 문턱에서 우리는 새로운 유형의 독점이 형성되는 것을 목격한다. 첫째, 자본주의가 발전한 모든 나라에서 독점자본들이 연합한다. 둘째, 자본축적이 엄청난 규모에 이른 매우 부유한 몇몇 나라가 독점적 지위를 차지한다. 선진국들에서는 막대한 '과잉자본'이 생겨난다.[123]

이런 잉여 자본은 어느 나라에서든 대중의 생활수준을 높이는 데 사용되지 않는다고 레닌은 주장한다. 왜냐하면 그랬다가는 이윤이 감소할 것이기 때문이다.

후진국에 자본을 수출해서 이윤을 늘리는 데 [잉여 자본이] 사용된다. 보통 이런 후진국에서는 자본이 부족하고 토지 가격이 비교적 싸고 임금이 낮고 원료가 싸기 때문에 이윤이 높다. … 자본수출의 필요성은 몇몇 나라에서는 자본주의가 '지나치게 성숙했고', (농업의 후진성과 대중의 빈곤 상태 때문에) 자본이 '수익성 있는 투자' 분야를 찾을 수 없다는 사실에서 비롯한다.[124]

이런 식으로 금융자본은 "전 세계의 모든 나라에 그물을 던지고 있고"[125] 그래서 "[독점]자본가의 연합체들[카르텔·신디케이트·트러스트 등]이 세계를 분할하기 위한" 투쟁이 벌어진다.[126] 이런 과정의 구체적 사례로 레닌은 전기 산업을 들고 있다. 즉, 전기 산업 분야에서는 두 거대 트러스트인 미국의 GEC와 독일의 AEG가 서로 협정을 맺어서, GEC는 미국과 캐나다를 "차지하고" AEG는 독일·오스트리아·러시아·네덜란드·덴마크·스위스·터키·발칸을 "차지했다." 또, 석유산업에서는 록펠러의 스탠더드오일이 앵글로더치셸과 도이체방크 등의 연합체를 물리쳤고, 그래서 도이체방크는 "미국의 이익을 침해할 수 있는 어떤 시도도 하지 않는다"는 협정을 체결할 수밖에 없었다.[127]

자본수출의 이런 성장과 자본가 연합체들 간의 세계[시장] 분할은 또, 거대 열강들 간의 세계 영토 분할로 이어졌다. 이와 관련해서 레닌은 다음과 같이 지적한다. "영국에서 자유경쟁이 가장 번성했던 시기, 즉 1840~1860년대에는 영국의 지도적 부르주아 정치인들이 식민지정책에 반대했지만" 19세기 말이 되자 "영국에서 당대의 영웅으로 떠오른 사람들은 공공연히 제국주의를 옹호한 세실 로즈와 조지프 체임벌린이었다."[128]

최근 단계 자본주의의 주요 특징은 대기업주의 독점 단체들이 지배한다는 것이다. 이 독점체들은 **모든** 원료 산지를 한 손에 장악하고 있을 때 가장 확고하다. 앞서 봤듯이, 국제 자본가 단체들은 경쟁자들한테서 경쟁의 기회를 모두 빼앗기 위해, 예컨대 철광산이나 유전 등을 사들이기 위해 온갖 노력을 다하고 있다. 식민지를 차지하는 것만이 경쟁자들과 싸우는 과정에서 발생할 수 있는 모든 우발적 사건(경쟁자가 국가 독점기업을 설립하는 법률을 제정해서 자신을 보호하려는 경우도 포함)에 대항하는 가장 확실한 대책이다. 자본주의가 더 발전할수록, 원료 부족이 더 강하게 느껴질수록, 전 세계에서 경쟁과 원료 산지 쟁탈전이 더 격렬해질수록, 식민지를 차지하기 위한 투쟁도 더 필사적으로 벌어진다.[129]

그 결과로 1914년까지 사실상 세계 전체가 '거대' 제국주의 열강 6개국(영국·러시아·프랑스·독일·미국·일본)에게 분할됐고, 그들은 16억 명이 넘는 식민지 주민들을 억압하고 "노예화"했다(레닌의 표현이다). 더욱이, 이런 분할은 "힘에 비례해서" 이뤄졌으므로(자본주의에서는 그럴 수밖에 없다) 매우 불균등했고 경제 발전에 기계적으로 비례하지 않았다. 그래서 1914년에 "옛 자본주의 강대국들"(영국과 프랑스)은 최대의 식민지를 거느린 제국들이었지만, 신흥 제국주의 강대국 독일은 생산력 발전이라는 측면에서는 영국과 프랑스를 따라잡았는데도 식민지는 거의 없는 실정이었다. 바로 이런 불균등 발전이 제1차세계대전의 배경이 됐다고 레닌은 주장한다.

전 세계가 이미 분할됐다. 따라서 거대 제국주의 열강들이 식민지를 확대하는 방법은 다른 경쟁자들을 희생시키는 것밖에는 없었고, 이것은 전쟁을 의미했다.

문제는 이렇다. 자본주의 체제에서 한편으로는 생산력 발전과 자본축적 사이의 불균형, 다른 한편으로는 식민지 분할과 금융자본의 세력권 사이의 불균형을 극복하는 방법으로 전쟁 말고 다른 어떤 것이 있을 수 있겠는가?[130]

그러므로 수많은 병사와 민간인이 끔찍하게 학살당한 전쟁은 우연한 사건도 아니었고 시대착오적 귀족들의 "어리석은" 실수도 아니었다. 그것은 제국주의 단계에 이른 자본주의의 필연적 결과였다. 그리고 이 특수한 전쟁이 어느 한쪽의 패배로 끝난다고 하더라도 그 뒤의 평화는 잠시 숨 돌릴 틈에 불과할 것이고, 그 휴식 시간이 끝날 때쯤 경제력과 군사력의 새로운 분포를 바탕으로 세계를 재분할하기 위한 제국주의 전쟁이 다시 벌어질 것이[라고 레닌은 주장했]다.

레닌은 자신의 제국주의 개념과 제2인터내셔널의 가장 중요한 이론가였던 카를 카우츠키가 주장한 제국주의 개념의 차이를 특히 강조했다(제2인터내셔널은 1914년 8월 소속 정당들이 자국 정부의 전쟁 노력을 지지하는 바람에 붕괴하고 말았다).[131] 카우츠키는 다음과 같이 주장했다. 첫째, 제국주의는 자본주의의 한 단계도 아니고 자본주의의 필연적 결과도 아니며 금융자본이나 금융자본의 일부가 "선호하는" 정책일 뿐이다. 둘째, 전쟁이 끝난 뒤에는 가장 강력한 카르텔과 국가들이 전쟁과 군비경쟁을 포기하는 국제 협정을 체결해서 "초제국주의" 단계가 시작되는 것이 완전히 가능하다.

철도 건설, 광산 개발, 원료·식량 생산의 증대가 자본주의의 생존에 필수적인 것이 됐다는 사실은 의심의 여지가 없다. 자본가계급이 그것을 포기하는 것은 그들이 자살하는 것만큼이나 가능성이 희박한 일이다. … 농업 지역을 지배하고 그 주민들을 아무 권리도 없는 노예로 전락시키는 것은 이런 경향과 너무 밀접하게 얽혀 있어서 어떤 부르주아 정당도 이런 것들을 진심으로 반대할 수 없다. [농업 지역의 예속은 그 주민들이나 자본주의 공업국의 프롤레타리아가 자본주의의 족쇄를 끊어 버릴 수 있을 만큼 충분히 강력하게 성장했을 때에야 끝나게 될 것이다.] 제국주의의 이 측면을 극복할 수 있는 것은 오직 사회주의뿐이다.

그러나 제국주의에는 다른 측면도 있다. 농업 지역을 점령하고 예속시키려는 경향은 자본주의 공업 국가들 사이의 첨예한 모순을 만들어 냈고, 그 결과로 전에는 육군 증강 경쟁에 불과했던 군비경쟁이 지금은 해군력 증강 경쟁으로도 이어졌고, 오래전에 예언됐던 세계대전이 지금은 사실이 됐다. 제국주의의 이 측면도 자본주의가 존속하는 데 필수적인가? 즉, 자본주의 자체와 함께 극복돼야만 하는 것인가?

기껏해야 군비 증강에 이해관계가 있는 특정 자본가 집단을 제외하면, 자본가계급 자체의 관점에서 보더라도 세계대전이 끝난 뒤에 군비경쟁을 계속할 경제적 필요는 전혀 없다. 오히려 자본주의 경제를 심각하게 위협하고 있는 것이 바로 자본주의 국가들 사이의 모순이다. 오늘날 통찰력 있는 자본가들은 모두 자기 동료들에게 다음과 같이 촉구할 것이다. 만국의 자본가여, 단결하라! …

거대 제국주의 열강들 간의 세계대전이 벌어진 결과로 가장 강력한 열강들끼리 동맹을 맺을 수 있고, 그러면 군비경쟁을 포기하게 될 것이다.

따라서 순전히 경제적 관점에서 보면, 자본주의가 또 다른 단계, 즉 카르텔 정책이 외교정책으로까지 확대된 초제국주의 단계를 거치는 것이 결코 불가능한 일은 아니다.[132]

카우츠키가 제국주의의 두 측면을 분리해서 (하나는 필수적인 것, 다른 하나는 선택적인 것이라고) 주장한 목적은 전쟁에 대한 개혁주의적 해결책과 '평화적' 자본주의의 가능성을 고수하려는 것이었다. 그러면 독일 사민당과 대다수 제2인터내셔널 정당들이 실천했던 '평화적' (의회) 투쟁 방식으로 돌아갈 수 있을 터였기 때문이다. 이와 달리 레닌은 제국주의 전쟁이라는 지옥에서 빠져나올 수 있는 길은 오직 프롤레타리아 혁명뿐이라는 점을 강력히 주장하고자 했다. 그는 카우츠키가 제국주의는 영속적 평화를 제공할 수 있는 '초제국주의' 단계에 매우 가까워졌으므로 "그리 나쁜 것이 아니"라는 생각을 퍼뜨려서 대중을 위로하려 한다고, 사실은 대중을 속이려 한다고 비난했다. 여기서, 좀 길더라도 레닌의 반박을 직접 인용할 만한 가치가 있다.

실제로 잘 알려져 있고 반론의 여지 없는 사실들과 비교해 보기만 해도 카우츠키가 [독일 노동자들(과 전 세계 노동자들)에게] 주입하려고 애쓰는 전망이 완전히 틀렸다는 것을 확인할 수 있다. 인도·인도차이나·중국의 사례를 보자. 인구가 6억~7억 명이나 되는 이 세 식민지·반식민지 나라들이 영국·프랑스·일본·미국 등 몇몇 제국주의 열강의 금융자본에게 착취당하고 있다는 것은 잘 알려진 사실이다. 이 제국주의 국가들이 [이 아시아 나라들에서] 자신들의 재산[과 이익과 세력권]을 보호하거나 확대하기 위해 서로 대항하는 동맹을 결성한다고 가정해 보자. 이런 동맹은 '제국주의 간' 동맹이나 '초제국주의' 동맹일 것이다. 또, 모든 제국주의 국가들이 그 아시아 지역들을 '평화적'으로 분할하기 위해 동맹을 맺는다고 가정해 보자. 이 동맹은 '국제적으로 단결한 금융자본'의 동맹일 것이다. 이런 종류의 동맹은 20세기 역사에 실제로 존재한다. 예컨대, [제국주의] 열강들이 중국을 대하는 태도를 보라. 우리는 묻는다. 자본주의가 온전히 유지된다고 가정할 때(바로 이것이 카우츠키가 실제로 가정하는 바다) 그런 동맹이 단지 일시적인 것에 그치지 않고 모든 형태의 마찰·갈등·투쟁을 없앨 것이라고 과연 '상상할 수 있겠는가?'

이 물음에는 오직 부정적 대답만이 가능하다는 것은 분명하다. 왜냐하면 자본주의에서 세력권·이익·식민지 등의 분할을 위한 근거로 생각해 볼 수 있는 것은 오직 그 분할에 참여하는 나라들의 힘, 즉 그들의 일반적인 경제력·금융력·군사력 등이기 때문이다. 그리고 이렇게 분할에 참여하는 나라들의 힘은 균등하게 변화하지 않는다. 왜냐하면 자본주의에서 서로 다른 기업과 트러스트, 산업 부문, 나라들이 **균등**하게 발전하는 것은 불가능하기 때문이다. 50년 전에 독일 자본주의의 힘은 당시 영국과 비교하면 보잘것없고 하찮은 수준이었다. 일본도 러시아와 비교하면 마찬가지였다. 그런데 10~20년이 지난 뒤에도 제국주의 열강들 사이의 상대적 힘이 변화하지 않을 것이라고 '상상할 수 있겠는가?' 절대로 그럴 수 없다.

그러므로 영국 목사들이나 독일 '마르크스주의자'인 카우츠키의 따분하고 속물적인 공상 속에서가 아니라 자본주의 체제라는 현실에서는 '제국주의 간' 동맹이나 '초제국주의' 동맹은 그 형태가 어떻든, 즉 다른 제국주의 연합에 대항하는 한 제국주의 연합이든 아니면 **모든** 제국주의 열강을 포괄하는 전반적 동맹이든 간에, 전쟁과 전쟁 사이의 일시적 '휴전' 이상의 것은 **결코 될 수 없다.**[133]

비극이게도 이 논쟁이 벌어진 역사의 시험대에서 자본주의는 실제로 살아남았고 평화는 단지 훨씬 더 파괴적이고 끔찍한 또 다른 세계대전 전야의 휴전에 불과했음이 입증됐다. 크리스 하먼이 썼듯이 "제2차세계대전은 고전적 제국주의론을 분명히, 그러나 야만적으로 확인시켜 줬다."[134]

레닌의 이론에서 또 다른 중요한 요소는 그가 제2인터내셔널에서 기회주의(개혁주의)가 득세한 것과 제국주의 사이에는 물질적 연관이 있다고 주장했다는 점이다. 그는 이 주장을 특히 1916년 10월에 쓴 글 "사회주의의 분열과 제국주의"에서 전개했다. 19세기 중·후반 영국의 노동운동에서 개혁주의가 득세한 사례를 인용하면서 레닌은 "왜 영국이 [산업과 식민지를 — 지은이] 독점한 것이 영국에서 기회주의가 (일시적으로) 승리한 이유가 되는가?" 하고 물었다.

> 왜냐하면 독점은 **초과이윤**을 발생시키기 때문이다. 즉, 전 세계에서 자본가들이 얻는 정상적·관례적 이윤보다 높은 잉여 이윤을 발생시킨다. 자본가들은 이런 초과이윤의 일부를(그것도 적지 않은 부분을!) 사용해서 **자국의** 노동자들을 매수할 수 있다. 그래서 특정한 나라의 노동자들과 자본가들이 … 동맹 비슷한 것을 형성해서 다른 나라들에 대항할 수 있게 된다.[135]

19세기 중반에는 영국에만 적용되던 것이 이제 제국주의 단계의 자본주의에서는 일반적으로, 그러나 노동계급 전체가 아니라 상층부의 소수에게만 적용된다.

제국주의 '거대' 열강의 부르주아지는 해마다 수억 프랑씩 돈을 써서 '자국' 노동자들의 상층부를 경제적으로 매수할 수 있다. 왜냐하면 그들의 초과이윤은 아마 수십억 프랑이나 될 것이기 때문이다. 그리고 이 작은 뇌물이 노동자들의 대리인, "노동자들의 대표자"(이 용어에 대한 엥겔스의 뛰어난 분석을 기억하라), 전시산업위원회의 노동위원, 노동단체의 간부, 협소한 직업별 노조 소속 노동자, 사무직원 등등 사이에서 어떻게 분배되는지는 부차적 문제다.[136]

이런 식으로 레닌은 사회민주주의·개혁주의 지도자들을 비록 틀린 견해지만 그냥 견해가 다른 동료 사회주의자들로 여긴 것이 아니라, 노동계급 운동 안에서 객관적으로 부르주아지의 대리인 노릇을 하는 자들로 묘사했다. 개혁주의를 이렇게 분석하는 것이 어떤 강점과 약점이 있는지는 2장의 뒷부분에서 살펴볼 것이다.

레닌의 제국주의 이론의 또 다른 핵심 특징은 제국주의가 식민지에서 반제국주의 투쟁을 불러일으킬 것이고 그런 투쟁을 적극 지지하는 것이 혁명적 사회주의자들의 의무라고 주장했다는 점이다. 볼셰비키당의 강령에는 항상 민족자결권이 포함됐고, 레닌은 항상 이 원칙을 강력하게 옹호했다.[137] 그는 민족자결권을 근본적으로 민주주의 요구, 즉 러시아 사회민주당의 일반적 민주주의 투쟁의 일부로서 지지해야 마땅한 요구로 여겼고, 또 억압 민족의 프롤레타리아와 피억압 민족의 프롤레타리아를 단결시키는 수단이라고도 생각했다. 그러나 1914년까지 이 문제에서 레닌의 초점은 주로 러시아에, 그리고 러시아제국 내부의 피억압 민족(과 또 어느 정도는 오스트리아·헝가리제국의 민족문제)에 맞춰져 있었다.[138] 그러나 전쟁이 터지고 제국주의에 관한 일반 이론을 발전시키면서 레닌의 초점은 식민지 민중의 투쟁으로까지 확대됐다.[139]

이것은 그때까지 제2인터내셔널의 견해, 사실은 사회주의 운동 전체의 견해와 크게 다른 점이었다. 전에는 [사회주의자들이] 식민지의 투쟁을 가끔 고려하는 정도였고 이 문제에 관한 마르크스와 엥겔스의 견해도 여기저기 흩어져 있었을 뿐, 사회주의 운동이 식민지의 민족해방운동을 중요한 전략적 의의가 있는 운동으로 여긴 적은 한 번도 없었다. 이런 사정은 레닌과 함께, 특히 코민테른 창립과 함께 바뀌었다. 1920년 코민테른 2차 세계 대회에서는 '민족·식민지 문제'가 레닌 자신이 초안을 작성해서 제출한 테제와 함께 대회의 핵심 주제가 됐다.

첫째, 우리 테제의 가장 기본적인 사상은 무엇입니까? 그것은 피억압 민족과 억압 민족을 구별한 것입니다. 제2인터내셔널이나 부르주아 민주주의와 달리 우리는 이 구별을 강조합니다. …
제국주의의 독특한 특징은 지금 우리가 보고 있듯이 전 세계가 다수의 피억압 민족과 극소수의 억압 민족으로 나뉘어 있고, 억압 민족은 막대한 부와 강력한 군대를 보유하고 있다는 것입니다. 세계 인구의 대다수인 10억 명 이상이, 아마 정확히는 12억 5000만 명이, 다시 말해 전 세계 인구를 17억 5000만 명으로 잡는다면 세계 인구의 약 70퍼센트가 피억압 민족에 속합니다. 그들은 직접적 식민지 종속 상태에 있거나 페르시아·터키·중국처럼 반半식민지 상태에 있거나 또는 어떤 제국주의 강대국에 정복돼서 평화조약에 따라 그 강대국에 크게 의존하고 있습니다. 이런 사상, 즉 모든 민족을 억압 민족과 피억압 민족으로 나누는 사상이 우리의 테제 전체를 관통하고 있습니다.[140]

그래서 레닌은 한편으로 선진 자본주의 나라들과 소련의 프롤레타리아, 다른 한편으로 오늘날 제3세계나 글로벌사우스라고* 부르는 곳의 피억압 민중 사이의 혁명적 동맹을 제안했다.

4) 이런 근본적 전제들에서 나오는 결론은 민족·식민지 문제에 관한 코민테른의 모든 정책이 무엇보다도 모든 민족과 나라의 프롤레타리아와 노동 대중이 지주와 부르주아지를 타도하기 위한 공동의 혁명적 투쟁 속에서 서로 굳게 단결하는 것을 중심으로 삼아야 한다는 것이다. 왜냐하면 이런 단결만이 자본주의에 대한 승리를 보장할 것이고, 그런 단결이 없다면 민족 억압과 불평등을 폐지할 수 없을 것이기 때문이다.

5) 세계의 정치 상황은 지금 프롤레타리아 독재를 의제로 올려놨다. 세계의 정치적 발전은 필연적으로 하나의 초점으로 집중되고 있다. 그것은 바로 소비에트러시아공화국에 대항하는 세계 부르주아지의 투쟁이다. 그리고 이 소비에트러시아공화국 주위로 한편으로는 모든 나라 선진적 노동자들의 소비에트 운동이, 다른 한편으로는 식민지와 피억압 민족의 모든 민족해방운동이 결집할 수밖에 없다. 식민지와 피억압 민족은 [혁명적 프

---

* 글로벌사우스Global South는 서구 열강의 식민 지배를 받았던 아시아·아프리카·라틴아메리카의 후진국들을 가리키는 말이다.

롤레타리아와 동맹하는 것, 그리고] 소비에트 체제가 세계 제국주의를 물리치고 승리하는 것 말고는 자신들을 구할 길이 없다는 사실을 쓰라린 경험을 통해 배우고 있다.[141]

[물론] 레닌은 신중하게 다음과 같이 경고도 했다.

후진국의 부르주아 민주주의 해방운동을 공산주의로 색칠하려는 시도에 맞서 단호하게 투쟁해야 한다. … 코민테른은 식민지나 후진국의 부르주아 민주주의 운동과 일시적으로 동맹해야 하지만 그런 운동과 뒤죽박죽 섞여서는 안 되고 어떤 상황에서도 프롤레타리아 운동의 독립성을 유지해야 한다. 프롤레타리아 운동이 맹아적 형태에 불과하더라도 그래야 한다.[142]

그러나 주된 강조점은 반제국주의 [투쟁]의 필요성에 있었다. "단지 말로만이 아니라 행동으로 모든 식민지 해방운동을 지지하는 것"이 제3인터내셔널에 들어오기를 원하는 모든 정당의 의무이자 가입 조건이 됐다. 그리고 1920년 9월 코민테른이 바쿠에서 개최한 제1차 동방민족대회의[143] 구호는 "만국의 노동자와 피억압 민족이여 단결하라!"였다.

그러므로 '레닌의 제국주의 이론'이라는 범주 아래 다음과 같은 것들이 종합됐다는 사실은 매우 주목할 만하다. 첫째, 제1차세계대전을 비난하고 그 전쟁에 맞서 봉기할 것을 분명하게 호소했다. 둘째, 전쟁의 뿌리를 분석한 것은 동시에 세계 체제로서 자본주의의 현 단계를 분석한 것이기도 했다. 셋째, 국제 사회주의 운동의 위기를 분석하고 혁명적 국제주의를 바탕으로 그 운동을 부활시킬 것을 촉구했다. 넷째, 프롤레타리아와 공산당의 지도 아래 세계 인구의 다수를 단결시키는 세계혁명의 전략적 전망을 제시했다.

문제는 이런 종합이 오늘날에도 과연 적절한가 하는 것이다.

전쟁의 유산

제1차세계대전의 대량 학살은 너무 끔찍하고 충격적이어서 집단적인 사회적 기억 속에 깊이 각인돼 있다. 그래서 100년이 지났건만 그 전쟁의 원인과 성격은 여전히 중요한 정치 쟁점이다. 이 사실은 제1차세계대전 100주년인 2014년에 공개적 논쟁이 광범위하게 벌어진 것에서도 아주 분명히 드러난다. 그 문제는 솜 전투 기념일에* 다시 불거졌고, 2018년에도 [제1차세계대전] 휴전 기념일에** 다시 떠오를 것이 분명하고 [2019년에도] 베르사유조약*** [체결 기념일]과 함께 다시 떠오를 것이다. 이 문제에서 분명한 사실은 그 전쟁을 제국주의 전쟁으로 본 레닌의 진단(그 자신의 표현을 빌리면 "전쟁에 참여한 두 진영 모두에게 영토 합병과 약탈과 노략질을 위한 전쟁")이 완전히 옳았다는 것이다.

---

* 솜 전투는 1916년 7월 1일부터 11월 18일까지 벌어졌다.

** 11월 11일이다.

*** 베르사유조약은 1919년 6월 28일 체결됐다.

내 말은 '주류' 역사학자나 언론의 평론가들이 일반적으로 레닌의 진단을 받아들인다는 뜻이 아니다. 결코 그렇지 않다. 내 말은 단지 다른 해석들이 검증을 통과하지 못한다는 뜻이다. 영국에서, 또 어느 정도는 국제적으로도 지배적인 설명은 여전히 승전국들의 주장, 즉 전쟁은 독일 탓이었다는 것이다. 2014년 2월 BBC 방송은 영국의 주요 역사학자 10명에게 "누가 제1차세계대전을 시작했습니까?" 하고 물었다.[144] 10명 중 6명은 독일 또는 오스트리아·헝가리와 독일이라고 분명히 대답했다. 1명은 오스트리아·헝가리와 독일에 러시아를 추가했고, 3명은 영국·프랑스·러시아·세르비아도 약간 책임이 있다고 대답했으며, 1명은 세르비아가 주된 책임을 져야 한다고 대답했다. 예컨대, 게리 셰필드 교수는 다음과 같이 말했다.

전쟁을 시작한 것은 독일과 오스트리아·헝가리의 지도자들이었습니다. 오스트리아·헝가리는 [프란츠 페르디난트 — 지은이] 대공 암살 사건이 가져다준 기회를 이용해서 발칸반도의 경쟁자인 세르비아를 파괴하려 했습니다. 그러면 세르비아를 후원하는 러시아가 가만히 앉아서 보고만 있지는 않을 것이므로 유럽 전체의 전쟁으로 이어질 수 있다는 것을 아주 잘 알면서도 그렇게 했습니다.

독일 역시 어떤 결과를 낳을지 아주 잘 알면서도 오스트리아의 행동을 무조건 지지했습니다. 독일은 프랑스와 러시아의 동맹을 깨뜨리려 했고, 이 때문에 큰 전쟁이 벌어지더라도 기꺼이 그런 위험을 무릅쓸 태세가 돼 있었습니다. 독일의 소수 특권층 가운데 일부는 팽창주의적 정복 전쟁을 시작할 수 있게 된 것을 오히려 환영했습니다. 러시아·프랑스의 반응과 나중에 영국의 반응은 [독일과 오스트리아·헝가리의 행동에 대한] 반작용이자 대응이었습니다.

나는 셰필드 교수를 인용했지만, 다른 역사학자들도 대부분 거의 똑같은 말을 했다. 그러나 이런 견해는 두 가지 중요한 약점이 있다. 첫째는 어떻게 전쟁이 실제로 시작됐는지에 초점을 맞추면서, 전쟁이 준비된 더 광범한 역사적 맥락을 놓치게 된다는 것이다. 둘째는 오스트리아·헝가리와 독일의 책임을 규명한다고 해서, 러시아·영국·프랑스는 아무 잘못이 없다는 것이 밝혀지지는 않는다는 점이다.

"누가 먼저 총을 쐈는가?"나 "누가 먼저 시작했는가?"라는 물음, 즉 흔히 애들이 놀이터에서 싸웠을 때 던지는 물음은 전쟁의 책임을 결정할 때는 완전히 부적절하다. 예컨대, 알제리 독립 전쟁은 분명히 알제리 민족해방전선FLN이 1954년 11월 1일 프랑스 표적들을 잇따라 공격하면서 "시작됐다." 그러나 우리는 알제리가 1830년부터 프랑스의 야만적 식민 지배에 시달려 왔다는 불편한 진실을 무시해서는 안 된다. 마찬가지로, 아일랜드 독립 전쟁은 수백 년 동안 지속된 영국의 지배를 더는 참지 않겠다며 들고일어난 아일랜드 의용군이 "시작했다."

셰필드는 오스트리아·헝가리가 "세르비아를 후원하는 러시아가 가만히 앉아서 보고만 있지는 않을 것을 … 아주 잘 알면서도" 그렇게 행동했고 "독일 역시 어떤 결과를 낳을지 아주 잘 알면서도 오스트리아의 행동을 무조건 지지했다"고 주장한다. 그러나 오스트리아·헝가리와 독일이 어떤 결과를 낳을지를 아주 잘 알고 있었다면, 러시아·프랑스·영국은 과연 몰랐을까?

　그리고 예상되는 결과가 유럽 전체의 전쟁이었다면, 도대체 왜 그 랬는지도 따져 봐야 한다. 세르비아의 후원자였다던 러시아의 사례를 보자. 왜 러시아는 세르비아를 후원했는가? 발트해 연안부터 중앙아시아 지역까지 소수민족들의 감옥이나 다름없던 제정러시아가 세르비아인들의 권리를 지키는 일에 헌신적으로 나섰다는 생각은, 미국이 남베트남인들의 자유를 보호하겠다는 일념으로 베트남전쟁을 벌였다는 생각만큼이나 믿기 힘들다(왜냐하면 미국은 [제2차세계대전 종전 후 베트남의 옛 종주국] 프랑스에 남베트남을 기꺼이 넘겨줘서 다시 지배할 수 있게 해 줬기 때문이다). 러시아가 세르비아를 후원한 이유는 오스트리아·헝가리가 세르비아를 짓밟고 싶어 한 이유와 똑같았다. 즉, 그렇게 하는 것이 발칸반도에서 자신의 제국주의적 이해관계에 부합했기 때문이다. 러시아의 지정학적 이해관계라는 견지에서 보면, 제정러시아든 스탈린 치하 소련이든 아니면 오늘날 푸틴이 통치하는 러시아든 항상 발칸반도와 흑해 연안 지역을 최대한 많이 지배하고 싶어 했다. 그 지역 주민들의 희망 따위는 안중에도 없었다. 실제로 당시 러시아는 억지로 또는 의무적으로 세르비아를 위해 전쟁에 뛰어들 필요가 전혀 없었다. 러시아가 그렇게 한 이유는 그것이 러시아의 이해관계에 유리하다는 계산 때문이었다.

　이 점은 프랑스와 영국도 마찬가지였다. 그들 자신의 제국주의적 이해타산 말고는 영국과 프랑스가 러시아와 손잡고 전쟁에 뛰어들 의무 따위는 전혀 없었다. 그 나라들이 전에 체결한 조약 때문에 '도의상' 그렇게 할 수밖에 없었다는 주장에 대해서는 다음과 같은 강력한 반론이 있다. 왜 그들은 전에 그런 조약을 체결했는가? 영국과 프랑스와 러시아는 '자연스러운' 동맹국이나 '전통적' 동맹국이 결코 아니었다. 18~19세기의 대부분 기간에 영국은 (독일이 아니라) 프랑스를 주적으로 취급했다. 그래서 영국과 프랑스는 몇 차례나 큰 전쟁을 벌이기도 했다.

매우 흔한 또 다른 해석은 제1차세계대전이 어쨌든 '사고'나 '실수'였고 유럽 각국의 정부는 자신의 선의와 거의 정반대로 마치 몽유병 자처럼 자기도 모르는 사이에 전쟁에 휘말리게 됐다는 것이다. 그런 주장을 하는 사람들은 음모론이 아니라 실수론을 지지하고 흔히 그렇게 말한다. 예컨대, 십중팔구 영국에서 가장 유명한 전쟁사학자인 존 키건은 다음과 같이 주장한다.

> 제1차세계대전은 불필요한 비극적 충돌이었다. 불필요했던 이유는 전쟁이 발발할 때까지 계속 전진하던 사건들의 열차가 최초의 무력 충돌이 일어나기 전 위기의 5주 동안 언제라도 고장 날 수 있었기 때문이다. 신중한 태도나 공동의 선의가 제대로 발휘됐다면 얼마든지 그럴 수 있었다.[145]

또, 니얼 퍼거슨도 《전쟁의 비애》에서 다음과 같이 주장했다. "그 것은 비극보다 더 나쁜 것이었다. … 그야말로 현대사의 최대 실수였다."[146] 그 실수는 영국 정부가 한 것이라고 퍼거슨은 주장했다. 즉, 영국 정부는 독일이 (프랑스를 물리치고) 유럽을 지배하도록 그냥 놔뒀어야 했다는 것이다. 그랬다면 "유럽 대륙은 … 오늘날 우리가 알고 있는 유럽연합과 비슷한 것이 됐을 테고, 영국은 두 차례 세계대전에서 싸우느라 해외 지배력이 크게 축소되는 일을 겪지 않았을 것이다."[147] (퍼거슨은 대영제국을 강력히 지지하는 자다.)

크리스토퍼 클라크는 《몽유병자들: 1914년 유럽은 어떻게 전쟁에 이르게 됐는가》에서 독일 전범론과 책임 따지기 위주의 사고방식 자체를 비판하면서 지금도 여전히 계속되고 있는 논쟁을 제기했다.

책임을 따지다 보면, 당시의 의사 결정권자들이 일관된 의도에 따라 계획하고 실행한 것처럼 해석하기 쉬워진다. 그러면 누군가가 전쟁을 의도하고 일으켰다는 것을 보여 줘야 한다. … [그러나] 이 책에서 자세히 설명하는 견해는 그런 주장들을 뒷받침할 만한 증거는 없다는 것이다.

1914년의 전쟁 발발은 애거사 크리스티의 추리소설에 나오는 것 같은 극적 사건이 아니다. 그런 사건의 결말은 총구에서 연기가 피어오르는 권총을 들고 시체 앞에 서 있는 범인이 온실에서 발견되는 식이다. [그러나] 제1차세계대전에는 그렇게 연기 나는 권총 같은 결정적 증거가 없다. 아니 더 정확히 말하면, 모든 주인공이 그런 총을 들고 있다. 이렇게 보면, 전쟁 발발은 범죄가 아니라 비극이었다.[148]

'몽유병자'론은 분명히 제1차세계대전이 '민주주의'나 '자유'를 위한 전쟁이었다며 군국주의적·민족주의적 동기에서 전쟁을 '기념'하고 싶어 하는 자들이나 끔찍한 학살을 모두 독일 탓으로 돌리고 싶어 하는 베르사유의 승전국들에게 모두 해당된다. 그러나 거기서 그치지 않고 광범한 정치적 관점들과도 어울릴 수 있다. 우파인 니얼 퍼거슨이 보기에 '몽유병자'론은 대영제국의 보존이라는 관점에서 제1차세계대전을 실수로 보는 견해와 부합한다. 베트남전쟁을 사실상 지지한 전쟁사학자 존 키건이 보기에 '몽유병자'론은 중립성과 객관성을 내세우며 현실을 체념하듯 받아들이는 태도를 허용한다. 이와 동시에 그 주장은 더 급진적 시각과도 연결될 수 있다. 예컨대, 전쟁의 책임이 어리석고 무책임한 국왕들에게 있다고 보는 견해(전쟁의 주역들 가운데 오직 프랑스만이 공화국이었다)나 유명한 〈블랙애더〉* 시리즈에서 그렇듯이 맹목적 애국주의에 집착해서 국왕과 조국을 위해 하층민을 아주 기꺼이 희생시킨 어리석고 시대착오적인 귀족계급이 문제였다고 묘사하는 견해와도 어울릴 수 있는 것이다.

그러나 어떤 정치와 연결되든지 간에 '몽유병자'론은 역사적 설득력이 없다. '몽유병자'론이 직접적 전쟁 발발과 관련된 일부 사실들과 부합한다는 것은 맞다. 예컨대, 사라예보 암살 사건은 거의 우연이었다(대공을 태운 차가 길을 잘못 들어서 [암살범] 프린치프 앞으로 갔다). 두 진영의 많은 지도자들은 전쟁이 빨리 끝날 것으로 예상했다는 것도 사실이다. 그러나 독일 전범론과 마찬가지로 '몽유병자'론도 더 큰 그림을 보면 부적절하다는 것이 드러난다.

먼저, 전쟁이 어쨌든 실수였다면 왜 각국 정부들은 끔찍한 재앙에 계속 사로잡혀 있다는 것을 알면서도 강화조약을 체결해 빨리 재앙에서 빠져나오지 않았는가 하고 묻는 것은 합리적이다. 심지어 1916년 베르됭 전투와 솜 전투라는 끔찍한 살육전을 겪은 뒤에도, 또 1917년 러시아 2월 혁명으로 차르 체제가 몰락한 뒤에도 이 지배자

---

*　〈블랙애더Blackadder〉는 영국 BBC1 방송의 사극 시트콤이다.

들은 얼마나 많은 인명이 희생되든지 간에 전쟁을 계속하기로 작정했다. 10월 혁명 후 볼셰비키가 러시아를 전쟁에서 빼냈을 때 3국협상 가맹국들[프랑스와 영국]은 볼셰비키를 격렬하게 비난했다.

그러나 ['몽유병자'론의] 핵심[적 난점]은 절벽 위에서 몽유병자처럼 걸을 수 있으려면 그렇게 걸어 다닐 만한 절벽이 근처에 있어야 한다는 것이다. 국왕·황제·정치인들이 눈도 못 뜬 채 더듬더듬 걷다가 발을 헛디뎌 재앙에 빠지려면, 그 재앙이 임박해 있어야 한다. 즉, 재앙의 필수 조건들이 미리 준비돼 있어야 하는 것이다.

제1차세계대전의 경우 아주 분명한 사실은 그것이 상당한 시기 동안 준비된 전쟁이었다는 점과 알 만한 사람들은 모두 전쟁이 다가오고 있다는 것을 익히 알고 있었다는 점이다. 유럽이 서로 적대적인 두 강대국 진영으로 나뉜 것은 수십 년 동안 진행된 일이었다. 독일과 오스트리아·헝가리와 이탈리아의 3국동맹은 1882년 [프랑스에 대항하기 위해] 결성됐(고 적어도 명목상으로는 1915년에 이탈리아가 탈퇴할 때까지 존속했)다. 또, 영국과 프랑스와 러시아의 3국협상은 1904년 [영국과 프랑스가] 평화협정을 맺으면서 시작됐고 1907년 [영국과 러시아가 협정을 체결해서] 공식적으로 수립됐다. 영국과 독일은 1906년부터 1914년까지 오랫동안 해군력 증강 경쟁을 벌였고, 그 과정에서 영국은 드레드노트(전함)* 29척을, 독일은 17척을 건조했다. 또,

---

* 드레드노트dreadnought는 1906년 영국에서 만든 전함이다. 배수량 1만 7900톤, 속력 21노트, 구경 30센티미터의 주포主砲 10문을 장비한 이 전함은 당시의 일반 전함보다 주포 화력의 성능이 2배나 강한 거함이어서 세계 각국에 큰 충격을 줬고, 이후 각국에서는 이 전함을 기준으로 전함의 등급을 구분하게 됐다.

사라예보 암살 사건이 일어나기 훨씬 전에 일련의 '국제적 사건들'이 벌어졌다. 즉, 모로코에서는 1905~1906년 탕헤르 위기와 1911년 아가디르 위기가 있었고, 발칸반도에서는 1912년[과 1913년]에 1·2차 발칸전쟁이 벌어졌는데, 이 모든 사건들이 전쟁을 촉발할 수 있었다.

무엇보다도 유럽 전역에서 반反군국주의자들은 전쟁이 다가오고 있음을 날카롭게 의식하고 거듭거듭 경고했다. 제2인터내셔널은 1907년 슈투트가르트 대회에서 다음과 같은 장문의 반전 결의안을 통과시켰다.

자본주의 국가들 간의 전쟁은 대개 그들이 세계시장에서 벌이는 경쟁의 결과다. 모든 국가는 기존 시장을 지키려고 할 뿐 아니라 새로운 시장도 차지하려 한다. 여기서 외국인과 외국을 지배하는 것이 중요한 구실을 한다. … 그러므로 본 대회는 해군력을 비롯한 군비 확충에 반대해서 온 힘을 다해 투쟁하는 것이 노동계급과 특히 의회에 있는 노동계급 대표들의 의무라고 생각한다. …

전쟁이 임박하면 각국 노동계급과 그들을 대표하는 국회의원들은 … 가장 효과적이라고 생각되는 수단으로 전쟁을 막기 위해 온 힘을 다해야 한다.

또, 1912년 바젤 대회에서도 다음과 같이 결의했다.

우리는 주로 유럽을 끊임없이 위협하고 있는 세계대전의 위험을 집중적으로 논의했다. … 또 "유럽의 평화를 위협하는 가장 큰 위험 요인은 대영제국과 독일제국 사이에서 인위적으로 조장되고 있는 적대감"이라는 사실도 확인했다. 이것은 두 나라에서 군비경쟁과 편협한 민족주의의 성장으로 나타나고 있다. …

바젤에서 소집된 본 대회는 근본적으로 슈투트가르트와 [1910년] 코펜하겐에서 선언된 [제2]인터내셔널의 확고한 입장, 즉 '전쟁에 대항하는 전쟁'이라는 입장과, 사회주의자들은 "가장 효과적이라고 생각되는 수단으로 전쟁을 막기 위해 온 힘을 다해야 한다"는 호소를 보강한다.[149]

그러므로 제1차세계대전이 결코 우연한 실수나 뜻밖의 사건이 아닌 이유는 바로 그 전쟁이 이미 확립된 제국주의적 경쟁의 절정이었기 때문이다. 제1차세계대전의 약탈적 성격을 최종 확인해 준 것은 전쟁을 종결지은 베르사유조약이었다. 즉, 베르사유조약은 독일에 가혹한 배상금과 각종 불이익을 강요했을 뿐 아니라, 독일의 모든 식민지도 빼앗아서 그 식민지 주민들에게 돌려주지 않고 (국제연맹이라는 핑계를 대고) 승전국들끼리 나눠 가졌던 것이다.

이렇게 레닌을 옹호하는 것은 오늘날뿐 아니라 미래를 위해서도 여전히 중요하다. 왜냐하면 그것은 전쟁을 정당화하는 각국 정부의 주장을 액면 그대로 받아들이도록 강요하는 온갖 미사여구와 언론의 선전 공세에 대한 강력한 경고 구실을 하기 때문이다. 현대 세계에서는 평범한 사람들이 전쟁터에 나가서 싸우고 정부는 당연히 자국 주민들을 무서워하지는 않더라도 매우 신경 쓰기 때문에, 전쟁이 시작되면 항상 '전쟁 열기'가 의도적으로 만들어진다. 정치인들과 대중매체는 너 나 할 것 없이 모두 적을 사악한 악마의 화신으로 묘사하고(사담 후세인, 탈레반, 알카에다, 아이시스ISIS 등), 전쟁을 특정 범죄나 위협(예컨대, [이라크의] 쿠웨이트 침공, 9·11 공격, '대량 살상 무기' 등)에 대한 대응으로 설명한다. 1914년에 만들어진 전쟁 열기와 국수주의 물결은 최근에 우리가 경험한 것들보다 훨씬 더 강렬했지만, 레닌은 그런 전쟁 열기와 국수주의 물결에 분연히 맞서면서 타의 추종을 불허하는 명확성과 투지로 그것들을 꿰뚫고 근저의 현실을 포착했다. 이것은 도널드 트럼프와 루퍼트 머독의 세계에 살고 있는 오늘날 우리에게 특별히 유용한 사례다.

100년간의 변화

제국주의(즉, 레닌이 '제국주의'라고 부른 특정 단계의 자본주의)의 정확한 본질과 구조에 대한 레닌의 이론적 분석이 오늘날에도 타당하고 적절한지를 평가할 때 우리가 부딪히는 또 다른 문제가 있다. 레닌은 자신이 분석하고 있는 제국주의가 자본주의의 '최고' 단계나 '최종' 단계이며 국제 프롤레타리아 혁명으로 곧 전복될 것이라고 생각했다. [그러나] 그런 일은 일어나지 않았다. 그렇다고 해서 레닌의 분석이 어리석었다거나 논박당했다는 말은 아니다. 왜냐하면 실제로 [제국주의] 전쟁은 '내전'으로 전환됐기 때문이다. 처음에는 아일랜드에서 그랬고 나중에는 러시아와 그 밖의 여러 나라에서 그랬다. 또, 전쟁은 실제로 유럽 전역에서 엄청난 혁명적 물결을 불러일으켰고, 이 혁명들은 거의 성공할 뻔했다(이 문제는 이 책의 뒷부분에서 더 자세히 살펴볼 것이다). 그러나 국제 혁명이 패배했다는 사실이 뜻하는 바는 레닌의 이론적 분석이 오늘날에도 적절한지를 평가할 때 우리는 100년 동안의 변화를 고려해야 한다는 것이다.

자본주의는 유난히 역동적인 체제다. 마르크스가 《공산당 선언》에서 말했듯이 "생산의 끊임없는 혁신, 모든 사회 조건의 부단한 교란, 끝없는 불확실성과 동요가 부르주아 시대와 이전 모든 시대의 차이점이다." 그러므로 100여 년 동안 제국주의의 경제적·정치적 구조에 수많은 중요한 변화가 일어나지 않았다고 생각하는 것은 마르크스(와 레닌)의 방법을 완전히 거스르는 일일 것이다. [레닌 사후] 오늘날의 세계 자본주의를 형성하는 데서 중요한 구실을 한 사건들의 목록을 (불충분하지만) 다음과 같이 꼽아 볼 수 있겠다.

1. 소련의 출현·생존·성장
2. 1929년의 경제 붕괴와 1930년대의 대불황
3. 파시즘의 발흥
4. 제2차세계대전
5. 종전 후 미국이 세계경제를 압도적으로 지배하는 국가로 등장한 것
6. 양극적 냉전 체제
7. 자본주의 역사상 최대 호황인 전후 장기 호황
8. 식민지에서 혁명이 일어나고(중국·베트남·쿠바 등) 유럽 열강들은 식민지 직접 지배를 포기하고 (인도·아프리카 등지에서) 철수한 것
9. 석유가 제국주의 체제의 가장 중요한 상품으로 떠오른 것
10. 1973년 전후 장기 호황이 끝나고 주기적 경제 위기가 다시 나타난 것
11. 신자유주의의 득세

12. '세계화'의 확산 또는 심화

13. 동유럽과 소련의 '공산주의' 체제 붕괴

14. '새로운 세계 질서'를 수립하려는 미국의 노력

15. 신흥공업국들NICs, 특히 중국의 성장

16. 중동 등지에서 벌어진 전쟁들

17. 2007~2008년의 금융시장 폭락과 대불황

이런 사건들 때문에, 또 이 목록은 분명히 훨씬 더 길어질 수 있으므로, 레닌의 분석만으로도 오늘날의 현실을 이해하는 데 충분하다는 생각은 분명히 어리석을 것이다. 이것은 마치 엥겔스가 1844년에 쓴 《영국 노동계급의 상황》을 오늘날 맨체스터 노동계급의 삶을 묘사한 책으로 취급하는 것과 마찬가지이고, 트로츠키가 1938년에 작성한 "자본주의의 죽음의 고통과 제4인터내셔널의 임무"를 오늘날의 세계경제 상황을 묘사한 문서로 취급하는 것과도 마찬가지다. 이런 맥락에서 나는 독자들에게 지난 100여 년간의 변화를 광범하고 탁월하게 연구한 두 저작을 참고하라고 권하고 싶다. 하나는 크리스 하먼이 쓴 "제국주의를 분석하기"*이고,[150] 다른 하나는 알렉스 캘리니코스의 《제국주의와 세계 정치경제》**다.[151] 세계가 얼마나 많이 변했는지를 감안하면, 오히려 정말로 놀라운 사실은 레닌의 분석 중에서 매우 많은 부분이 지금도 분명히 적용될 수 있다는 것이다.

---

* 국역: 《크리스 하먼의 새로운 제국주의론》, 책갈피, 2009.

** 국역: 《제국주의와 국제 정치경제》, 책갈피, 2011.

먼저, 생산의 집적과 거대 독점기업들의 성장은 계속됐고, 이 거대 기업들(엑손모빌, 비피, 월마트, 텍사코, 애플, 마이크로소프트 등)이 계속해서 세계시장을 지배하고 있다. 둘째, 2008년 금융시장 폭락에서 드러났듯이 금융자본과 은행들이 계속 중요한 구실을 하고 있고, 자본수출의 중요성도 여전하다.[152] 우리가 사는 세계는 여전히 한 줌의 주요 제국주의 열강들과 다수의 가난한 피억압 약소국들로 나뉘어 있다. 물론 그 약소국들은 이제 형식적인 정치적 독립을 누리고 있고, 또 터키나 인도처럼 지역적 야심을 품은 아류 제국주의 강국들이 (레닌 시대보다 더 많이) 형성된 것도 사실이다. 요컨대, 제국주의와 제국주의 전쟁은 분명히 지금도 우리 곁에 있다.

이런 맥락에서 나는 비록 간략하게나마 마르크스주의 안팎에서 벌어진 논쟁들, 즉 레닌의 이론이 오늘날에도 여전히 적절한지와 상당히 관련 있는 논쟁 네 가지를 살펴보고자 한다. 첫째는 레닌의 개혁주의 이론이고, 둘째는 종속이론 문제이며, 셋째는 세계화 개념이고, 넷째는 단극적 제국주의 질서 개념이다. 이 주제들은 모두 중요한 연구 대상이고 각각 한 장章씩 할애해서 다룰 만한 것들이다. 따라서 여기서 나의 논의는 불충분할 수밖에 없고, 역사적으로 아주 분명한 관찰과 의견에 국한될 것이다.

개혁주의 문제

레닌의 개혁주의·기회주의 이론은 여러모로 그의 이론 전체에서 가장 취약한 부분이다. 앞서 봤듯이, 레닌은 제국주의 국가의 부르주아지가 '초과이윤'으로 노동계급의 한 계층, 다시 말해 노동계급 운동의 다양한 간부와 대표자 등을 '매수할' 수 있는 능력이 바로 개혁주의의 경제적·사회적 기초라고 생각했다. 이런 생각을 바탕으로 레닌은 19세기 중엽의 영국과 '지금'(1916년)의 상황을 다음과 같이 대조했다.

당시에는 한 나라의 노동계급을 수십 년 동안 매수하고 부패시키는 것이 가능했다. 지금은 그것이 불가능하지는 않더라도 있음직하지 않다. 그러나 다른 한편으로 모든 제국주의 '강대국'은 (1848~1868년에 영국이 그랬던 것보다) 더 작은 계층, 즉 '노동귀족'을 매수할 수 있고 매수하고 있다. 엥겔스의 놀라울 만큼 심오한 표현을 빌리면, "부르주아적 노동자 정당"이 예전에 한 나라에서만 생겨날 수 있었던 이유는 그 나라만이 독점을 누릴 수 있었기 때문이다. 그러나 다른 한편으로 그런 정당은 오랫동안 존재할 수 있었다. 지금은 "부르주아적 노동자 정당"이 모든 제국주의 나라에서 필연적이고 전형적이다. 그러나 그 나라들이 약탈품을 더 많이 차지하려고 필사적 투쟁을 벌이기 때문에 그런 정당이 많은 나라에서 오랫동안 득세할 수는 없다. 왜냐하면 트러스트, 금융과두제, 높은 물가 등이 한 줌의 [노동계급] 상층부를 매수할 수 있게 해 주면서도 프롤레타리아와 반¼프롤레타리아 대중을 갈수록 억압하고 짓누르고 파산시키고 괴롭히고 있기 때문이다.[153]

이런 분석은 심각한 결함이 있다. 첫째, 그것은 결코 역사적으로 확증되지 않았다. 개혁주의·기회주의는 단지 19세기에만 영국 노동운동에서 지배적이었던 것이 아니라 20세기 내내 그리고 바로 오늘날까지도 여전히 지배적이다. 더욱이, 그것은 단지 영국만의 문제도 아니(었)다. 개혁주의는 이런저런 형태로 20세기 내내 유럽 노동운동 전체에서 지배적이었다.[154] 그중에는 스웨덴이나 그리스처럼 주요 제국주의 열강이 아닌 유럽 나라들도 있다. 유일한 예외는 1923년의 독일이나 1936년의 스페인처럼 강렬한 혁명적 위기가 존재했을 때였다(1936년 스페인에서는 아나키즘이 지배적 경향이었다). 또, 개혁주의는 제국주의의 피해자인 많은 나라의 노동계급 운동에서도, 특히 노동조합운동에서 하나의 세력을 형성했다. 그런 사례는 칠레와 브라질부터 남아프리카공화국(아파르트헤이트 시대뿐 아니라 그 뒤에도)과 인도까지 다양하다. 분명히 개혁주의는 단지 [노동계급의] 소수 상층을 매수하는 것보다 더 깊은 뿌리가 있다.

둘째, '매수'라는 개념은 아무리 은유적으로 이해한다고 하더라도 만족스럽지 못하다. 물론 사용자들과 부르주아 국가는 (승진 기회 등을 제공해서) 개별 노동자와 개별 노조 지도자, 국회의원 등을 매수하고 부패시킬 수 있고 실제로 그렇게 하지만, 그것은 노동계급 전체나 심지어 노동계급의 어느 한 집단 전체를 '매수'하는 것과는 다른 문제다. 실제로는 노동자들이 국제적으로 자신들의 생활수준을 끌어올린 방법은 노동조합과 정치투쟁을 통한 것이었다. 즉, 임금 인상 투쟁이나 사회보장제도 같은 의회의 개혁 입법을 통해서였다. 물론 사업이 잘되는 자본가들은 개인적으로든 계급으로서든 [자본주의] 체제가 위기에 빠져서 노동자들의 생활수준을 낮추는 것보다는 전후 호황기에 그랬듯이 기꺼이 노동자들에게 양보하려 할 수도 있다. 그러나 이것은 결코 '뇌물 수수'라고 할 수 없다. 특히, 마르크스와 레닌[*] 이후의 혁명적 사회주의자들은 항상 노동자들의 경제투쟁을 지지해 왔다는 사실을 감안하면 더욱 그렇다. 노동계급이 이런 양보에 매수됐다는 주장은 앞에서 이미 살펴본 반反마르크스주의적 견해나 때로는 '제3세계주의적' 견해, 즉 서구의 노동계급 전체가 소비재로 '매수'돼서 이제 더는 사회주의 변혁의 잠재적 세력이 아니라는 주장으로 곧장 이어진다.

셋째, 러시아 혁명 자체와 1919~1920년에 유럽을 휩쓴 혁명적 물결과 그 밖의 많은 경우에서 (경제투쟁뿐 아니라 정치의식의 측면에서도) 가장 선진적이고 가장 투쟁적이었던 노동자들은 바로 기술자나 금속 노동자처럼 임금 수준이 비교적 높은 숙련 노동자들이었다(예컨대, [러시아의] 푸틸로프 공장 노동자들, [이탈리아] 토리노의 피아트 공장 노동자들, [스코틀랜드의] 클라이드 조선소 노동자들이 그랬다).

레닌의 개혁주의 이론을 처음으로 이렇게 비판한 것은 토니 클리프가 1957년에 쓴 "개혁주의의 경제적 뿌리"라는[**] 글에서였다. 이 글에서 클리프는 제국주의와 개혁주의의 연관성을 인정하면서도, (제국주의 덕분에 누리게 된) 자본주의의 번영이 어떻게 영국과 그 밖의 유럽 각국 노동계급에게 영향을 미쳤는지를 구체적으로 살펴보면 노동계급의 소수 상층이 아니라 계급 전체의 생활수준이 상승했음을 분명히 알 수 있다고 주장했다. 그는 레닌의 이론을 대신해서 자

---

[*]   엥겔스의 오타인 듯하다.

[**]   국역: "개혁주의의 경제적 뿌리", 《마르크스21》 15호, 책갈피, 2016.

신의 독자적 설명을 다음과 같이 제시했다.

제국주의가 자본주의의 번영에 미친 효과, 따라서 개혁주의에 미친 효과
는 단지 제국주의 열강에만 국한되지 않고 정도 차이는 있지만 모든 선
진 자본주의 나라들로 확대된다. 예컨대, 영국 자본주의가 번영하면 덴
마크산 버터의 판매 시장이 넓어질 수 있다. 따라서 대영제국이 [식민지
를] 착취한 덕분에 영국 자본주의가 얻은 이득은 덴마크 자본주의에도
도움이 된다. …

자본주의가 제국주의로 성장한 덕분에, 노동조합들과 노동자 정당들이
자본주의를 전복하지 않고도 노동자들을 위한 양보를 얻어 낼 수 있게
됐다. 이 과정에서 개혁주의 관료 집단이 대거 생겨났고, 그들은 이제 노
동계급의 혁명적 발전을 가로막는 브레이크 구실을 하고 있다. 이 관료
집단의 주된 기능은 노동자와 기업주 사이에서 둘을 중재하고 둘 사이의
협상을 타결시켜서 계급 간 '평화를 유지하는' 것이다.

이 관료 집단의 목표는 자본주의의 전복이 아니라 번영이다. 그들은 노
동자 조직들이 혁명적 세력이 아니라 개혁주의적 압력집단이 되기를 바
란다. 이 관료 집단은 자본주의에 필요하고 또 중요한 노동계급 훈육관
이다. 그들은 현대자본주의에서 중요한 보수적 세력이다.

그러나 노동조합과 노동자 정당의 관료들은 장기적으로 노동자들이 자신의 경
제적 상황을 참을 수 있는 정도까지만 노동계급을 효과적으로 훈육할 수 있
다. 결국, 개혁주의의 토대는 자본주의의 번영이다. …

개혁주의가 제국주의에 뿌리를 두고 있다면, 개혁주의는 또 제국주의를
지키는 중요한 방패도 된다. 그래서 다른 제국주의 경쟁자들이나 성장하

는 식민지 [저항]운동에 대항해서 '자국'의 제국주의를 지지하게 된다.

개혁주의는 경제가 전반적으로 번영하는 상황에서 서방 자본주의 국가 노동계급 전체의 직접적이고 일상적이고 협소한 일국적 이해관계를 반영한다. 이 직접적 이해관계는 노동계급의 역사적·국제적 이해관계, 즉 사회주의의 이해관계와 모순된다.[155][강조는 원문 그대로다 — 지은이]

이런 분석은 개혁주의를 이해하는 데서 중요한 발전이었다. 특히 거의 모든 나라에서 분명히 드러난 노동조합 관료 집단의 구실에 주목했다는 점에서 그렇다. 토니 클리프는 나중에 그것을 독자적 현상으로서 자세히 분석하게 된다.[156] 그러나 개혁주의의 득세를 자본주의의 번영기와 관련시키는 것에도 여전히 문제는 있다. 심지어 1930년대 같은 불황과 긴축, 궁핍의 시기에도 개혁주의가 약해진(다거나 심지어 약해지기 시작한)다는 분명한 증거는 거의 없다. 역사를 보면 오히려 노동계급의 개혁주의 의식은 예외가 아니라 정상이라는 것을 알 수 있다. 그래서 나는 다른 글에서 다음과 같이 썼다.

자본주의 사회에서 대부분의 시기에 대다수 노동계급 사람들의 의식은 개혁주의적이다. 그들은 자본주의의 다양한 결과(이런 [임금·복지] 삭감, 이런 세금, 이런 정책, 이런 정부 등)에 반대하지만 자본주의 체제 자체는 거부하지 않는다. 또는 자본주의 체제를 싫어하지만 자신들, 즉 노동계급 대중은 체제를 변화시킬 능력이 없다고 생각한다. 어느 경우에도 그들은 누군가 다른 사람이 자신들을 위해 그 일을 대신해 주기를 바란다. 이런 개혁주의 의식에 상응하는 존재가 개혁주의 정치인·정당·조직이다. 그들은 자신들이야말로 대중을 대신해서 대중이 원하는 변화나 변화들을 가져다줄 사람이라고 주장하면서 앞으로 나선다. 물론 개혁주의 의식을 지닌 노동자들과 개혁주의 정치 활동을 하는 지도자나 조직들은 구분해야 한다. 전자의 경우, 그런 노동자들의 '개혁주의'는 상대적으로 유동적이고 충분히 발달되지 않는 경향이 있다. 그것은 행동(사회적·정치적 운동이나 노동조합 투쟁 등)으로 넘어가는 다리가 되기 쉽고, 따라서 혁명적 의식으로 발전할 수 있다. 반면에, 후자의 개혁주의는 보통 더 일관되고 혁명에 단호히 반대하며 결정적으로 다양한 제도적·개인적 특권(정치 경력, 국회 의석, 노조의 직책 등)과 결부돼 있다. 그래서 개혁주의 정치인이나 조직들은 기존 체제에서 일정한 기득권을 갖게 되는 것이다.[157]

여기서 나오는 결론은 노동계급의 지배적 의식은 혁명이 일어날 때까지는, 심지어 혁명이 일어난 뒤에도 한동안은 개혁주의 의식일 가능성이 크다는 것이다. 오직 거대한 혁명적 투쟁 과정 속에서만 노동자들의 다수는 혁명적 의식을 지니게 될 것이다.

그러나 레닌의 개혁주의 이론의 또 다른 측면은 시간의 검증을 통과했고, 오늘날에도 매우 적절하다. 그것은 레닌이 개혁주의 지도자들을 일컬어 노동계급 운동 안에 있는 "부르주아지의 진짜 동맹이자 대리인들"이라고 했고,[158] [영국] 노동당 같은 사회민주주의 정당들을 "부르주아적 노동자 정당"이라고 불렀다는 점이다. 이 말이 옳다는 것은 여러 수준에서 거듭거듭 입증됐다. 첫째, 개혁주의 지도자들은 노동계급 안에서 항상 '국익', '국가의 중립성', '법을 존중할 필요', '이윤의 필요성과 정당성' 따위를 주장하면서 늘 한결같이 부르주아 이데올로기를 선전하고 전달하는 구실을 한다. 둘째, 그들은 기꺼이 자본주의를 관리하고자 하고(사실은 그러기를 간절히 바란다), 자본주의의 논리가 요구할 때는 자본주의의 관리자 자격으로 기꺼이(거의 언제나) [임금·복지] 삭감과 궁핍을 노동계급에게 강요하는 동시에 — 그런 사례는 [1930년대의] 심각한 대불황기에 실업급여를 삭감한 [영국 노동당의] 램지 맥도널드부터 2008년 금융시장 폭락 이후의 그리스 사회당PASOK이나 아일랜드 노동당까지 아주 많다 — 사회적·경제적으로 부르주아지 편에 가담한다.

셋째, 제1차세계대전 때부터 오늘날까지 줄곧 모든 주요국의 개혁주의 지도자들은 거의 언제나 제국주의 전쟁과 북대서양조약기구NATO[이하 나토로 줄임] 같은 제국주의 동맹을 확고하게 지지했다. 그래서 영국 노동당 지도자들의 경우, [1945~1951년에 노동당 정부의 총리를 지낸] 애틀리는 냉전이 시작됐을 때 미국을 지지했고 영국의 원자폭탄 제조도 지지했다. [1955년에 애틀리의 후임으로 노동당 대표가 된] 휴 게이츠컬도 영국의 핵 억지력, 즉 핵무기를 '열렬히' 옹호했다. [1964~1970년과 1974~1976년 두 차례 총리를 지낸] 해럴드 윌슨은 베트남 전쟁을 지지했고, [1980~1983년에 노동당 대표를 지낸] 마이클 풋은 포클랜드전쟁을 지지했으며, [1983~1992년에 노동당 대표를 지낸] 닐 키넉은 제1차 걸프전을 지지했고, 당연히 [1994년에 노동당 대표가 돼 1997~2007년 총리를 지낸] 토니 블레어는 조지 부시 [2세]와 손잡고 이라크 전쟁 몰이를 주도했다. 당연히 블레어는 유별나게 말만 번지르르한 기분 나쁜 인간이지만, 사실 그는 국제적으로 적용되는 패턴을 따르고 있었을 뿐이다. [2015년 이후 노동당 대표인] 제러미 코빈이 지금까지는 이

런 규칙의 예외라는 사실이 바로 코빈 자신의 [노동당] 국회의원들과
[예비]내각의 많은 인사들이 그를 용납할 수 없다고 생각하는 중요한
이유 가운데 하나다.

넷째, 자본주의의 운명이 위기에 처한 혁명적 격변의 순간에 개혁
주의 지도자들은 흔히 노동계급이나 혁명가들에 대항해서 국가와
자본가들, 심지어 노골적인 반혁명 세력과도 말 그대로 협력했다. 독
일 사민당 지도자들이 1918년에* 원조 파시스트인 자유군단과 협력
해서 로자 룩셈부르크와 카를 리프크네히트를 살해한 것은 고전적
사례지만 유일한 사례는 아니다.

그러나 이 점에서 레닌이 옳았음을 지적할 때 빠뜨리지 말고 강조
해야 하는 중요한 사실은, 그렇다고 해서 레닌이 개혁주의 지도자들
이나 '부르주아적 노동자 정당들'을 공공연한 자본의 대표자나 노골
적인 자본주의 정당(토리당, 기독교민주당, 보수당 등)과 그냥 동일시
하는 초좌파주의적 태도를 취하지는 않았다는 것이다. 그가 《좌파
공산주의 ─ 유치증》에서 설명했듯이, 이런 개혁주의자들에게 환상
을 품고 그들을 따르는 노동자들을 설득하려면 우파에 대항해서 개
혁주의자들을 비판적으로 지지할 필요가 있다는 것을 레닌은 항상
강조했다.

종속 논쟁

앞서 봤듯이, 레닌은 자신이 제국주의의 핵심 특징으로 여긴 자본

---

* 1919년의 오타인 듯하다.

수출 때문에 식민지 나라들에서도 자본주의가 발전할 것이라고 생각했다.

자본수출은 자본을 수입하는 나라의 자본주의 발전에 영향을 미치고 그 발전 속도를 크게 높인다. 그러므로 자본수출은 자본을 수출하는 나라의 발전을 어느 정도 억제하는 경향이 있지만, 그와 동시에 전 세계에서 자본주의 발전을 더욱 확대하고 심화한다.[159]

또,

자본주의는 식민지와 해외 여러 나라에서 엄청난 속도로 성장하고 있다. 그중에서 새로운 제국주의 열강이 등장하고 있다(예컨대, 일본).[160]

그러나 크리스 하먼이 말했듯이

민족해방운동의 많은 투사들이 공산주의에 매력을 느낀 이유는 자본주의가 이렇다 할 산업 발전을 이루지 못하고 있었기 때문이다. 많은 제3세계 나라에서는 매우 큰 규모의 도시 중간계급이 식민 기구에 의한 정치적 주변화뿐 아니라 빈곤과 불확실한 고용 기회, 실업으로도 고통받고 있었다. 현지 부르주아지에 의존하는 운동은 식민주의에 맞서 일관되고 단호하게 투쟁할 의지가 없었으므로, 공산당이 정치적 독립 문제뿐 아니라 경제 발전에 대한 도시 중간계급 일부의 관심사도 중요하게 다룬다면 그들을 공산당 쪽으로 끌어당길 수 있었다.[161]

이 때문에 1927~1928년 코민테른은 (스탈린의 영향을 받아서) 공식적으로 인정하지는 않은 채 레닌의 견해를 버리고, 제국주의가 제3세계에서 산업화를 체계적으로 방해하고 있다고 주장했다. 이런 주장은 후진국의 이른바 '진보적 민족 부르주아지'와 (레닌이 지지했을 만한 수준보다 훨씬 더 강력하게) 동맹을 맺고 심지어 그들에게 종속되는 것을 정당화하는 데 이용됐다. 국제적으로 코민테른의 견해와 다양한 급진적 민족주의 경제 이론들이 수렴되는 현상이 나타났다. 특히 라틴아메리카에서 그랬는데, 페루에서 아야데라토레가 [1924년에 민족주의와 반제국주의 강령을 내걸고] 결성한 아메리카민중혁명동맹APRA과 아르헨티나 경제학자 라울 프레비시가 주도한 국제연합UN[이하 유엔] 라틴아메리카경제위원회가 그런 사례였다. 이 모든 것에서 나중에 '종속이론'으로 알려지게 된 것이 생겨났다. 종속이론은 특히 《먼슬리 리뷰》의[162] 폴 배런과 폴 스위지의 영향을 통해 제2차세계대전 종전 후 대다수 국제 좌파의 경제적 합의 비슷한 것이 됐다. 종속이론의 핵심 주장은 선진 자본주의 나라들, 즉 '중심부'가 '주변부'의 발전을 체계적으로 방해하면서 빈곤하게 만들고 있다는 것이었다. 여기서 나오는 결론은, [경제] 발전을 이루려면 국제 자본주의 체제에서 떨어져 나와야 한다는 것이었다.

사회주의 계획경제의 수립은 후진국에서 경제적·사회적 진보를 달성하는 데 꼭 필요한, 정말로 없어서는 안 되는 조건이다.[163]
자본주의의 위성 국가·지역·지방·구역은 이 자본주의 구조에서 해방되거나 세계 자본주의 체제에서 떨어져 나오지 못한다면, 저발전의 운명을 벗어날 수 없다. … 세계 자본주의 체제의 중심부에 하나의 위성처럼 통합돼 있는 나라는 결국 자본주의 체제를 포기하지 않으면 경제 선진국 대열에 들어설 수 없다.[164]

이런 말은 매우 혁명적인 것처럼 들리지만, 종속이론가들이 일반적으로 생각한 사회주의 계획경제 모델은 소련(이나 마오쩌둥 치하 중국)의 상명하복식 스탈린주의 국가계획이었고 이를 달성하기 위한 전략은 (귀족적) '과두 지배 체제'에 맞서 모든 계급이 연합하는 것 또는 쿠바 혁명식으로 농촌에서 민족주의적 게릴라 전쟁을 벌이는 것이었다. 이것은 20세기 중반에 개발도상국들에서 일어난 더 광범한 변화, 즉 마르크스주의가 스탈린주의를 거쳐 제3세계주의로 변질되는 과정의 일부였다.[165] 그러나 여기서 우리의 목적상 중요한 사실은 종속이론이 역사의 심판을 받았다는 것이다.

한편으로, 스탈린의 '일국사회주의'를 변형해서 국제 자본주의와 스스로 단절한 채 국가계획으로 독립적 발전을 추구한 나라들(쿠바·북한·베트남 등)은 발전을 이루지 못했다. 다른 한편으로, 몇몇 나라들은 실제로 상당한 발전을 이루는 데 성공했다. 특히 아시아의 호랑이들(홍콩·싱가포르·남한·대만)이 그랬다. 또, 어떤 나라들은 확실히 만만찮은 [경제]성장을 경험했거나 경험하고 있다. 예컨대, 말레이시아·브라질·멕시코·인도·터키, 무엇보다도 중국이 그렇다. 더욱이, 그런 나라들은 세계시장과 단절한 것이 아니라 다양한 방식으로 세계시장에 스스로 침투해서 발전을 달성했다. 이런 사실들은 종속이론이 정립되고 있던 1950년대, 1960년대, 1970년대에 그 이론을 결정적으로 논박했다.

이런 말을 할 때는, 신자유주의와 자본주의를 옹호하는 우파들도 이 똑같은 사실들을 강조한다는 점을 지적할 필요가 있다. 그들은 자본주의 세계화 덕분에 세계의 많은 문제가 해결되고 있고 이제 우리는 기아와 빈곤이 없는 더 평등한 세계를 향해 나아가고 있다고 주장한다. 당연히 이런 주장도 진실이 아니다. 첫째, [경제] 발전은 사실 매우 불균등했고 비교적 소수의 나라들에 집중됐으며 전 세계의 많은 지역, 특히 아프리카는 이 과정에서 뒤처지고 사실상 배제됐다. 둘째, 발전은 신흥공업국들 안에서든 세계 규모에서든 극심한 사회적 불평등을 수반했다. 그래서 [국제 빈민 구호단체인] 옥스팸이 자주 인용하는, 어처구니없는 수치들(세계 최상위 부자 8명이 하위 인구 50퍼센트의 재산과 맞먹는 부를 소유하고 있다는 따위)이 생겨났다. 셋째, 발전으로 말미암아 전 세계의 노동계급 규모가 엄청나게 커져서 국제 사회주의 혁명의 가능성도 마찬가지로 증대했(다는 것을 1장에서 간략하게 설명했)다.

마지막으로, (앞서 말했듯이) 레닌은 일본의 사례를 보고 식민지에서 자본주의가 성장하면 신흥 제국주의 열강이 등장할 수 있고 따라서 새로운 제국주의 간 경쟁이 벌어질 수 있다고 생각했다. 이것은 제국주의에 관한 최근의 또 다른 논쟁으로 이어진다.

초제국주의인가 제국주의 간 경쟁인가?

냉전 기간에 좌파들 사이에서 우세했던 견해는 소련이 사회주의 국가이거나 모종의 노동자 국가이므로 제국주의가 결코 아니라는 것이었다.[166] 그래서 대다수 좌파들은 당시 제국주의를 단극적인 것으로 봤다. 즉, 세계에는 미국이라는 최고의 제국주의 강대국이 하나 있고 다른 제국주의 열강들(영국·프랑스·독일·일본 등)은 모두 미국의 패권 아래 있(었)다는 것이다. 하먼이 지적했듯이

> 대다수 좌파들은 제국주의 개념을 조용히 바꿔서, 서방의 자본가계급들이 제3세계를 착취하는 것만으로 이해했다. 즉, 레닌의 이론에서 가장 중요했던 제국주의 열강들 사이의 전쟁 경향을 무시하고, 사실상 체제 전체를 카우츠키가 예측한 초제국주의의 변형쯤으로 이해했다.[167]

그래서 루카치는 1967년에 다음과 같이 썼다. "오늘날 우리는 제국주의의 발전이 세계대전으로 이어진다는 레닌의 주장이 지금은 일반적 타당성을 상실했다는 것을 알고 있다."[168] 1989~1991년에 동유럽과 소련에서 '공산주의'가 붕괴하고 조지 부시 1세가 '새로운 세계 질서'를 선언하자, 좌파들 사이에서 이런 이데올로기적 경향은 더욱 강해졌다. 그래서 초제국주의에 관한 오래된 논쟁이 새로운 형태로 다시 나타났다.

2000년에 마이클 하트와 토니 네그리는 《제국》을 펴냈다. (일시적으로) 매우 영향력이 있었던 그 책에서 하트와 네그리는 레닌(과 부하린)의 제국주의 이론과 오늘날의 '제국'에 관한 자신들의 설명을 대조했다. 그들은 세계화한 자본주의의 국제적 통합이 고도로 발전해서, 국민국가의 구실이 완전히 사라지지는 않았더라도 극도로 축소됐다고 주장했다. 즉, 국민국가들은 이제 "그들[다국적기업들 — 지은

이]이 움직이는 상품·화폐·주민의 이동을 기록하는 단순한 도구"수준으로 전락했다는 것이다.[169] 하트와 네그리의 주장은 다음과 같다.

제국주의와 달리 제국은 영토적인 권력 중심을 결코 만들지 않고, 고정된 경계나 장벽에 의지하지도 않는다. 제국은 개방적이고 팽창하는 자신의 권력 안에 세계 전체를 점차 통합하는, 중심도 없고 영토도 없는 지배 기구다. 제국은 명령 네크워크를 조율해서 혼종적* 정체성, 유연한 위계질서, 다양한 교환을 관리한다. 제국주의적 세계지도의 뚜렷한 국민적 색깔은 제국의 전 세계적 무지개 속에서 뒤섞일 것이다.[170]

이것은 당시의 시대정신이나 분위기를 확실히 포착한 강력한 미사여구였다.[171] 한편으로는 1999년 시애틀 투쟁 때 등장해서, 각국 정부보다는 세계무역기구wto·세계은행·IMF 같은 초국적 기구들에 [저항의] 초점을 맞춘 초창기 반자본주의 운동 또는 대안세계화 운동의 관심을 끌었고, 다른 한편으로는 각종 시위 현장에 사람들의 이목을 끄는 복장으로 나타난 블랙블록, 야바스타, 투테비안케('흰색 전신 작업복'이라는 뜻) 등 되살아난 '자율주의' 경향의 관심을 끌었다는 점에서 그랬다.

[그러나] 불행히도 그것은 취약한 이론이었다. 첫째, 대다수 다국적 기업들은 세계를 무대로 영업하면서도 특정 국가에 본사가 있다는

---

* 혼종성은 포스트식민주의 이론과 문화 연구에서 사용하는 용어로, 이질적 문화가 섞여 새로운 문화를 만들어 내는 현상을 지칭하는 개념이다.

점에서 그 이론은 실증적으로 틀렸다. 그런 사례는 분명하고 아주 많다. 엑손모빌·마이크로소프트·애플·월마트·텍사코·코카콜라·제너럴모터스·시티뱅크·골드만삭스는 미국에 본사가 있고, 비피·로열더치셸·홍콩상하이은행HSBC·바클리스·글락소스미스클라인은 영국에 본사가 있으며, 토요타·혼다·미쓰비시·닛산·히타치는 일본에 본사가 있고, 폭스바겐·다임러·베엠베BMW·지멘스·도이체방크는 독일에, 삼성과 현대는 한국에 본사가 있다. 기타 등등. 더욱이, 그런 다국적기업들은 본사가 있는 나라의 국가기구나 정부가 국내시장과 세계시장에서 모두 자신의 이익을 확실히 지켜 주도록 만들기 위해 국가와 긴밀한 관계를 유지하고 강화한다. 이것 또한 사실에 비춰 입증하기 쉬운데, 최근 트럼프가 엑손모빌의 최고경영자 렉스 틸러슨을 자신의 국무부 장관으로 임명한 것이 단적인 사례인 듯하다. 더 이론적인 용어로 표현하면, 하트와 네그리는 레닌과 부하린이 강조한 추세, 즉 독점자본과 국가가 결합하거나 융합하는 추세, 다시 말해 자본주의에 내재하는 국가자본주의화 경향이라는 개념을 무시하거나 묵살한다는 점에서 틀렸다.

둘째, 이런 잘못된 이론을 바탕으로 하트와 네그리는 국민국가의 구실, 따라서 전쟁의 구실을 축소할 뿐 아니라 제국주의 간 충돌이 불가능하다고 선언하는 것이나 다름없는 정치적 예측을 발전시켰다. 네그리는 "문명국끼리 전쟁을 벌일 수 없게 된 것이 엄청난 변화"라고 말했다.[172] 이것은 극단적 '초제국주의'론이다.[173] 그런데 실제로는 조셉 추나라가 지적했듯이 "[《제국》이라는 책의 — 지은이] 잉크가 채 마르기도 전에 2001년 9·11 사건이 터졌고 제국주의 전쟁의 새로운 순환이 시작됐다."[174] 특히, 미국이 주도한 아프가니스탄과 이라크 침략은 국민국가의 구실, 국민국가와 기업들(무엇보다도 석유산업)의 밀접한 연관이 여전히 지속되고 있으며 제국주의 개념이 여전히 타당하다는 것을 만천하에 보여 줬다.

"권력이 들어설 장소가 전혀 없"는 "매끄러운 공간"이라는[175] 하트와 네그리의 제국 개념보다 훨씬 더 실질적이고 좌파들 사이에 아주 널리 퍼져 있는 견해는 제국주의 권력이 실재하지만 압도적으로, 거의 오로지 한 나라, 즉 미국에 집중돼 있다는 생각이었다. 흔히 이 견해의 바탕에는 매우 유행하는 패권 개념이 깔려 있었다. 그 개념은 미국을 최고의 유일한 패권 국가로 묘사하면서, 미국의 우산 아래 모든 잠재적 제국주의 경쟁자들(영국·프랑스·독일·일본 등)이 보호받는 동시에 갇혀 있다고 봤다. 이런 생각을 그럴듯하게 만들어 주는 것은 결코 부인할 수 없는 명백한 사실들, 즉 (하드웨어 면에서 측정된) 미국의 군비 지출과 군사적 능력이 과거든 현재든 잠재적 경쟁자들을 모두 합친 것보다 더 우월하다는 사실,[176] 그리고 단연 세계 최대의 군사동맹인 나토에서 자타가 공인하는 리더가 과거나 지금이나 미국이라는 사실이다.

2000년대 중반에 이런 단극적 제국주의 개념을 두고 광범한 논의가 있었다. 예컨대, 페리 앤더슨은 다음과 같이 썼다.

근본적으로 지금 출현하고 있는 것은 프랑스 혁명과 나폴레옹전쟁 이후 수립된 강대국 간 협조 체제의 현대판이다(물론 아직은 그 초기 단계다). 말하자면, 전통적 이익 다툼이 그 한계를 벗어나 근본적 다툼으로 비화하지 않도록 기존 질서의 안정을 유지하려는 공식적·비공식적 조정이 증대하고 있는 것이다. 지금 이란에 대한 [유엔의 제재] 결의안들이 올라와 있는 안전보장이사회는 이런 과정의 주요 무대다. 그러나 [프랑스 혁명과 나폴레옹전쟁 후 사태 수습을 위해 1814년에 열린] 빈회의 이후의 강대국 간 협조 체제와 [1972년] 닉슨의 중국 방문과 [1973년 베트남전쟁 종결을 약속한] 파리협정 이후의 강대국 간 협조 체제는 한 가지 점에서 큰 차이가 있다. 이번에는 최고 강대국 하나가 다른 모든 강대국을 능가하는 지위를 차지해서 체제를 결속시키고 있다는 점이다. 메테르니히와 캐슬레이의 시대에는* [오늘날의] 미국과 견줄 만한 패권 국가가 없었다. 미국은 여전히 세계 최대의 경제와 금융시장, 준비 통화, 군대, 세계 도처의 군사 기지, 문화 산업, 국제어 등 다른 어떤 국가도 필적할 수 없는 자산들을 겸비하고 있다. 다른 강대국들은 미국의 독보적 지위를 인정하고, 미국이 전략적으로 중요하다고 여기는 어떤 문제에서도 미국을 방해하지 않으려고 애써 조심한다.[177]

또, 리오 패니치와 샘 긴딘을 한편으로 하고 알렉스 캘리니코스를 다른 한편으로 하는 기획 논쟁 비슷한 것도 있었다. 패니치와 긴딘은 본질적으로 제국주의 간 경쟁에 관한 고전적 제국주의 이론은 더는 적용되지 않는다고 주장했다.[178] 왜냐하면 미국이 주도한 신자유주의가 1970년대에 국제 자본주의를 괴롭힌 경제 위기를 사실상 해

---

* 메테르니히는 빈회의를 주도한 오스트리아 외무부 장관 겸 재상이고, 캐슬레이는 빈회의에 참석했지만 메테르니히의 반동 정책에는 동조하지 않은 영국 외무부 장관 이다.

결해서 미국은 전례 없이 강력해졌고 잠재적 경쟁자들의 행동을 구조적 수준에서 통합하고 통제할 수 있게 됐기 때문이라는 것이다.

> 국제적으로 신자유주의의 권위가 확립되고 모방되고 일반화한 것은 미국이 볼커* 충격[1980~1981년의 급격한 금리 인상 — 지은이] 아래서 스스로 신자유주의 질서를 적용한 뒤였다. 바로 이것이 자본을 위해 1970년대의 [경제] 위기를 해결했다. …
> 그 위기를 신자유주의 정책으로 해결한 덕분에 지난 25년 동안 세계 자본주의의 활력과 미국 제국의 구조적 권력이 복원될 수 있었다.[179]

프랑스가 2003년 이라크 침공에 반대한 것 같은 갈등과 전술적 이견은 있겠지만, "단일한 제국 국가"에 근본적으로 도전하는 일 따위는 없을 것이라는 이야기다.

그러나 캘리니코스는 1973년에 뚜렷이 나타나기 시작한 자본주의의 근본적 위기가 이윤율 저하 경향에 뿌리를 두고 있고 아직도 해결되지 않았다고 주장했다. 이 때문에, 그리고 다른 이유들로 말미암아 미국의 지위는 겉으로 보이는 것보다 훨씬 더 취약하다는 것이다. 또, 앞으로는 미국의 패권에 대한 경제적 도전이 늘어날 것이고, 그래서 결국 정치적·군사적 충돌이 일어날 것이라고 캘리니코스는 주장했다.

---

* 폴 볼커는 1979~1987년 미국 중앙은행인 연방준비제도이사회의 의장이었다.

냉전 종식 후에 미국은 비할 바 없는 이데올로기적·군사적 우위를 누리고 일본과 유럽 대륙은 경기 침체에 시달리는 상황에서, 러시아와 중국 같은 서방 진영 밖의 국가들조차 [미국의] 패권에 도전하는 데 매우 신중했다는 것은 결코 놀라운 일이 아닌 것 같다. 그러나 이런 상태가 앞으로도 계속될 것인가? 그런 상태가 해체되기 시작했다는 조짐들이 이미 보인다. 심지어 패니치와 긴딘도 중국이 아시아에서 미국의 패권에 도전할 수 있다는 점을 결코 부인하지 못한다. 비록 그들이 이 가능성은 아직 실현되지 않았다고 말한 것은 옳지만 말이다. 그러나 점차 러시아도 가만히 참고 있지는 않게 됐다. 특히, 최근[*] 조지아와 우크라이나에서 일어난 부드러운 사이비 혁명들 덕분에 친서방 정권들이 갈수록 러시아를 포위하자 이에 강하게 대응하고 있다.[180]

그러므로 제국주의와 제국주의 전쟁에 관한 '고전적' 이론은 여전히 오늘날의 세계를 분석하는 데 적어도 유의미한 출발점 구실은 할 수 있다는 것이다.

10여 년이 지난 지금 우리는 역사가 이 문제에서 결정적 심판을 내렸다고 말할 수는 없지만(또 다른 세계대전은 일어나지 않았다), 모든 증거는 초제국주의론자들이 아니라 레닌주의자들에게 유리한 것 같다.

첫째, 2007~2008년의 금융시장 폭락과 뒤이은 대불황, 그리고 극도로 느린 경기회복은 신자유주의가 국제 자본주의의 근본적 문제

---

* 캘리니코스의 이 글은 2006년 4월쯤 쓰였다.

들이나 그 문제들의 핵심에 놓여 있는 이윤율 위기를 결코 해결하지 못했다는 것을 분명히 보여 줬다. 따라서 만성적 경제 불안정은 불균등 발전과 국력의 상대적 변화를 초래하면서 여전히 계속되고 있다.

둘째, 1950년대에 세계경제를 압도적으로 지배하던 미국이 장기적·상대적으로 쇠퇴하는 추세는 뒤집어지지 않았다. 더욱이, 경제력의 상대적 약세를 막강한 군사력으로 보완하려던 미국의 전략은 다양한 난관에 봉착했다. 앞서 봤듯이, 비축한 무기의 측면에서는 미국의 무기고가 다른 모든 국가들을 압도하지만 그 무기를 효율적으로 사용하는 실천적 능력이 있는지는 전혀 다른 이야기다. 물론 미국은 단추 하나만 눌러서 전 세계를 또는 지구상의 어떤 나라라도 파괴해 버릴 수 있다. 그러나 아프가니스탄과 이라크를 침략한 지 각각 16년과 14년이 지났건만, 그리고 [두 나라에서] 군대를 철수하려는 만만찮은 노력에도 불구하고, 미국은 여전히 이 나라들에서 [군사적] 충돌의 수렁에 빠져 있고 이것은 사실상 패배로 귀결되고 있다. 미국이 부딪힌 문제의 뿌리는 군사적인 것이 아니라 정치적인 것이다. 즉, 베트남전쟁 이후 미국은 현지의 완강한 저항을 진압하기 위해 많은 미군이 죽거나 다치는 희생을 무릅쓸 정치적 의지가 없는 문제[이른바 '베트남 증후군']를 극복하지 못했다는 것이다.

미국 제국주의의 관점에서 이런 사태의 심각성을 잘 보여 준 사례가 이란과 시리아다. 부시 [2세] 정부 시절 미국의 정책을 지배한 신보수주의자[네오콘]들이 예상한 대로 이라크 전쟁이 식은 죽 먹기로 끝났다면, 그들은 거의 틀림없이 이란의 정권 교체를 시도했을 것이다. 그러나 아프가니스탄이나 이라크에 평화를 가져올 능력도 없는 데다가 2003년에 봤듯이 국내외의 대규모 반전운동에 대한 두려움이 겹치자 그들은 이란의 정권 교체 시도 같은 위험한 행동에 나서기를 계속 꺼리게 됐다. 당연히 그럴 만했다. 이란은 이라크보다 규모가 세 배나 크고 인구도 세 곱절 많으며 정부는 사담 후세인보다 더 많은 지지를 받고 정통성도 더 확고했다. 미국의 [이란] 점령 시도는 거의 틀림없이 (미국에) 재앙이었을 것이다. 그래서 오바마는 오히려 이란과 합의를 볼 필요가 있다고 생각했다. 시리아의 경우, 미국은 십중팔구 폭압적 독재자 알아사드를 더 고분고분한 폭압적 독재자로 교체하는 것을 원했겠지만, 실제로는 푸틴의 러시아보다 상황 개입 능력이 부족하다는 사실을 깨닫게 됐다. 그래서 미국은 시리아 내전이라는 끔찍한 대량 학살을 무기력하게 지켜보고만 있었다.

[셋째,] 미국이 중동과 그 밖의 지역에서 상대적으로 약해진 결과 하나는 아류 제국주의 강국들이 등장해서 행동반경을 상당히 넓혔다는 것이다. 내가 말하는 아류 제국주의 강국이란 주요 제국주의 국가들(무엇보다도 미국, 그러나 러시아·영국·프랑스·독일·일본·중국 등도 포함하는)보다는 경제적·정치적·군사적으로 확실히 더 약하지만, 그래도 자본축적의 독자적 중심이 확립되고 지역에서 나름대로 패권을 휘두르고 싶어 하는 국가다. 중동에서는 터키·사우디아라비아·이란이, 남아시아에서는 인도가 모두 그런 범주에 들어간다. 이 국가들 가운데 미국에 정면으로 도전할 만한 위치에 있는 국가는 하나도 없지만, 그렇다고 해서 미국도 그저 자기 마음대로 그들을 굴복시킬 수도 없다. 이 때문에 온갖 종류의 충돌 가능성, 사실은 지역적 전쟁 가능성이 있는 불안정한 상황이 조성된다.

넷째, 미국의 중요한 장기적 경쟁자인 러시아와 중국 문제가 있다. 만약 냉전을 근본적으로 이데올로기 충돌(자유[민주주의] 대 전체주의, 자본주의 대 공산주의 등)로 본다면, 그것은 재현 가능성이 거의 없는 이미 끝난 일로 여길 수 있을 것이다. 그러나 이데올로기 충돌을 근저의 진정한 이해관계 충돌을 가리는 망토 같은 것으로 본다면 (나는 그렇게 봐야 한다고 생각한다) — 18세기와 19세기 영국과 프랑스의 충돌이나 20세기 상반기 영국과 독일의 충돌이 물질적 이해관계의 충돌이었다는 것과 본질적으로 똑같은 의미에서 — 시간이 흐르면서 미국과 러시아의 충돌도 다시 나타날 것이라고 예상해야 한다. 그리고 바로 이것이 최근에 푸틴이 점점 더 많이 완력을 사용하고 과시하는 것을 우리가 보게 되는 이유다.

소련이 붕괴한 뒤 미국은 나토를 이용해 자신의 패권을 동쪽으로 확대할 수 있었다. 그러나 이윽고 푸틴은 조지아에서, 더 중요하게는 우크라이나에서 미국에 반격을 가했다. 이런 상황은 2016년 미국 대통령 선거에서 클린턴과 맞붙은 트럼프가 러시아와 동맹을 맺고 있는 것처럼 보이는 기이한 현상 때문에 지금은 가려져 있지만, 장기적으로는 발트해와 동유럽에서 그리고 흑해 주위에서 근본적인 지정학적 이해관계 충돌이 트럼프와 [러시아]의 관계를 '능가할' 가능성이 크다.

장기적으로 훨씬 더 중요한 문제는 "들어가며"에서 이미 논한 바 있는 중국의 부상일 것이다. 거듭 말하지만, 현재의 경제성장 추세가 계속된다면 중국은 20~30년 뒤에는 세계 최대의 경제인 미국과 대등해지거나 미국을 앞지를 것이고, 이것은 세계의 지정학적·군사적 세력균형에 엄청난 영향을 미칠 수밖에 없을 것이다. 그러면 레닌이 제국주의의 필연적 특징이라고 강조한 세계 '재분할 투쟁'이 벌어질 것이다. 지금 중국의 국제 전략은 현재의 세계 질서 아래서 발전과 성장을 추구하는 것이므로 당장은 [미국과] 대결할 생각이 거의 없지만, 중국이 더 강력하게 성장할수록 이런 사정은 바뀔 가능성이 매우 크다. 또, 그것은 중국의 태도에만 달린 문제도 아니다. 미국은 자신의 패권에 대한 도전이 다가오고 있다는 것을 잘 알고 있고, 그래서 '아시아로 귀환'을 통해 이에 대비하고 있다는 점도 앞서 "들어가며"에서 논한 바 있다.

물론 현재의 추세가 계속되지 않을 수도 있다. 중국 경제가 흔들리거나 심지어 붕괴할 수도 있지만, 그러면 세계의 불안정성은 더 심해지기만 할 것이다. 특히 중국 경제가 붕괴한다면, 그 원인이자 결과인 또 다른 세계적 경기후퇴와 동시에 그럴 가능성이 매우 크다. 특히 지금 미국과 중국 경제가 상호 의존하는 공생 관계에 있음을 감안하면 더욱 그렇다.

세계사의 관점에서 보면 20~30년이라는 기간은 미국과 중국의 경제적 균형과 관련해서는 그리 길지 않은 시간이지만 그래도 또 다른 의미에서 중요하다. 그것은 재앙적 기후변화가 도래할 수 있는 기간과 거의 비슷하기 때문이다. 여기서 상호작용은 치명적이다. 기후변화에 기여하는 두 주요 강대국이 제국주의 간 경쟁 때문에 기후변화를 막는 데 필요한 조치들을 취하지 않을 것이기 때문이다. 그래서 기후변화가 닥치면 수많은 치명적 경쟁과 충돌이 벌어질 것이다.

요컨대, 팍스아메리카나, 즉 미국의 지배에 의한 평화는 유토피아적이거나 디스토피아적인 환상이다. 그것은 실현 가능성이 없다.

이 모든 것은 레닌의 제국주의 이론, 특히 그 이론에서 도출한 반제국주의 정치가 오늘날에도 여전히 적절하다는 것을 더 강력히 시사한다.

오늘날의 반제국주의

오늘날 혁명가와 사회주의자가 되고자 하는 사람들에게는 제국주의와 제국주의 전쟁에 비타협적으로 반대하는 태도가 절대로 필요하다. 이 점을 잘 보여 주는 것은 전에 좌파나 마르크스주의자였다가 이슬람 원리주의와 테러리즘의 위협을 핑계로 반제국주의 정치를 포기한 사람들의 유감스러운 궤적이다. 그 전형적 사례는 고故 크리스토퍼 히친스이지만(그는 실제로 조지 부시를 공개적으로 지지하기까지 했다), 프레드 핼리데이나 닉 코언, 노먼 게러스도 그랬다. 제국주의 전쟁을 지지하거나 특히 '인도주의적' 개입으로 포장된 [제국주의적] '개입'을 지지하는 것은 자본주의 질서에 전반적으로 순응하는 쪽으로 선을 넘어가는 것이고, 그 선은 한 번 넘어가면 다시 넘어오기가 매우 어렵다.

또, 오늘날 세계에는 '지역적' 충돌도 너무 많다. 그런 곳에서는 세계 제국주의를 이해하고 레닌주의 정치를 적용하는 것이 혁명적 사회주의자의 태도에 결정적으로 중요하다. 그중에서도 가장 중요한 것은 지금도 진행 중인 팔레스타인 문제다. 팔레스타인에서 벌어지는 투쟁이 근본적으로 반제국주의 투쟁이라는 사실을 이해하지 못하는 사람들은 좌파든 아니든 모두 이 문제에서 길을 잃고 헤매는 경향이 있다. 그들은 팔레스타인에서 벌어지는 충돌을 종교·인종·민족 차이에 따른 지역 분쟁으로 보고 양측이 서로 더 '관대하게 용인하는' 법을 배워야 한다고 생각하거나, 아니면 미국이 겉보기에 이스라엘을 무조건 지지하는 것은 '유대인의 로비 능력' 탓이고 마치 유대인의 이해관계가 세계 전체까지는 아니더라도 미국을 좌지우지하는 양 설명하는, 따라서 반유대주의적 공상이나 음모론과 직결되는 생각을 하는 경향이 있다.

이스라엘이 근본적으로 중동에서 미국 제국주의의 대리인이라는 사실을(비록 어느 정도는 자율성이 있는 대리인이지만) 이해하는 것은 팔레스타인의 해방에 필요한 전략의 측면에서도 중요하다. 그것은 팔레스타인 해방이 오직 시온주의와 제국주의를 물리칠 때만 가능하다는 것을 시사한다. 이것은 결국 어떤 사회 세력이 그 일을 해낼 수 있는가 하는 문제를 제기한다. 분명히 팔레스타인 해방은 팔레스타인인들의 영웅적 행동에도 불구하고 그들 자신의 힘만으로는 거의 불가능하지만, 중동의 아랍 노동자 혁명과 승리한 아랍의 봄이라는 맥락에서는 불가능하지 않다.

쿠르드인들의 투쟁은 또 다른 사례다. 레닌주의의 민족자결권 원칙에 따라, 터키·시리아·이란·이라크의 노동계급과 사회주의 운동은 중동 노동자들의 단결을 촉진하기 위해 쿠르드인들의 독자적 민족[국가] 구성권을 무조건 지지해야 한다. 이와 똑같은 기본 원칙은 비록 강조하는 정도 차이는 있겠지만 스페인 국가에서 독립하려는 카탈루냐와 바스크 사람들의 운동에도 적용되고, 마찬가지로 영국의 경우 스코틀랜드 독립이나 아일랜드 재통일 문제에도 적용된다.

더욱이 유럽 자본주의의 전반적 쇠퇴가 심해질수록 유럽연합이 점점 더 많은 압력과 긴장에 시달리게 될 것이고, 새로운 '민족문제'가 등장해서 사회주의적 대책이 필요해질 가능성도 더 커질 것이다. 그런 대책의 출발점은 무엇보다도 레닌이 발전시킨 제국주의 이론과 반제국주의 정치일 것이다. 물론 그 이론과 정치는 지금의 구체적 현실에 대한 연구와 결합돼야 한다.[181]

3장
오늘날의 국가와 혁명

《국가와 혁명》은 레닌의 모든 저작 가운데 가장 유명하고 중요한 책이다. 이 책이 레닌에게 얼마나 중요했는지는 그것이 언제 쓰였는지를 보면 알 수 있다. 레닌이 그 책을 쓴 1917년 8월과 9월은 그가 [이른바 '7월 사태' 이후] 몰래 숨어 있을 때였고 코르닐로프 쿠데타가 일어난 때였으며 무장봉기 직전이었다. 즉, 그때는 오히려 레닌이 할 일도 많고 고민거리도 많은 때였음을 쉽게 떠올릴 수 있다.[182] 또, 레닌이 생명의 위협을 느낄 만한 충분한 이유가 있었던 1917년 7월에 가까운 동료인 카메네프에게 써 보낸 편지에서 다음과 같이 말한 것을 봐도 그 책의 중요성을 분명히 알 수 있을 것이다.

이것은 우리끼리만 하는 이야기네. 만약 저들이 나를 죽이면 "마르크스주의 국가론"이라는 제목의 내 노트를 출판해 주게(노트는 스톡홀름에 있다네). 푸른색 표지로 된 노트라네. 그 노트에는 마르크스와 엥겔스의 저작이나 카우츠키와 파네쿡의 논쟁에서 인용한 구절들을 모아 놨어. 많은 논평과 주석, 표현들이 정리돼 있지. 일주일쯤 작업하면 출판할 수 있을 걸세. 나는 그 노트를 출판하는 것이 중요한 일이라고 생각하네. 왜냐하면 플레하노프만이 아니라 카우츠키도 마르크스주의 국가론을 엉망으로 만들어 놨기 때문이지. 단, 이것은 모두 우리끼리만 하는 이야기일세![183]

《국가와 혁명》의 객관적인 역사적 중요성도 분명하다. 《국가와 혁명》은 러시아 혁명의 핵심 구호였던 '모든 권력을 소비에트로!'의 이론적 토대였고, 따라서 러시아 혁명 자체의 이론적 토대였다. 그리고 여기서 명심해야 하는 사실은 소비에트 권력이라는 생각이 1917년에 러시아 노동계급의 가장 중요한 염원이었을 뿐 아니라, 그들이 국제 노동계급에게 호소한 핵심 사상이기도 했다는 것이다. 베를린과 토리노부터 리머릭까지* 러시아의 선례를 따르고자 했던 노동자들은 '소비에트'(노동자 평의회)를 만들었거나 만들려고 노력했다.

《국가와 혁명》은 개혁주의와 혁명적 사회주의를, 제2인터내셔널과 제3인터내셔널의 마르크스주의를, 사회민주주의와 공산주의를 가장 날카롭고 분명하게 분리했다. 물론 그 분열은 이미 제1차세계대전 문제를 두고 일어났지만, 그 분열을 완성하고 말하자면 확실히 못 박은 것은, 특히 전쟁이 끝나고 혁명이 유럽 전역에서 일정에 오른 시기에 그렇게 만든 것은 바로 《국가와 혁명》이었다. 노동계급 운동의 목표는 독일 사민당이나 영국 노동당이나 제2인터내셔널 소속 정당들이 주장했듯이 사회주의 정당이 의회의 다수를 획득해서 국가를 통제하고 그래서 사회를 사회주의적으로 변혁하는 것인가? 아니면, 제3인터내셔널(코민테른) 소속 정당들이 주장했듯이 노동계급의 무장봉기를 준비하고 조직해서 노동계급이 의회를 포함한 기존 국가기구를 파괴하고 그것을 '소비에트' 국가, 즉 노동자 평의회에 바탕을 둔 국가로 교체하는 것인가?[184]

---

* 리머릭은 아일랜드의 도시다.

《국가와 혁명》은 이런 역사적 분기점의 근본적 문서다. 또, 국제 공산주의 운동이 사실상 그 핵심적 입장들을 포기한 지[185] 한참 후에도 그 운동의 권위 있는 문서, 거의 신성한 문서로 계속 여겨졌다. 《국가와 혁명》의 명성이 지속되고 있었다는 점은 1970년대 초에 루초 콜레티나 랠프 밀리밴드 같은 당대의 주요 정치 이론가들이 모두 그 책의 주장을 대체로 지지하는 중요한 글을 썼다는 사실을 봐도 알 수 있다.[186]

그러나 여기서 나의 주요 관심사는 《국가와 혁명》의 역사적 중요성이 아니다. 오히려 그 저작이 오늘날에도 여전히 의미가 있는지 없는지다. 그 책의 주요 명제들은 (여전히) 타당한가? 그리고 지금뿐 아니라 아주 가까운 장래에도 그 명제들을 우리의 행동 지침으로 여길 수 있고 여겨야 하는가? 이 물음에 답하려면 먼저 《국가와 혁명》에서 레닌이 주장한 바를 간략히 살펴볼 필요가 있다.

레닌은 국가가 결코 영원불변의 제도가 아니라, 계급으로 분열된 사회의 산물이라는 주장에서 시작한다. 그러면서 엥겔스가 《가족, 사유재산, 국가의 기원》에서 다음과 같이 말한 것을 인용한다.

[국가는 — 지은이] 일정한 발전 단계에 이른 사회의 산물이다. 국가는 사회가 해결할 수 없는 자기모순에 빠졌으며, 자기 힘으로는 결코 떨쳐 버릴 수 없는 화해 불가능한 적대 관계로 분열했음을 시인한 것이다. 그런데 이 적대 관계, 즉 서로 충돌하는 경제적 이해관계를 가진 이 계급들이 무익한 투쟁으로 자신과 사회를 파멸시키지 못하게 하려면, 외관상 사회 위에 서 있는 권력이 … 필요했다. [사회에서 발생했지만 사회 위에 올

라서서] 사회와 더욱더 멀어져 가는 권력이 바로 국가다.[187]

이 말은 "국가의 의미와 역사적 구실에 관한 마르크스주의의 기본 사상을 완전히 분명하게 표현하고 있다"고 레닌은 주장한다. 그러면서 국가는 "계급들의 적대 관계가 화해 불가능함을 표현하는 것이자 그 산물이다" 하고 강조한다.[188] 그다음에 레닌은 이 주장과 "부르주아, 특히 프티부르주아 이데올로그들"의 주장을 대조한다. 그들은 "국가가 계급 화해의 기관이라는 식으로 마르크스를 '교정'했다." 반면에 "마르크스에 따르면, 국가는 계급 지배의 기관이자 한 계급이 다른 계급을 억압하기 위한 기관이다."[189] 레닌은 이 점을 자세히 설명하기 위해 다시 한 번 엥겔스의 말을 인용하면서, 국가의 본질은 "감옥 등등을 마음대로 활용할 수 있는, 무장한 사람들의 특수한 조직체들"로 이뤄져 있다는 것이라고 강조한다.[190]

여기서 레닌이 끌어내는 분명한 결론은, 현대의 국가는 자본가계급의 이익에 봉사하는 자본주의 국가라는 것이다. 이런 결론은 물론 마르크스와 엥겔스가 이미 거듭거듭 주장한 것이다. 그들은 예컨대, 《공산당 선언》에서 "현대 국가의 집행부는 부르주아지 전체의 공동 업무를 관장하는 위원회일 뿐이다" 하고 말했다. 그러나 레닌은 그 점을 자세히 설명해서 알아듣기 쉽게 해 준다. 그는 마르크스의 격언이 심지어 보통선거권이 완전히 보장되는 가장 민주적인 부르주아 공화국에도 적용된다고 강조한다.

'부'의 전능함은 민주공화국에서 더 확실해진다. … 민주공화국은 자본주의로서는 가능한 최선의 정치적 외피다. 그러므로 자본은 이 최선의 외피를 … 획득한 뒤에는 부르주아 민주주의 공화국에서 인물이나 제도나 정당이 아무리 교체되더라도 자본의 권력이 전혀 흔들리지 않도록 단단하고 튼튼하게 그 권력을 확립한다.[191]

레닌은 보통선거권도 부르주아지의 지배 도구, 즉 "몇 년에 한 번씩 지배계급의 어떤 성원이 [의회에서] 국민을 억압하고 짓밟을 것인지를 결정하는 수단"이라고 말하면서[192] "'오늘날의 국가'에서 대다수 노동 대중의 의사가 보통선거권을 통해 진짜로 표현될 수 있고 확실히 실현될 수 있다는 생각은 틀렸다"고 주장한다.[193] 그리고 다음과 같이 강조하면서 결론을 내린다. "부르주아 국가는 그 형태가 아무리 다양하더라도 본질은 똑같다. 즉, 모든 부르주아 국가는 그 형태가 어떻든 간에 따지고 보면 **부르주아지의 독재**일 수밖에 없다[강조는 원문 그대로다 — 지은이]."[194]

여기까지 레닌은 비록 특별히 더 열정적 용어를 사용하기는 했지만 이른바 '정설' 마르크스주의의 국가관을 요약하고 있다. 내가 말하는 '정설' 마르크스주의는 단지 마르크스와 엥겔스의 실제 견해만이 아니라 제2인터내셔널의 지도적 정당들과 지도적 마르크스주의자들이, 즉 독일 사민당과 카를 카우츠키나 게오르기 플레하노프 같은 사람들이 정설이라고 여긴 것도 의미한다("[카우츠키 같은 자들은 — 지은이] 국가가 계급 지배의 도구라거나 계급 적대 관계는 결코 화해될 수 없다는 것을 부인하지 않는다").[195] 그러나 이 지점에서 레닌은 '정설', 즉 제2인터내셔널의 정설을 결정적으로 넘어선다.

레닌은 마르크스와 엥겔스가 《공산당 선언》의 1872년판 서문에서 다음과 같이 말한 것을 자신의 근거로 삼는다. "특히 [파리]코뮌은 '노동계급이 단순히 기존 국가기구를 장악해서 자신들의 목적에 맞게 이용할 수는 없다'는 것을 입증했다."[196] 그런 다음에 레닌은 (제2 인터내셔널의 마르크스주의자들이) 이 말을 일반적으로 마르크스가 "점진적 발전이라는 생각"을 강조했다는 식으로 해석한다고 지적했다. 그러나

사실은 정반대다. 마르크스의 생각은 노동계급이 '기존 국가기구'를 파괴하고 분쇄해야 하며 단지 그것을 장악하는 데 그쳐서는 안 된다는 것이었다.[197]

레닌은 자신의 해석을 뒷받침하기 위해 《루이 나폴레옹 [보나파르트]의 브뤼메르 18일》과 마르크스가 1871년 "쿠겔만에게 보낸 편지"에서 한 말을 인용한다.[198]

바로 이 생각, 즉 노동계급은 기존 국가기구를 그냥 '인수할' 수는 없고 그것을 파괴하는 것이 절대로 필요하다는 생각이 《국가와 혁명》의 가장 중요한 핵심 사상이고 그 책의 결정적 혁신이다. 이 사상이 마르크스와 엥겔스에게도 이미 있었다는 것은 사실이지만, 레닌이 강조하고 입증하듯이 그것은 마르크스와 엥겔스의 저작 여기저기에 흩어져 있었다. 그러나 당시까지 잊히거나 무시당했던 이 요점을 '발견하고' 그 중요성을 파악하고 그것을 매우 강조해서 결코 피하거나 무시할 수 없는 것으로 만든 사람이 바로 레닌이다. 그는 "국가권

력 기구를 파괴하기", "부르주아 국가를 폐지하기", "국가기구를 파괴하기", "국가를 분쇄하기" 같은 문구들을 거듭거듭 사용하면서 설득력 있게 강조하는데, 이것은 레닌의 글쓰기에서 나타나는 특징이자 거의 고유한 방식이다.

이 점의 중요성은 그것이 당시까지 국제 사회주의 운동을 지배하던 전략과 완전히 모순된다는 것이었다. 그 전략의 전형적 사례는 독일 사민당의 실천이었지만, 비록 나라마다 차이는 있었어도 당시 유럽의 주요 사회주의 정당들은 모두 그 전략을 추구했다. 그것은 곧 선거에서 득표수를 늘려서 정부 권력을 획득한 다음에 그 권력을 이용해서 기존 국가기구를 통제하고(이 과정은 흔히 '국가권력 장악'으로 묘사됐다) 결국 이 국가기구를 이용해서 사회를 변혁한다는 전략이었다.

'국가를 분쇄하는' 문제는 분명히 폭력혁명 문제와 연결돼 있고, 레닌도 폭력혁명을 옹호했지만(물리적·초법적 대결 없이도 어떻게 국가기구를 '분쇄할' 수 있을지 이해하기 힘든데, 특히 "무장한 사람들의 특수한 조직체들"이 국가의 본질을 구성하기 때문이다), 이 둘은 똑같지 않고 사실은 '국가를 분쇄하는' 문제가 더 중요하다. 한편으로, 1917년 10월 [혁명]이 보여 줬듯이 (군대의 일반 사병을 획득하는 등의 방법으로) 거의 폭력을 사용하지 않고도 기존 국가기구를 파괴하는 것이 가능하다. 다른 한편으로, [1949년 중국 혁명이나 1959년 쿠바 혁명처럼] 기존 국가기구를 보존하고 '인수하는' 폭력혁명이나 무장투쟁도 가능하다(비록 이런 군사작전의 결과는 노동자 권력이나 사회주의가 아니라 모종의 자본주의 ─ 아마 국가자본주의 ─ 이겠지만 말이다).

의회나 군사적 수단으로 국가기구를 인수하는 전략에서는 상층의 지도자들이 국회의원이든 게릴라 지도자든(알렉시스 치프라스나 피델 카스트로) 능동적이고 지배적인 구실을 하는 반면 노동계급 대중은 [수동적으로 그들을] 지지하는 구실만 한다. 이와 달리 '국가를 분쇄하는' 전략은 아래로부터 대중행동과 주도력을 중요하게 여긴다. 다수의 힘으로 경찰을 거리에서 물리치고 경찰서를 점령하고, 병영으로 가서 사병들을 설득해서 우리 편으로 만들고, 각 지역을 통제하는 지역위원회를 구성하고, 버스와 기차 등등을 징발하는 것이 필요하다. 이 모든 것을 해내려면 봉기한 노동계급이 작업장과 지역사회에서 능동적으로 행동해야만 한다.

이 점은 레닌이 다룬 다음 문제, 즉 자본주의 국가를 와해시킨 직후에 "분쇄된 국가기구를 무엇으로 대체할 것인가?" 하는 문제를 살펴보면 특히 분명해진다.

레닌이 지적했듯이, 마르크스는 이미 《공산당 선언》에서 이 물음에 대해 "지배계급으로 조직된 프롤레타리아가 … 민주주의 투쟁에서 승리하는 것"이라고 "일반적" 대답을 한 바 있다. 그러나 마르크스는 "공상에 빠지지 않았기" 때문에 "이 조직이 어떤 형태를 취할 것인지"에 대한 구체적 대답은 "대중운동의 **경험**"이 알려 줄 때까지 기다려야 했다.[199] 그리고 이 경험은 1871년의 파리코뮌이 제공했는데, 당시 파리의 노동계급은 무장봉기를 해서 도시를 통제하고 74일 동안 버티다가, 베르사유에 근거지를 둔 프랑스 정부에게 잔혹하게 진압당했다.

《프랑스 내전》에서 마르크스가 파리코뮌을 분석한 내용을 바탕으로 레닌은 낡은 자본주의 국가를 대신할 새로운 국가의 핵심 특징 몇 가지를 다음과 같이 정리했다. "상비군을 폐지하고 그것을 무장한 민중으로 대체했다. … [그 전까지 정부의 도구였던] 경찰은 … [코뮌에] 책임을 지고 언제든지 소환될 수 있는 코뮌의 도구로 바뀌었다."[200] 코뮌은 "파리의 각 구區에서 보통선거로 선출된 자치위원들"로 구성됐고, 그들은 "[코뮌에] 책임을 지고 언제라도 소환될 수 있었다." "행정부의 다른 모든 부처 관리들"도 마찬가지로 언제든지 소환될 수 있었다. "국가의 고위 관리들이 누리던 특권과 판공비"는 폐지됐고, "코뮌의 [자치]위원 이하 모든 공무원은 노동자 임금을 받고 일했다."[201]

레닌은 이런 조치들에 관해 논평하면서 다음과 같이 썼다.

그러므로 코뮌은 분쇄된 국가기구를 단지 더 완전한 민주주의(상비군의 폐지, 모든 관리의 선출과 소환)로 대체했을 뿐인 것처럼 보인다. 그러나 여기서 "단지"라는 말이 실제로 뜻하는 바는 특정 기관들이 근본적으로 다른 형태의 기관들로 대거 교체됐다는 것이다. 이것은 바로 "양이 질로 전환하는" 사례다. 즉, 민주주의가 가장 완전하고 일관되게 도입되면 부르주아 민주주의에서 프롤레타리아 민주주의로 전환하고, 국가(즉, 특정 계급을 억압하기 위한 특수한 권력)도 이제는 엄밀한 의미의 국가가 아닌 것으로 전환한다.[202]

레닌은 아나키즘을 비판하면서, "부르주아지를 억압하고 그들의 반항을 분쇄하려면" 프롤레타리아 독재라는 국가가 여전히 필요하다고 강조한다. 파리코뮌이 패배한 이유 하나는 바로 "이 일을 충분히 단호하게 실행하지 못했기" 때문이다.[203] 그러나 이런 새로운 국가는 소수(의 착취자)가 아니라 다수의 이해관계를 대변하기 때문에, 또 그 다수를 국가의 일상적 업무에 점차 끌어들일 것이기 때문에, 이미 시들어 죽기 시작하는 국가일 것이다. 레닌은 새로운 국가의 반反관료주의적 성격을 매우 강조한다. 그러면서 다음과 같이 인정한다.

관료제를 당장 모든 곳에서 완전히 폐지하는 것은 불가능하다. 그것은 공상이다. 그러나 낡은 관료 기구를 당장 분쇄하고 모든 관료제의 점진적 폐지를 가능하게 해 줄 새로운 [국가]기구를 즉시 건설하기 시작하는 것, 이것은 공상이 아니다. 그것은 [파리]코뮌의 경험[이 가르쳐 준 것]이고, 혁명적 프롤레타리아의 직접적 당면 과제다.[204]

국가이기도 하고 아니기도 한 이 국가는 "완전한 공산주의"가 달성되면 완전히 시들어 죽을 것이라고 레닌은 (역시 마르크스와 엥겔스를 따라서) 말한다. 여기서 레닌이 말하는 "완전한 공산주의"는 계급 분열이나 계급투쟁이 없고 (마르크스의 《고타강령 비판》에 나오는 표현을 빌리면) "능력에 따라 일하고 필요에 따라 분배받는다!"는 원칙에 바탕을 둔 사회를 의미한다.

우리의 궁극적 목적은 국가를 폐지하는 것이다. 즉, 모든 조직적·체계적 폭력을, 인간 일반에 대한 폭력 사용을 모두 폐지하는 것이다. [그렇다고 해서] 소수가 다수에게 복종하는 원칙이 지켜지지 않는 사회체제의 도래를 기대하는 것은 아니다. 그러나 사회주의를 위해 분투하는 우리는 사회주의가 공산주의로 발전할 것이고, 따라서 인간에 대한 폭력 일반의 필요성과 한 사람이 다른 사람에게, 주민의 일부가 다른 일부에게 복종할 필요성이 완전히 사라질 것이라고 확신한다. 왜냐하면 사람들이 폭력 없이, 복종 없이 사회생활의 기본적 조건들을 지키는 데 익숙해질 것이기 때문이다.[205]

지금까지 이야기한 것이 이 놀라운 책에 담긴 내용의 전부는 결코 아니다. 그래도 나는 그 핵심 주장, 즉 적어도 그 자체로는 철저하게 일관된 주장을 공정하게 요약했기를 바란다. 그러나 《국가와 혁명》에는 중요한 누락도 있다. 그것은 레닌 스스로 지적했듯이, 러시아 혁명 자체의 경험은 빠져 있다는 것이다. 이런 누락의 원인은 레닌이 원래 러시아 혁명의 경험을 다룬 한 장[7장]을 쓰려고 했지만 "1917년 10월 혁명 직전의 정치적 위기가 '방해'해서" 결국 쓰지 못했기 때문이다.[206] 그래서 십중팔구 그 장의 핵심 주제가 됐을 만한 것(소비에트, 즉 노동자 평의회의 구실)을 지나가듯이 몇 마디 언급했을 뿐이다. 사실, 지나가듯이 언급한 다음과 같은 말들 자체가 그 중요성을 잘 보여 준다.

부르주아 이데올로그들은 … 오늘날 필수적이고 화급한 정치적 문제, 즉 자본가들을 수탈하고, 모든 시민을 하나의 거대한 '신디케이트'(국가 자체)의 노동자와 피고용인으로 전환시키고, 이 신디케이트의 모든 업무를 진정으로 민주적인 국가인 **노동자·병사 대표 소비에트 국가**에 완전히 종속시키는 문제를 먼 미래에 관한 말다툼과 잡담으로 바꿔치기하고 있다.[207] [강조는 원문 그대로다 — 지은이]

그리고

[우리는 기회주의자들과 결별할 것이고] 계급의식적 프롤레타리아는 모두 우리와 함께 투쟁할 것이다. 그러나 "[국가권력 내부의] 세력균형을 변화시키기" 위해서가 아니라, 부르주아지를 전복하기 위해, 부르주아 의회 제도를 파괴하기 위해, [파리]코뮌 형태의 민주공화국, 즉 노동자·병사 대표 소비에트의 공화국을 위해, 혁명적 프롤레타리아 독재를 위해 그럴 것이다.[208]

더욱이, 앞서 봤듯이 1917년에 레닌의 모든 이론과 실천의 핵심에는 소비에트 권력 문제가 있었다. 그러므로 어떻게 러시아 소비에트의 일정한 특징들이 파리코뮌의 경험에 의미 있게 덧붙여지고 그 경험을 넘어서 발전했는지를 살펴보는 것은 유익할 것이다. 또, 그런 특징들을 레닌의 국가 이론의 한 측면으로 고려하는 것이 합리적일 것이다.

첫째, 파리코뮌은 노동계급이 (적어도 파리에서) 무장봉기를 해서 권력을 장악한 뒤에 수립된 반면에 소비에트는 1905년에도 그랬고 1917년에도 그랬듯이 권력 장악 전에 등장했다(물론 [1917년에는] 차르를 타도한 봉기 뒤에 등장했다)는 사실을 주목해야 한다. 소비에트는 처음에 새로운 국가로서 나타난 것이 아니라, 혁명적 투쟁의 표현이자 투쟁을 조정하는 수단으로서 출현했는데, 한편으로는 새로운 국가의 맹아이기도 했다. 이렇게 해서 시작된 이중권력 시기에 노동자·병사·수병들이 소비에트를 '우리의' 정부로 받아들이도록 설득될 수 있었기 때문에 부르주아 국가가 약화하고 '분쇄'되는 과정이 크게 촉진됐다. 또, 소비에트 권력이라는 사상이 국제적으로 대중화할 수 있었을 뿐 아니라, 다른 나라들에서도 무장봉기 전의 혁명적·준혁명적 상황에서 소비에트나 소비에트 비슷한 조직들을 강력히 주장하고 실제로 건설할 수 있었다.

둘째, 파리코뮌은 지방자치 단위인 구區, 즉 지리적 선거구에서 대표를 선출하는 방식에 바탕을 둔 반면에 소비에트는 [노동자들의] 작업장과 병사·수병들의 군부대에서 대표를 선출했다. 이런 차이는 경제 발전 상황을 반영했다. 1871년에 파리의 산업 생산은 대체로 소규모였고, 노동계급은 대부분 소규모 작업장에서 일하고 있었다. [반면에 1917년] 러시아의 전반적 후진성에도 불구하고 페트로그라드와 모스크바에는 수많은 공장이 있었고 그중 일부, 예컨대 푸틸로프 공장 같은 곳은 당시 세계 최대 규모의 공장이었다. 파리코뮌과 소비에트의 대표 선출 방식 차이는 또, 거대한 징집병 군대의 병사들과 수병들이 혁명에서 엄청난 구실을 한 것도 반영했는데, 이 징집병 군대 자체는 총력전을 위해 산업이 총동원된 결과였다.

그러나 대표를 선출하는 주된 단위가 이렇게 지역에서 작업장과 병영으로 바뀐 것은 노동계급 민주주의의 중요한 발전이었다. 그래서 대표 선출이 원자화한 개인의 투표 행위 결과가 아니라 집단적 토론과 논쟁의 결과가 됐다. 또, 소환권을 행사하기도 훨씬 쉽고 효과적으로 됐다. '의회제' 선거구에서는 유권자들이 집단도 아니고 정기적으로 모이거나 만나지도 않기 때문에 대표를 소환하기가 매우 어렵다. 그러나 작업장 선거에서는 유권자들이 하나의 집단이고 그냥 작업장 집회를 열어서 대표를 소환할 수 있다. 이것은 단지 유권자들을 '배신'한 대표를 처리하는 문제만은 아니다. 그것은 소비에트가 노동자들의 견해 변화를 반영할 수 있게 만들어 주기도 한다. 이 점은 혁명이 한창일 때 매우 중요하다. 혁명이 한창일 때는 대중이 날마다 투쟁에 참여한다는 바로 그 이유 때문에 노동계급의 의식이 매우 급속하게 변화한다. 그리고 분명한 사실은 작업장 단위로 실시되는 선거가 민주주의의 계급적 성격, 새로운 국가의 계급적 성격을 강화한다는 것이다.

레닌은 1918년에 카우츠키를 비판하며 쓴 논쟁적 저작에서 그 점을 다음과 같이 설명했다.

소비에트는 착취당하는 노동 대중이 가능한 모든 방식으로 자신들의 국가를 조직하고 운영하도록 **도와주는** 그들 자신의 직접적 조직이다. 그리고 여기서는 착취당하는 노동 대중의 전위인 도시 프롤레타리아가 대기업들 덕분에 가장 잘 단결된다는 이점을 누린다. 즉, 다른 어느 누구보다도 도시 프롤레타리아가 더 쉽게 대표를 선출하고, 선출된 대표들을 통제할 수 있는 것이다. 소비에트 형태의 조직은 착취당하는 노동 대중이 모두 그들의 전위인 프롤레타리아를 중심으로 자동으로 단결하게 해 준다. 낡은 부르주아 기구 — 관료제, 재산이나 부르주아 교육이나 사회적 연줄 등의 특권(부르주아 민주주의가 고도로 발전할수록 이런 특권은 더 다양해진다) — 이 모든 것은 소비에트 형태의 조직에서는 사라진다. … 전국적 소비에트 대표를 뽑는 간접선거는 소비에트 대회를 개최하기 더 쉽게 해 주고, 모든 [선거] 기구가 비용을 덜 쓰고 더 유연하게 움직이도록 만들어 준다. 또, 노동자·농민의 생활이 정신없이 바쁠 때, 그리고 지방 [소비에트] 대표를 매우 빨리 소환하거나 전국 소비에트 대회에 대표를 파견할 필요가 있을 때 [선거] 기구가 노동자·농민에게 접근하기 더 쉽게 해 준다.[209]

그리고 심지어 1920년에 부르주아 의회에 참여하는 전술을 지지하는 주장을 할 때조차 레닌은 여전히 다음과 같이 강조했다.

의회가 아니라 노동자 소비에트만이 프롤레타리아의 목적을 달성하는 수단이 될 수 있다. 당연히, 이 점을 이해하지 못하는 사람은 아무리 많이 배운 사람이라도, 아무리 경험이 풍부한 정치인이라도, 아무리 진실한 사회주의자라도, 아무리 박식한 마르크스주의자라도, 아무리 정직한 시민이고 가장이라도 철저한 반동분자일 뿐이다.[210]

이렇게 덧붙이면서, 다시 우리의 핵심 문제로 돌아가 보자. 《국가와 혁명》의 주장은 오늘날에도 여전히 타당한가? 그것은 21세기의 노동자들과 사회주의자들에게도 행동 지침 구실을 할 수 있고 해야 하는가?

레닌의 이론을 비판하는 주장들

국가 문제, 즉 국가의 본질과 구실과 정당성에 관한 문제는 플라톤의 《국가》까지 거슬러 올라가지는 않더라도 적어도 17세기 홉스의 《리바이어던》 이래로 정치철학과 정치이론의 핵심이었다. 또, 최근의 주요 학술 논쟁들을 포함해서 지금까지도 이 점은 마찬가지다. 이런 논쟁을 종합적으로 조사·연구하는 것은 분명히 이 책의 범위를 넘어서는 일이다. 그보다도 나는 여섯 가지 주장에 집중할 텐데, 각각의 주장은 레닌의 국가 이론에 대한 명시적·암시적 비판이자 그 대안일 뿐 아니라, 현대사회에서 그리고 오늘날의 여러 사회변혁 운동에서 일정한 반향을 불러일으키며 통용되고 있다. 그 주장들은 다음과 같다. 첫째, 보통선거가 민주주의를 가져다준다는 견해. 둘째, 다원주의 권력 이론. 셋째, 푸코의 권력 이론. 넷째, 자율주의와 아나키즘의 비판. 다섯째, 이른바 '그람시주의적' 비판. 여섯째, 풀란차스의 비판. 이 여섯 가지 주장을 하나씩 검토하고 나서, 현재와 미래의 투쟁에서도 레닌의 견해가 과연 적절한지를 살펴보겠다.

보통선거

레닌주의(와 마르크스주의) 국가 이론을 비판하는 주장들 가운데 단연 가장 중요한 것은 보통선거(와 함께 의회정치와 '자유롭고 공정한' 선거)가 존재하면 민주주의 체제이고 국가기구(경찰·군대·사법부·공무원 등)가 정치적 중립을 지키면서 국민에게 봉사하게 된다는 것이다.

이것은 학술적 이론은 아니지만(이론적 형태로 표현되는 경우도 드물고, 이론적으로 옹호하거나 경험적 증거로 뒷받침하기도 매우 어렵다), 그보다 훨씬 더 강력한 주장이라 할 수 있다. 유럽과 북아메리카의 모든 주류 정치인과 정치기구, 전 세계의 대다수 기득권층이 그 주장을 완전히 지지할 뿐 아니라, 거의 모든 대중매체와 함께 대다수 교육기관이나 교육제도에서도 거의 자명한 진리로 받아들인다. 결정적으로 주요 '반체제 또는 반정부' 정당과 운동들도 대부분 그 주장을 받아들이는데, 이것은 그 문제에 관한 합의가 유지되는 데서 매우 중요하다. 구체적으로 말하면, 대다수 사회민주주의 정당과 노동조합, 또는 적어도 그 지도부는 그런 주장을 받아들인다.(나는 사회의 기층에서 이런 견해를 실제로 받아들이는 정도를 과장하고 싶지는 않다. 사실 대다수 노동계급 사람들은 정치 구조에 관한 '공식적' 견해를 거부하고, "저들, 즉 정치인들과 '고위층 인사들'은 모두 똑같다"거나 "모두 한통속"이라고 생각하고, 경찰을 적으로 여긴다는 것은 분명하다. 또, 반쯤은 그렇게 생각하면서도 반쯤은 공식적 견해를 받아들이는 사람들도 있다.)

그 결과로 이런 견해는 당연하게 여겨지는 가정, 즉 '상식'이 되고 거의 모든 정치 담론은 그런 토대 위에서, 또 그런 틀 안에서 이뤄진다. 게다가, 그런 견해는 규범적 성격을 띠거나 적극적으로 부여받기도 한다. 즉, 그런 주장에 찬성하지 않으면, 단지 견해가 다르거나 잘못된 견해를 지닌 사람 정도가 아니라, 민주주의를 반대하는 사람으로, 좋게 말해도 반反애국적이고 평판이 안 좋은 사람으로, 나쁘게 말하면 '사악한 사람'으로 취급당하는 것이다. 그 결과 하나는 많은 좌파 정치 인사들이 개인적으로나 사적으로는 국가와 국가기관들의 계급적 중립성을 믿지 않더라도 혹시 구설수에 오르거나 대중의 지지를 잃을까 봐 두려워서 공개적으로는 자기 소신과 반대로 말해야 한다고 느낀다는 것이다.

어떻게 그럴 수 있는지 궁금하다면, 영국 국회에서 보수당 정부 장관들이 "우리 장병들"을 중동에 파병해서 조국에 봉사하게 하자고 말했을 때 어떤 주요 좌파 정치인이(십중팔구 노동당 국회의원일 것이고, 어쩌면 노동당 대표일 수도 있다) 다음과 같이 대꾸했다고 한 번 상상해 보라. "저는 군대가 '우리 장병들'이라거나 영국 국민에게 봉사한다고 생각하지 않습니다. 그들은 영국 자본가계급의 도구로서, 해외에 파병돼서는 제국주의의 이해관계에 봉사하고 국내에서는 노동계급을 억압하는 구실을 합니다." 당연히 그 발언에 대한 반응은 격렬할 것이고, 단지 보수당만이 그렇게 격렬한 반응을 보이지는 않을 것이다. 수많은 노동당 국회의원들과 거의 모든 대중매체도 마찬가지로 격분할 것이다. 그와 비슷한 발언을 경찰에 대해서 하거나(예컨대, 소요 사태나 경찰과 시위대의 충돌이나 경찰관이 시민을 살해한 사건 뒤에) 또는 노동쟁의 관련 재판에서 노동자들에게 불리한 판결을 내린 판사에 대해 했을 때도 사정은 마찬가지일 것이다. 나는 영국의 사례를 들었지만, 이 점은 모든 나라에서 마찬가지일 것이다.

그러나 어떤 이론이나 견해가 널리 받아들여지고 강요된다고 해서 그것이 꼭 타당한 것은 아니다. 그리고 이 경우에, 보통선거와 의회정치가 진정한 민주주의를 가져다주고 다수의 이익이나 염원을 대변하는 정부나 국가를 보장한다는 주장은 비판적 검증을 통과하지 못할 것이다.

먼저, 자본주의 사회에서는 어떤 선거도 공평한 경쟁의 장에서 치러지지 않는다. 부자와 기업들(과 함께 상층 중간계급)의 이해관계를 대변하는 정당들은 그 본성상 주로 노동계급과 가난한 사람들의 지지에 의존하는 정당들보다 엄청나게 많은 돈과 자원을 마음대로 쓸 수 있다. 따라서 선거운동은 큰 차이가 날 수밖에 없다.

선거 때는 홍보물과 포스터를 대량 인쇄해서 배포해야 하고 현수막 광고나 신문·방송 광고, 전국 유세 등을 조직해야 하는데, 이 모든 것에는 돈이 든다. 부자들의 정당보다 노동자 정당, '민중' 정당에 자원봉사자나 이른바 '발로 뛰는 사람'이 더 많다는 것은 사실이다. 그러나 드물고 매우 예외적인 상황이 아니라면 노동자 정당이나 좌파의 자원보다는 부르주아 정당의 자원이 훨씬 더 많을 것이다. 그리고 선거가 더 중요하고 규모가 클수록, 기업들의 자원과 '평범한' 사람들의 자원 사이의 격차도 더 두드러질 것이다. 미국의 대통령 선거는 주요 기업들의 후원을 받지 못하면 신뢰할 만한 전국적 선거운동을 거의 할 수 없다는 점에서 극단적 사례다. 이런 엄청난 불균형을 어느 정도 바로잡을 수 있는 유일한 자원은 많은 사회민주주의 정당이 노동조합들한테 받는 기부금이지만, 이것만으로는 그 격차를 극복하는 데 충분하지도 않고 그럴 수도 없다는 것은 분명하다.

더욱이 이런 기부금에는 대가가 따르기 마련이다. 사실 노동계급 운동 안에서 다른 어떤 경향보다 많은 돈과 자원을 가진 노동조합의 정치적 후원을 받게 되면 노조 관료 집단의 영향을 강하게 받을 수밖에 없다. 그리고 노조의 돈과 자원은 대체로 사회민주주의 정당들이 너무 좌경화하지 못하도록 막는 데 사용되기도 한다.

또한 [자본주의 사회에서] 선거는 좌파와 사회주의에 대해 심각한 편견을 갖고 있는 대중매체의 영향력 아래서, 그리고 그런 맥락 속에서 치러진다. 그도 그럴 것이 첫째, 대중매체는 대부분 대기업이 소유하고 통제하는 하나의 기업처럼 운영되기 때문이다. 둘째, 심지어 BBC처럼 국가가 소유한 대중매체도 현상 유지에 헌신하는 사람들에게 위로부터 통제받기 때문이다. 셋째, 대중매체는 '객관성'이나 '새로운 가치들'을 추구하는데, 그 '객관성'은 자본주의 사회관계를 당연한 것으로 여기고 '중간 입장'을 미국의 공화당과 민주당 사이의 어디쯤, 또는 영국의 보수당과 노동당 사이의 어디쯤으로 여기는 개념이고, '새로운 가치들'이란 정부·국가의 정치적 의제와 유명인 문화를 체계적으로 결합하는 '인포테인먼트'[교양·오락 프로그램] 따위다.[211] 더욱이, 이런 대중매체의 편견은 세계적으로든 각국 내부에서든 교육기관을 포함한 각종 제도와 대다수 교회를 통해 작용하는 더 광범한 자본주의 헤게모니의 (중요한) 한 측면일 뿐이다. 이미 1845년에 마르크스와 엥겔스는《독일 이데올로기》에서 다음과 같이 썼다.

언제나 지배계급의 사상이 지배적 사상이다. 즉, 사회를 물질적으로 지배하는 계급이 동시에 그 사회를 정신적으로도 지배한다. 물질적 생산수단을 지배하는 계급이 동시에 정신적 생산수단도 지배하므로 정신적 생산수단이 없는 사람들의 사상은 대체로 지배계급의 사상에 종속된다.[212]

디즈니와 머독, CNN과 베를루스코니의 시대인 오늘날에도 이 점은 마르크스와 엥겔스의 시대만큼이나 진실이다. 그리고 이 모든 요인들이 상호 강화 작용을 하기 때문에 어떤 좌파 정당도, 즉 '주류' 사회민주주의 정당보다 왼쪽에 있고 실제로 반자본주의적이거나 반자본주의적이고자 하는 어떤 정당도 이 모든 장애물을 극복하고 선거에서 승리하기는 매우 어렵다. 물론 2015년 1월 그리스에서 시리자의 선거 승리가 보여 주듯이 완전히 불가능한 것은 아니다. 그러나 이후 시리자 정부의 운명이 또 보여 주듯이, 선거에서 승리한다고 해서 이야기가 끝나는 것은 아니다.

자칭 반자본주의 정당이 총선에서 승리해서 정부를 구성하게 되면, 그들은 단지 정부 사무실을 차지했을 뿐 진짜로 권력을 장악한 것은 아니라는 사실을 깨닫게 된다.

무엇보다도 그런 반자본주의 정부는 국민경제를 통제하지 못한다. 나라의 경제생활을 지배하는 산업자본과 금융자본은 대부분 반자본주의적이거나 반자본주의적이라고 생각되는 정부를 철저하게 적대하는 사람들의 수중에 있을 것이다. 둘째, 그런 정부는 자신이 아주 많이 의존하고 매우 긴밀하게 묶여 있는 세계경제를 결코 통제할 수 없다. 심지어 명목상으로도 그럴 수 없다. 거의 틀림없이 많은 다국적기업이 그 나라에 상당한 투자를 했을 것이고, 많은 경우 IMF·세계은행 또는 유럽중앙은행 같은 기구들이 온갖 종류의 특정한 유대 관계, 의무, 부채 등을 통해 그 나라와 얽히고설켜 있을 것이다. 또, 우리의 자칭 반자본주의 정부는 앞서 말한 기업·은행·국제기구와 협력하는 매우 강력한 외국 정부들의 적대감에도 직면하게 될 것이다.

그들은 힘을 합쳐서, 자신들의 이해관계와 어긋나게 행동하려는 어떤 정부라도 버티기 힘들게 만들 능력이 있다. 예컨대, 그들은 투자 '파업'을 벌일 수도 있고 그냥 투자 수준을 낮춰 버릴 수도 있다. 그 나라에서 영업을 중단하고 더 '기업 친화적'이라고 생각하는 다른 나라들로 사업체를 이전할 수도 있다. 그런 행동을 모두 정치적 개입이 아니라 '사업상'의 결정일 뿐이라고 둘러댈 수 있지만, 그것들은 모두 경제를 심각하게 손상시키고 실업률을 높이는 효과를 낼 수 있다. 그들은 또, 은행의 예금 인출 사태나 외환 투기를 촉발할 수도 있다. 더욱이, 그들은 이런 짓을 하면 대부분의 대중매체가 그에 따른 경제적 곤경을 이유로 좌파 정부를 비난할 것이라는 사실을 확실히 알고 있다.

그렇다면 우리의 선출된 급진적 정부는 이렇게 매우 적대적인 환경에 대처하기 위해 어떤 자원을 사용할 수 있는가? 물론 그 정부는 '도덕적'·합법적 권위가 있을 것이다. '일반 국민'이나 '평범한 사람들' 사이에서는 정부의 도덕적 권위가 매우 높을 수 있고 십중팔구 그렇겠지만, 지금 우리가 논하고 있는 것은 평범한 사람들의 반대가 아니다. 문제는 은행가들과 기업인들이 그 정부를 반대하고 사실상 방해한다는 것이고, 그런 자들에게 정부의 민주적 권위나 도덕적 권위 따위는 아무 효과도 없을 것이다.

2015년에 그리스의 시리자 정부는 급진적이고 좌파적이라고 널리 여겨졌고, 트로이카가 요구한 긴축 각서에 대한 찬반 국민투표에서 그리스 국민의 60퍼센트가 '오히'(반대)표를 던진 덕분에 극적으로 민주적 승인도 받았다. [유럽중앙은행 총재] 마리오 드라기와 유럽중앙은행이 눈 하나 깜짝했던가? 물론 안 했다. 그들은 그냥 더 강하게 압력을 가했을 뿐이다(안타깝게도 그 압력은 시리자의 저항을 신속하게 분쇄했다). [그런 상황에서는] 엄청나게 많은 봉급을 받는 고위 은행가나 기업 최고경영자 어느 누구라도 다르게 행동하지 않았을 것이다.

그렇다면 정부의 합법적 권위는 어떤가? 헌법상 그런 정부는 의회의 과반수를 차지하고 있다면, 자국 영토 내에서 영업하는 기업과 금융기관에 대해 법적 구속력이 있는 법률을 제정할 권한이 있다. 그러나 그런 법률을 어떻게 집행하고 시행할 수 있는가? '정상적'(합헌적) 정부로서 활동하는 한, 그 정부는 기존의 국가기구를 이용해서 나라를 운영하고 의회에서 통과된 법률을 시행할 것이다. 기존의 정부 부처와 공무원 조직을 이용할 것이고, 필요하다면 기존의 법원과 경찰, 최후의 수단으로 군대를 이용해 사람들이 법률을 준수하게 만들 것이다. 이론적으로 이런 국가기구들은 민주적으로 선출된 정부의 명령을 따라야 할 헌법상 의무가 있다. 그러나 과연 실천에서도 그럴까?

이 물음에 답하려면 세 가지를 고려해야 한다. 첫째, 국가기구의 [계급적] 성격과 구성. 둘째, 정부가 제기하는 도전의 성격. 셋째, 국가와 좌파 정부 사이의 관계에 관한 역사적 경험.

먼저 지적해야 할 점은 국가기구는 거의 예외 없이 위계적 조직이라는 것이다. 따라서 민주적 선출 원칙은 오직 국회(와 지방의회)에만 적용된다. 군대, 경찰, 법원, 감옥, 공무원 조직 등은 임명·규율·복종에 바탕을 두고 있다. 기층에서 반란이 일어나지 않는 한, 국가기구의 행위는 그것을 운영하는 자들이 결정한다.

다음으로 지적해야 할 점은 이런 국가기구를 운영하는 자들은 고액의 보수를 받는다는 것이다. 그들은 사기업의 최고경영자들보다는 보수가 높지 않고 주요 자본가들보다는 더더욱 아니지만, 그래도 [노동자] 평균임금보다는 훨씬, 훨씬 더 많은 보수를 받는다. 미국에서 군 장성은 1년에 약 18만 달러[약 2억 1000만 원]의 봉급을 받을 뿐 아니라 상당한 특전도 누린다. 주요 도시의 경찰서장은 1년에 19만 달러 넘게 벌고, 연방법원 판사는 22만~25만 달러의 연봉을 받는다. 영국에서 육군 준장은 10만 파운드[약 1억 5000만 원] 넘게 벌고, 피터 홀* 장군은 육군 참모총장 재직 시 18만 파운드의 봉급 외에 런던 도심 아파트도 받았다. 데이비드 리처즈 장군은 국방참모총장** 재직 시 연봉 25만 6000파운드와 함께 켄징턴 궁전(케임브리지 공작 부부의*** 공식 거주지인 왕궁)의 방도 받았다. 영국 경찰의 수뇌부가 받는 보수는 런던 경찰청장의 경우 28만 파운드 이상이고, 보통의 지방 경찰서장은 약 17만 파운드다. 영국 판사들의 평균 연봉은 20만 ~25만 파운드다. 2010년에 〈가디언〉은 고위 공무원의 봉급에 관해 다음과 같이 기록된 자료를 데이비드 캐머런 총리가 갖고 있다고 보도했다.

그 자료에는 15만 파운드 이상, 즉 총리보다 더 많은 보수를 받는 고위 공무원 약 170명의 이름이 나온다. 그중에 최고는 공정거래청장인 존 핑

---

* 홀Hall은 월Wall의 오타인 듯하다.

** 국방참모총장Chief of the Defence Staff은 군사 활동의 준비와 실행에 관해 정부 내각에 자문하는 기구인 참모총장위원회의 위원장이다.

*** 영국 여왕 엘리자베스 2세의 큰손자인 윌리엄 왕자 부부를 말한다.

글턴으로, 1년에 27만 9999파운드를 받는다. 다른 고소득자 중에는 25만 5000~25만 9999파운드를 버는 국민의료보험NHS 최고책임자 데이비드 니컬슨과 노동연금부의 IT국장 겸 최고정보책임자 조 할리도 있다. 고소득자가 가장 많은 부서는 국방부로 자그마치 28명의 국방부 공무원이 그 명단에 이름을 올렸고, 국무조정실 공무원이 21명으로 그 뒤를 이었다.[213]

이런 사실들은 결코 놀라운 일이 아닌 것 같다. 오히려 계층화한 사회의 실상이 그렇지 않다면 놀라운 일일 것이다. 그렇지만 이런 사실들은 중요한 정치적 함의가 있기 때문에 곰곰이 생각해 볼 가치가 있다. 정치 생활의 가장 기본적인 사실 하나는 고소득자들이 흔히 '우파적'이거나 '보수적' 견해를 갖고 있다는 것인데, 이 사실은 전 세계의 투표 행태에서도 관찰할 수 있는 현상이다. 더욱이, 이런 국가 관리들은 특권층 출신인 경우가 압도적이다. 이 점은 국제적으로도 진실이지만, 영국의 경우가 특히 두드러지는 이유는 학비를 개인이 부담하는 사립학교의 구실 때문이다. 그래서 [〈가디언〉 칼럼니스트] 오언 존스는 다음과 같이 지적했다.

영국에서 사립학교 출신은 7퍼센트에 불과하지만, 이 사회집단이 고위 법관의 71퍼센트, 고위 군인의 62퍼센트, 사무차관의* 55퍼센트를 차지

---

* 사무차관permanent secretary은 영국 정부에서 장관을 사무적으로 보좌하고 내부 사무를 관리하는 차관으로, 일반적으로 직업 공무원 중에서 임명되고 정권 교체와 상관없이 수년간의 임기가 보장된다.

한다. 권력의 대표적 중추 가운데 하나인 "백만장자들의 내각"에 사립학교 출신이 36퍼센트에 불과하다는 것이 오히려 놀라운 일이다.[214]

분명히 소득과 출신 배경, 교육은 모두 국가기구를 운영하는 자들의 세계관을 형성하고 그들의 행동에 중대한 영향을 미칠 것이다. 그러나 이런 일반적인 '사회학적' 영향보다 더 많은 것이 관련돼 있다. 모든 자본주의 사회의 국가기구는 역사적으로 오랜 시간(영국의 경우 400년 이상)을 거치면서 자본주의 사회와 지배계급의 이익에 봉사하도록 형성된 기관들로 이뤄져 있다. 그 역사를 통해 자본주의 사회의 국가기구가 발전시킨 전통·이데올로기·기풍은 바로 그런 목적에 적합한 것이다. 그래서 예컨대, '정치적 중립성'을 ([영국] 왕가처럼) '정치를 초월한' 것과 동일시하고, '무책임'하고 '금방 나타났다 금방 사라지는' 정치인들과 상관없이, 필요하다면 그들을 거슬러서라도 '조국'을 방어하는 것과 동일시하는 것이다.

앞서 말한 국가기관들의 위계적 성격을 감안하면, 이런 이데올로기와 기풍을 공유하지 않는 사람, 그래서 '책임 있고 신뢰할 만한' 인물이 아닌 사람이 고위직에 임명되는 것은 거의 불가능하다. 다시 말해, 국가의 고위급 인사들의 본성에 관해 우리가 알고 있는 것은 그들이 결코 좌파 정부나 급진적 정부가 시키는 대로 움직일 사람들이 아니라는 것, 그리고 정부가 국내외 주요 자본가들의 이해관계와 충돌할 때 그들은 결코 정부를 방어할 사람들이 아니라는 것이다.

여기서 우리는 선출된 '좌파' 정부가 제기하는 도전의 성격과 수준을 고려해야 한다. 분명히 그런 도전은 다양한 스펙트럼으로 나타날 수 있지만, 대체로 네 가지 '시나리오'가 가능할 것이라고 나는 생각한다.

첫째, '좌파' 정부가 [자본주의] 체제와 지배계급에게 매우 가벼운 도전을 하는 경우다. 그래서 자본주의를 '전복'하거나 '근본적으로 변혁'하려는 의도가 전혀 없고 기존 국가에서 이미 확립된 구조와 규칙을 완전히 인정한다는 점을 분명히 하는 경우다. 그런 정부가 염원하는 것은 단지 약간 더 인간적이고 하층민들에게 더 유리한 방식으로 자본주의를 운영하는 것뿐이다. 둘째, 정부가 점진적으로라도 자본주의를 끝장내려는 시도를 하지는 않지만, 그래도 (예컨대, 긴축에 전면 반대하거나 군비를 대폭 축소하거나 나토를 탈퇴하는 등) 자본가계급의 이해관계를 심각하게 거스른다고 여겨지는 정책(들)을 헌신적으로 추진하는 경우다. 셋째, 정부의 지지나 후원을 받는 대중운동이 발전해서 자본가계급이 이를 두려워하고 그 운동이 [정부의] 통제를 벗어나 혁명적 방향으로 나아가고 있다고 믿는 경우다. 넷째, 선출된 좌파 정부가 실제로 자본주의를 끝장내고 사회주의로 이행하기를 원해서 반자본주의적 조치들을 도입하기 시작하는 경우다.

역사적 경험에 비춰 보면, ([체제에 대한] 실질적 도전이 거의 없는) 첫째 시나리오가 단연 지배적이다. 이것은 영국·프랑스·독일·스페인·이탈리아·그리스·스칸디나비아와 그 밖의 나라들에서 집권한 대다수 사회민주주의 정부와 노동당 정부의 전형적 사례다(바로 그 때문에 오늘날 그들을 흔히 '급진 좌파'는커녕 '좌파'도 아닌 '주류'로 여기는 것이다). 이런 정부는 막후에서 국가기구의 압력을, 때로는 매우 강한 압력을 받을 수 있다. 그러나 정부는 이런 압력에 흔히 순응

한다. 그리고 평상시의 외관, 즉 국가는 정치적 중립을 지키면서 정부의 명령을 따른다는 외관이 유지된다. 스펙트럼의 반대편 끝에 있는 시나리오, 즉 선출된 좌파 정부가 자본주의의 존재 자체에 단호하게 도전하는 경우는 매우 드물 뿐 아니라 내가 아는 한 역사적 사례도 없다. 여기서 내가 뜻하는 것은 물론 [정부의] 말이 아니라 행동이다. 그러나 선출된 급진 좌파 정부가 자본주의의 토대 자체를 공격하는 만만찮은 법률 제정에 나선 사례조차 전혀 없다. 그러므로 국가가 그런 상황에 어떻게 대처할 것인지는 여전히 확고한 사실의 문제가 아니라 추측의 문제일 뿐이지만, 역사적 사례들이 있는 둘째·셋째 시나리오에 국가가 어떻게 대처했는지를 보면서 미뤄 짐작할 수는 있을 것이다.

그런 사례 하나가 바로 1914년 아일랜드의 쿠럭에서 일어난 반란이었다. 엄밀히 말하면, 이 반란은 (1918년과 1928년에) 보통선거가 완전히 도입되기 전에 일어났고 좌파 정부가 아니라 자유당 정부를 겨냥한 것이었다. 그래도 그 사건은 흥미로운 사실을 보여 준다. 당시 영국 총리 허버트 애스퀴스가 이끄는 자유당 정부는 아일랜드에 자치를 허용하는 방안을 지지하고 있었다. 얼스터 연합주의자들은* 이에 격렬하게 반대했고 얼스터의용군UVF이라는 불법 무장 단체를 만들어서 저항했다. 1914년에 아일랜드자치법 제정을 앞두고 영국 내각에서는 얼스터의용군에 대한 군사행동을 논의했다. 그러자 당시 쿠럭

---

* 얼스터는 아일랜드섬의 북부 지방을 가리키는 말이고, 연합주의자는 아일랜드 독립이나 자치에 반대하고 영국과 (북)아일랜드의 '연합 왕국' 체제 유지를 원하는 보수파를 일컫는 말이다.

에 주둔 중이던 영국 군대의 장교들은 런던에 있는 고위 장교들과 상의한 뒤에 '반란'을 일으켰다. 엄밀히 말하면, 집단적으로 장교직을 사임해서 [군사] 반란죄를 피해 갔다. 사흘이 채 안 돼 정부는 굴복하고, 얼스터의용군을 상대로 한 군사행동은 결코 없을 것이라고 인정했다. 어쨌든 아일랜드 자치는 제1차세계대전의 발발 때문에 보류됐지만, 쿠릭 사건은 지속적으로 영국 정치에 영향을 미쳤고 결국 1921년의 아일랜드 분할로 가는 길을 닦았다. 그것은 국가기구의 핵심 요소가 '민주적으로' 선출된 의회와 정부의 공공연한 의지를 거슬러서 얼마든지 행동할 수 있다는 것을 생생하게 보여 준 실례였다.

이 점을 훨씬 더 분명하게 보여 준 두 사례는 1936년의 스페인과 1973년의 칠레다. 스페인의 민중전선 정부는 1936년 2월 16일 총선에서 승리한 결과로 집권했다. 민중전선은 자유주의적 (부르주아) 공화주의 정당 둘, 스페인 사회당(극좌파 사회민주주의 정당이었다), 스페인 공산당, 아나코신디컬리즘 조직인 전국노동조합총연맹CNT의 일부, 한때 트로츠키를 지지했고 공공연히 혁명적 마르크스주의를 표방한 마르크스주의통일노동자당POUM으로 구성됐다. 민중전선 정부 자체는 스페인 자본주의에 도전하거나 자본주의를 폐지하려는 계획이 전혀 없었지만, 그들이 집권할 수 있었던 것은 1931년 스페인 왕정 전복이나 1934년 아스투리아스 광원들의 봉기 등을 포함한 6년간의 치열한 계급투쟁 덕분이었다.

스페인 지배계급에게 이것은 결코 용납할 수 없는 일이었다. 그래서 그들은 1936년 7월 프란시스코 프랑코를 포함한 군 장성 4명이 주도한 파시스트 쿠데타를 지지했다. 그 쿠데타는 스페인 국가기구의 일부인 군대를 이용해서 시작됐다. 스페인 영토의 절반쯤 되는 지역에서는 쿠데타가 성공했지만, 나머지 절반의 지역에서는 아래로부터 행동에 나선 노동자 대중의 저항에 부딪혔고, 바르셀로나 등지에서는 사실상 노동자들이 권력을 장악했다. 그래서 온 나라가 반으로 쪼개지면서 스페인 내전이 시작됐다. 3년간의 치열하고 격렬한 전투 끝에, 히틀러와 무솔리니가 무장시키고 지원해 준 파시스트 세력이 승리했다. 그들은 내전에서 이긴 뒤에 반대파를 자그마치 20만 명이나 학살하는 끔찍한 보복을 가했다.

1970년 칠레에서는 살바도르 아옌데가 이끄는 민중연합 정부가 선출됐다. 민중연합은 공산당·사회당(아옌데는 사회당 소속이었다)과 자유주의적 급진당의 동맹이 핵심을 이루고 있었다는 점에서 1930년대의 스페인 민중전선과 비슷했다. 집권한 아옌데와 민중연합은 제한적 국유화, 사회 개혁, 케인스주의적 경기 부양 정책을 추진했다. 그러나 칠레 국가기구나 군대에는 결코 도전하지 않았고, 오히려 그들의 지지를 받으려 하거나 적어도 그들을 중립화할 수 있기를 바랐다. 1년 남짓 동안 [민중연합] 정부의 경제 전략은 효과가 있는 것처럼 보였다(경제가 성장했고 노동계급의 생활수준도 상승했다). 그러나 1972년에 칠레는 경제 위기에 빠졌고 극심한 인플레이션을 경험했다.

그러자 칠레 노동계급은 대규모 저항으로 대응했다. 그들은 중요한 파업과 시위들을 벌였고, 노동자 평의회의 맹아인 [산업] 코르돈(산업 조정 네트워크)을 조직하는 한편, [사회] 변화의 속도를 높일 것을 [정부에] 요구했다. 한편, 우파들도 [대중]운동과 정부에 맞서 세력 동원을 강화했고, 쿠데타를 모의하기 시작했다. [그러나] 아옌데는 우물 쭈물하며 시간만 끌었다. 1973년에 실패한 쿠데타 기도가 두 차례나 있었지만, 아옌데는 여전히 군대와 결별하지도 않았고 노동자들을 무장시키지도 않았다. 9월 11일 악명 높은 피노체트 장군이 (미국의 후원을 받아) 일으킨 쿠데타가 결국 성공했다(그는 아옌데가 8월 23일 칠레군 총사령관으로 임명한 자였다). 이 쿠데타로 아옌데 자신을 포함해 칠레인 3만 명이 목숨을 잃었고, 잔혹한 군부독재가 수립돼 이후 17년 동안 칠레를 지배했다.

이런 관점에서 보면 중요한 것은 스페인과 칠레에서 모두 쿠데타를 주도하고 실행한 것은 군대라는 사실이다. 즉, 기존 국가기구의 일부인 군대가 '국가의 이익을 위해' 필요하다고 생각할 때는 스스로 보통선거의 결과를 기꺼이 뒤집어엎었다.

이런 역사를 보면, 최근 [영국에서] 익명의 현역 군 장성이 만약 제러미 코빈이 이끄는 노동당 정부가 들어선다면 반란이 일어날 수 있다고 위협한 것은 매우 심각한 경고다.

소문에 따르면, 어떤 현역 고위급 장군이 만약 제러미 코빈 정부가 군대를 훼손하려 든다면 '반란'에 직면할 수 있을 것이라고 경고했다고 한다. 그 익명의 장군은 만약 그 노동당 지도자가 트라이던트 핵무기 계획을 폐기하려 하거나 나토에서 탈퇴하려 하거나 "군대를 약화시키고 군의 규모를 축소하는 계획"을 발표하려 했다가는 군인들이 직접 공개적으로 그 지도자에게 도전하기 시작할 것이라고 말했다. … "군대는 그저 좌시하지만은 않을 것입니다. 참모본부는 총리가 이 나라의 안보를 위태롭게 하는 것을 허용하지 않을 것이고, 제 생각에 국민들은 수단과 방법을 가리지 않고 무슨 수를 써서라도 그런 일을 막으려고 할 것입니다. 모든 계급의 장교들이 대거 사임할 것이고, 그러면 사실상의 반란 사태가 매우 실질적인 전망으로 대두할 것입니다."[215]

이 '익명의' 장군이 북아일랜드에서 복무했다는 말과(이런 발언을 '누설'하고 널리 공개하는 데 이용된 언론은 분명히 그 장군이 누구인지를 알고 있을 것이다) "장교들이 대거 사임할 것이고 … 사실상의 반란 사태"가 벌어질 것이라는 예상을 듣고 보니, 100년 전 쿠릭에서 사용된 전술이 곧바로 떠오른다.

이 모든 이유들 — 돈과 자원이 선거운동 과정에 미치는 영향, 부르주아지의 이데올로기적 헤게모니, 국가기구의 위계적·특권적·보수적 성격, 분명한 역사적 경험 — 때문에, 우리는 (앞서 인용한) 레닌의 설명, 즉 "오늘날의 국가'에서 대다수 노동 대중의 의사가 보통선거권을 통해 진짜로 표현될 수 있고 확실히 실현될 수 있다는 생각은 틀렸다"는[216] 말이 지금도 여전히 진실이라는 것을 알 수 있다.

역시 분명한 사실은, 보통선거가 실시된다고 해서 노동계급과 그 밖의 피억압 대중을 괴롭히고 탄압하는 데 국가기구, 특히 경찰·법원·보안경찰과 때로는 군대가 체계적으로 사용되는 현실이 바뀌거나 중단되지는 않는다는 것이다. 이것은 노동 대중의 아주 흔한 일상적 경험이다. 그들이 파리의 방리외[교외의 빈민가]에 살든, 미국의 게토[빈민가]에 살든, [아일랜드] 클룬도킨과 발리퍼모츠(더블린 교외의 노동계급 지역사회들)의 주택가에 살든 마찬가지다. 그것은 또, 모든 나라의 파업 노동자들과 거리에서 항의하는 시위대가 아주 흔히 겪는 일상적 경험이기도 하다. 그리고 이런 경험은 이론적으로 또는 정치적으로 분명히 표현되지 않을 때조차, 노동계급 거주지에서 (특히) 경찰을 비롯한 국가[기구] 대표자들을 대하는 태도와 중간계급 거주지에서 그들을 대하는 태도가 매우 달라지게 만든다. 그래서 노동계급 거주지에서는 경찰 등이 흔히 본능적 불신이나 심지어 증오의 대상이 되는 반면에 후자에서는 보호자나 협력자로 여겨지는 경우가 더 흔하다.

더욱이, 이런 일상적 적대감은 주로 지배계급의 요청에 따라 [국가기구의] 잔인하고 잔혹한 행위, 살인, 심지어 대학살로 곧잘 비화하기도 한다. 역사적으로 그런 사례는 너무 많아서 열거할 수 없을 정도지만 당장 머리에 떠오르는 것 몇 가지, 그것도 보통선거가 실시되는 '민주주의' 사회에서 일어난 것만 꼽아 봐도 다음과 같은 사례들을 들 수 있다. 1934년 [스페인의] 아스투리아스 광원 학살 사건(5000명이 살해당했다), 1968년 5월 프랑스 학생들을 공화국보안기동대CRS[시위 진압 경찰]가 탄압한 것, 1968년 [미국 민주당 전당대회 장소 근처에서 베트남전쟁 반대 시위대를] 시카고 경찰이 무자비하게 폭행하고 짓밟은 사건, 1972년 [아일랜드] 데리에서 벌어진 피의 일요일 사건, 1984~1985년 영국 광원 파업 때 경찰이 한 짓, 2001년 이탈리아 제노바에서 [G8 정상회담 반대 시위대를 진압하기 위한] 경찰의 만행[카를로 줄리아니를 살해했다], 2012년 남아공의 마리카나 광원 학살 사건, 오늘날 미국에서 경찰이 비무장 흑인을 일상적으로 살해하는 일 등등.

마지막 두 가지 사례가 특히 인상적인 이유는 '민주주의'가 승리하고 인종차별 반대 운동이 성과를 거둔 직후에(남아공에서는 아파르트헤이트, 즉 인종격리정책이 폐지되고, 미국에서는 버락 오바마가 최초의 흑인 대통령으로 선출된 뒤였는데도) 그런 사건들이 일어났기 때문이다. 만약 민주주의가 그 이름값을 하고 국가권력이 선거과정에 정말로 종속됐다면 그런 사건들은 결코 상상도 할 수 없었을 것이다.

요컨대, 자본주의 사회에서는 아무리 보통선거가 실시되더라도 국가의 계급적 성격은 결코 근본적으로 바뀌지 않는다.

다원주의 권력 이론

다원주의 권력 이론은 보통선거권과 의회 제도가 진정한 민주주의를 보장하고 국가가 모든 국민에게 봉사한다는 주장을 사회학적으로 보완하는 구실을 한다. 역사적으로 그 이론의 뿌리는 빌프레도 파레토(1848~1923), 가이타노 모스카(1858~1941), 로베르트 미헬스(1876~1936) 같은 학자들이 주창한 '엘리트이론'에 있다. 그들은 20세기 초에 계급 없는 사회나 평등의 가능성을 모두 부정하고, 사회적 불평등과 계급제도는 인간 본성의 일부이며 역사는 다양한 엘리트들 사이의 끝없는 투쟁이라고 보는 견해를 지지했다. 원래 형태의 엘리트이론은 파시즘, 특히 이탈리아 파시즘과 분명한 유사성이 있었는데, 만약 민주주의와 평등이 환상에 불과하다면 우리가 이룰 수 있는 최상의 것은 강력하고 활기차고 역동적인 엘리트의 지배일 것이라는 점에서 그랬다.

제2차세계대전 후 엘리트이론은 '엘리트 다원주의' 또는 그냥 '다원주의'로 알려진 이론으로 발전하고 수정된 덕분에 민주주의와 더 양립할 수 있게 됐다. 로버트 A 달, 아널드 로즈, 레몽 아롱 같은 정치학자와 사회학자의 작업을 통해 그 이론은 1950년대와 1960년대에 강단 사회과학을 지배하는 권력 이론과 국가 이론으로 떠올랐다. 더욱이, 그것은 오늘날까지도 많은 대중매체가 정치와 시사 문제를 다루는 근본적 시각으로 남아 있다.

다원주의는 보통선거가 '국민에 의한 통치'를 보장한다는 식의 단순한 주장을 하지 않는다. 오히려, 모든 사회·정치 생활은 엘리트의 지배를 받지만, '자유로운' 서구 사회에는 단일한 엘리트나 지배계급이 존재하는 것이 아니라 다양한 복수의 엘리트들, 즉 법률 엘리트, 금융 엘리트, 산업 엘리트, 군사 엘리트, 대중매체 엘리트, 의료 엘리트, 노동조합 엘리트 등이 존재한다고 주장한다. 이 다양한 엘리트들은 함께 협력하기보다는 영향력을 다투며 서로 경쟁하고, 이런 경쟁 과정에서 정부와 국가는 이 엘리트 집단들 사이에서 '정직한 중재자' 노릇을 하면서 어떤 단일한 집단도 지나친 지배력을 행사하지 못하게 막는 기능을 한다는 것이다. 이것을 두고 레몽 아롱(과 그 밖의 많은 사람들)은 정치가 점점 "절충하는 작업"이 된다고 표현했다.

이런 상황에서는 정부가 자유선거와 직접투표로 선출되더라도 국민이 직접 통치하는 체제가 만들어지는 것은 아니지만, 극단적 방식이나 독재가 배제되고 일종의 제한된 소극적 민주주의가 허용돼서 국민들이 거의 안정된 제도 안에서 다양한 엘리트의 영향력 가운데 어느 하나를 선택할 수 있게 된다고 한다. 그래서 다원주의 이론에서는 대중정당과 주요 '이익'집단 또는 '압력'집단이 중요한 구실을 한다.

로버트 A 달은 십중팔구 다원주의 이론을 옹호한 가장 유명한 학자일 텐데, 다음과 같이 주장했다. 다원주의의 결과로 만들어지는 정치체제에서는 "주민들 가운데 능동적이고 합법적인 집단은 모두 의사 결정 과정의 일부 중요한 단계에서 자신들의 목소리를 낼 수 있다." 그리고

정치적 결정은 여러 곳에서 내려진다. 그래서 기업인, 노동조합, 정치인, 소비자, 농부, 유권자, 그 밖의 많은 집단이 모두 정책 결과에 영향을 미친다. 그중에 어떤 집단도 사실은 동질적이지 않다. 이들은 저마다 어떤 범위에서는 매우 영향력이 있지만 다른 많은 범위에서는 허약하다. [정책의] 결과를 직접 지배하는 힘보다는 원치 않는 대안을 거부하는 힘이 더 흔하다.[217]

분명히 이런 분석은 "부르주아 국가는 그 형태가 아무리 다양하더라도 … 따지고 보면 부르주아지의 독재일 수밖에 없다"는 레닌의 견해와 완전히 대조적이다. 그러나 서방의 냉전 이데올로기의 필요에는 아주 잘 맞아서, 당시 강단 사회과학에서는 (우리[서방]의) '다원주의' 대 (저들[동방]의) '전체주의'라는 대립 구도가 유행했다.[218] 다원주의 이론은 또, 미국이나 영국의 의회, BBC 같은 '공정한' 국영방송사들의 뉴스 편집실에서 정치를 보는 관점과도 꼭 맞았다(이 점은 지금도 마찬가지다).

다원주의 이론은 비록 널리 퍼져 있지만, 마르크스주의 관점에서 그것을 논박하기는 쉽다.[219] 첫째, 엘리트들이 서로 경쟁한다는 생각

을 우리가 받아들이더라도 이 엘리트들의 권력이나 영향력이 똑같지 않다는 것은 분명하다. 일부 엘리트, 가장 분명하게는 금융 엘리트와 산업 엘리트(은행과 주요 기업)는 다른 엘리트들, 예컨대 노동조합 엘리트(노조 간부)나 의료 엘리트(전문의와 병원장)보다 엄청나게 많은 부와 자원, 권력을 갖고 있다. 또, 이런 차이의 토대가 계급이라는 것도 우리는 알 수 있다. 고위 은행가와 기업인들(엄밀한 의미의 자본가계급 성원들, 즉 상위 1퍼센트의 사람들)이 노조 간부나 의사들보다 훨씬 더 많은 힘을 가질 수 있는 것은 바로 그들의 계급적 지위 덕분이다.

둘째, (노조 간부를 제외한) 거의 모든 엘리트의 대다수 성원들은 서로 비슷한 상류층 출신이고, 대개 비슷한 상류층 학교에 다녔으며 (이튼, 윈체스터, 옥스퍼드, 케임브리지, 예일, 하버드, 에콜노르말쉬페리외르[파리 고등사범학교] 등), 비슷한 사교계에서 어울린다. 그리고 그런 엘리트 지위에 오르려면 정치적·사회적 태도가 매우 제한된 범위를 벗어나서는 안 될 것이다(대략 우파 보수주의에서 우파 사회민주주의까지인데, 후자의 경우도 우파 보수주의 쪽으로 많이 기울어 있다).

셋째, 노조 엘리트를 제외한 거의 모든 엘리트에게 적용되는 이런 고려 사항들은 (앞서 보통선거 문제를 다룬 부분에서 이야기했듯이) 국가기구의 고위 인사들과 대다수 고위 정치인들에게도 고스란히 적용된다.

넷째이자 가장 중요한 점이기도 한데, 서로 경쟁하는 엘리트들은 자본주의적 경쟁(경쟁적 자본축적)이라는 똑같은 경제 논리의 지배를 받고, 바로 이 경제 논리가 정부와 국가의 행위도 지배한다. 심지어 정부 각료들과 국가 운영자들이 자본가계급 출신이 아닐 때조차 그런다.

여기서도 유일하게 중요한 예외는 노동조합운동의 '엘리트들'이다. 왜냐하면 노동조합운동의 지도자들과 간부들은 비록 그 조합원들보다 고액의 보수를 받고 (투쟁성을 약화시키는) '편한' 일자리를 갖고 있지만, 그래도 다른 엘리트들과는 반대되는 계급적 이해관계를 대변하기 때문이다(물론 만족스럽지 않게 대변하는 경우가 흔하다). 다른 이익집단과 노조의 이런 차이를 가린 채 그것들을 비슷한 성격의 것으로 묘사한다는 점에서 다원주의 이론의 [자본주의 체제] 옹호론적 성격이 드러난다.[220]

마지막으로, 가끔 엘리트들끼리 서로 영향력을 다투며 경쟁하고 심지어 충돌할 때도 있다는 것은 사실이지만, 이것과 그들이 똑같은 지배계급의 서로 다른 분파라는 사실이 모순되는 것은 아니다. 이점은 마치 비피와 셸이 또는 토요타와 폭스바겐이 서로 치열하게 경쟁하더라도 그들의 주주와 최고경영자들은 모두 똑같은 부르주아지의 일원인 것과 마찬가지다. 그리고 국가와 정부가 이 경쟁자들 사이를 중재할 때는 그들과 '사회 전체' 사이에서 '정직한 중재자'로서 행동하는 것이 아니라, **자본가계급** 전체를 위해서 그들 사이를 중재하는 것이다. 마르크스가 말했듯이 "현대 국가의 집행부는 부르주아지 전체의 공동 업무를 관장하는 위원회일 뿐이다."

푸코의 비판

보통선거권에 관한 주장이 주류 정치 담론에서 레닌의 국가관을 비판하는 지배적 주장이라면, 지난 수십 년 동안 학계에서 특히 영향력 있었을 뿐 아니라 다양한 형태의 좌파적 실천에도 영향을 미친 다른 주장도 있다. 그것은 바로 미셸 푸코의 작업에서 유래한 권력 이론인데, 푸코-니체-아나키즘의 비판이라고도 부를 수 있다. 왜냐하면 그 철학적 뿌리가 니체에게 닿아 있기 때문이고, 정치적 실천에 미친 영향이라는 면에서는 흔히 아나키즘이나 자율주의 경향과 연결돼 있기 때문이다.

여러 이유로 이런 비판을 이 책의 틀 안에서 다루기는 쉽지 않다. 푸코는 결코 자신의 입장을 '체계적으로' 제시하지 않았고, 확실히 전형적 레닌 비판과는 거리가 멀었다. 오히려 그 비판은 주로 다른 사람들이 임상의학과 병원, 감옥 등의 역사를 연구한 푸코의 저작들에서 추론한 내용을 반反레닌주의적 결론들과 결합한 것이다. 니체까지 거슬러 올라가는 그 뿌리로 말하자면, 대체로 그것은 명시적이라기보다는 암시적이고 단지 레닌의 국가 이론만이 아니라 마르크스주의, 심지어 사회주의 전체에 대한 심각한 도전이기 때문에 이 책보다 훨씬 더 광범한 논쟁이 필요하다. 마지막으로, 아나키즘적·자율주의적 실천(이나 아래로부터 개혁주의적 실천)에 관한 한 푸코는 그런 실천에 영향을 미친 많은 사람들(바쿠닌과 크로폿킨부터 존 홀러웨이, 하트와 네그리까지) 중에서 단지 한 명에 불과하다는 것은 분명하다. 그렇지만 [푸코의 비판이라는] 이 논점은 중요하므로 여기서 다룰 필요가 있다.

정치적 지지나 동조라는 면에서 푸코는 니체와 확연히 다르다. 푸코의 정치는 귀족적이거나 엘리트주의적이지 않고 급진적이었고 피억압자들의 편에 섰다. 그렇지만 권력투쟁이 선차적이고 어디에나 존재하며 경제에서 완전히 독립적이라는 푸코의 주장에 토대를 제공한 것이 니체의 '권력의지'* 이론이라는 면에서 둘 사이에는 실질적 연관이 있다. 니체는 권력의지가 (우주까지는 아니더라도) 인간의 모든 행동과 역사의 원동력이라고 생각했다.

> 내 생각에 모든 구체적 조직체는 모든 공간의 주인이 되고자 분투하고 자신의 힘(그 권력의지)을 확대하고자 분투하고 이에 대항하는 모든 것에 반격을 가한다. 그러나 다른 조직체들도 끊임없이 비슷한 노력을 하기 때문에 결국 서로 밀접한 관련이 있는 것들 사이에서 타협('연합')이 이뤄진다. 그런 다음에 그들은 함께 권력을 도모하게 된다. 그리고 이 과정은 계속 진행된다.[221]
>
> [내부에서 각 개인이 서로 동등하게 행동하고 있는 조직체가] 죽어 가는 조직체가 아니라 살아 있는 조직체라면 … 그것은 살아 있는 권력의지가 돼야만 할 것이다. 그것은 성장하고 뻗어 나가고 장악하고 우위를 차지하려고 분투할 것이다. 어떤 도덕성이나 비도덕성 때문에 그러는 것이 아니라, 그것이 살아 있기 때문이고 삶이 그냥 **권력의지**이기 때문이다.[222]

---

* 권력의지Wille zur Macht는 대개 '힘에의 의지'로 번역하지만, 반론도 있고 푸코를 다루는 맥락에서는 권력의지가 적절한 듯도 해서 그냥 권력의지로 옮겼다.

이런 관점에 대해 간단히 세 가지를 말할 수 있겠다. 첫째, 니체가 늘 그렇듯이 이것은 그냥 주장일 뿐 어떤 증거로도 뒷받침되거나 검증되지 않는다는 것이다. 둘째, 저런 관점이 맞다면 인간 해방이나 프롤레타리아 해방의 가능성은 배제되고, 억압자와 피억압자가 때때로 위치를 바꿔 가며 끝없이 투쟁할 가능성만이 남게 될 것이다. 셋째, 그런 이론 안에서는 피억압자의 편에 설 이유가 전혀 없다. 오히려 니체가 대체로 그랬듯이 사실은 억압자의 편에 서는 것이 더 논리적인 듯 보일 것이다.

푸코에 근거한 비판의 핵심은, 레닌[의 주장]과 반대로 권력은 국가나 국가기구에 집중돼 있는 것이 아니라(흔히 레닌을 이런 식으로 이해하지만 사실 이런 해석은 틀렸다) 학교·사무실·감옥·병원 등 사회 어디에나 있다는 것이다. 권력은 장악하거나 분쇄할 수 있는 "사물"이 아니다. 그것은 "[주체를] 구분하는 관행"에 구현된 사회관계인데, [그렇게 구분된 주체들은] "예컨대, 미친 사람과 제정신인 사람, 환자와 건강한 사람, 범죄자와 '착한 사람' 등이다." 그러므로 필요한 것은

권력관계들의 새로운 경제[를 향해 더 나아가기 위한 또 다른 방식이]다. 이 방식은 더 경험적이고, 우리의 현재 상황과 더 직접 관련돼 있고, 이론과 실천 사이의 더 깊은 관계를 함의한다. 그것은 다양한 권력 형태에 맞서는 저항 형태들을 출발점으로 삼는다. 다른 은유를 사용하면, 이런 저항들을 화학적 촉매로 사용해서 권력관계들을 규명하고 그것들의 정확한 위치를 찾아내고 권력관계들이 적용되는 지점과 그때 사용된 방법을 알아내는 것이다. 이 방식은 권력의 내적 합리성이라는 관점에서 권력을 분

석하기보다는 적대적 전략들을 통해 권력관계를 분석한다.

예컨대, 우리 사회에서 온전한 정신이 무엇을 의미하는지를 알고 싶다면 아마 우리는 정신이상의 영역에서 무슨 일이 벌어지고 있는지를 조사해야 할 것이다.

그리고 합법(성)이 무엇을 의미하는지는 불법(성)의 영역에서 조사해야 할 것이다.

그리고 권력관계가 무엇을 의미하는지를 이해하려면 아마 저항 형태들을 조사해야 할 것이고, 또 권력관계들을 분리하려는 시도들도 조사해야 할 것이다.

그 출발점으로서 지난 몇 년 동안 발전해 온 일련의 저항들을 살펴보자. 즉, 여성을 억압하는 남성 권력에 대한 저항, 자녀를 억압하는 부모의 권력에 대한 저항, 정신병을 억압하는 정신의학의 권력에 대한 저항, 주민을 통제하는 의료 권력에 대한 저항, 사람들의 생활 방식을 통제하는 행정 권력에 대한 저항.[223]

비록 푸코는 '지도자'나 '전략가'의 구실을 거부하지만, 이런 이론적 접근법, 이런 방법론은 명백한 실천적 전략을 함축한다. "모든 권력관계는 적어도 잠재적으로는 투쟁 전략을 함축한다." 그리고 그런 전략은 바로 앞서 열거한 "일련의 저항들"에 초점을 맞추고 그것들 자체를 거의 목적으로 삼는다.

이 투쟁들의 목표는 이른바 권력 효과다. 예컨대, 의사들이 비판받는 주된 이유는 이윤 추구에 몰두하기 때문이 아니라, 사람들의 신체와 건강과 삶과 죽음에 대한 통제받지 않는 권력을 행사하기 때문이다. …

요컨대, 이런 투쟁들의 주 목적은 '이런저런' 권력기관이나 집단이나 엘리트나 계급을 공격하는 것이라기보다는 기술을 연마하는 것인데, 그것 또한 권력의 한 형태다.[224]

푸코는 이런 다양한 투쟁들 속에서 당대의 에피스테메(지배적인 '권력-지식' 체계)가 근본적으로 변혁되기를 기대한다.

푸코를 다룰 때 분명히 지적해야 하는 사실은 그의 역사 연구 덕분에 사회주의자들과 혁명가들이 귀중한 통찰을 많이 얻을 수 있었다는 점이다(예컨대, 정신병 문제에 관한 통찰). 내가 이의를 제기하고 싶은 것은 그의 연구의 가치가 아니라, 그의 권력 이론을 마르크스·레닌의 이론과 대립시키는 주장, 그리고 여기서 나오는 전략이 자본주의 국가 분쇄라는 레닌의 전략에 대한 실행 가능한 대안이라는 생각이다.

첫째로 말하고 싶은 것은, 푸코에 근거한 비판이 마르크스와 레닌을 잘못 읽고 해석한 것에 기대고 있는 듯하다는 것이다. 마르크스든 레닌이든 국가나 국가기구를 사람들 사이의 관계가 아니라 총이나 자동차 같은 '사물'이나 '도구'로 여기지 않았다. 이 점은 레닌이 '국가를 인수하는 것'은 불가능하고 국가를 분쇄해야 한다고 강조했다는 사실을 보면 분명히 알 수 있다. 왜냐하면 총과 자동차 같은 '사물'이나 도구는 노동계급이 인수해서 자신들의 목적에 맞게 사용할 수 있고 사용할 것이기 때문이다. 국가를 분쇄해야 한다는 레닌의 전략도 이 점을 보여 준다. 왜냐하면 그것은 군대 안에 계급 분열을 일으켜서 일반 병사들이 장교에게 등을 돌리게 만들고 그들이 혁명을 지지하도록 설득해서 국가기구의 핵심, 즉 "무장한 사람들의 조직체"를 해체하는 전략이기 때문이다. 더욱이, 그 목표는 자본주의 국가기구를, 사람들 사이의 권력관계가 근본적으로 다른 것(민주적 선출, 소환 가능성, 노동자 임금 수준의 보수 등)이 특징인 새로운 국가기구로 교체하는 것이다.

둘째, 레닌이든 마르크스든 국가권력이 사회의 유일한 권력 형태라고, 심지어 주요 권력 형태라고 생각하지 않았다. 오히려 그들의 국가 이론의 핵심은 국가권력이 상대적 자율성에도 불구하고 궁극적으로는 생산수단과 생산과정을 통제하는 것에 바탕을 둔 계급 권력의 표현이라는 것이었다. 따라서 권력관계가, 예컨대 모든 작업장에 있다는 말은(병원·치료소·학교·사무실·감옥은 모두 작업장이다) 레닌을 비롯한 진지한 마르크스주의자 어느 누구에게도 결코 새로운 소식이 아니다. 여기서 푸코와 레닌·마르크스의 진정한 차이는 푸코가, 예컨대 병원 전문의의 권력을 자본주의 경제와 자본주의 국가에서 단지 상대적으로만 자율적인 것이 아니라 완전히 분리된 것으로 본다는 점이다. "의사들이 비판받는 주된 이유는 이윤 추구에 몰두하기 때문이 아니라, 사람들의 신체 … 에 대한 통제받지 않는 권력을 행사하기 때문이다." 그리고 이 점에서 푸코는 확실히 틀렸다. 몇 가지만 예를 들면, 한편으로 병원장, 전문의, 교도소장, 교장, 이런저런 부서의 팀장, 대학 총장의 권력 지위나 행동과, 다른 한편으로 부르주아지의 계급 권력과 필요조건 사이에는 (인원과 기능의 측면 둘 다에서) 분명히 입증 가능한 연관이 있다.

더욱이, 수많은 장소와 기관에 권력이 존재한다는 것을 인정하더라도 이런 권력 중심들이 정도나 중요성 면에서 모두 똑같은 것은 아니다. 분명히 교사가 학생에게 또는 의사가 환자에게 권력을 휘두르는 것은 사실이지만, 그 권력은 결코 국가기구의 권력과 비교할 만한 것이 아니다. 특히 대중적 노동계급 운동을 다루는 문제에 관한 한 그 점은 분명하다(그리고 이것은 핵심적인 전략적 지점이다). 파리코뮌을 진압하고, 히틀러에게 권력을 넘겨주고, 아스투리아스 광원들의 파업을 분쇄하고, 스페인 혁명을 패배시키고, 아옌데의 민중연합 정부를 전복하고, 데리에서 비무장 시위대를 총으로 쏴 죽이고, 톈안먼 광장에서 수많은 사람들이 참가한 운동을 끝장낸 것은 외과 의사나 정신과 의사 도당이 아니었다. 그것은 각각 프랑스·독일·스페인·칠레·영국·중국의 국가권력이었다. 레닌이 《국가와 혁명》에서 국가에 집중적으로 초점을 맞춘 이유는 3년간의 세계대전 뒤에 그리고 혁명이 한창일 때 바로 국가 문제가 당대의 주요 문제가 됐기 때문이다. 그래서 그는 《국가와 혁명》의 서문에서 다음과 같이 썼다.

국가 문제는 지금 이론적인 면에서든 실천적 정치의 면에서든 특별히 중요해지고 있다. … 세계 프롤레타리아 혁명이 무르익고 있다는 것은 분명하다. [이 점에서] 국가와 혁명의 관계 문제가 실천적 측면에서 중요해지고 있다.

그리고 다시 다음과 같이 썼다.

그러므로 프롤레타리아 사회주의 혁명과 국가의 관계 문제는 실천적·정 치적으로 중요해지고 있을 뿐 아니라, 자본주의의 압제에서 해방되기 위 해 당장 무엇을 해야 하는지를 대중에게 설명해 주는 문제라는 점에서 도 매우 긴급하고 중요한 문제다.[225]

푸코의 권력 이론은 실천적·전략적 함의라는 면에서 정체성 정치 와 지역사회 운동 둘 다를 지향하고 그것들과 잘 맞는 듯하다. 그런 맥락에서 푸코의 권력 이론은 이런 운동들에 더 광범한 '혁명적' 색 칠이나 '아나키즘적' 색칠을 해 줄 수 있는 동시에 모종의 아래로부 터 개혁주의와 잘 맞기도 한다. 그러나 전국적 노동조합 투쟁이나 일 국적·국제적 반전운동, 세계적 기후변화 문제, 무엇보다도 거대한 혁 명적 상황과는 맞지 않는다. 이런 경우에는 정부와 국가권력의 문제 가 가장 중요해질 수밖에 없기 때문이다. 그러므로 푸코의 영향을 받은 전략은 실제로는 개혁주의가 지배하는 틀 안에서 부차적 요소 나 종속적 요소의 구실을 하는 데 그치기 쉽다.

아나키즘과 자율주의의 비판

19세기 중반에 제1인터내셔널에서 바쿠닌이 마르크스와 충돌한 이래로 아나키스트들은 마르크스주의자들을 권위주의적이고 '국가 (통제)주의적'이라고 비판했고, 마르크스주의자 가운데 레닌만큼 이 런 비판을 격렬하게 받은 사람도 없다. 아나키즘의 핵심 주장은 과거 나 지금이나 모든 형태의 정부와 국가에 원칙적으로 반대한다는 것 이다. 그래서 바쿠닌은 다음과 같이 썼다.

'노동자에게 평화를, 모든 피억압자에게 자유를, 모든 종류의 지배자·착취자와 그 수호자에게 죽음을!'이라고 부르짖는 우리는 모든 국가와 교회뿐 아니라 저들의 종교·정치·사법·재정·경찰·대학·경제·사회 제도와 법률도 모두 파괴하고자 한다. 그래서 기만당하고 예속되고 고통받고 착취당하는 수많은 인간이 모든 공식·비공식 지도자와 후원자(단체든 개인이든)에서 해방돼 마침내 완전한 자유를 누릴 수 있게 할 것이다.[226]

또, 다음과 같이 쓰기도 했다.

우리는 국민공회·제헌의회·임시정부 등 이른바 혁명적 독재도 거부한다. 심지어 혁명적 전환을 위한 것이라 해도 모두 거부한다.[227]

그래서 아나키스트들은 자본주의 국가를 새로운 노동자 국가, 즉 '프롤레타리아 독재'로 교체해야 한다는 레닌의 주장을 격렬하게 거부했다.

권력을 모든 악의 근원으로 보는 고전적 아나키즘과 앞서 이야기한 니체·푸코의 견해 사이에는 철학적 유사성이 있다(차이는 아나키스트들이 단점으로 여기는 것을 니체는 장점으로 여긴다는 것이다). 그러나 레닌의 국가 이론과 혁명 전략의 문제들에 관한 한 가장 중요한 쟁점은 다음과 같은 것이다. 즉, 미래의 계급 없는 사회와 관련해서가 아니라 혁명이 한창일 때와 [승리한] 직후에, 노동계급과 혁명가들이 국가권력의 사용을 완전히 포기할 수 있는가 아니면 그것은 패배로 가는 지름길인가 하는 것이다.

아나키즘의 주장에서 근본적 문제는 한 도시나 한 나라에서 노동자 봉기가 성공한다고 해서 적어도 5000년 동안 국가가 존재한 물질적 근거가 됐던 계급투쟁이 즉시 중단되지는 않는다는 점이다. 오히려 모든 혁명의 역사를 보면 알 수 있듯이, 국제 자본가계급이 반격을 가해서 혁명을 무너뜨리려 하기 때문에 계급투쟁이 아주 격렬하게 계속된다. 국가기구의 도움을 받지 않는다면, 자본가계급의 이런 시도에 어떻게 대항하고 사회주의 경제 건설을 어떻게 시작할 수 있겠는가? 즉, 무장한 남성과 여성의 특수한 조직체(시민군·적위대·감옥·사법재판소 등)가 없다면, 그리고 핵심 산업과 서비스(운송·의료·교육·복지 등)를 국가가 소유하고 운영하지 않는다면 말이다.

레닌주의와 볼셰비키의 권위주의를 비판하는 아나키스트들의 주장은 많지만, 이런 기본적이고 간단한 물음에 답변을 내놓은 아나키스트는 거의 없다. 그런 드문 사례 중 한 명이 알렉산더 버크먼이다. 1919~1921년 러시아에 살았던 버크먼은 《공산주의적 아나키즘이란 무엇인가?》라는 입문서의 마지막[31] 장 "혁명을 방어하기"에서 이 문제를 다뤘다.*

거기서 버크먼은 "필요하다면 … 무력을 써서라도 혁명을 방어해야 한다"고 주장했다. 그러나

사회혁명은 목표만큼이나 방법에서도 아나키즘적이어야 한다. 혁명을 방

---

* 이 책은 1929년에 처음 출판될 때는 제목이 《현재와 미래: 공산주의적 아나키즘의 기초》였고, 나중에는 그냥 《아나키즘이란 무엇인가?》라는 제목으로 출판되기도 했다.

어하는 것도 이런 정신과 일치해야 한다. 자기방어는 모든 강압과 박해, 보복 행위를 배제한다. 그것은 오직 적의 공격을 물리치고 적이 침입할 기회를 허용하지 않는 것에만 관심이 있다.

그렇다면 외적의 침입에 맞서 어떻게 저항할 것인가?

혁명의 힘으로 [저항해야 한다]. 그 힘은 어디에 있는가? 단연 민중의 지지에, 공업과 농업에 종사하는 대중의 헌신에 있다. … 그들이 혁명을 신뢰하게 하라. 그러면 그들은 죽을 때까지 혁명을 방어할 것이다. … 무장한 노동자와 농민이야말로 효과적으로 혁명을 방어할 유일한 세력이다. … 그들은 노동조합과 농민조합을 이용해서 항상 반혁명 세력의 공격을 경계해야 한다. 공장·광산·들판에서 일하는 노동자는 혁명의 병사다. 그는 필요에 따라 [공장의] 작업대나 논밭에서 일하거나 아니면 전쟁터에서 싸운다.[228]

버크먼은 이런 생각을 거듭거듭 되풀이했다.

정말 효과적으로 혁명을 방어하는 것은 오직 민중의 태도에 달려 있다는 사실을 잘 알아야 한다. … 혁명의 힘은 기계적인 것이 아니라 유기적인 것이다. … 민중이 참으로 자신들의 대의가 위태롭다는 것을 느끼게 하라. 그러면 그들은 마지막 한 사람까지 그 대의를 위해 사자처럼 싸울 것이다.[229]

물론 이 숭고한 주장은 어느 정도 사실이지만, 노동자 국가가 필요하다는 것을 반대하는 논거로서는 별로 설득력이 없다. 첫 인용문은 자기방어와 '강압' 행위를 대립시키지만, 혁명이나 내전 상황에서는 그런 대립이 유지될 수 없다. 어떤 혁명이라도 성공하려면 무장봉기 자체에서든 아니면 이후의 이행기 때든 어느 정도의 강압은 불가피할 것이기 때문이다.

대체로 버크먼의 주장은 순진하고 이상주의적인 자칭 혁명가가 다음과 같이 말하는 것과 비슷하다. "전국의 모든 사람이 파업에 들어가면, 정부는 항복할 수밖에 없을 것이다. 내일 당장 우리가 모두 총파업을 벌인다면 결과는 불 보듯 뻔할 것이다." 물론 모든 노동자가 "혁명의 병사[이고] … 필요에 따라 [공장의] 작업대나 논밭에서 일하거나 아니면 전쟁터에서 싸운다"면 정말로 모든 문제가 해결될 것이다. 불행히도 모든 투쟁, 모든 파업, 모든 혁명의 경험은 노동계급, 더 광범하게는 '민중'의 의식과 헌신이 불균등하게 발전한다는 것을 보여 준다. 만약 어떤 노동자도 파업 파괴 행위에 가담하지 않는다면 피켓라인은 전혀 필요 없을 것이다. 만약 어떤 노동자도 경찰이나 군대에서 복무하거나 반혁명 편에서 싸우지 않는다면 바리케이드나 노동자 시민군도 전혀 필요 없을 것이고, 만약 정당이나 국가가 조직하지 않아도 모든 혁명적 노동자가 그냥 "필요에 따라 전쟁터에" 알아서 도착한다면 혁명은 매우 쉽고 간단한 문제일 것이다.

버크먼은 이 문제를 어느 정도 의식하고 있었다. 그래서 "혁명을 군사적으로 방어하려면 최고사령부, 활동의 조정, 규율, 명령에 대한 복종이 필요할 수 있다"고 썼다. 그러나 버크먼은 이 문제를 충분히 생각하지 않았거나 바로 그래서 국가기구가 필요하다는 것을 깨닫지 못했다. 오히려 그는 이런 것들(최고사령부, 명령에 대한 복종 등)이 "노동자와 농민의 헌신에서" 비롯한다는 모호한 공식으로 다시 후퇴한다.[230]

흥미롭게도, 이른바 '강령 아나키즘'의 창립 문서인 《자유지상주의적 공산주의자들의 조직 강령》도 알렉산더 버크먼과 비슷한 주장을 했다. 그 문서를 작성한 네스토르 마흐노 등은 러시아 혁명의 실제 경험을 바탕으로 다음과 같이 주장했다.

사회혁명은 노동계급이 아닌 사회 계급들의 특권과 존재 자체도 위협하기 때문에 이 계급들은 필사적으로 저항할 수밖에 없고 그런 저항은 격렬한 내전의 형태를 띨 것이다. … 모든 전쟁과 마찬가지로 내전에서도 노동자들은 모든 군사작전의 근본 원칙 두 가지, 즉 작전 계획의 통일성과 지휘 체계의 통일성을 적용하지 못하면 승리할 수 없다. …

따라서 우리의 군사전략과 반혁명 세력의 전략 때문에 "혁명의 군대는 공통의 지휘 체계와 작전 계획을 갖춘 일반적 혁명군에 바탕을 둘 수밖에 없다[강조는 나의 것 — 지은이]."[231]

여기서도 아나키스트들은 러시아의 경험, 즉 진짜 혁명의 경험을 바탕으로 마르크스주의 노동자 국가론의 핵심을 인정했다. 그들은 "권위와 … 국가라는 원칙"을 거부한다고 말하면서 이 점을 부정하지만, 그들의 부정은 허사가 되고 만다. 좋든 싫든 "공통의 지휘 체계를 갖춘" 혁명적 노동자 군대는 어느 정도의 "권위"를 함의하는 것과 꼭 마찬가지로 국가를 함의한다. 아무리 많은 말장난을 한다 해도 이 문제를 해결할 수는 없을 것이다.

이 문제는 혁명 후 내전에서 가장 날카롭게 제기되지만, 혁명 후의 경제 운영에도 똑같은 주장들이 제기될 수 있다. 확실히 '지역사회' 전체나 '모든 민중'이나 심지어 전국(이나 전 세계)의 모든 노동자와 하층 중간계급이 완전히 단결해 있고 자유지상주의적 사회주의·공산주의의 대의에 관한 의식과 헌신이 균등하다면 역시 국가는 필요하지 않을 것이다. 정말이지 완전한 공산주의가 즉시 건설될 수 있을 것이다. 그러나 현실은 그렇지 않을 것이고, 철도 같은 기간산업을 운영하려 한다면 노동자 통제 아래 철도가 운영돼야 할 뿐 아니라 중앙 당국(노동자 국가)이 철도를 '소유'해야 할 것이다. 그러지 않는다면 대안은 오직 각각의 기업(각 철도역이나 철도선로 구역)을 그곳 노동자들이 소유하는 것뿐이겠지만, 그러면 기업들이 서로 분열해서 경쟁할 것이고 그것은 분명히 재앙으로 가는 지름길일 것이다.

아나키스트들의 또 다른 비판(토니 네그리를 중심으로 한 자율주의 경향들과 관련 있는 비판)은 존 홀러웨이가 2002년에 펴낸 책 《권력을 잡지 않고 세상을 바꿔라》에서* 제기한 것이다. 홀러웨이는 한편으로는 멕시코 사파티스타의 경험을 바탕으로, 다른 한편으로는 [1999년] 시애틀 시위 이후의 반자본주의 운동에서 등장한 경향들을 바탕으로 국가에 초점을 맞춘 것이 사회주의 운동의 근본적 약점이었다고 주장했다. 즉, 개혁주의적이든 혁명적이든 사회주의 운

---

* 국역: 《권력으로 세상을 바꿀 수 있는가》, 갈무리, 2002.

동은 "온갖 차이에도 불구하고 모두 국가권력을 획득하는 것이 목표였다." 그러나 국가기구는 권위주의적인 자본주의 사회관계에 완전히 얽매여 있으므로 국가기구를 '차지하게' 되면 결국 운동이 극복하려 했던 바로 그 억압을 되풀이할 것이라고 홀러웨이는 비판했다.

정설 마르크스주의 전통, 가장 분명하게는 레닌주의 전통은 혁명을 도구주의적으로, 즉 목적을 달성하기 위한 수단으로 여긴다. 이런 사고방식의 문제점은, 투쟁의 한없는 풍부함을 권력 장악이라는 단일한 목표에 종속시킨다는 것이다(그러나 투쟁이 중요한 이유는 바로 그것이 한없는 풍부함을 위한 투쟁이기 때문이다). 그러면 불가피하게 지배력을 재생산하고(다양한 투쟁을 권력 장악 투쟁에 종속시킨다), 자신이 추구하던 [기존 체제와의] 단절보다는 연속성을 보증하게 된다. 도구주의가 뜻하는 바는 자본 자체의 방식대로 자본과 대결한다는 것이고, 우리 자신의 세계는 혁명 후에나 존재할 수 있다는 점을 받아들인다는 것이다. 그러나 자본의 방식은 단지 기정사실이 아니라, 분리하는 능동적 과정이다.* 예컨대, 행위를 분리하는 것에 반대하는 투쟁이 국가를 통해 이뤄질 수 있다는 생각은 터무니없다. 왜냐하면 사회관계의 한 형태로서 국가의 존재 자체가 능동적으로 행위를 분리하는 것이기 때문이다. 국가를 통해 투쟁하는 것은 스스로 패배하는 능동적 과정에 말려드는 것이다.[232]

---

* 홀러웨이는 자본은 노동 행위와 그 행위의 결과인 노동 생산물을 분리하고 주체와 객체를 분리하는 분리의 운동이고 물신화의 운동이며 운동을 부정하는 운동인 반면, 혁명은 그런 분리와 물신화, 운동의 부정에 대항하는 운동이라고 주장한다.

홀러웨이는 국가에 초점을 맞추지 말고, 지금 여기의 '자율적' 공간에서, 예컨대 멕시코 남부 치아파스주의 사파티스타가 해방시킨 지역 같은 곳에서 비자본주의적 사회관계들을 발전시키자고 제안한다. 2011년 미국 등지에서 발전한 점거하라 운동은 홀러웨이의 책이 출판된 지 한참 후에 등장했지만, 추구하는 전략의 면에서 둘은 분명히 비슷한 점이 있다(비록 멀리 떨어진 정글 속이 아니라 도심 한복판의 광장에 자율적 공간을 창출한다는 차이는 있지만 말이다).

레닌주의를 이론적으로 비판할 때 홀러웨이의 중대한 결함은, 사회민주주의·개혁주의와 레닌주의가 국가를 차지하는 것을 목표로 한다는 점에서 동일하다고 본다는 것이다. 그러나 이 때문에 홀러웨이는 절대로 중요한 결정적 차이를 놓치고 만다. 앞서 《국가와 혁명》에서 봤듯이, 그 차이는 자본주의 국가를 인수하거나 '차지할' 수는 없고 분쇄해야 한다는 레닌의 주장이었다. 따라서 레닌과 레닌주의자들은 국가가 자본주의 사회관계에 얼마나 깊숙이 박혀 있는지를 깨닫지 못한다는 홀러웨이의 주장은 과녁을 빗나간 화살 같은 것이다.

치아파스주든 타흐리르 광장이든 푸에르타 델 솔 [광장]이든 월스트리트든 공간을 점거하는 것은 혁명적 투쟁에서 중요한 구실을 할 수 있지만, 그것을 국가권력을 위한 투쟁(즉, 자본주의 국가를 분쇄하고 노동자 국가를 수립하려는 투쟁)의 대안으로 제시하는 것은 잘못된 전략이다. 이런 점거는 엄청나게 고무적이거나 고무적일 수 있다. 그러나 사회의 주요 생산력이나 부의 축적을 통제하는 일은 결코 하지 못한다. 따라서 점거 자체로는 경제적·사회적 생산관계를 변혁할 수 없다. 더욱이, 그런 전략에 따라 '점거자들'이 국가와 대결하지 않거나 국가를 패배시키려는 노력을 하지 않는다고 해도 국가는 그들을 그냥 무시하거나 용인하지 않을 것이다. 물론 한동안 그럴 수는 있다. 특히 운동의 활력이 저절로 가라앉도록 그냥 내버려 두는 것이 더 낫다고 판단할 때는 그럴 것이다. 그러나 국가가 '분쇄'되지 않는다면, 조만간 무장한 사람들의 조직체를 활용해서 '자율적' 공간을 되찾으려고 할 것이다. 점거하라 운동 때, 그리고 타흐리르 광장에서 그랬듯이 말이다.

그람시 대 레닌?

무솔리니가 감옥에 가둬 버린 위대한 이탈리아 마르크스주의자 안토니오 그람시는 1919~1922년에 이탈리아 혁명과 유럽의 혁명들은 패배한 반면 러시아에서는 혁명이 성공한 이유를 분석했다. 그람시는 이탈리아 혁명에서 토리노 노동자들과 노동자 평의회 운동의 공인된 사상적 지도자로서 중요한 구실을 했고, 1921년에 이탈리아 공산당PCI을 창립했다.

그의 설명은 여러 방면에 걸쳐 있었다. 그중에는 철학적 비판, 즉 제2인터내셔널과 특히 이탈리아 사회당PSI의 수동적인 숙명론적·경제결정론적 마르크스주의(이것 때문에 이탈리아 사회당이 투쟁의 결정적 순간에 행동하지 못해서 재앙적 실패를 했다고 그람시는 생각했다)를 철학적으로 비판하거나 부하린의 역사유물론 책에* 나타난

---

* 1921년 모스크바에서 초판이 발행된 《역사유물론의 이론, 마르크스주의 사회학의 대중 독본》(영역판 제목은 《역사유물론, 사회학 체계》)을 말한다.

기계적 유물론을 비판하는 것도 있고, 이탈리아 공산당의 초창기 지도자인 아마데오 보르디가의 융통성 없는 초좌파주의를 거부하는 것도 있으며(보르디가는 파시즘과 부르주아 민주주의가 거의 차이가 없다고 봤다), 이탈리아 역사의 동역학에 관한 수많은 논평과 통찰도 있다. 그람시는 또, 러시아와 서유럽의 사회구조 차이에 관해 다음과 같이 논평하기도 했다.

러시아에서는 국가가 전부였으며 시민사회는 원시적이고 무정형이었다. 그러나 서유럽에서는 국가와 시민사회 사이에 적절한 관계가 존재했으며 국가가 위기에 처하자 시민사회의 견고한 구조가 즉시 모습을 드러냈다. 국가는 단지 외곽의 해자[성 주위에 둘러 판 못] 같은 것이었을 뿐이고 그 뒤에는 요새와 토루[흙으로 만든 보루]의 강력한 체계가 버티고 있었다.[233]

이런 차이 때문에 그람시는 자신이 "기동전"이라고 부른 것에서 "진지전"으로 전략의 강조점이 바뀌어야 한다고 주장했다.[234] 이것은 제1차세계대전 때 군대가 들판을 가로질러 가서 전투를 벌이던 방식에서 장기간의 참호전 방식으로 변화가 일어난 것에 빗댄 군사적 비유였다. 이것이 정치적 전략의 면에서 정확히 무엇을 의미하는지는 그람시가 결코 체계적으로 설명한 적 없고 지금도 여전히 논란의 여지가 매우 많은 문제지만, 여기저기 흩어져 있는 그람시의 논평들을 살펴보면 다음과 같은 주장을 하는 듯하다. 첫째, 그람시는 (1921년 이후에는) 직접적 무장봉기 공세나 권력 장악이 일어날 가능성이 매우 높다는 생각을 거부했다.[235] 둘째, [혁명적] 정당은 유기적 노동자 지식인 층을 상당히 창출하기 위해 선전과 선동 사이에서 활동의 균형을 선전 쪽으로 바꿀 필요가 있다는 것이다.[236] 셋째, 프롤레타리아는 "지도하고 지배하는 계급이 되기 위해 … 자본주의와 부르주아 국가에 대항해서 노동 대중의 다수를 동원할 수 있는 계급 동맹 체제"를 만들어 내야 한다는 것이다.[237] 넷째, 그것은 "엄청난 희생"을 요구하고 따라서 "헤게모니의 전례 없는 집중"을 요구하는 장기간의 소모전 또는 "상호 포위 작전"을 의미했다.[238]

여기서 인용한 헤게모니라는 개념은 그람시만 사용한 것도 아니고 그람시의 독창적 개념도 아니다.[239] 물론 특별히 그와 관련돼 있는 것은 사실이다. 헤게모니의 정확한 의미나 해석은 이제부터 살펴볼 논쟁의 일부지만, 일단은 그것이 지도나 지배, 특히 계급투쟁과 관련해서 이데올로기적 지도나 도덕적 지도를, 그리고 지배계급(이나 지배계급이 되고자 하는 혁명적 계급)이 자신의 지배와 지도를 정당한 것이나 불가피한 것으로서 널리 받아들이게 만드는 능력을 의미한다고만 말해 두자.

여기서 그람시의 이런 주제들을 고찰하는 것이 필요한 이유는 지난 40~50여 년 동안 그것들이 거듭거듭 국가를 분석하는 출발점이 돼 왔고, 무장봉기나 (폭력)혁명 개념, '국가를 분쇄한다'는 목표를 철저히 거부한다는 점에서 분명하게 반反레닌주의적인 정치 전략의 출발점이 돼 왔기 때문이다. 그 정치 전략은 자본가들의 지배에서 강제보다는 이데올로기적 헤게모니의 구실을 훨씬 더 강조하고, 국가와 결정적 대결을 벌인다는 생각을 버리고 시민사회의 '제도들을 통해 대장정'을 벌임으로써 국가와 사회를 점진적으로 변혁한다는 관점을 지지했다.

흔히 그람시가 주장했다고 하는 이런 견해를 나는 그람시주의라고 부를 텐데, 이른바 그람시주의가 발달한 두 주요 영역은 좌파 학계(에서 그람시는 '지배적'이었다고까지는 할 수 없지만 엄청나게 인기가 많았다)와, 실천적 정치의 면에서는 유럽의 공산당들, 즉 나중에 유러코뮤니즘으로 알려지는 정치 경향이었다. 영국에서는 대영제국공산당CPGB의 이론지인 《마르크시즘 투데이》가 중요한 구실을 했는데, 그 잡지의 가장 중요한 지식인 두 사람은 에릭 홉스봄과 스튜어트 홀이었다.[240] 유럽 [대륙]에서 [그람시주의의] 핵심 지지층은 각각 엔리코 베를링구에르와 산티아고 카리요가 이끌던 이탈리아 공산당과 스페인 공산당이었다.[241] 이 모든 경우에 그람시의 용어들은, 사회주의로 가는 평화적 의회주의 노선에 헌신한다는 의미에서 이미 오래전부터 분명하게 개혁주의적이었던 정치적 분석 틀과 전망 속에서 받아들여졌다. 또, 개혁주의적 틀 안에서도 정치적 중도 쪽으로 상당히 이동하는 것을 정당화하는 데 널리 사용되기도 했다. 예컨대, 이탈리아 공산당이 기독교민주당과 '역사적 타협'을 한 것이나 《마르크시즘 투데이》가 "새 시대"를 떠들어 대고* 노동당과 사민당 간의 거래를 옹호한 것이 그런 사례다.

그람시의 이름으로 고전적 레닌주의에서 멀어져 간 사상은 에르

---

* 1980년대 내내 영국 좌파 가운데 '고전' 마르크스주의를 가장 강력하게 반대하던 《마르크시즘 투데이》는 1990년대 초에 이제는 대량생산에 바탕을 둔 포디즘 경제가 컴퓨터와 정보 기술 등에 바탕을 둔 새롭고 유연한 포스트포디즘 질서로 바뀌는 등 포스트산업사회, 포스트모던의 새 시대가 도래하고 있다고 주장했다.

네스토 라클라우와 샹탈 무프의 다음과 같은 주장에서 찾아볼 수 있다.

> 레닌의 계급 동맹 개념에서 그람시의 '지적·도덕적' 지도 개념까지 헤게모니적 과제들은 갈수록 확대됐다. 그래서 그람시는 계급이 아니라 '집단의지'가 사회적 행위자라고 여길 정도였다. … 그렇다면 마르크스주의 사상은 극단적인 본질주의적 형태들(예컨대, 플레하노프의 경우)에서 그람시의 헤게모니적·접합적인 사회적 실천 개념으로 내적 이동을 한 셈이다. 그래서 사실상 우리는 현대사상의 탐구 분야인 '언어 게임'과 '기표記標의 논리'에 이르게 됐다.[242]

그람시의 분명하고 확실한 통찰을 이용해서 반레닌주의적이고 개혁주의적인 목적을 정당화하려는 이런 시도들은 모두 역사적·이론적으로 신랄하면서도 정말로 설득력 있는 비판을 받았다. 특히, 크리스 하먼, 에르네스트 만델, 피터 토머스의 비판이 그렇다.[243] 이하의 내용은 이른바 '그람시주의'를 비판하는 주장들을 간단히 요약한 것이다.

그람시주의는 무엇보다도 역사적 그람시를 근본적으로 곡해하고 악용하는 것에 바탕을 두고 있다. 그람시는 1921년 이탈리아 사회당에서 분열해 나와 분명하게 레닌주의적인 토대 위에 공산당을 창립한 매우 투철한 혁명가였다. 1926년의 《리옹 테제》는 그람시가 투옥되기 전에 마지막으로 쓴 중요한 저작인데, 거기서 그는 다음과 같이 주장하면서 레닌주의를 분명히 재확인했다.

공산당을 … 볼셰비키 같은 정당으로 변화시키는 것이 코민테른의 근본적 과제라 할 수 있다.[244]

이탈리아에는 사회주의 혁명이 아닌 혁명의 가능성은 존재하지 않는다. [자본주의 국가에서] 실질적이고 심층적인 사회변혁을 이룰 수 있는 계급은 오직 노동계급뿐이다.[245]

부르주아 국가를 전복하는 무장봉기와 프롤레타리아 독재를 위한 투쟁의 문제를 프롤레타리아와 그 동맹 세력들 앞에 제기하는 것이 … [이탈리아 공산당의 — 지은이] 근본적 과제다.[246]

공산당은 모든 직접적 요구를 혁명적 목적과 연결시킨다. 즉, 모든 부분적 투쟁을 이용해서 대중에게 전체적 행동과 무장봉기의 필요성을 일깨운다.[247]

그러므로 이른바 그람시주의자들이 그람시를 악용하는 근거는 순전히 그가 감옥에 갇혀 있을 때 혁명적 무장봉기의 전망을 버렸다는 생각뿐이다. 그러나 그람시의 생애를 아무리 살펴봐도 그런 생각을 입증하거나 심지어 진지하게 뒷받침할 만한 증거는 전혀 없다. 오히려 그람시주의자들은 《옥중수고》에서 발견되는 모호하고 흔히 불분명한 표현들을 이용하고, 그람시가 교도소 당국의 검열을 피하려고 일부러 이런 '이솝 우화식' 용어를 사용했다는 잘 알려진 사실을 무시한다. 그러나 《옥중수고》에서 그람시가 실제로 쓴 내용을 봐도 개혁주의자들의 그람시 해석과는 모순된다.

그람시가 기동전과 진지전을 구별해서 쓴 것은 사실이지만, 그것들은 모두 (계급) 전쟁의 형태들이다. 그람시는 "한 사회집단의 우위는 두 가지 방식으로 표현된다. 하나는 '지배'이며 다른 하나는 '지적·도덕적 지도력'이다" 하고 썼다.[248] 그는 특정 국면에서 '세력 관계'를 분석할 때는 다음과 같은 세 가지 '계기 또는 수준'을 구별해야 한다고 주장했다.

첫째, 사회적 세력 관계. 이것은 인간의 의지와 무관한 객관적 구조와 밀접하게 연관돼 있다. ··· 물질적 생산력의 발전 수준은 다양한 사회 계급들이 출현하는 토대를 제공한다.

둘째, 정치적 세력 관계. 다시 말해, 다양한 사회 계급들이 성취한 동질성·자의식·조직화 수준[이 어느 정도인지를 평가하는 것].

셋째, 때때로 직접적이고 결정적인 군사적 세력 관계.[249]

그리고 "역사 발전은 둘째 계기를 매개로 해서 첫째 계기와 셋째 계기 사이를 끊임없이 오간다"고 그람시는 말했다.[250] 그는 "강제와 동의, 권위와 헤게모니, 폭력과 문명" 등을 아우르는 "이중의 관점"이 필요하다고 주장했다.[251]

[그람시는] 이렇게 강제와 동의, 지배와 도덕적 지도(력), 경제구조와 정치와 군사력의 **결합**, 즉 변증법적 상호작용을 거듭거듭 강조했다. 그러나 이른바 그람시주의 지지자들은 '헤게모니'나 이데올로기적 지도를 일면적으로 떼어 내서 강조했다. 그들은 경제투쟁(파업 등)과 혁명적 무장봉기가 모두 국가를 분쇄하는 데서 하는 구실을 최소화하거나 아예 없애 버리고 그람시와 레닌을 대립시켰다.

마찬가지로, 그들이 그람시 이전의 마르크스주의(마르크스·엥겔스와 레닌, 룩셈부르크, 트로츠키의 마르크스주의)를 취급하는 경향도 틀렸다. 그들은 그람시 이전 마르크스주의의 일반적 특징이 조야한 기계적 경제주의였고, 이데올로기의 구실을 거의 또는 전혀 알지 못한 채 물리적 힘만을 강조한 것인 양 취급한다. 다시 말해, [마르크스의] 《독일 이데올로기》, 《브뤼메르 18일》과 엥겔스가 말년에 역사유물론에 관해 쓴 편지들이 존재하지도 않는다는 듯이, 그리고 레닌과 룩셈부르크와 트로츠키가 마르크스·엥겔스의 그런 저작들을 읽지 않았고 자신들도 나름대로 비경제주의적 저작들, 예컨대 《무엇을 할 것인가?》와 《러시아 혁명사》 등을 쓰지 않았다는 듯이,[252] 그리고 볼셰비키 당내에서 헤게모니 개념이 널리 사용되지 않았다는 듯이 주장한다. 이와 달리 그람시 자신은 레닌이 헤게모니 개념을 고안하고 발전시켰다고 여러 번 말했다.[253]

이른바 그람시주의 지지자들이 암시하는 것과 달리 그람시는 헤게모니 문제에 관한 자신의 통찰과 논평이 레닌의 국가론과 혁명론을 대체하거나 비판한 것이 아니라, 레닌주의를 보충하거나 레닌주의에 추가한 것, 레닌주의 자체의 토대 위에서 레닌주의를 발전시킨 것이라고 봤음이 분명하다. 이 점은 그람시가 언제나 레닌을 일컬어 "최근의 위대한 이론가" 등으로 우호적 언급을 했다는 사실뿐 아니라, 아주 명시적으로 "당대 최고의 실천철학 이론가[레닌]가 … '힘으로서 국가' 이론에 대한 보충물로서 [그리고 1848년 연속혁명 이론의 현재적 형태로서] 헤게모니 이론을 수립했다"고 진술한 사실로도 입증된다.[254]

그러나 그람시와 레닌의 관계에 대한 이런 문헌 논쟁과 역사적 논쟁을 제쳐 놓더라도, 아주 분명한 사실은 오늘날의 자본가계급이 이데올로기적 동의와 물리적 강제를 복잡하게 결합해서 자신들의 통치·지배·헤게모니를 유지하고 동의와 강제는 모두 그들의 경제 권력에 의지하고 경제 권력을 강화한다는 점이다. 부르주아 헤게모니에 필수적인 두 가지 기본 사상, 즉 (자본주의적) 소유(권)에 대한 존중과 (자본주의) 법률에 대한 존중을 예로 들어 보자. 이 두 가지 사상은 모두 교육기관, 대중매체, 교회, 그 밖의 많은 제도에 의해 체계적으로 선전되고, 정상적 시기에는 비록 전부는 아닐지라도 대다수 노동계급 사람들에게 널리 받아들여진다. 그러나 모든 사상도 강제에 의해, 즉 경찰·법원·감옥 등에 의해 끊임없이 뒷받침된다. 만약 그렇게 뒷받침되지 않는다면, 그래서 법을 어겨도 처벌받지 않는다면, 법률과 소유(권)에 대한 존중이 얼마나 오래 지속될 수 있겠는가? 역으로, 이데올로기적 동의는 전혀 없이 순전히 강제에만 의존하는 자본가들의 지배도 분명히 엄청나게 취약할 것이다.

사실, 강제와 동의 사이의 균형은 끊임없이 변화한다. 대부분의 시기에, 그리고 사회가 비교적 평화로운 시기에는 특히 동의의 요소가 전면에 나서고 강제는 그냥 배후에 남아 있기 마련이다. 그러나 그렇다고 해서 강제의 중요성이 사라지는 것은 아니다. 왜냐하면 동의가 무너지기 시작하면 강제가 더 많이 사용되고 우세해질 수 있기 때문이다.

따라서 이른바 그람시주의 지지자들이 제안하듯이 오로지 이데올로기적 헤게모니 투쟁에 초점을 맞추고, 자본주의 국가를 분쇄하는 강제의 문제를 무시하는 전략은 레닌 이전의 개혁주의로 돌아가는 것이고 심각하게 무책임한 것이다. 그것은 마치 적이 실제로 사격을 개시했는데도 아무런 작전 계획도 없이 아군을 전쟁터로 내모는 것과 마찬가지다.

그람시의 사상과 관련해서 고려해야 할 문제 또 하나는 자본주의 체제 내에서, 즉 정치권력을 장악하기 전에 사회주의적 대항 헤게모니를 구축하는 것이 얼마나 가능한가 하는 것이다. 이 중요한 전략적 문제는 나중에 다시 살펴보겠다.

카리요, 풀란차스, 유러코뮤니즘

레닌의 국가 이론에 대한 마지막 대안으로 다루고자 하는 것은 스페인 공산당 지도자 산티아고 카리요와 그리스 출신의 프랑스 이론가 니코스 풀란차스의 주장이다. 유러코뮤니즘의 국가관을 가장 분명히 발전시킨 이 두 사람은 오늘날 그리스 시리자에 미친 영향 때문에 특히 중요해졌다.

이른바 '그람시주의' 프로젝트는 그람시를 심각하게 곡해한 것에 바탕을 두고 있는 반면, 카리요는 1977년에 펴낸 주요 저작 《유러코뮤니즘과 국가》에서* 자신은 "이미 낡아 버린 … 레닌의 몇몇 명제들"과 결별했다고 공공연히 밝혔다.[255] 그 책의 서두에서 카리요는 "혁명적 운동"과 "혁명적 과정"에 관해 말하면서, "국가기구** 전체는 여전히 지배계급의 도구라는 것 … 이것은 마르크스주의의 진리다" 하고

―――――

* 국역: 《맑스주의와 유로코뮤니즘》, 중원문화, 2012.

** 국가기구state apparatus는 국가장치라고도 한다.

주장한다.[256] 그러나 뒤로 갈수록 그는 점차 레닌(과 마르크스)이 이 "진리"에서 끌어낸 혁명적 결론들을 모두 제거하고 폐기한다.

카리요는 루이 알튀세르의 유명한 글 "이데올로기와 이데올로기적 국가기구들"[257](과 함께 앞서 살펴본 것과 비슷한 그람시 해석)을 출발점으로 삼아 다음과 같이 주장한다.

> 발달한 자본주의 나라들에서 오늘날 혁명 전략은 독점자본주의의 국가권력에 대항해서 이 이데올로기적 국가기구들을 — 전부 다는 아닐지라도 부분적으로나마 — 개조하는 것, 즉 그것들을 변혁하고 활용하는 것을 지향해야 한다.[258][강조는 원문 그대로다 — 지은이]

그러면서 "현대의 경험은 이것이 가능함을 보여 준다"고 주장한 뒤 알튀세르가 말한 이데올로기적 국가기구들(교회, 교육제도, 가족, 법률, 정치, 대중매체 등)을 하나씩 논하면서, 그런 국가기구들 각각에서 변화와 분화의 조짐들이 나타나고 있으니(당시는 1976년이었다) 그것들을 진보적으로 변혁하는 것이 이제 가능해졌다고 주장한다. 그 증거로 카리요가 찾아낸 것은 가톨릭교회 안에서 현대화를 추구하는 급진적 세력이 등장한 것, "오늘날 대학과 교육기관은 … 흔히 자본주의 사회에 반대하는 거점이 된다"는 사실,[259] 전통적 가족[제도]의 위기와 변모 등이다.

이런 설명에 이어서 알튀세르를 직접 인용한 다음과 같은 주장이 나온다.

우리가 아는 한, 국가의 이데올로기적 기구들에 대해 또 동시에 그것들 안에서 헤게모니를 행사하지 못하는 어떤 계급도 국가권력을 계속 유지할 수 없다.[260]

따라서 이런 이데올로기적 국가기구들을 '차지하게' 되면 국가의 억압적 기구들도 획득할 수 있는 길이 열릴 것이라고 카리요는 주장하면서, 오늘날 현대화한 민주적 군대는 지배계급의 도구라기보다는 "외부의 공격에 맞서 자국의 영토를 보호하는 일에 숙련된 [기술 관료, 과학자,] 지적 교육자" 구실을 한다고 말한다.[261] 그래서 이제 무장봉기와 '프롤레타리아 독재'(노동자 권력과 노동자 국가)는 필요 없어졌고 사회주의로 가는 '민주적' 길, 즉 의회주의적·점진적 사회주의 노선이 가능해졌다는 것이다.

니코스 풀란차스가 지은 《국가, 권력, 사회주의》는* 카리요의 책이 나온 지 1년 만인 1978년에 출판됐다. 풀란차스의 책은 카리요가 "마르크스주의의 진리"라고 부른 명제, 즉 국가는 "지배계급의 도구"라는 명제를 비판하면서 시작한다. 풀란차스는 "확실히 마르크스주의의 고전들에서는 국가에 관한 일반적 이론을 찾아볼 수 없다"고 말하면서,[262] "순전히 도구주의적인 국가관"(그는 이것을 "전통적인 기계적·경제주의적 개념"이라고도 부른다)을 거부하고[263] 이런 국가관은 "스탈린주의적 교조주의의 유산"이라고 설명한다.[264] 그는 국가를 '도구'로 보지 않고 "계급들과 계급 분파들 사이의 세력 관계가 **독특**

---

* 국역: 《국가, 권력, 사회주의》, 백의, 1994.

하게 물질적으로 압축된 것"으로 규정한다.[265]

그러나 언뜻 보면 카리요(나 레닌)보다 더 '정교'하고 '발전'한 듯한 이런 표현들을 사용해서 풀란차스가 내리는 결론은 카리요와 거의 똑같다. 국가를 계급 세력의 압축으로 보는 개념은 "국가정책의 수립은 국가 구조 자체에 각인된 계급 모순의 결과로 봐야 한다"는 명제와 "국가 내부에는 모순된 관계들이 얽히고설켜 있다"는 생각으로 발전한다.[266] 따라서 국가는 또, "권력의 [결절점과] 조직망들이 교차하는 전략적 싸움터이자 과정"으로도 파악돼야 하고,[267] 이것은 결국 "피지배계급들의 투쟁"이 "국가 내부에" 존재하고 "민중 투쟁은 국가를 꼭대기부터 바닥까지 관통한다"는 생각으로 이어진다.[268]

그러므로 계급 세력균형의 변화와 중요한 민중 투쟁들을 토대로 해서 국가를 분쇄하지 않고 '변혁'하는 것이 가능해진다고 풀란차스는 주장한다. 그는 "[사회주의로 이행하는 과정은] 대중이 [권력을] 장악하고 국가기구들을 변혁하고자 행동하는 장기적 진행 과정일 것"이라며,[269] 다음과 같이 썼다.

국가권력을 장악하려면, 국가기구들 내부에서 세력 관계를 변화시키는 방식으로 대중투쟁이 전개돼야 한다(국가기구 자체가 정치투쟁이 벌어지는 전략적 장소다).[270]

더욱이, 이런 전략은 이중권력을 거쳐서 낡은 국가기구가 소비에트 권력으로 대체되는 레닌주의 전략과 정면으로 대립한다.

그러나 이중권력 유형의 전략에서는 세력 관계의 결정적 변화가 국가 내부에서 일어나는 것이 아니라, 국가 외부의 대중과 국가 사이에서 일어난다. 사회주의로 가는 민주적 길에서는 장기간의 권력 장악 과정은 본질적으로 국가 조직망 내부에서 대중이 항상 갖고 있는 분산된 저항의 중심들을 확산시키고 발전시키고 강화하고 조정하고 지도해서 국가라는 전략적 지형에서 권력의 실질적 중심이 되게 만드는 과정이다.[271]

이런 유러코뮤니즘 전략에 대해 먼저 지적할 수 있는 것은 카리요가 '이데올로기적 국가기구들'에서 좌파의 헤게모니가 구축되는 변화가 일어날 것이라는 전망을 내놓은 지 40년이 지났건만 그와 조금이라도 비슷한 일은 일어나지 않았다는 것이다. 더욱이, 그 이유를 단지 투쟁 과정과 정치적 세력균형이 불리하게 전개된 탓으로만 돌릴 수도 없다. 왜냐하면 자본주의 사회의 이데올로기적 국가기구들에서는 좌파의 헤게모니 확립 비슷한 일이 한 번도 일어난 적이 없기 때문이다.

불행한 사실은 교육기관이나 대중매체 같은 제도들이 아래로부터 민중 투쟁의 영향을 받을 수 있고 그런 기습적 공격을 실제로 꽤 능숙하게 어느 정도 반영하고 흡수하지만, 모든 자본주의 나라에는 그런 기관들의 급진적 변혁이나 장악을 방지하는 강력한 구조적 요인들이 존재한다는 것이다.

물론 특정한 급진적 교사들과 교수들이 진보를 이룩해서 영향력을 행사할 수 있게 되거나 심지어 대학의 특정 학과나 학부 전체가 '마르크스주의'나 '좌파' 또는 그 비슷한 경향을 띠게 될 수도 있다.

특히 1960년대 말 같은 대중투쟁과 반란의 시기에는 그런 일이 일어날 수 있다. 그러나 학교와 대학 수준에서든 국가의 행정 관료 집단 수준에서든 교육제도의 사령탑은 여전히 [좌파의] 통제를 확고하게 벗어나 있을 것이다. 물론 부르주아 언론도 존 필저나 폴 풋, 에이먼 매캔 같은 급진적 언론인 개인들에게는 어느 정도 발언권을 허용할 것이다. 또, 이따금 켄 로치와 마이클 무어 또는 과거의 장뤼크 고다르와 로베르토 로셀리니 같은 급진적 영화감독들이나 빌 힉스와 마크 스틸 같은 좌파 성향 코미디언들에게도 약간의 [대중매체] 공간은 허용될 것이다. 그러나 대중매체 전체, 즉 전 세계의 뉴스와 엔터테인먼트 시장을 지배하는 다국적기업들과[272] 각국의 지배적 국영방송사들은 아마 자본과 자본주의 국가가 버티고 있는 동안에는 [좌파가] 장악하거나 변혁할 수 없을 것이다.[273]

이 말이 이데올로기적 기구들에 대해서 맞다면, 분명히 강압적 국가기구들에 대해서는 훨씬 더 맞는 말이다. 그런데 카리요와 풀란차스의 사회주의 이행 전략이 실현되려면 바로 이 강압적 국가기구들이 변혁돼야 한다. 여기서 이 전략이 환상이라는 것을 알기 위해서는 풀란차스의 매우 '정교한' 이론적 추상들에서 한 발만 더 나가서 실제로 존재하는 강압적 국가기구 몇몇을 살펴보기만 하면 된다. CRS(프랑스의 시위 진압 경찰), 인종차별적이고 걸핏하면 사람을 살해하는 미국 경찰, 선거에서 황금새벽당을 지지하는 그리스 경찰, 런던 경찰청 같은 기구 안에서 점진적으로든 아니면 다른 방식으로든 좌파가 헤게모니를 확립하는 것이 가능하겠는가? [가능하다면] 어떻게? 또, 이른바 '심층 국가'의* 비밀 세력들, 즉 [영국의 국내 담당 보안경찰인] 보안정보국MI5과 [해외 담당 보안경찰인] 비밀정보국MI6, 프랑스의 대외안보총국DGSE과 국내안보총국DGSI, [미국의] 연방수사국FBI과 중앙정보국CIA은 어떤가?

그리고 모든 국가기관들 중에서 가장 중요한 군대 문제가 있다. 군대는 사회의 결정적 물리력이 저장된 곳이다. 물론 군대가 민중의 압력에 면역돼 있지 않다는 것도 사실이고 풀란차스가 주장하듯이 대규모 민중 투쟁이 군대 '내부'에 영향을 미친다는 것도 사실이다. 실제로 군대는 보안경찰과 달리, 또 경찰보다 훨씬 더 압도적으로 노동계급 출신의 일반 사병들이 있는 '대중'조직이라는 사실 때문에 민중의 압력에 가장 '오염'되기 쉬운 국가기관이다. 그러나 바로 그 이유 때문에 군대는 결코 민주적이지 않다. 오히려 군대는 전적으로 권위와 규율, 상명하복이라는 원칙을 바탕으로 설립되고 구성되며, 명령을 내리는 최고사령부는 앞서 봤듯이 지배계급과 완전히 유착돼 있고 좌파의 압력에 전혀 물들지 않는다.

따라서 군대의 일반 사병들이 민중 투쟁의 영향을 받아서 급진적 사상을 받아들이기 시작하는 순간, 그들은 만약 그런 사상을 바탕으로 행동하고자 한다면 상관의 명령을 따를 것인가 말 것인가 하는 문제에 곧장 맞닥뜨리게 된다. 상관의 명령을 거역하는 것은 곧 반란에 가담하는 것이고, 이것은 항상 가혹한 처벌을 받았고 지금도 여전히 처벌받는 범죄이며, 이 범죄는 그 본성상 진짜 레닌주의 방식

---

* '심층 국가'는 국가의 핵심부에 있는 선출되지 않은 권력자들을 가리킨다.

으로 국가를 '파괴'하거나 분쇄할 위험이 있다. 이런 아래로부터 혁명적 행동이 일어나지 않는 한 육해공군의 장성들은 계속 군대를 사용해서 민중의 반대를 억압하고 급진적 변화를 방해할 수 있을 것이다.

분명히 그런 국가기관들의 성격을 변혁하려는 시도라도 할 수 있는 유일한 방법은 '좌파' 정부를 선출해서 그 정부가 자기 지지자들을 국가기관의 우두머리로 임명하는 정책을 추진하는 것일 게다. 다시 말해, 유러코뮤니즘 전략은 아무리 마르크스주의 용어를 사용하더라도 실천에서는 좌파 사회민주주의자들이 추구했으나 결코 성공하지 못한 낡은 노선, 즉 사회주의로 가는 의회적 길을 재탕하는 데 그칠 뿐이다.

카리요와 풀란차스의 이론에서 모두 나타나는 가장 심각한 약점하나는 그들이 국가기구의 변혁 가능성에 대한 이런 구조적 한계들을 과소평가할 뿐 아니라, 그들이 공인한 적, 즉 기존 지배계급이 적극적으로 저항할 것이라는 사실도 거의 무시한다는 점이다. 카리요와 풀란차스가 주장하듯이 (주류 사회민주주의식으로) 자본주의를 관리하는 것이 아니라 자본주의를 점진적으로 변혁해서 사회주의로 나아가는 것을 목표로 삼는 진정한 좌파 정부에 직면한다면, 지배계급이 그 정부의 종말을 수동적으로 기다릴 가능성은 전혀 없다. 반대로 그들은 사용 가능한 온갖 수단을 써서 그런 결과를 막으려 할 것이고, 유러코뮤니즘 전략이 그토록 피하려고 하는 바로 그 결정적인 물리적 충돌을 좌파 정부와 민중운동에 강요하는 일도 얼마든지 감행할 것이다. 지배계급이 수백 년 동안 애지중지해 온 모든 것, 그들이 신봉하고 문명의 기초 자체와 동일시하는 모든 것을 금방이라도 잃어버릴 것 같을 때, 지배계급이 실제로 최후의 결전을 시도해 보지도 않고 그런 일이 일어나도록 허용할 이유가 과연 있겠는가?

마지막으로, 카리요와 풀란차스가 모두 레닌주의(와 마르크스)를 비판할 때 나타나는 특징은 그들이 근본적으로 서유럽의 의회 제도가 민주적이라는 주장과 자격을 인정하고 지지한다는 것이다. 카리요는 명시적으로 다음과 같이 주장한다.

> 서유럽에 확립돼 있고 대의정치 제도들(의회, 정치적·철학적 다원주의, 권력분립 이론, 지방분권주의, 인권 등)에 바탕을 둔 정치체제와 관련해서 말하자면, 이 체제는 본질적으로 정당할 뿐 아니라, 자본주의의 경제적 토대보다는 오히려 사회주의의 경제적 토대 위에서 훨씬 더 효과적일 것이다.[274]

이런 주장은 2008년의 금융시장 폭락, 은행 구제금융, 트로이카가 주도한 긴축 강요 이후 더블린의 어느 길거리 모퉁이나 노동계급 지구의 어느 술집에서 흔히 들을 수 있는 것보다 더 우파적인 견해라는 사실을 지적해 둬야겠다.

풀란차스는 [카리요보다] 덜 과장해서 말하고 흔히 (비록 모호하게나마) "국가기구의 전면적 변혁"이 필요하다고 이야기하지만, 카리요와 마찬가지로 자신의 전략도 "사회주의로 가는 민주적 길"이라면서 다음과 같이 쓴다.

여기서 중요한 점은 그 모든 다양한 변혁 과정에서 대의 민주주의 제도들의 진정한 영속성과 연속성이 보장돼야 한다는 것이다. 즉, 대의 민주주의는 어쩔 수 없으므로 참아야 하는 과거의 불행한 유물이 아니라, 민주적 사회주의의 본질적 조건인 것이다.[275]

더욱이, 풀란차스는 부르주아 의회 제도를 소비에트의 '직접민주주의'로 대체해야 한다는 레닌의 주장이 스탈린주의의 토대를 났다고 주장한다.

바로 이 노선, 즉 대의 민주주의를 기층의 [직접]민주주의로 전면 교체하는 노선이 레닌 생전에 소련에서 일어난 일의 주요인이었고, 중앙집권적이고 국가(통제)주의적인 레닌(그의 후계자는 아주 잘 알려져 있다)을 만들어 내지 않았는가?[276]

이런 식으로 카리요와 풀란차스의 주장은 모두 최근의 아일랜드 노동계급뿐 아니라, 2011년의 인디그나도스* 운동 당시 "저들은 우리를 대표하지 않는다!", "지금 당장 진정한 민주주의!"라는 구호를 외친 스페인 대중의 본능적 반란이나 미국과 국제 '점거하라' 운동의 일반적 정신보다도 덜 진보적이고 오히려 더 우파적이다.

---

* 인디그나도스Indignados는 '분노한 사람들'이라는 뜻이다.

현재와 미래의 투쟁

지금까지 나는 레닌의 《국가와 혁명》에 나오는 핵심 명제들이 그동안 다양한 비판을 많이 받았지만 그런 비판의 검증을 모두 통과했다고 주장했다. 그러나 100여 년 전에 쓰인 글이라면 언뜻 상식처럼 보이는 반박, 즉 "이제 그것은 분명히 시대에 뒤떨어졌을 것"이라는 반박에 직면하기 마련이다. 그러나 사상은 그런 식으로 작용하지 않는 것도 사실이다. 피타고라스의 정리는 2500여 년 전에 나왔지만, 지금도 여전히 타당하다. 코페르니쿠스는 지구가 태양 주위를 도는 것이지 그 역이 아니라는 이론을 1543년에 발표했지만, 우리는 코페르니쿠스의 이론 발표 500주년 기념일에도 그 이론은 여전히 옳을 것이라고 아주 확실하게 추정할 수 있다. 그렇다고 해서 전에 옳다고 여기던 사상이 모두 지금도 옳은 것은 아니다. 코페르니쿠스는 태양이 우주의 중심이라고 믿었는데, 이것은 지구가 우주의 중심이라는 생각보다는 진보한 것이었지만 지금 우리는 코페르니쿠스의 생각이 틀렸다는 것을 안다. 다시 말해, 이런 문제들은 각각 그 시시비비를 따져서 판단해야 하고, 마르크스가 포이어바흐에 관한 둘째 테제에서 지적했듯이 최종 검증은 인간의 실천을 통해 이뤄진다.[277]

이런 이유로 나는 이 장을 마무리하면서, 레닌의 국가 이론이 오늘날의 일부 중요한 투쟁에도 적절한지를 살펴보고자 한다. 먼저 아직까지는 21세기의 가장 크고 가장 강력한 혁명적 투쟁이었던 2011년의 이집트 혁명으로 시작해야겠다.

이집트 혁명은 1월 25일 거의 자발적인 봉기로 시작됐다. 물론 그 사건을 준비한 것은 다양한 좌파와 민주화 운동 단체들이었지만, 그들은 자신들이 준비하고 있는 것은 항의 시위이지 봉기가 아니라고 생각했다. 봉기의 출발점은 "다운! 다운! 호스니 무바라크!", "민중은 정권 퇴진을 원한다!" 같은 주요 구호들에서 잘 나타난다. 그러나 무바라크와 그의 정권을 퇴진시키려면 이집트 국가와 충돌해야만 했다. 아니 더 정확히 말하면, 국가의 한 부문이나 한 팔, 즉 경찰과 충돌해야만 했다(나중에 설명하겠지만, 이 차이는 중요하다).

무바라크의 경찰은 이미 수많은 사람들에게 증오의 대상이었다. 왜냐하면 대중의 일상적 경험 속에서 경찰은 체계적 괴롭힘과 잔혹한 고문 행위로 악명 높았기 때문이다. 경찰이 1월 25일 거리에서 시위 군중을 몰아내려고 했을 때, 사람들은 반격했고 노동계급 지구에서 쏟아져 나온 많은 사람들이 반란에 가담하면서 시위 대열은 수십만 명 이상으로 증가했다. 며칠 후인 1월 28일이 결정적이었다. 그날 경찰은 패배했고, 거리에서 쫓겨난 것은 시위대가 아니라 경찰이었다. 이런 일은 카이로뿐 아니라 이집트 전역에서, 특히 수에즈나 알렉산드리아 같은 주요 도시들에서도 벌어졌다. 2월 2일의 유명한 '낙타 전투'에서도 '민중'은 정권이 조직폭력배(발타기야)로 이뤄진 반혁명 군대를 동원해서 자신들을 [타흐리르 광장에서] 쫓아내려는 시도를 물리쳤다. 그래서 대중의 타흐리르 광장 점거가 유지됐다. 그런데도 무바라크가 계속 권력에 집착하자 거리의 혁명이 작업장으로 확산되기 시작했고 대중 파업의 물결이 일었다. 이것이 사태를 결정지었다. 결국 2월 11일 무바라크는 대통령직에서 물러났다.

이제 권력은 군대최고평의회SCAF의 형태를 띤 군부의 손으로 넘어

갔다. 의미심장하게도, 군대는 혁명이 한창 진행 중이던 18일 동안에는 시위 진압에 투입되지 않았고 민중과 충돌하지도 않았다. 그래서 "군대와 민중은 같은 편이다"라는 선전 공세가 어느 정도 민중에게 먹힐 수 있었고, 이런 상황을 더 악화시킨 것은 1950년대와 1960년대의 나세르 정부 시절 이래로 이집트 좌파 일각에서는(나세르주의자들은 말할 것도 없고 다양한 좌파 민족주의자들, 스탈린주의자들, 공산주의자들 사이에서도) 군대가 진보적 세력이라는 생각이 상당히 통용됐다는 사실이다.

군대최고평의회가 권력을 쥐게 됐다고 해서 이집트 혁명의 발전이 멈춘 것은 결코 아니었고 대중 시위도 계속되면서 헌병대와 충돌하는 경우도 잦았지만, 국가의 핵심인 군대가 중립적이고 '애국적'이라는 환상 때문에 혁명의 속도가 느려진 것은 분명했다.

2012년 5~6월에 대통령 선거가 실시됐을 때, 1차 투표에서 무슬림형제단의 후보인 무함마드 무르시가 25퍼센트를 득표해서 24퍼센트를 얻은 아흐마드 샤피끄를 아슬아슬하게 제쳤다(샤피끄는 분명히 군부와 반혁명 세력의 후보였다). 나세르주의 지도자인 함딘 삽바히는 많은 좌파의 지지를 받았는데, 21퍼센트를 득표해서 3위를 기록했다. 이후 치러진 결선투표에서 무르시가 샤피끄를 물리쳤지만, 득표율은 각각 51.7퍼센트와 48.3퍼센트였다. 다시 말해, 혁명이 승리한 지 1년이 훨씬 지났는데도 군부의 후보가 여전히 많은 표를 얻을 수 있었던 것이다.

이 사실은 1년 뒤에 훨씬 더 중요해졌다. 무르시 정부는 이집트 민중뿐 아니라 무슬림형제단 자체에게도 재앙이었다. 그 정부는 혁명이 계속되는 것을 어떻게든 막으려고, 즉 거리의 항의 시위를 해산시키고 군부와 협력하기 위해 최선을 다했다. 그러나 사회적 위기의 소용돌이 속에서 어느 누구도 만족시키지 못했다. 정부에 반대하는 거대한 민중 반란이 확산됐고 그 선두에는 타마로드(반란)라는 집단이 있었다. 타마로드는 혁명을 지지하는 진보적 풀뿌리 조직을 자처했지만, 나중에 드러난 바로는 항상 군부와 연계돼 있었다.

2013년 6월 30일 무슬림형제단 정부에 반대하는 어마어마한 시위대가 카이로와 이집트 전역의 거리로 쏟아져 나왔다. 무려 1400만 명이나 되는 사람들이 몰려나왔고, 이튿날 100만 명이 타흐리르 광장을 점거했다. 이틀 뒤 군 장성 시시가 이끄는 군부가 나서서 무르시와 그 밖의 지도자들을 체포하고 정부를 퇴진시켰다. 그러자 거리에서 많은 사람들이 환호했다. 무슬림형제단의 대응은 무르시 정부의 합법성을 주장하면서 두 군데에 항의 농성장을 설치한 것이었다. 6주 동안 항의 농성이 이어지다가 마침내 8월 14일 시시 정권이 군대를 동원해서 농성장을 침탈[하고 사람들을 학살]했다. 이제 [반]혁명 군사 쿠데타가 굳건히 확립됐고 피로써 보증을 받았다. 그 쿠데타 정권은 지금도 권력을 유지하고 있다.

이 사건들을 두고 이집트 국내외에서 광범한 논쟁이 벌어졌는데, 논쟁의 초점은 좌파가 무슬림형제단에 대해 어떤 태도를 취했어야 (또 취해야) 하는지다. 예컨대, 이집트의 '혁명적 사회주의자 단체'가 많은 비판을 받은 이유는 첫째, 2012년 대통령 선거 결선투표 때 샤피끄가 아니라 무르시에게 투표했다는 것과 둘째, 군사 쿠데타 이후 탄압받고 있는 무슬림형제단을 방어했다는 것이었다. 이 논쟁은 주로 이슬람주의의 성격, 특히 무슬림형제단의 성격에 관한 것이지만, 내가 여기서 강조하고 싶은 요점은 그 논쟁이 국가의 성격과도 관련 있다는 것이다.

사실, 무슬림형제단에 대한 적대감은 이슬람 혐오의 영향을 강하게 받았는데, 많은 좌파들이 무슬림형제단에 대한 적대감 때문에 이집트 국가기구의 계급적 성격과 심각한 반동적 성격을 얼버무리거나 못 본 체했다. 이런 상황에서는 레닌의 국가 이론을 더 폭넓게 이해하는 것이 실천적으로 엄청나게 유용했을 것이다(이집트 좌파 중에서는 거의 '혁명적 사회주의자 단체'만이 그런 이해를 하고 있었고, 다른 어떤 경향도 그러지 못했다). 그랬다면 무르시 정부에 반대하는 대중 동원을 진보적·혁명적 방향으로 돌리기가 훨씬 더 쉬웠을 수 있고, 시시가 그 대중 동원의 주도권을 장악하기는 훨씬 더 어려웠을 것이다.

2016년 7월 15일 터키 군부의 쿠데타 기도와 관련해서도 똑같은 쟁점이 다시 불거졌다. 터키에서는 대중이, 압도적으로 노동계급이 거리로 쏟아져 나와 탱크에 맞서 쿠데타를 막았다는 점에서 분명히 역사가 고스란히 되풀이되지는 않았다. 그러나 이집트에서 그랬듯이 분명히 터키에서도 이른바 '민족주의 좌파'의 상당 부분은 쿠데타에 완전히 수동적으로 대응하거나 아니면 부분적으로 동조했다. 그들이 내세운 근거는 에르도안과 정의개발당AKP의 '파시스트' 이슬람주의 정부보다는 터키 군부가 차악次惡이라는 것이었다.

자본주의 국가와 그 군대가 어쨌든 진보적이라거나 노동계급과 같은 편이라고 생각하는 데는 여러 이유가 있다(그런 생각은 항상 사회민주주의와 노동당 정치의 핵심이었다). 그러나 터키와 이집트를 포함해 세계의 많은 곳에서 그것은 무엇보다도 공식적인 국제 공산주의 운동이 처음에는 실천적으로, 나중에는 말로도 레닌주의를 포기한 탓이었다.

지난 몇 년 동안 또 다른 결정적 투쟁 무대였던 그리스에서도 국가 문제가 다시 매우 중요해졌다. 2015년 1월 시리자 정부 선출은 유럽 전역에서 좌파의 기대를 불러일으키고 집중시켰을 뿐 아니라, 유러코뮤니즘 계통의 정당이 거둔 최초의 선거 승리였기에 자본주의 국가를 '변혁한다'는 폴란차스의 전략도 시험대에 올려놓는 것 같았다.[278] 그것은 혹독한 시험이 될 것 같았다. 왜냐하면 그리스 국가기구는 1967~1974년에 군사독재를 실시하며 나라를 지배했을 만큼 반동적이고 반쯤은 파시즘적 성격을 지닌 것으로 악명 높았고, 그리스 경찰의 50퍼센트가 네오나치인 황금새벽당에 투표했다는 소문도 나돌았기 때문이다.[279] 결국 그 시험은 실현되지 않았는데, 시리자가 그리스 국가를 변혁하(거나 그리스 자본주의를 약화시키거나 만만찮게 개조하)려는 시도를 전혀 하지 않았다는 단순한 이유 때문이었다. 오히려 처음부터 시리자 지도자인 알렉시스 치프라스는 '안전한' 우파 인사 세 명, 즉 니코스 코지아스, 파노스 카메노스, 야니스 파누시스를 각각 외교부·국방부·시민보호부(경찰) 장관으로 임명해서 국가기구와 그리스 지배계급 전체를 달래고 안심시키려고 노력했다.[280]

가장 놀랍고 심지어 충격적인 인선은 인종차별적 우파 정당인 그리스 독립당ANEL의 지도자 파노스 카메노스를 국방부 장관에 임명한 것이었다. 명분은 시리자가 국회 과반수에 2석 모자라기 때문에 연립정부를 구성할 수밖에 없었고 독립당과 연립정부를 구성하려다 보니 어쩔 수 없었다는 것이었다. 사실 이것은 헌법상으로든 정치적으로든 필수적이지 않았다. 시리자는 매우 강력한 위치에서 소수파 정부로서 통치하면서 다른 정당들에 도전해서 그들을 쓰러뜨리고 조기 총선을 실시할 수도 있었을 것이다(그랬다면 거의 확실히 시리자가 승리했을 것이다). 〈파이낸셜 타임스〉의 다음과 같은 평가가 훨씬 더 정확하다. "옛 공산주의자들이 주도하는 정부에 군대가 계속 충성하도록 만들려면 시리자는 카메노스 씨나 그의 민족주의 정당과 손잡을 수밖에 없었을 것이다."[281]

그러나 시리자가 그리스 심층 국가의 우선순위에 즉시 양보하고 어떤 종류의 만만찮은 반자본주의 전략도 처음부터 포기하는 바람에 시리자 정부와 그리스 심층 국가가 전면 충돌하는 일은 벌어지지 않았지만, 그래도 유럽연합과 국제 자본주의의 초국적 '기관들', 즉 '트로이카'로 불린 유럽중앙은행, 유럽연합 집행위원회, IMF와 전면 충돌하는 일은 결코 피할 수 없었다.

시리자는 이른바 테살로니키 강령을 바탕으로 집권했다. 그 강령은 그리스가 도저히 감당할 수 없는 외채 상환 조건을 재협상해서 긴축을 끝내고, '국가 재건 계획'을 실행해서 당면한 '인도주의적 위기'에 대처하고, "사회적·경제적 붕괴를 역전시키고, 경제를 재건하고, 위기에서 탈출하겠다"고 약속했다.[282]

우리가 요구하는 것은 즉각적 총선 실시, 그리고 다음과 같은 목표를 달성하기 위한 강력한 협상 권한이다.

- 공적 부채의 액면가를 대부분 탕감해서 '유럽 부채 회의'라는 틀 안에서 지속 가능하게 만드는 것. 1953년 독일에서 그런 일이 있었으므로[*] 남유럽과 그리스에서도 그런 일은 가능하다.
- 남은 부채의 상환 조건에 '[경제]성장 조항'을 추가해서, 예산이 아니라 [경제]성장을 통해 마련한 돈으로 부채를 상환하는 것.
- 부채의 이자를 지급하는 데 상당한 유예기간을 둬서(모라토리엄, 즉 지급유예) [경제]성장을 위한 자금을 마련하는 것.[283]

그와 동시에 시리자는 유럽연합과 유로존에 남아 있겠다고도 약속했다. 이런 급진적 반긴축 강령의 목표들은 "유럽[연합]의 파트너들"과 협상을 통해 실현될 수 있을 것이[라고 시리자는 주장했]다. 알렉시스 치프라스와 야니스 바루파키스를 비롯한 시리자 장관들은 유럽연합과 그 지도자들을 한결같이 "우리의 파트너"라고 불렀다.

유럽 좌파('레닌주의·트로츠키주의' 경향이 아닌)의 정치 문화에서 나타나는 특징 하나는 그들이 흔히 자국의 기득권층과 그 정치적 대표자들(예컨대, 메르켈·캐머런·블레어·사르코지·라호이·사마라스 등)이나 자국의 경찰서장과 군 장성들에 대해서는 적대감을 드러내면서도 똑같은 자들이 국제적으로 모여 있을 때는 장밋빛 관점으로 바라본다는 사실이다. 그래서 유럽연합과 유엔은 어쨌든 국제협력이나 국제주의 같은 '좌파적 가치'를 구현한 진보적 기구라는 생

---

* 1953년 2월 런던 회의에서 국제 채권단은 독일의 부채를 62퍼센트 탕감해 주고 지급 기한도 5년에서 30년으로 연장해 줬다.

244 레닌과 21세기

각이 유럽 좌파 사이에 널리 퍼져 있다. 대체로 평화운동 안에서는 작고한 토니 벤처럼 거의 모든 전쟁을 확고하게 반대하면서도 마찬가지로 유엔을 확고하게 지지하는 사람들을 흔히 볼 수 있다. 더욱이, 유엔이 모든 중요한 문제에서 주요 (제국주의) 열강들의 이익을 위한 도구이자 가리개에 불과하다는 많은 증거와 경험에도 불구하고 이런 태도는 지속되는 듯하다. 그래서 페리 앤더슨은 다음과 같이 썼다.

유엔은 독자적 의지가 전혀 없는 정치적 실체다. 대부분 이런저런 유용한 실천적 활동을 하는 유엔의 전문기구들을 제쳐 둔다면, 유엔의 핵심 (즉, 총회와 안전보장이사회)은 의사 결정 기구가 아니라 [결정을] 정당화하는 기구다. 유엔이라는 조직이 내린 결정들은 본질적으로 특정 시점에서 작용하는 권력관계를 아름답게 치장하는 장식일 뿐이다.[284]

그래서 2003년에 토니 블레어가 저지른 범죄는 유엔의 2차 결의안 없이 바로 이라크 침략을 시작한 것이라는 말을 우리는 흔히 듣는다. 마치 유엔의 승인이 이라크 침략을 정당화해 줄 수 있다는 듯이 말이다. 사실 이것은 기존 국가를 사회변혁의 도구로 보는 개혁주의적 관점이 국제 무대로 확장된 것일 뿐이다. 분명히 레닌은 유럽연합이나 유엔에 관해 이런저런 말을 하지 않았다. 그러나 우리는 레닌과 코민테른이 당대의 국제연맹을 두고 "도둑들의 소굴"이라거나 "제국주의 강도들의 연맹"이라고 빈번하게 말했다는 사실을 알고 있다. 부하린과 프레오브라젠스키는 레닌주의의 혁명적 교과서라 할 수 있는 《공산주의의 기초》에서* 다음과 같이 썼다.

국제연맹이 평화를 증진하기 위해 설립됐다는 말은 순전히 꾸며 낸 이야기다. 사실 국제연맹의 목적은 두 가지다. 전 세계의 프롤레타리아, 모든 식민지, 식민지의 노예들을 가차 없이 착취하는 것과, 이제 막 시작된 세계혁명을 분쇄하는 것이다.[285]

그리스 재무부 장관 야니스 바루파키스가 독일 재무부 장관 볼프강 쇼이블레나 트로이카의 유럽연합 고위 관리들을 직접 만나 협상하려 했을 때 알게 된 사실은 그들의 행동이 파트너보다는 제국주의 강도와 훨씬 더 비슷하다는 것이었다. 바루파키스는 그들을 만났을 때의 심경을 〈뉴 스테이츠먼〉과 한 인터뷰에서 다음과 같이 밝혔다.

민주적 양심 따위는 전혀 없는 사람들이었습니다. 이른바 유럽의 민주주의 옹호자들이 그랬습니다. … 매우 강력한 인사들이 내 눈을 빤히 쳐다보면서 "당신 말이 맞지만, 우리는 어쨌든 당신을 아작아작 씹어 먹을 거요" 하고 말하는 것 같았습니다.
경제적 논쟁은 단칼에 거절당했습니다. 단칼에. … 제가 정말로 공들여 준비한 주장을 꺼내 놓으면(제 주장은 확실히 논리적 일관성이 있었습니다) 그들은 무표정한 얼굴로 저를 빤히 쳐다봤습니다. 저는 마치 벽을 보고 이야기하는 것 같았습니다. 제가 하는 말과 그들이 하는 말은 완전히

---

* 국역: 《꼬뮤니즘 ABC》, 빛나는전망, 2011.

따로 놀았습니다. 차라리 스웨덴 국가를 부르는 것이 나았을 겁니다. 저는 계속 똑같은 답변만 들어야 했습니다.[286]

유럽연합 고위 관리들이 바루파키스의 경제적 주장에 관심이 없었던 이유는 간단하다. 그 '협상'이라는 것이 그리스에 가장 좋은 경제정책이 무엇인지에 관한 것이 아니었고, 그 관리들도 그리스 민중의 '파트너'가 아니었기 때문이다. 그들은 유럽 자본의 대변자였다. 그들은 시리자가 가혹한 긴축에 공개적·치욕적으로 굴복하고, 급진적 실험이나 부채 상환 거부를 단념하도록 만들 작정이었다. 그리고 물론 우리가 알다시피 그리스 민중이 압도적 '오히'(반대!) 투표로 지지해 줬건만 시리자 정부는 겨우 며칠 뒤인 2015년 7월 8일 바로 그렇게 했다. 즉, 공개적으로 굴복했다.

요컨대, 그 에피소드 전체가 일종의 객관적 교훈이었다. 즉, 지배계급의 이런 기관들(유럽연합 집행위원회, 유럽중앙은행, IMF 등)을 '인수'하거나 '활용'하거나 이용해서 반자본주의 정책들, 심지어 자본가계급의 이해관계와 만만찮게 충돌하는 정책들조차 실행할 수 없다는 간단한 진리를 가르쳐 준 경험이었다. 시리자가 저항하고 대결하는 길을 선택했다면, 그리스 국가기구는 시리자 정부와 그리스 노동대중에 맞서서 유럽연합 기관들과 같은 편이 돼 움직였을 것이라는 점은 거의 의심의 여지가 없다. 그런 상황에서는 사회주의로 이행하는 것은 고사하고 단지 긴축을 끝내려고만 해도 권위주의적이고 반동적인 그리스 국가기구를 물리치고 해체하기 위한 그리스 노동계급의 혁명적 동원이 필요했을 것이다.

마지막으로, 이 책을 쓰고 있는 지금 영국 노동당의 제러미 코빈 지도부를 둘러싸고 벌어지는 투쟁이 있다. 2015년 9월 코빈이 처음으로 노동당 대표로 선출됐을 때, 데이비드 캐머런은 "이제 노동당은 국가 안보에 위협이 됐다"며 알레르기 반응을 보였다. 이 가시 돋친 말은 양날의 칼 같은 것이었다. 한편으로는, 코빈이 영국 국가와 주요 국가기구(군대·경찰·보안경찰·왕가 등)에 충성한다고 말하(고 그 충성심을 입증하)도록 만들고, (이런 충성심에 의문을 제기하려는 의도가 명백한) 국가 제창이나 여왕의 손에 키스하는 문제 같은 상징적 쟁점들을 둘러싸고 그를 공격하는 여론 몰이를 노린 것이었다. 다른 한편으로는, 코빈이 집권하면 영국 국가와 군대와 보안경찰 등이 더는 정상적으로 돌아가지 않을 것이라는 메시지를 그 기구들에 보내려는 것이었다. 며칠이 채 안 돼, 만약 코빈 정부가 들어선다면 정부에 대항하는 "반란"이 일어날 수 있다고 경고하는 '익명의' 현역 군 장성 발언이 〈선데이 타임스〉에 실렸다.

군대는 그저 좌시하지만은 않을 것입니다. 참모본부는 총리가 이 나라의 안보를 위태롭게 하는 것을 허용하지 않을 것이고, 제 생각에 국민들은 수단과 방법을 가리지 않고 무슨 수를 써서라도 그런 일을 막으려고 할 것입니다. 모든 계급의 장교들이 대거 사임할 것이고, 그러면 사실상의 반란 사태가 매우 실질적인 전망으로 대두할 것입니다.[287]

이 에피소드 이후 코빈에 대한 공격의 주도권은 노동당의 블레어 지지자들과 노동당 의원단의 다수파에게 넘어갔다. 그들은 코빈을 강제 사퇴시키거나 오언 스미스의 당 대표 도전을 이용해서 코빈을 몰아내려고 최선을 다했다. 이 시도는 보기 좋게 실패했고, 코빈은 2016년 9월 24일 65퍼센트라는 압도적 지지로 당 대표 재선에 성공했다. 코빈을 반대하는 노동당 우파(힐러리 벤, 앤절라 이글, 앨러스터 캠벨 등등)는 노동당보다 영국 국가와 지배계급에 훨씬 더 충성하는 자들이다. 그들은 코빈이 이끄는 노동당은 총선에서 승리할 가능성이 없다는 자신들의 주장을 자기 충족적 예언으로 확실히 만들기 위해 틀림없이 온 힘을 다할 것이다.

그러나 그들의 온갖 노력과 대중매체의 여론 몰이에도 불구하고 코빈이 이끄는 노동당이 시리자의 뒤를 따라서 선거에서 승리한다면, 영국 국가기구의 문제가 전면에 부각될 것이다. 그 국가기구는 결코 코빈의 사회변혁 시도에 협력하거나 그 시도를 묵인하지 않고 국내외 자본(과 유럽연합과 미국 정부 등)과 함께 틈만 나면 코빈을 방해하고 좌절시키고 약화시키려 할 것이고, 심지어 필요하다면 무력을 사용해서라도 권좌에서 몰아내려 할 것이다.

이런 사례들이 모두 보여 주는 것은 100여 년 전에 [레닌이] 《국가와 혁명》에서 한 분석, 즉 기존 국가는 자본가계급의 계급 지배 기관이므로 노동계급이 그것을 그냥 '인수'할 수는 없고 오히려 분쇄해서 노동자 평의회에 바탕을 둔 새로운 국가로 대체해야 한다는 주장이 오늘날에도 완전히 적절하다는 것이다. 사실, 투쟁 수준이 높아지고 격렬해질수록 이런 분석은 더 중요해지고 핵심적이 될 것이다.

4장
정당의 필요성?

정당을 다룬 레닌의 글 중에는 《국가와 혁명》이나 《제국주의: 자본주의의 최고 단계》와 비슷한 것이 없다. 즉, 레닌은 정당 문제에 관한 자신의 주요 견해를 집약해서 쓴 책이나 심지어 소책자도 남기지 않았다.[288] 그렇지만 정당 개념만큼 레닌주의와 밀접하게 연관된 것도 없는데, 이것은 몇 가지 이유에서 완전히 합리적이고 정당하다. 첫째, 레닌은 1917년까지 자신의 정치적 생애 전체를 볼셰비키당이라는 정당을 건설하는 데 바쳤다. 둘째, 레닌은 10월 혁명 후 최대한 빨리 다른 볼셰비키 지도자들과 함께 코민테른을 조직하기 시작했는데, 코민테른도 세계 각국에서 공산당을 건설하고 단결시키는 데 전념했다. 셋째, (스탈린주의자들이든 트로츠키주의자들이든 마오쩌둥주의자들이든 그 밖의 어떤 경향이든) 자칭 레닌주의자들의 특징은 스스로 레닌주의 정당이라고 생각하는 것을 건설하는 일을 특히 중요하게 여겼다는 점이다(물론 방식은 서로 달랐다).

또, 사회주의자나 마르크스주의자, 심지어 혁명가를 자처하면서도 '레닌주의'를 거부하는 많은 좌파가 레닌주의를 거부하는 원칙적 근거 하나로 '레닌주의 정당'이나 '레닌주의 정당 모델' 문제를 거론한다는 것도 사실이다. 그러므로 레닌[의 주장]이 오늘날에도 여전히 적절한지를 검토하는 책이라면 반드시 이 문제를 어느 정도 깊이 살펴봐야 한다. 그러려면 레닌주의 정당 이론의 핵심 원칙들이 무엇인지를 밝혀야 하고, 또 널리 퍼져 있는 오해 두 가지를 다뤄야 한다.

첫째 오해는 레닌주의 정당은 전능한 (척하는) 지도부가 지배하는 권위주의적 조직이라는 것이다. 물론 스탈린 시대의 소련 공산당은 분명히 그랬다. 당시 서기장의 말은 절대적이었고, (어떤 문제에서든) [서기장과] 다른 견해를 표명하는 것은 말 그대로 목숨 걸고 하는 모험이었다. 또, 스탈린 시대 이후 코민테른의 공식 공산당들도 그 점은 마찬가지였다. 비록 이견에 대한 처벌이 대체로 절멸이 아니라 제명으로 완화되기는 했지만 말이다. 그러나 레닌 시대의 볼셰비키당은 결코 그렇지 않았다.

1936년에 레온 트로츠키는 볼셰비키 당내 생활의 특징을 다음과 같이 묘사했다.

볼셰비키당의 내부 체제는 민주주의적 중앙집중주의 방식이 그 특징이었다. 민주주의와 중앙집중주의라는 이 두 개념의 결합은 전혀 모순되지 않는다. 볼셰비키당은 항상 당의 경계를 엄격히 규정했을 뿐 아니라, 이 경계 안으로 들어온 사람들이 모두 당의 정책 방향에 영향을 미치는 실질적 권리를 누릴 수 있도록 세심하게 신경 썼다. 비판의 자유와 사상투쟁은 당내 민주주의의 확고한 내용이었다. 볼셰비즘은 분파를 용인하지 않는다는 현재의 원칙은 쇠퇴기의 신화일 뿐이다. 사실 볼셰비즘의 역사는 분파 투쟁의 역사다. [자본주의] 세계를 전복하고 자신의 깃발 아래 가장 대담한 구습타파주의자들·투사들·반란자들을 단결시키는 것을 임무로 설정한 진정한 혁명적 조직이 과연 사상투쟁 없이, 일시적 분파의 형성 없이 살아 움직이고 발전할 수 있겠는가? …

따라서 볼셰비키당의 내부 체제, 특히 권력 장악 이전의 내부 체제는 현재 코민테른 각국 지부의 체제와 완전히 모순된다. 지금 각국 공산당의 '지도자들'은 위에서 임명되고 위에서 내려오는 명령 한마디에 정책을 완전히 바꾼다. 또, 통제받지 않는 당 기구는 평당원들에게는 거만한 태도를, 크렘린에는 비굴한 태도를 취한다.[289]

더욱이, 역사적 기록을 보면 분명히 트로츠키의 말이 옳다는 것을 알 수 있다. 볼셰비키 당내에서는 철학부터 전술까지 모든 문제에 대해 이견과 논쟁이 끊이지 않았을 뿐 아니라, 레닌이 당내 표결에서 패배하는 경우도 흔했다. 예컨대, 1907년 두마 선거에 참여하는 문제에서 그랬고, 1910년 멘셰비키와 통합하는 문제에서 그랬으며, 1917년 9월 민주협의회를 보이콧하는 문제에서 그랬고, 1917년 12월[*] 제헌의회 선거를 연기하는 문제에서 그랬다. 레닌은 여러 결정적 순간에 자신의 뜻을 관철시켰지만, 그것은 오직 격렬한 논쟁 과정에서 자신의 견해로 다수를 설득하는 데 성공한 덕분이었다. 예컨대, 1917년 4월 임시정부와 결별하고 노동자 권력으로 나아가는 문제에서 그랬고, 1917년 10월 무장봉기를 시작하는 문제에서 그랬으며, 1918년 1월 브레스트리토프스크 강화조약을 체결하는 문제에서 그랬다. 그리고 이 각각의 경우에 레닌이 승리할 수 있었던 것은 단지 그의 개인적 권위나 주장의 설득력 때문만은 아니었고, 시간이 흐르면서 그의

---

[*] 11월의 오타인 듯하다.

견해가 사태의 객관적 논리에 부합하는 것으로 보였다는 사실 때문이었다.

물론 1921년에 당내 분파가 금지됐고, 이것이 퇴행적이고 위험한 조치였다는 것은 사실이다. 그러나 분파 금지는 내전 말기의 매우 극단적인 상황에서 취해진 일시적 조치로 여겨졌고, 어쨌든 적어도 그 시점까지는 분파가 허용됐다는 사실을 보여 준다. 더욱이, 분파 결성의 금지가 곧 논쟁의 금지를 의미한 것은 아니었고, 논쟁은 계속 허용됐다. 스탈린이 득세한 1923년 이후에야 당내 민주주의가 진짜로 중단되는 사태가 벌어졌고, 그조차도 1927~1928년에 스탈린이 완전히 승리하기 전까지는 절대적이지 않았다.

둘째 오해는 레닌주의 정당 이론을 옹호하는 것은 곧 볼셰비키당의 '조직 모델'을 채택하거나 모방하려고 노력하는 것이라는 생각이다. 내가 이것을 오해라고 부르는 이유는 한편으로는 그렇게 확고하거나 정식화된 '모델'이라는 것이 실제로 존재한 적이 없기 때문이고, 다른 한편으로는 볼셰비키의 조직적 실천을 체계적·세부적으로 모방하거나 복제한다는 것이 오늘날의 유럽 어디에서도, 십중팔구 전세계 어디에서도 가능하지 않을 것이기 때문이다. 그리고 내 말은 그것이 바람직하지 않다는 뜻이 아니라 말 그대로 가능하지 않다는 것이다.

예컨대, 불법 상황에서 발전한 조직 형식들을 부르주아 민주주의와 합법 상황에서 그대로 모방할 수는 없는 노릇이다. 왜냐하면 경찰의 위협에서 비롯한 객관적 필요가 없다면 아무리 충성스러운 활동가라도 그런 조직 형식들을 받아들이려 하지 않을 것이기 때문이다. 비교적 자유로운 상황에서 활동하는 것과 [경찰의] 탄압을 받으며 활동하는 것 자체가 규율에 대한 서로 다른 태도와 개념을 만들어 낸다. 그런 규범들을 인위적으로 강제하려고 했다가는 '정당'이 광신도의 소종파쫌으로 전락하고 말 것이다. 또, 원칙적으로 볼셰비키 조직의 기초는 공장 세포였다. 이것은 페트로그라드의 푸틸로프 공장이나 비보르크 지구에서는 타당했고, 아마 1960년대와 1970년대 초의 맨체스터에서는 타당했겠지만(그리고 어쩌면 현재의 중국 주장강삼각주에서도 타당할 수 있겠지만), 오늘날의 영국이나 서구 자본주의의 대다수 나라들에서는 실행 가능하지 않다.

여기서 레닌주의 조직의 특징적 원칙으로 흔히 다뤄지는 '민주적 중앙집중주의' 개념에 관해 한마디 해 두는 것이 적절할 듯하다. 민주적 중앙집중주의는 민주적 의사 결정과 그 결정을 실행하기 위한 행동 통일이 결합된 개념이다. 사실 철저하게 권위주의적인 파시스트 정당이나 스탈린주의 정당을 제외하면 개혁주의 정당이든 혁명적 정당이든 모든 정당은, 또 노동조합을 포함한 거의 모든 형태의 노동자 조직은 민주주의라는 요소와 중앙집중주의라는 요소를 결합해야 한다. 민주주의가 전혀 없다면 회원이나 회비도 전혀 없을 것이다. 중앙집중주의가 전혀 없다면 조직 자체도 없을 것이다. 왜냐하면 정당이나 노동조합이라는 조직의 요체는 다수의 사람들이 함께 행동하도록 만드는 것이기 때문이다.

[조직에 따라] 민주주의와 중앙집중주의의 정도나 범위, 또 둘 사이의 관계는 많이 달라질 수 있다. 노동조합이 파업을 조직하는 과정에서는 흔히 파업을 할지 말지를 민주적 투표를 통해 결정한 다음

그 결정을 (이상적으로는) 일치단결해서 실행하고, 피켓라인을 넘어가는 사람은 누구든지 파업 파괴자로 취급한다. 그러나 아주 당연한 일이지만, 전쟁에 반대하는 운동이나 시위를 벌인다는 결정을 노동조합이 일치단결해서 실행하기를 기대하지는 않을 것이다. 비록 그 노조가 투표를 통해 그런 운동을 공식적으로 지지하기로 결정했을지라도 말이다. 민주적 논쟁의 수준과 [행동] 통일을 기대하는 쟁점들의 범위라는 면에서 보면 볼셰비키당은 분명히 이보다 더 엄격한 형태의 민주적 중앙집중주의를 실천했다.

그렇지만 볼셰비키당의 역사를 보면, 민주적 중앙집중주의가 결코 불변의 규칙이나 절대적 규칙이 아니었음을 알 수 있다. 몇 가지 사례를 들어 보자. 1905년에, 즉 1905년 혁명이 한창일 때와 그 직후에 레닌과 볼셰비키는 두마가 차르의 속임수라는 이유로 두마 보이콧을 주장했다. 그렇지만 1906년에 러시아 사회민주노동당RSDLP의 일부 당원들이 두마 선거에 출마해서 당선하자 레닌은 그들을 비난하기는커녕 지지했다. 그 뒤 1906년 4월 [RSDLP 4차] 당대회에서 멘셰비키가 [두마 선거] 보이콧에 반대했을 때, 레닌은 (볼셰비키 분파의 규율을 무시한 채) 멘셰비키와 함께 [보이콧 반대] 투표를 한 유일한 볼셰비키 대의원이었다. 형식적으로 볼셰비키는 오랫동안 멘셰비키와 통합과 분열을 되풀이하다가 마침내 1912년에 최종 분열해서 별개의 독자적 정당이 됐지만, 많은 경우 현장에서는 1917년까지도 최종 분열이 실행되지 않았다. 그래서 트로츠키는 다음과 같이 썼다.

에카테린부르크·페름·툴라·니즈니노브고로드·소르모보·콜롬나·유좁

카 같은 노동자 도시에서 볼셰비키는 [1917년 — 지은이] 5월 말에야 멘셰비키와 분열했다. 오데사·니콜라예프·옐리자베트그라드·폴타바와 그 밖의 우크라이나 도시들에서 볼셰비키는 심지어 [1917년 — 지은이] 6월 중순까지도 따로 조직을 꾸리지 못했다. 바쿠·즐라토우스트·베제츠크·코스트로마에서 볼셰비키는 6월 말이 돼서야 멘셰비키와 분열했다.[290]

또, 1917년 10월에는 지노비예프와 카메네프의 행동 같은 에피소드도 있었다. 무장봉기 겨우 며칠 전에 그들은 봉기에 반대한다는 내용의 편지를 당 기관지가 아닌 신문에 써 보내서, 진행 중인 봉기 계획을 누설했다. 분노한 레닌은 그들이 파업 파괴자나 다름없다고 격렬하게 비난하면서, 당에서 제명할 것을 요구했다. 그러나 실제로는 그들은 제명되지 않고 볼셰비키당 지도부의 일원으로 계속 남아 있었다.

따라서 민주적 중앙집중주의를 볼셰비즘이나 레닌주의 정당 이론의 본질적 의미를 규정하는 특징으로 보는 것은 잘못이다. 또, 우리는 역사적 맥락에서 떼어 낸 각각의 인용문을 근거로 삼을 수도 없다(이 점은 [레닌의 정당 이론에 관한] 확정적 문헌이나 종합적 저작이 존재하지 않는다는 사실을 감안하면 더욱 그렇다). 오히려 우리가 해야 할 일은 레닌의 저작과 실천 전체를 살펴보면서, 정당 문제에 대한 그의 태도 근저에 깔려 있는 핵심 원칙들을 끄집어내고 그런 바탕 위에서 그 원칙들이 오늘날에도 타당하고 적절한지를 평가하는 것이다. 이런 접근법이 특별히 필요한 이유는 오늘날 일반적으로 적용될 수 있는 것은 특정한 조직 형식들이 아니라 그런 근본적 원칙

들이기 때문이다. 다행히도 그런 전반적 평가를 하는 데 필요한 작업은 대체로 이미 이뤄졌다.[291]

두 가지 핵심 원칙

레닌주의 정당 이론의 핵심 원칙 첫째는 간단한데, 바로 혁명적 정당을 건설해야 한다는 것이다. 여기서 말하는 혁명적 정당은 사회주의 혁명을 위해 분명하게 헌신하는 정당으로서 그 지도부와 당원들은 (압도 다수가) 혁명을 자신의 목표로 확실히 받아들인다. 여기서 말하는 혁명도 은유적 의미의 혁명 따위가 아니라 실질적 대중 봉기를 의미한다.

레닌이 처음으로 전국 차원에서 정치적 주도력을 발휘한 것은 러시아 전역에 흩어져 있던 다양한 사회민주주의[292] 서클들을 결집해서 단일한 전국적 혁명 정당을 건설하는 운동을 플레하노프·마르토프 등과 함께 전개한 것이었다. 1897년에 레닌은 다음과 같이 썼다.

> 그러므로 공장과 도시의 노동자들 사이에서 튼튼한 혁명적 조직을 만들어 내는 것이 사회민주주의자들이 직면한 가장 중요하고 긴급한 임무다. …
> 따라서 동지들, 일을 합시다! 귀중한 시간을 허비하지 맙시다! 러시아 사회민주주의자들은 … 전국에 흩어져 있는 노동자 서클들과 사회민주주의 조직들을 단일한 사회민주주의 노동자 정당으로 통합하기 위해 할 일이 많습니다.[293]

그 뒤 6년 동안 레닌은 이 목표를 달성하고자 집요하게 노력했다. 그 첫 시도는 1898년에 열린 RSDLP 창당 대회였지만 실패했고(모든 대의원이 선출되기는 했다), 2차 당대회가 1903년 런던에서 열렸다. 이 운동 과정에서 레닌은 에두아르트 베른슈타인이 독일에서 시작한 개혁주의 경향을 철저하게 반대하고 또 러시아에서도 등장한 이런 경향과 정치적·조직적으로 타협하기를 거부하는 태도를 강력하게 고수했다.

> 악명 높은 베른슈타인주의는 … 마르크스주의 이론을 협소하게 만들고 혁명적 노동자 정당을 개혁주의 정당으로 변질시키려는 시도다. 예상한 대로 이런 시도는 독일 사회민주주의자 다수의 강력한 비판을 받았다. 기회주의 경향들은 독일 사회민주주의 대열 안에서 거듭거듭 나타났지만, 그때마다 혁명적 국제 사회민주주의의 원칙들을 충실하게 수호하는 정당에 의해 거부당했다. 마찬가지로 기회주의적 견해들을 러시아에 이식하려는 시도 역시 러시아 사회민주주의자 압도 다수의 단호한 저항에 부딪힐 것이라고 우리는 확신한다.[294]

베른슈타인의 개혁주의는 러시아에서 분명한 지지를 거의 받지 못했다. 로자 룩셈부르크가 개혁주의자들의 주장을 낱낱이 해부한 《개혁이냐 혁명이냐》와 비슷한 레닌의 저작을 찾아볼 수 없는 이유는 바로 그 때문이다. [러시아에서] 훨씬 더 널리 퍼져 있던 것은 '경제주의'로 알려진 경향이었다. 경제주의자들은 러시아 마르크스주의자의 주요 임무가 단지 노동계급의 경제투쟁을 '지원'하는 것이라고 주장했다. 레닌이 특히 《무엇을 할 것인가?》에서 경제주의를 그토록 격렬하게 비판하며 논쟁을 벌인 이유 하나는 '경제주의'가 러시아판 베른슈타인주의라고 생각했기 때문이다. 경제투쟁에만 집중하고 정치적 요구들을 제기하지 않는 경향은 모두 차르 체제에 대항하는 정치투쟁의 지도력을 (오히려 그 투쟁을 배신하고 혁명을 파탄시킬 것이 뻔한) 자유주의 부르주아지에게 넘겨주고 말 것이라고 레닌은 생각했다.

레닌의 입장에 큰 영향을 미친 또 다른 중요한 요인은 차르의 경찰을 상대해야 하는 현실이었다. 레닌은 경찰국가에서는 실천적 필요 때문에 혁명적 조직이 주로 '직업 혁명가들'로 이뤄진, 비교적 소규모의 비밀 조직으로 남아 있어야 한다고 주장했다.

> 그런 조직은 주로 혁명적 활동에 전문적으로 종사하는 사람들로 구성돼야 한다. … 우리가 독재국가에서 혁명적 활동에 전문적으로 종사하고 있으며 정치경찰과 싸우는 기술을 전문적으로 훈련해 온 사람들로 조직원 자격을 제한하면 할수록, 그런 조직을 붕괴시키기는 훨씬 더 어려울 것이다.[295]

불법 상황에서 활동하다 보니 개혁주의 분파가 정당으로 발전하기가 힘들었다는 것은 분명하다. 여기서 동기는 [이론적인 것이 아니라] 순전히 실천적인 것이었지만 그 결과는 똑같았다.

당시 러시아 사회민주주의의 다른 많은 지도자들과 레닌의 차이점은 그가 개혁주의를 비판하며 혁명을 옹호했을 뿐 아니라, 이 문제를 두고 또는 정말로 모든 경제주의 경향과 조직적 분열도 서슴지 않았다는 것이다. 1901년 '해외 러시아 사회민주주의 연맹'이 경제주의 문제로 분열했을 때 레닌은 다음과 같이 썼다.

분열의 주요 원인(평계가 아니라 원인)은 원칙에 관한 의견 차이, 즉 혁명적 사회민주주의와 기회주의적 사회민주주의의 차이였다.[296]

그리고 페르디난트 라살이 [마르크스에게 보낸 편지에서] 다음과 같이 말한 것을 지지하며 인용했다.

정당에 힘과 활력을 주는 것은 바로 당내 투쟁입니다. 정당이 허약하다는 가장 뚜렷한 증거는 산만함과 경계가 모호하다는 것입니다. 정당은 자체 숙정肅正을 통해 더 강해집니다.[297]

레닌은 6년 동안 거의 내내 전국적 사회민주주의 정당을 건설하는 활동에 전념했고 마침내 1903년 2차 당대회를 성사시켰다. 그러나 그가 직면한 것은 자신과 가까운 협력자들, 즉 〈이스크라〉 편집부의 분열이었다. 이렇게 시작된 러시아 사회민주주의의 분열, 즉 볼셰비키(다수파)와 멘셰비키(소수파)의 분열은 상시적이었고, 그 절정은 두 정당이 바리케이드를 사이에 두고 대치한 1917년 10월 [혁명]이었다.

처음에는 [2차] 당대회 참가자 어느 누구도 분열의 심각성을 제대로 깨닫지 못한 것 같다. 쟁점은 당원 자격 규정의 차이(레닌과 볼셰비키는 [당원이] 당 기구에 직접 참여할 것을 요구하는 '엄격한' 경계를 지지한 반면, 마르토프와 멘셰비키는 '더 관대하고' 느슨한 규정을 원했다)와 〈이스크라〉 편집부 구성에 관한 이견이었다. 그래서 많은 사람들은 분열이 말싸움과 개성의 충돌에 불과하다고 생각했다. 그 뒤 몇 년 동안, 특히 혁명의 해였던 1905년에 (재)통합을 위한 많은 시도가 있었(고 흔히 레닌도 이를 지지했)다. 그렇지만 지금 와서 보면 1903년 당시 분열의 핵심은 서로 다른 정당 개념이었다는 것을 분명히 알 수 있다. 즉, 레닌은 엄격하게 경계가 정해지고 철저하게 혁명적인 정당을 지지한 반면 마르토프는 태도가 덜 분명한 사람들에게도 문이 열려 있는 더 '관대한' 정당, 서유럽의 사회민주주의 노선에 더 가까운 정당을 선호한 것이다.[298]

레닌은 혁명적 정당의 독립성 문제에서 비타협적 태도를 취했기 때문에, 1905년 [혁명] 후의 반동적 시기에도 '청산주의자들'(광범한 합법적 노동자 정당이 되기 위해 지하활동을 중단하고 싶어 한 사람들)이나 트로츠키 같은 '화해주의자들'(RSDLP의 모든 분파가 통합하기를 계속해서 원한 사람들)과 격렬하게 충돌했다. 100여 년이 지난 오늘날 당시의 논쟁을 되돌아보는 사람은 누구든지 [러시아 역사] 전문가나 집착에 빠진 사람만 아니라면 그 논쟁을 지금은 전혀 또는 거의 의미 없는 딱지들(기회주의자·소환파·보이콧파·청산주의자·화해주의자 등)을* 붙여 가며 벌인, 도저히 이해할 수 없는 싸움박질쯤으로 여길 것이다.[299] 당연히 그 논쟁에 대한 학계의 '표준적' 견해

---

* 소환파나 보이콧파는 당시 볼셰비키 당내에서 두마 선거를 보이콧하고 사회민주당의 두마 의원들을 소환하자고 주장한 경향이다. 보그다노프와 루나차르스키가 대표적 인물이었다.

는 그것이 모두 레닌의 '파벌' 성향이나 권력 독점욕 탓이었다는 것이다. 그러나 최종 결과는 1914년 제1차세계대전이 시작될 무렵 레닌은 노동계급 속에 만만찮은 기반이 있는 비타협적인 혁명적 정당을 건설해 놨다는 것이다.

이 정당은 (볼셰비키도 소속된) 제2인터내셔널의 여느 정당들과는 근본적으로 달랐다. 독일 사민당이나 오스트리아·프랑스·이탈리아 등지의 사회주의 정당들과 달리 레닌의 볼셰비키당에는 개혁주의 분파가 전혀 없었다는 점에서 그랬다. 1914년까지도 레닌은 자신이 하고 있는 일의 의미를 완전히 깨닫지 못했으며, 라스 리가 주장했듯이 카를 카우츠키와 사민당이 독일에서 해낸 것과 똑같은 일을 자신은 러시아에서 하고 있을 뿐이라고 생각했다는 것은 십중팔구 사실일 것이다. 그러나 실제로는 레닌은 다른 일을 하고 있었다. 1914년 8월 제2인터내셔널, 특히 독일 사민당이 붕괴하고 사회[주의적] 애국주의에 투항(해서 전쟁에서 '자국'을 지지)하자 레닌은 카우츠키주의와 국제 사회민주주의의 개혁주의적 성격을, 또 볼셰비키당의 독특한 특징을 깨닫게 됐다. [그래서 1915년 1월 발표한 글에서 다음과 같이 썼다.]

제2인터내셔널 시대의 사회주의 정당들은 수십 년간의 '평화로운' 시기에 형성된 기회주의를 당내에 포용했다는 점이 특징이다. 그 기회주의는 몰래 숨어 있으면서, 혁명적 노동자들의 마르크스주의 용어들을 **빌려다 쓰고**, 그 노동자들에게 적응하고, 원칙상의 분명한 차이가 불거지는 것을 교묘하게 회피했다. 이런 유형은 죽지 않고 살아남았다. 만약 이 전쟁이 1915년에 끝나더라도, 분별 있는 사회주의자라면 과연 이런 기회주의자들과 함께 1916년에 노동자 정당을 재건하기 시작하겠는가? 새로운 위기가 닥치면 그들은 모두 하나같이(그리고 줏대 없고 멍청한 다른 많은 사람들도) 부르주아지를 편들 것이라는 사실을 **경험으로** 알고 있는데 말이다. 물론 그때 부르주아지는 계급 증오와 계급투쟁에 관한 말을 철저히 금지할 핑곗거리를 찾아낼 것이다.[300]

이후 레닌은 사회민주주의를 비롯한 온갖 종류의 개혁주의와 정치적으로 완전히 결별했다. 러시아에서만 그런 것이 아니라 국제적으로도 그랬다. 그는 돌이킬 수 없게 더러워진 '사회민주주의'라는 이름을 버리고 마르크스가 오래전에 사용한 '공산주의'라는 이름을 채택할 것을 제안하면서 새로운 제3인터내셔널을 선언했다. 1919년에 정말로 코민테른이 새로 만들어졌을 때, 코민테른은 프롤레타리아 혁명과 자본주의 국가 파괴, 프롤레타리아 독재를 위해 헌신한다는 점을 분명히 밝혔다. 1920년에 레닌은 코민테른이 일종의 '유행'이 되면서 개혁주의 부류와 (반쯤 개혁주의적인) '중간주의'[301] 부류가 코민테른으로 몰려들까 봐 이른바 '21개 조건'을 작성했다. 코민테른에 가입하기를 원하는 정당은 그 조건들을 의무적으로 이행하게 만들어서 개혁주의자들을 배제하려는 의도에서였다. '21개 조건'은 매우 다양하고 엄격했다. 예컨대, 합법 활동과 불법 활동을 결합해야 했고, 군대 안에서 선전을 수행해야 했고, 모든 민족해방운동을 지지해야 했고, 특히 '자국의' 부르주아지에 대항해서 그렇게 해야 했다. 개혁주의자 문제에 관해서는 다음과 같은 조건을 이행해야 했다.

제2조. 코민테른에 가입하기를 원하는 모든 조직은 노동운동 내의 책임 있는 지위[당 기구, 편집부, 노동조합, 의원단, 협동조합, 지방자치단체 등]에서 개혁주의자와 '중간주의자'를 한결같이 체계적으로 해고해야 한다. …

제7조. 코민테른에 소속되기를 바라는 정당은 개혁주의나 '중간주의' 정책과 완전히 무조건 단절할 필요가 있음을 인정하고 이 단절을 당원들 사이에서 선전해야 할 의무가 있다. 그러지 않으면 일관된 공산주의 정책은 불가능하다. 코민테른은 이 단절을 최대한 빠른 시일 내에 실행할 것을 단호하게 비타협적으로 요구한다. 코민테른은 예컨대, 투라티·모딜리아니·카우츠키와 그 밖의 공공연한 개혁주의자들이 제3인터내셔널의 성원으로 자처할 권리를 갖는 것을 결코 용납할 수 없다. 그랬다가는 제3인터내셔널도 이미 망해 버린 제2인터내셔널처럼 되고 말 것이다.[302]

1914년에 사회민주주의자들이 배신하기 전까지 레닌은 개혁주의자들과 결별하고 그들을 배제한다는 이 정책을 어느 정도는 본능적으로 그리고 실제로는 러시아에만 적용했다. 그러나 1914년 8월 이후에는 완전히 의식적으로 그리고 국제적으로도 적용했다. 어쨌든 이것이 레닌의 정치 활동 내내 정당 문제를 다루는 핵심 원칙이었다는 것은 분명하다.

[레닌주의 정당 이론의] 둘째 핵심 원칙은 첫째 원칙을 변증법적으로 보완하는 것이다. 즉, 혁명적 정당은 노동계급 대중의 일상적 투쟁에 참가해서 그들과 최대한 가까운 관계를 확립하는 바탕 위에서만 건설될 수 있다는 것이다. 나는 이미 1장에서 레닌이 개인적으로 노동자들과 유기적 관계를 맺었다고 설명했다. 그러나 레닌은 [정치 활동

의] 아주 초창기부터 코민테른 시절까지 항상 그런 유기적 관계를 구축하고자 당내에서 투쟁하기도 했다. 그는 혁명적 정당 건설을 위한 계획을 처음으로 제시한 (앞서 인용한) 1897년의 글["러시아 사회민주주의자들의 임무"]에서 다음과 같이 쓰기도 했다.

노동자들 사이에서 하는 선전과 뗴려야 뗼 수 없이 연결돼 있는 것이 선동인데, 러시아의 현재 정치 상황과 노동자 대중의 현재 발전 수준에서 선동은 당연히 전면에 부각된다. 노동자들 사이에서 선동한다는 것은 곧 사회민주주의자들이 노동계급의 모든 자발적 투쟁에 참가한다는 것, 즉 노동시간·임금·노동조건 등등을 둘러싸고 벌어지는 노동자와 자본가의 모든 투쟁에 참가한다는 것을 의미한다. 우리의 임무는 노동계급 생활의 현실적·일상적 문제들과 우리의 활동을 결합하는 것, 노동자들이 이 문제들을 이해하도록 도와주는 것, 노동자들이 가장 중요한 악폐에 주의를 기울이게 하는 것, 노동자들이 사용자에게 제기하는 요구를 더 정확하고 현실성 있게 표현하도록 도와주는 것, 프롤레타리아의 국제적 군대의 일부를 이루는 단일한 노동계급으로서 모든 러시아 노동자들의 공통의 이해관계와 공통의 대의에 대한 의식과 연대 의식을 노동자들 사이에서 발전시키는 것이다.[303]

그리고 《무엇을 할 것인가?》에서는 경찰의 탄압을 피하려면 당원을 직업 혁명가로 제한해야 한다고 말하면서도 즉시 다음 문장에서 다음과 같이 덧붙였다. "우리가 독재국가에서 … 조직원 자격을 제한할수록 … 운동에 참여해서 적극적으로 활동할 수 있는, 노동계급과 그 밖의 사회 계급 출신 사람들은 더 많아질 것이다."[304]

그는 멘셰비키와 분열하게 된 사정을 설명하며 1904년에 쓴 《일보 전진, 이보 후퇴》에서도 똑같은 생각을 되풀이했다.

진정한 사회민주주의자로 이뤄진 우리 당 기구들이 강할수록, 당내의 동요와 불안정이 적을수록, [당이 지도하는] 당 주변의 노동계급 대중에게 미치는 당의 영향력도 더 광범하고 다양하고 풍부하고 효과적일 것이다.[305]

대중과 최대한 가까운 관계를 확립한다는 것의 실천적 의미는 무엇보다도 공장에서 정당을 건설한다는 것이었다. 1897년에 레닌은 다음과 같이 썼다.

우리의 활동은 일차적으로 그리고 주로 공장과 도시의 노동자들을 겨냥한 것이다. … 그러므로 공장과 도시의 노동자들 사이에서 튼튼한 혁명적 조직을 만들어 내는 것이 사회민주주의자들이 직면한 가장 중요하고 긴급한 임무다. 지금 우리가 이 임무를 놔두고 다른 일에 관심을 쏟는다면 매우 어리석은 짓일 것이다.

또,

노동자들 사이에서 선동한다는 것은 곧 사회민주주의자들이 노동계급의 모든 자발적 투쟁에 참가한다는 것, 즉 노동시간·임금·노동조건 등등을 둘러싸고 벌어지는 노동자와 자본가의 모든 투쟁에 참가한다는 것을 의미한다. 우리의 임무는 노동계급 생활의 현실적·일상적 문제들과 우리의 활동을 결합하는 것, 노동자들이 이 문제들을 이해하도록 도와주는 것, 노동자들이 가장 중요한 악폐에 주의를 기울이게 하는 것, 노동자들이 사용자에게 제기하는 요구를 더 정확하고 현실성 있게 표현하도록 도와주는 것, 프롤레타리아의 국제적 군대의 일부를 이루는 단일한 노동계급으로서 모든 러시아 노동자들의 공통의 이해관계와 공통의 대의에 대한 의식과 연대 의식을 노동자들 사이에서 발전시키는 것이다.[306]

나중에 《무엇을 할 것인가?》를 쓸 때도 레닌은 "[사회민주주의자가] 모든 계급 속으로 들어가야" 하고[307] 억압과 폭정의 모든 문제를 제기해야 한다고 강조했다. 모든 억압 문제를 제기해야 한다는 이 주장은 극히 중요하므로 다음 장에서 충분히 살펴볼 것이다.

1905년 혁명 때 그것[대중과 최대한 가까운 관계를 확립한다는 것]이 뜻한 바는 심지어 경찰이 조종하는 주바토프* 노동조합이나 가폰 신부(러시아정교회 사제일 뿐 아니라 경찰 첩자이기도 했다)와도 관계를 맺는다는 것이었다. 또, 볼셰비키당이 지도할 권리가 있다는 명분을 내세우며, 막 창설된 페테르부르크 소비에트를 거부한 당내의 종파주의 경향에 맞서 투쟁한다는 것도 의미했다. 그리고 레닌은 노동자들에게 '당의 문호를 개방해야' 하고 당의 위원회들을 크게 확대해야 한다고 주장하기도 했다. 1905년 혁명이 패배한 후 반동의 시

---

* 세르게이 주바토프는 모스크바 보안경찰의 우두머리였다.

기에는 대중과 어떻게든 관계를 유지하고자 매우 협소한 차르의 두마에도 참여했다. 그 뒤 운동이 되살아나기 시작하자 1910년에는 학생 시위에 관여했고, 1912년에는 레나 금광 학살 사건에 항의하는 대중 파업에 관여했으며, 〈프라우다〉라는 합법 일간지를 발행해서 대중적 기사들로 지면을 가득 채우기도 했다.

1917년에 노동자·병사·수병 대중과 관계를 확립한 레닌과 볼셰비키의 능력은 이미 길게 강조한 바 있으므로 여기서 되풀이할 필요는 없을 것이다. 그런 능력이 없었다면 10월 혁명은 불가능했을 것이다. 더욱이, 먼저 혁명적 정당의 독립성을 확립하고 나서 대중과 관계 맺으려고 노력한다는 똑같은 변증법은 레닌이 코민테른을 지도할 때 핵심 주제로 다시 나타난다. 코민테른 2차 대회에서는 앞서 말한 '21개 조건'이 레닌의 가장 중요한 책 중 하나인 《좌파 공산주의 — 유치증》으로 보완됐다. 이 책은 코민테른 안에서 등장한 '초좌파주의' 경향에 맞서 투쟁하려고 쓴 것인데, 이 '초좌파주의' 경향은 1919년의 혁명적 물결 덕분에 열정적이지만 경험 없는 많은 사람들이 혁명적 사회주의 운동에 새롭게 입문하면서 나타난 것이었다. 그 책에서 레닌은 앞서 설명한 노선을 따라 발전해 온 볼셰비즘의 역사를 요약하고 나서, [초]좌파들과 논쟁할 때 쟁점이 되는 주요 문제 두 가지에 초점을 맞춘다. 하나는 '반동적' 노동조합 안에서도 활동해야 한다는 것이고, 다른 하나는 부르주아 선거나 의회에도 참여해야 한다는 것이다.

노동조합 안에서 활동하는 문제에 관한 레닌의 주장은 다음과 같이 매우 격렬하다.

그렇지만 독일의 '좌파' 공산주의자들은 노동조합 **상층 지도부**의 반동적·반혁명적 성격을 이유로 다음과 같이 터무니없는 결론을 내린다. 우리는 노동조합에서 탈퇴해야 하고, 노동조합에서 활동하기를 거부해야 하고, 새로운 노동자 조직을 **인위적으로** 만들어야 한다! … 이것은 공산주의자들이 부르주아지에게 가장 크게 봉사하는 것이나 마찬가지다. 따라서 결코 용서할 수 없는 실수다. …

반동적 노동조합에서 활동하지 않겠다는 것은 충분히 발전하지 못한 후진적 노동자 대중을 반동적 지도자들, 부르주아지의 앞잡이들, 노동귀족, 즉 '완전히 부르주아화한 노동자들'의 영향력 아래 내버려 두겠다는 뜻이다. …

'대중'을 도와주고 '대중'의 공감과 지지를 얻고자 한다면 ['지도자들' 때문에 겪게 될] 어려움 [즉, 성가신 일, 속임수, 모욕, 박해 등]을 두려워해서는 안 되고, 대중이 있는 곳이라면 어디서나 무조건 **활동**해야 한다[강조는 레닌의 것 — 지은이]. 프롤레타리아나 반半프롤레타리아 대중이 있는 기구·협회·단체(아무리 반동적이더라도)에서 체계적으로, 참을성 있게, 끈덕지게, 끈기 있게 선전과 선동을 지속하기 위해서는 어떤 희생도 치를 수 있어야 하고 어떤 난관도 극복할 수 있어야 한다. 그런데 노동조합과 노동자 협동조합이 바로 그런 대중이 있는 조직이다(후자는 가끔, 최소한으로 그렇다).[308]

똑같은 이유로, 대중과 관계를 맺으려면 의회 선거에도 참여할 필요가 있다고 레닌은 주장했다. 좌파 공산주의자들은 의회 제도가 정치적으로 쓸모없어졌으므로 이제 더는 의회에 참여해서는 안 된다고 주장했다. 레닌은 이런 주장을 거부했다.

물론 독일의 공산주의자들에게는 의회 제도가 "정치적으로 쓸모없어졌다." 그러나 우리에게 쓸모없어졌다고 해서 계급에게도, 대중에게도 쓸모없어졌다고 생각해서는 안 된다(이 점이 핵심이다). 여기서 다시 우리는 '좌파들'이 논리적으로 생각할 줄 모른다는 것, 계급의 정당으로서, 대중의 정당으로서 행동할 줄 모른다는 것을 알게 된다. 우리는 대중의 수준으로, 계급의 후진층 수준으로 떨어져서는 안 된다. 이 점은 논쟁의 여지가 없다. 우리는 대중에게 쓰디쓴 진실을 말해 줘야 한다. 그들의 부르주아 민주주의적 편견, 의회주의적 편견을 있는 그대로, 즉 편견이라고 불러야 한다. 그러나 그와 동시에 (계급의 공산주의 전위뿐 아니라) 계급 전체, (노동 대중의 선진 부위뿐 아니라) 모든 **노동 대중**의 계급의식과 준비 정도의 실제 상태도 **냉철하게 파악해야 한다.**[309]

레닌은 노동계급과 대중의 다수가, 심지어 상당한 소수라도 의회 제도에 계속 환상을 품고 있고 부르주아 정당이나 개혁주의 정당들을 추종하는 한, 선거를 이용해서 그런 대중과 접촉하고 그들이 실제 경험을 통해 의회정치의 한계를 배울 수 있도록 도와주는 것이 필수적이라고 주장했다. 또, 의회 연단을 혁명적으로 이용하는 것도 필수적이었다.

의회 연단에서 투쟁하는 것이 혁명적 프롤레타리아 정당의 **의무다.** 특히 자기 계급의 후진층을 교육하기 위해, 그리고 미개하고 천대받고 무지한

농촌 대중의 각성과 교화를 위해 그렇게 해야 한다.[310]

1919~1920년의 혁명적 물결이 가라앉기 시작한 1921년에 레닌은 노동 대중 다수와 관계 맺고 그들을 설득해서 우리 편으로 만들어야 한다는 문제를 다시 제기했다. 그가 이 문제를 특히 강조한 이유는 독일 공산당이 소수의 지지를 바탕으로 노동자들에게 충격요법을 써서 인위적으로 혁명을 일으키려고 시도한 3월 행동의 여파 때문이었다.

유럽에는 거의 모든 프롤레타리아가 조직돼 있는데, 거기서 우리는 노동 계급의 다수를 설득해서 우리 편으로 만들어야 합니다. 이 점을 이해하지 못하는 사람은 누구든지 공산주의 운동의 활동가가 아닙니다. 3년간의 위대한 혁명에서 이것을 제대로 배우지 못한 사람은 앞으로 아무것도 배우지 못할 것입니다.[311]

그 문제는 1921년 7월 코민테른 3차 대회에서 채택된 "전술에 관하여"라는 결의안에 다음과 같이 요약돼 있다.

코민테른은 창립한 날부터 자신의 임무는 순전히 선동과 선전으로 노동자 대중에게 영향을 미치려고 하는 소규모 공산주의 종파들을 설립하는 것이 아니라, 노동자 대중의 투쟁에 직접 참여해서 공산주의적 투쟁 지도부를 세우고 그 투쟁 과정에서 대규모의 혁명적·대중적 공산당들을 창건하는 것임을 분명하고 확실하게 밝혔다.[312]

지금까지 나는 두 가지 핵심 원칙, 즉 혁명적 정당을 독립적으로 조직하는 것과 노동 대중과 최대한 가까운 관계를 확립하는 것을 간략히 설명했다. 그리고 그것들이 어떻게 레닌의 저작과 정치 활동 전체를 붉은 실처럼 관통하고 있는지를 보여 줬다. 그러나 강조해야 할 것이 하나 더 남아 있다. 그것은 바로 원칙과 임무를 모두 결합하는 능력이 레닌주의 정당의 **열쇠**라는 것이다. 원칙이나 임무 중 하나만 달성하는 것은 비교적 쉽다. 거의 모든 소규모 조직이 나라 전체, 아니 전 세계를 위한 '올바른' 혁명적 강령을 갖춘 '독립적인 혁명적 정당'으로 자처할 수 있다. 노동자 통제 아래 은행과 기간산업을 국유화하라! 노동자들을 무장시켜라! 모든 권력을 노동자 평의회로! 만국의 노동자여 단결하라! 등등. 마찬가지로, 노동조합에 가입하고 지역사회 운동에 참여해서 활동하더라도 정치적 문제나 혁명적 정당 건설의 필요성을 제기하지 않는다면 계급과 가까운 관계를 확립하는 것도 꽤나 쉬운 일이다. 둘 다 하는 것은 어려운 일이지만 필수적이다. 더욱이, 그것은 혁명가들이 단지 책에서만이 아니라 실천 속에서도 배워야 하는 기예다. 왜냐하면 그것은 구체적 상황에 따라 선동과 선전, [혁명적] 정당 건설과 대중적 운동 사이의 균형을 끊임없이 바꾸는 것을 수반하기 때문이다.

혁명적 정당은 오늘날에도 여전히 필요한가?

100여 년 전에는 혁명적 정당을 건설해야 한다는 레닌의 주장이 당시 막 승리한 러시아 혁명의 엄청난 권위로 뒷받침됐고, 처음에는 전 세계 수십만, 나중에는 수백만 명의 노동자와 혁명가를 설득하는 데 성공했다. 오늘날의 현실은 사뭇 다르다. 레닌주의 지지자들은 지금 모든 나라의 노동자 운동 안에서, 또 최근 벌어진 거리의 급진적 대중운동들 안에서 극소수에 불과하다. 반대로 지난 몇 년 동안 벌어진 가장 중요한 많은 운동에서는, 특히 그 초기 단계에서는 모든 정당을 적대하는 태도가 두드러졌다. 이런 경향은 2011년 이집트 혁명 때 타흐리르 광장에서도 나타났고, 스페인의 인디그나도스 운동에서도 매우 강력했다. 당시 인디그나도스 운동이 벌어진 스페인의 광장에서는 모든 정당과 깃발이 금지됐다. 이와 비슷한 정서는 세계 여러 나라에서 일어난 점거하라 운동에도 대부분 존재했고, 아일랜드에서 2014~2016년에 벌어진 수도세 반대 운동에서도 찾아볼 수 있었다. 이것은 대체로 '주류' 정당들, 특히 우파 사회민주주의 정당들에 대한 환멸 때문이라고 볼 수 있다. 그리스 사회당부터 아일랜드 노동당까지 그런 정당들은 '민중'을 속이고 민중의 기대를 저버렸다고 널리 여겨지고 있다. 그와 동시에, 자칭 혁명적 정당들도 독특한 의심을 받고 있다. 즉, 그들은 다른 꿍꿍이속이 있어서 대중운동을 이용하는 것일 뿐이라고 믿는 사람들도 분명히 존재한다.

[정당을 불신하는] 그런 태도는 레닌 시대에도 있었지만, 그는 이 문제에 많은 시간을 들이지 않았다.

문제를 더 '심오'하게 만들려 하고, 일반적으로 정당은 불필요하며 '부르주아적'이라고 선언하려 하는 에를러의* 시도는 너무 터무니없어서 어안이 벙벙할 지경이다. …

정당의 원칙과 정당의 규율을 거부하는 것은 … 부르주아지의 이익을 위해 프롤레타리아를 완전히 무장해제시키는 것과 마찬가지다. 그것을 그냥 놔두면, 필연적으로 프롤레타리아의 혁명적 운동을 죄다 파괴할 것이 틀림없는 저 프티부르주아적 분열과 동요로, 또 지속적 노력과 단결과 조직적 행동을 하지 못하는 프티부르주아적 무능으로 귀결될 것이다.[313]

오늘날 이 문제는 더 신중하고 더 철저하게 다뤄야 한다. 첫째, 논의의 편의를 위해 모든 정당은 반민주적이고 과두정치로 흐르는 경향이 있다고 인정해 보자. 그러나 그렇다면 이 사회의 거의 모든 기관, 즉 노동조합, 병원, 학교, 대학, 사회복지 기관, 사기업, 국영 언론사, 경찰, 군대 등등도 마찬가지다. 사실, 노동조합을 제외하면 앞서 열거한 어떤 기관보다 정당이 더 민주적이고 덜 위계적이다. 일반적으로 말해서 그런 기관들은 민주적 요소나 선출 과정 따위가 전혀 없기 때문이다. 따라서 정당의 위계적 성격을 인간 본성 탓으로 돌리지 않는다면, 정당의 반민주적 특징은 그 정당이 생겨나고 활동하는 자본주의 사회의 위계적·비민주적·계급적 성격에서 비롯한다는

---

* 카를 에를러는 독일의 역사가·언론인·정치인인 하인리히 라우펜베르크의 필명이다. 그는 1918년 독일 혁명 당시 함부르크의 노동자·병사 평의회에서 활동하며 부르주아 언론한테 함부르크의 "붉은 독재자"라는 별명을 얻었다. 1920년 3~4월 독일 공산주의노동자당KAPD을 창립할 때 쓴 글에서 에를러는 "노동계급은 부르주아 민주주의를 파괴하지 않고는 부르주아 국가를 파괴할 수 없고, 정당들을 파괴하지 않고는 부르주아 민주주의를 파괴할 수 없다"고 주장했다.

결론을 내릴 수밖에 없다. 어쨌든 이런 반민주적 특징이 널리 퍼져 있는 한, 그것을 정당 자체의 조직 형식 탓으로 돌리는 것은 설득력이 없다.

둘째, 또 논의의 편의를 위해 (마술 지팡이를 써서) 모든 정당을 한꺼번에 없애 버리는 것이 실제로 가능하다고 치자. 그래서 대통령과 국회의원, 지방의원 등 선출된 대표들이 모두 독립적 개인들, 흔히 말하는 '무소속'이라고 치자. 그렇다면 이것이 과연 노동계급과 다수의 민중에게 이로울까? 결코 그렇지 않을 것이다. 오히려 그런 상황에서는 부자들, 즉 부르주아지가 엄청나게 이득을 볼 것이다. 왜냐하면 그들은 개인 재산과 온갖 유리한 지위(연줄, 문화 자본 등)를 이용해 지금보다 훨씬 더 정치를 지배할 수 있을 것이기 때문이다. 노동 대중은 오직 집단적 조직(노조든 정당이든)을 통해서만 자본의 권력과 부르주아지의 지배에 저항할 수 있다.

이것은 단지 선거의 문제만도 아니다. 훨씬 더 중요한 것은 부르주아지의 이데올로기적 헤게모니다. 마르크스는 이미 1845년에 다음과 같이 썼다.

언제나 지배계급의 사상이 지배적 사상이다. 즉, 사회를 물질적으로 지배하는 계급이 동시에 그 사회를 정신적으로도 지배한다. 물질적 생산수단을 지배하는 계급이 동시에 정신적 생산수단도 지배하므로 정신적 생산수단이 없는 사람들의 사상은 대체로 지배계급의 사상에 종속된다.[314]

이 말이 19세기 중반에 사실이었다면 CNN과 〈폭스 뉴스〉, 머독과 디즈니의 시대에도 여전히 사실이다. 물론 이런 헤게모니는 완전한 것도 아니고 개인들의 자발적 저항에 부딪히지 않는 것도 아니다. 그렇지만 부르주아 이데올로기에 대한 전면적 저항(단지 지배계급의 직접적·일상적 선전만이 아니라 그들의 세계관 전체, 즉 지배계급의 철학, 경제 이론, 역사 이론 등도 모두 거부하는 저항)을 조직도 없는 개인들이 지속할 가능성은 극히 미미하다. 부르주아지는 그들의 이데올로기를 널리 퍼뜨릴 수 있는 조직적 수단이 많다. 부르주아 정당과 지도자들, 수많은 대중매체, 각종 연구소, 교육기관, 그 밖에도 수많은 제도가 있다. 노동계급과 사회주의자들도 자신들의 세계관을 만들어 내고 발전시키고 널리 알릴 수 있는 **독자적 조직들이** 필요하다. 노동조합도 그런 구실을 하지만, 그 '경제적' 성격 때문에 매우 제한적 구실을 할 뿐이다. 여기서는 정당이 결정적이다. 왜냐하면 정당은 '지식인'과 노동자를 한데 모으고, 당원들의 지적 수준을 높이고, 그람시가 말한 '유기적 지식인', 즉 노동계급과 떼려야 뗄 수 없게 연결된 지식인을 만들어 낼 뿐 아니라 그 지식인들이 의무적으로 노동자들에게 배우도록 만들기 때문이다.[315] 레닌은 1905년에 쓴 글에서 사회주의 정당의 이런 기능을 다음과 같이 강조했다.

또한 우리는 일정한 조직 경험도 있고, 교육 임무를 수행하고 확실히 결실을 맺은 조직도 실제로 갖고 있다. …

노동계급은 본능적으로, 자발적으로 사회민주주의자다. 그리고 사회민주주의자들이 쏟아부은 10여 년의 노력은 이런 자발성을 의식성으로 많이 바꿔 놨다.[316]

그리고 그람시는 그것을 더 발전시켰다.

우리는 현대 세계에서 정당이 세계관을 형성하고 확산하는 데 중요한 의의가 있다는 점을 강조해야 한다. 왜냐하면 본질적으로 정당이 하는 일은 세계관에 부합하는 윤리와 정치를 창출하는 것이기 때문이다.[317]
점점 더 많은 대중의 지적 수준을 높이기 위해, 다시 말해 무정형의 대중에게 인격을 부여하기 위해 끊임없이 노력하는 것[이 필요하다 — 지은이]. 이것이 뜻하는 바는 대중 속에서 직접 배출되고 대중과 매우 긴밀한 관계를 유지하는 새로운 유형의 지식인 엘리트를 키워 내려고 노력한다는 것이다. 그러면 … 이 시대의 '이데올로기적 지형'이 정말로 바뀔 것이다.[318]

물론 정당들이 사라지게 만드는 마술 지팡이 따위는 없고, 현실에서 '모든' 정당을 없앨 수 있는 유일한 방법은 파시스트 독재나 군부독재가 자행하는 탄압뿐인데, 이것은 노동 대중의 이익을 엄청나게 침해할 것이다. 모든 정당을 없애는 것과 조금이라도 비슷한, 유일하게 가능한 다른 시나리오는 좌파 정당이나 노동계급 정당이 없어지거나 있으나 마나 하게 되는 것이다. 알다시피 지난 100여 년 동안 미국에서 실제로 그랬(지만 그것은 결코 좌파가 본받을 만한 사례는 아니)다. '원칙적으로 모든 폭력에 반대한다'고 선언하는 사람들은 기껏해야 반체제 운동들이 비폭력 노선을 고수하도록 만드는 데나 성공할 뿐이고 자본주의 국가들이 폭력을 포기하도록(군대·경찰 등을 해체하도록) 설득할 가망은 전혀 없다. 그것과 꼭 마찬가지로 자본가계급을 설득해서 그들의 정당(영국의 보수당, 미국의 민주당과 공화당, 독일의 기독교민주당 등)을 포기하게 만드는 것도 완전히 불가능하다. 정당 일반에 반대하는 주장은 오직 우리 편에만 강한 영향을 미칠 것이다. 특히 새롭게 급진화하거나 처음으로 중요한 투쟁에 참여한 사람들에게 그럴 것이다. 바로 그래서 그런 주장들은 의도와 무관하게 정치적으로 "부르주아지의 이익을 위해 프롤레타리아를 무장해제시키는" 효과를 낼 것이라고 레닌이 말했던 것이다.

원칙적으로 정당에 반대하는 아나키스트나 자율주의자가 때때로 저지르는 실수는, 자발적 대중운동이 때때로 그들의 입장에 즉각 반응하는 것을 대중의 급진화나 혁명적 정서의 수용으로 오해한다는 것이다. 사실 그런 반응은 정치적 순진함과 모호한 반反정치적 태도가 결합된 것이거나 [정치적] '보수성'(따옴표가 붙어 있는 것을 주의하라)일 뿐이고, 그래서 어디로 튈지 알 수 없는 것인데도 말이다. 모든 정당에 반대하는 이런 정서의 약점과 피상성은 그런 사람들이 (부르주아) 선거라는 구체적 현실에 직면했을 때 개혁주의 정당이 급진적 미사여구를 어느 정도 사용하면 그 정당을 무비판적으로 지지하는 태도로 돌변할 수 있다는 것에서 단적으로 드러난다.

이 점을 잘 보여 주는 가장 극적인 사례는 스페인 국가에서 벌어진 인디그나도스 운동, 즉 5월 15일 운동이 포데모스 지지로 변형된 것이다. 2008년 금융시장 폭락이 스페인 경제에 불러온 가혹한 결과, 즉 대량 실업과 주택 강제 퇴거와 노숙자 급증 같은 심각한 문제들에 분노한 사람들이 2011년 스페인 총선을 앞두고 공공 광장들을 점거하면서 5월 15일 운동은 시작됐다. 분명히 타흐리르 광장 점거와 아랍의 봄에서 영감을 얻은 그 운동은 스페인의 양대 정당, 즉 우파인 국민당PP과 '온건한' 사회[민주]주의 정당인 사회(노동)당PSOE이 번갈아 가며 집권해 온 기성 정치체제에서 대중이 얼마나 소외돼 있는지를 여실히 보여 줬다. 5월 15일 운동의 주요 구호가 "저들은 우리를 대표하지 않는다!"와 "지금 당장 진정한 민주주의!"였다. 운동을 시작한 사람들과 핵심 활동가들은 비교적 소규모의 아나키스트·자율주의 집단들이었다. 그러나 운동은 매우 빠르게 대중의 지지를 받았다. 처음에 마드리드의 푸에르타 델 솔 광장 점거에 참가한 사람은 2만~5만 명이었다. 그 수는 경찰이 그들을 광장에서 몰아내려 하자 오히려 더 증가했다. 추산하기로는 6월 19일에는 스페인 전역에서 100만 명이 시위에 참가했고, 그해 내내 지속된 운동 과정을 통틀어 약 600만~800만 명이 이런저런 점거나 시위, 집회에 참여했다.[319]

그 운동은 합의에 의한 의사 결정 등 모종의 직접민주주의를 실천하는 대규모 민중 의회들을 통해 많은 일을 처리했다. 모든 정당과 노동조합에 대한 강력한 적대감이 운동의 특징이었다. 행사를 조직하는 간사들이 정당 금지를 강요하는 과정에서 권위주의가 나타난 것은 모순이다. 아나키스트들은 그 모순을 의식하지 못한 듯했지만, 그 때문에 운동에 참여하기를 원하는 혁명적 사회주의 조직들은 깃발과 현수막, 신문을 놔두고 적어도 겉보기에는 그냥 개인으로만 참여할 수밖에 없었다.[320]

나는 이런 의사 결정 방식의 약점을 다른 책에서 비판했다.[321] 그러나 여기서 강조하고 싶은 요점은 직접민주주의와 수평적 관계에 헌신하고 모든 형태의 전통적 정당에 반대한다던 이 운동의 대부분이 2014년 1월 신생 정당인 포데모스와 운명을 같이하기로 했다는 것이다. 포데모스의 정치 간사인 이니고 에레혼은 다음과 같이 말했다. "우리는 5월 15일 운동의 정당이 아니다. 주된 이유는 그렇게 주장하는 어떤 정당도 가짜이기 때문이다. … 5월 15일 운동이 이질적 운동이었음을 감안하면 당연히 그렇다." 또, "포데모스는 5월 15일 운동의 표현도 아니고, 그 운동이 선거로 전환된 것도 아니다."[322] 그렇지만 [《뉴 레프트 리뷰》 편집자] 수전 왓킨스가 지적했듯이, [2014년 5월 25일 실시된] 유럽의회 선거를 위해 파블로 이글레시아스가 새로운 반反긴축 강령을 내놨을 때 "얼추 1000개나 되는 지역 서클들이 거의 자발적으로 만들어지기 시작했는데, 그것을 건설한 사람들은 5월 15일 운동과 극좌파 활동가들이었다"는 것은 사실이다.[323] 또 포데모스 당원 10만여 명과 창당한 지 얼마 되지도 않은 정당에 투표한 100만여 명은 대부분 5월 15일 운동에 참여한 사람들이었다는 것도 사실이다. 그리고 특히 놀라운 사실은 주로 마드리드 콤플루텐세대학교 출신 지식인들이 위에서 발의해서 포데모스가 창당했으며, 그 과정을 보면 에레혼도 인정하듯이 "운동들 사이에 또는 [민중] 의회들 사이에 또는 분노한 사람들 사이에 어떤 사전 논의도 없었고"[324] 미리 선정된 "카리스마적 지도자" 파블로 이글레시아스를 중심으로 정당 건설이 추진됐다는 것이다.

더욱이, 포데모스가 개혁주의 정당이라는 것은 결코 부인할 수 없는 사실이다. 이 점에 관해 약간 혼란이 있었던 이유는 포데모스가 사회노동당을 '정치적 카스트' 정당으로 치부하면서 자신과 대립시켰기 때문이고, 일부 평론가들이 개혁주의를 오로지 또 완전히 전통적 사회민주주의와 동일시하면서 포데모스(와 시리자)를 개혁주의 정당으로 여기지 않는 경향이 있었기 때문이다. 그러나 사실 포데모스 지도부의 목표는 분명히 의회 다수파가 돼 스페인 사회를 '변혁'한다는 것 이상은 결코 아니었다. 심지어 그 변혁이 사회주의 변혁이라고 구체적으로 명시한 적도 없다. 이글레시아스는 《뉴 레프트 리뷰》에 기고한 글에서 "사회주의와 혁명은 불가능하다"며 "지금 와서 보면, 그런 목표가 실행 가능하다고 믿은 정치 지도자들이 스페인에 있었다는 사실이 매우 감동적이다" 하고 무시하듯 말했다.[325]

포데모스는 이렇게 반反정치에서 정당 지지로 돌변한 가장 극적인 사례일 수 있지만, 결코 유일한 사례는 아니다. 비슷한 일은 미국에서 버니 샌더스가 대통령 선거에 출마했을 때도 일어났다. 샌더스가 2016년 민주당 대선 후보 경선에 뛰어들었을 때 그의 선거운동에 강력한 활기를 불어넣은 점거하라 운동 지지자들도 스페인의 5월 15일 운동과 비슷하게 원래는 정당에 반대한다는 원칙을 바탕으로 활동했다. 심지어 '구좌파' 전통이 더 강한 그리스에서도 '자율주의' 성향의 긴축 반대 거리 시위와 소요가 시리자 지지 투표로 전환하는 비슷한 일이 일어났다.

이런 패턴은 두 가지 쟁점을 제기한다. 첫째, 모든 정당을 적대하는 많은 사람들은 십중팔구 심사숙고 끝에 정당의 존재 자체를 반대해야 한다는 결론에 이른 것이 아니라, 이른바 '자율적' 운동이나 '풀뿌리' 운동 속에 정당이 존재해서는 안 된다고 생각한다는 것이다. 둘째, 레닌주의적 혁명 정당의 시대는 이제 끝났고 현재와 미래를 위해 필요한 정당 모델은 시리자나 포데모스, 또는 코빈이 이끄는 영국 노동당 같은 '범좌파 정당'이라는 생각이다. 이제 이 문제들을 살펴보자.

정당과 운동: 정치는 집에 두고 오시오!

단일 쟁점이나 연관 쟁점들을 함께 내걸고 벌이는 지역사회 운동이나 전국적 운동에 참여해 본 사람이라면, 또는 노동조합과 노동자들이 임금이나 일자리 문제로 벌이는 투쟁에 참여한 경험이 있는 사람이라면 누구나 다음과 같은 말을 들어 봤을 것이다. "이것은 비정치적 문제다." 또, 이렇게 말하는 운동가들도 있다. "이것은 단지 우리의 기본적 인권에 관한 문제일 뿐이다." 또는 "이것은 정치를 초월한 문제이고, 정의와 인간성에 관한 문제다." 따라서 개인으로서 운동에 참여하는 사람은 환영하겠지만 "정치 따위는 집에 두고 와야 한다"는 것이다. 이렇게 말하는 사람들은 정당이 사회에서 일정한 구실을 한다는 것을 인정하지만, 정당이 '마땅히' 있어야 할 곳은 이런저런 운동이나 투쟁이 아니라 의회와 의회 선거 영역이라고 생각한다.

이런 사고방식에 관해서는 할 이야기가 많다. 그것은 부르주아적(이고 개혁주의적인) 정치관을 반영하고 받아들이는 것인데, 그런 관점은 정치를 '직업 정치인들'과 의회 대표자들만의 활동으로 여기고 평범한 사람들은 비정치적이라고 여긴다. 또, 어떤 쟁점은 '정치를 초월'하거나 초월할 수 있다고 착각하는 것이기도 하다. 사실 정치는 사회가 어떻게 운영돼야 하는지를 두고 벌어지는 투쟁에 관한 것이다. 따라서 그 본성상 정치는 도덕과 정의와 인간성, 삶과 죽음에 관한 쟁점들을 다 포함한다. 그러나 그것[협소한 부르주아적 정치관]은 또,

지금 대중의 의식에서 나타나는 두 가지 중요한 특징을 말해 주기도 한다. 첫째, '좌파 극단주의자들'(즉, 혁명적 정당)이 운동 안에 존재하면 '사람들이 싫어할' 것이고 그래서 운동이 대중의 지지를 받지 못할 것이라는 생각이다. 둘째, 정당은 다른 꿍꿍이속이 있어서, 즉 표를 얻고 당원을 가입시키고 자기네 신문을 판매하려고 운동에 참가할 뿐이라는, 그래서 운동을 왜곡하거나 '납치'하려 한다는 확신이나 적어도 의심이 있다. 내가 보기에 이런 우려는 실질적인 것이므로 잘 다룰 필요가 있다.

먼저, 자칭 혁명적 정당들도 실제로 표를 얻고 당원을 가입시키고 신문을 판매하고 싶어 한다는 것을 인정해 보자. 어떤 극좌파 정당이라도 이런 것들을 원하지 않는다면, 즉 성장하려고 노력하지 않는다면, 이 세계에서 오래 살아남지 못할 것이다. 그렇다면 이것은 사람들이 싫어하는 일일까? 그렇지 않다는 것을 보여 주는 증거들이 있다. 내가 지난 50여 년 동안 목격한 가장 큰 정치 운동들, 즉 1960년대 말의 베트남연대운동VSC, 1970년대 말의 반나치동맹ANL, 1980년대 초의 핵무기철폐운동CND, 1989~1990년의 주민세 반대 운동, 2003년 이라크 전쟁에 반대한 전쟁저지연합 운동(이것들은 모두 영국에서 벌어진 운동이다)과 2014~2015년*(아일랜드에서 벌어진) 수도세 반대 운동 등에서 좌파 정당들은 자신의 깃발과 현수막을 들고 신문을 판매하며 운동에 참여했는데 매우 능동적이었고 눈에 확 띄었다. 그랬다고 해서 수많은 사람이 거리로 나오지 않은 것은 아니

---

* '2014~2016년'의 오타인 듯하다.

었다. 파시즘에 저항하거나 제국주의 전쟁을 저지하거나 증오의 대상인 세금을 없애기를 진지하게 바라고 이를 위해 뭔가를 할 태세가 돼 있는 사람이라면 다음과 같이 말하지는 않을 것이다. "나는 항의 시위에 참가하고 싶지만, 만약 내가 사회주의노동자당SWP 현수막 옆에 서 있어야 한다거나 누군가가 나에게 신문을 판매하려고 한다면 시위에 참가하지 않을 거야." 그리고 이런 여러 운동에서 실제로 상황을 주도한 것은 자칭 레닌주의적 혁명 정당이었다(분명히 반나치 동맹에서는 SWP가 그랬고, 주민세 반대 운동에서는 밀리턴트* 경향이 그랬으며, 전쟁저지연합에서는 다시 SWP가 그랬다).

그러나 어쩌면 정당의 개입이나 지도 때문에 운동이 그 목적을 벗어나 정당의 이익이나 이데올로기에 희생되는 일이 벌어질 수도 있을 것이다. 분명히 그럴 가능성을 배제할 수는 없다. 혁명가들과 혁명적 정당들이 나쁜 짓이나 어리석은 짓을 하는 경우도 있겠지만, 그 점은 세상 모든 사람이 마찬가지다. 모든 운동에는 모종의 지도(부)가 있기 마련이고, 혁명적이지 않고 개혁주의적인 지도(부)이든 이른바 '비정치적'이거나 정치적 연계가 전혀 없는 지도(부)이든 간에 잘못된 지도를 전혀 하지 않을 것이라는 보장이 없기는 마찬가지다. 그러나 조직된 혁명적 마르크스주의자들의 개입이 (지역적이든 전국적이든) 운동에 상당히 도움이 될 수 있는 만만찮은 이유들이 있다.

첫째, 그들이 자신의 이데올로기를 진지하게 생각한다면(실제로 그런다), 사회주의자들로서 "그들은 프롤레타리아 전체와 동떨어진

---

* 1991년 옛 소련 몰락 때까지 영국 노동당 내에서 활동한 '정설' 트로츠키주의 단체.

이해관계가 있지 않다"(마르크스)는 견해에서 시작할 것이고, 운동이 승리하도록 힘을 보태는 일에 최선을 다할 것이다. 진지한 혁명가들 이라면 실제로 구체적 개혁들을 쟁취하고자 싸운다. 둘째, 그들이 운동에서 신입 회원을 얻으려고 한다면(실제로 그럴 것이다), 가장 열심히 활동할 뿐 아니라 어떻게 싸워야 승리할지를 잘 아는 최상의 활동가가 될 것이고 돼야 한다. 셋째, 혁명적 정당의 당원이 운동 안에 있다면 다른 활동가들이 과거의 지역적·전국적·국제적 투쟁 경험과 지식에 의존할 수 있어서 그 활동가들에게도 실질적 도움이 될 것이다. 트로츠키가 말했듯이 "[혁명적] 정당은 [노동]계급의 기억"이기 때문이다. 최근에 나는 이런 일이 2014~2016년 아일랜드의 수도세 반대 운동이라는 구체적 투쟁에서 어떻게 일어났는지를 다음과 같이 썼다.

첫째, 수도세 반대 운동 같은 직접적 투쟁을 보더라도 그런 운동의 중심에 혁명적 사회주의 정당이 있다는 것은 매우 **긍정적인** 요소다. 즉, 그것은 운동이 승리하는 데 도움이 된다.

혁명적 정당은 클룬도킨과 발리퍼모츠, 아르테인과 둔레이러, 코크와 슬라이고, 위클로와 웩스퍼드의 활동가들을 불러 모은다. 또, 가계 부담금이나 쓰레기세에 맞서 싸우는 사람들과 처음으로 수도세에 저항하는 사람들도 연관시킨다. 이런 활동가들은 혁명적 정당 안에서 자신들의 경험을 모으고 일관된 전략을 만들어 낸다.

바로 이런 일이 실제로 일어났고, 이를 기반으로 우리는 수도 계량기 도입에 저항하는 것만으로는 부족하고(물론 그것 자체도 중요한 일이기는 하다) 대중 시위가 필요하다고 주장했다. 그리고 대중 시위만으로도 부족했다. 즉, 대중적 보이콧도 필요했다. 그러나 대중적 보이콧도 그것을 지탱해 줄 거리의 대중이 필요했다. 또, 수도 계량기에 반대하는 저항과 시위와 보이콧과 함께 투표함을 통한 도전도 필요했다.

그리고 이런 전략은 올바른 것임이 입증됐다. 그러나 실제로는 그 전략의 각 부분마다 운동 내의 이런저런 반발에 부딪혔다. 이런 반발을 극복하기 위해서는 그 전략을 참을성 있게 주장하는 한 무리의 사람들이 (운동의 중심에) 있어야 했다.[326]

이 주장의 세부 사항들은 분명히 특수하지만, 그 핵심은 매우 다양한 운동과 캠페인에도 적용된다. 또, 노동조합 투쟁과 파업에도 적용되는데, 그러려면 특정한 차원을 추가해야 한다는 것이 중요하다. 왜냐하면 파업 등의 노동쟁의는 일반적으로 말해서 노조 지도자와 간부들이 지도하지만, 그들은 자기 조합원들과 이해관계가 똑같지 않고 노동자와 사용자 사이에서 둘을 중재하는 독특한 사회계층을 형성하기 때문이다. 하나의 사회계층으로서 그들은 다음과 같은 특징이 있다. 첫째, 그들이 대변하는 노동자들보다 보수도 많고(노조의 상층 지도자일수록 더 많이 받는다) [노동]조건도 더 낫다. 둘째, 조합원들의 노동조건에서 상대적으로 더 멀리 떨어져 있다. 예컨대, 노조 간부가 노사 협상 때 휴식 시간을 내주더라도 그 자신의 휴식 시간을 잃어버리지는 않는다. 셋째, 노동 생활에서도 작업 현장의 노동자들보다는 경영진과 대화하면서 더 많은 시간을 보낸다. 넷째, 노동쟁의를 승리해야 할 투쟁으로 보기보다는 해결돼야 할 골치 아픈 문제로 보는 경향이 있다.

그와 동시에 노조 간부들은 자신에게 임금을 지급하는 노조와 조합원들의 존재에 근본적으로 의존하기 때문에 아래로부터 압력도 받을 수밖에 없다. 만약 노조 간부가 조합원들을 대변하려는 노력을 전혀 하지 않고 공공연히 포기한다면, 조합원들은 그런 간부를 제거하거나 아니면 노조를 탈퇴할 것이다. 어느 경우든 노조 간부는 일자리를 잃을 것이다. 그들의 물질적 이해관계는 뇌물 수수 여부나 이데올로기와 상관없이 사용자와 노동자 사이에서 균형을 유지하는 것이다. 이런 객관적인 사회적 처지 때문에 노조 관료들이 두 계급 사이에서 동요하는 객관적 경향이 나타나는 것이다.

이렇게 노조 지도자와 간부들이 동요하는 경향, 따라서 조합원을 배신하는 경향은 역사적으로 또 국제적으로 거듭거듭 입증됐다. 그 사례는 제1차세계대전 전에 파업을 저지한 독일 노조 지도자들부터 1926년 총파업을 배신하고 1984~1985년 광원 파업의 김을 빼 버린 영국노총TUC [지도자들]을 거쳐 25년 동안 정부와 사회적 동반자 관계를 유지해 온 아일랜드 노조 지도자들까지, 그리고 남아공의 노동조합회의COSATU 지도부와 1930년대 이후 미국 노조의 거의 모든 지도자들까지 다양하다. 짐 라킨이나* 아서 스카길처럼** 비타협적이고 원칙 있는 태도를 유지한 노조 지도자들은 규칙이 아니라 예외라고 말하는 것이 타당하다.

---

* 아일랜드의 노동조합 지도자이자 혁명적 신디컬리스트.

** 1984~1985년 영국 광원 파업을 이끈 전국광원노조NUM 위원장.

그러나 이런 분석과 이런 역사는 대다수 노동자들에게 알려져 있지 않다. 노동자들은 파업에 돌입할 때, 특히 처음으로 파업에 참가할 때는 자기 노조 지도자들을 믿는 것 말고는 다른 선택의 여지가 없다고 느낀다. 특히, 그 지도자들이 파업을 지원하겠다고 약속하고 전투적 발언들을 늘어놓으면(흔히 그런다) 더 그렇게 느낀다. 그러나 혁명적 정당은 계급의 기억이기 때문에 그 당원인 노동자들은 노조 지도자들에게 그냥 의존해서는 안 된다는 것을 다른 사람들의 경험에서 배울 수 있다. 그것은 노조를 거부하는 문제가 아니라(레닌이 이 점을 얼마나 강조했는지는 앞서 살펴봤다), 노조 안에서 활동하는 법을 배우는 문제다. 즉, 노조 간부들이 조합원들의 투쟁을 지원할 때는 간부들과 함께 행동하지만, 그들이 투쟁을 약화시키거나 배신할 때는 독립적으로 행동해야 한다는 것이다. 혁명적 정당이 제공하는 집단적 경험과 훈련이 여기서 필수적이다. 개혁주의 정당이나 좌파 개혁주의 정당은 그런 것을 제공하지 못한다. 왜냐하면 그런 정당은 거의 언제나 노조 관료 집단의 일부와 연결돼 있고 그들에게 의존하기 때문이다. 당연히 노조 간부들은 [혁명적 정당의] 이런 개입을 적대시할 것이고(그런 개입이 노동자들에 대한 자신의 권위를 약화시킬 것이라고 생각하기 때문이다), 거의 틀림없이 자기 조합원들에게 과격파·투사·말썽꾼 따위의 말을 듣지 말라고 경고할 것이다.

지금까지 나는 모든 것을 감안할 때 조직된 혁명적 사회주의자들, 즉 혁명적 집단이나 정당의 참여는 노동 대중의 투쟁에 이롭다고 주장했다. 그러나 정당이 운동이나 투쟁에서 하는 구실에 관한 이런 특수한 주장들에서 한 걸음 물러나 생각해 보면, 이 모든 논쟁의 핵심에는 다시 개혁주의 문제가 있다는 것을 알 수 있다. 정당이 '마땅히' 있어야 할 영역은 의회 선거이고 지역사회 운동은 단일 쟁점에 국한돼야 하며 노동조합은 작업장에서 임금과 노동조건에 집중해야 한다는 견해가 개혁주의의 중심에 있고, 과거와 미래에 개혁주의가 하는 구실의 본질이 혁명적 정당을 위한 주장의 중심에 있는 것이다.

개혁주의 정당의 구실

오늘날 대다수 좌파 사회주의자들과 좌파 활동가들이 선택하는 정당 '모델'은 적어도 유럽에서는 혁명적 정당이 아니라 모종의 범좌파 정당이다. 시리자(치프라스 지도부가 유럽연합에 굴복하기 전의), 포데모스, [프랑스의] 좌파전선, 코빈의 노동당, 포르투갈의 좌파블록, 독일의 디링케, 스코틀랜드 사회당(지도자인 토미 셰리든을 둘러싸고 재앙적 분열을 겪기 전의), 덴마크의 적록동맹 등과 비슷한 정당이 그것이다.

이런 종류의 정당을 주장하는 사람들이 의지하는 주요 근거는 셋이다. 첫째, 좌파의 단결을 이룰 수 있는 수단, 유일하게 현실적인 수단이 바로 그런 정당이다. 둘째, [좌파가] 주변부로 밀려나 의미 없는 존재로 전락하지 않고 어떻게든 자본주의에 진지하게 도전하는 데 필요한 규모나 수준에 이를 수 있는 유일하게 현실적인 수단이 바로 그런 정당이다. 셋째, 그런 정당은 개혁이냐 혁명이냐 하는 낡은 논쟁을 '초월'해서 [자본주의] 체제 변혁 전략으로 개혁주의자와 혁명가를 모두 단결시킨다.

첫째와 둘째 논거는 매우 강력하고 서로 아주 밀접하게 연결돼 있으며 강한 호소력이 있다. 첫째는 압도 다수의 좌파와 정치의식 수준이 높은 노동자들은 우파와 사용자들에 맞서 단결해야 한다는 것을 알고 있기 때문이고, 둘째는 극좌파와 공인된 혁명가들이 실제로 거의 모든 곳에서 하찮은 소수처럼 보이기 때문이다. 셋째 논거는 훨씬 더 약하다. 사실 그런 좌파 정당은 과거의 조직, 즉 제2인터내셔널의 특징이었던 개혁주의자들과 혁명가들의 연합체로 돌아간 것이다. 그때나 지금이나 그런 조직은 혁명가들이 의회주의적 사회변혁에 헌신하게 만든다는 점에서 사실상 혁명가들을 개혁주의적 전망에 종속시킨다. 그런 개혁주의적 전망은 무엇보다도 자본주의 국가의 본질 때문에 성공하지 않을 것이고 성공할 수도 없다는 것을 (앞서 3장에서) 길게 설명했으므로 여기서 되풀이할 필요는 없을 것이다. 그러나 좌파의 대다수 사람들은 첫째와 둘째 논거가 매우 직접적이고 설득력 있다고 생각하므로 셋째 논거를 그냥 옆으로 제쳐 두거나 뒤로 미뤄 버린다는 점을 지적해 둬야겠다. 물론 시리자의 운명을 보면 알 수 있듯이, 그렇다고 해서 그 문제가 사라지는 것은 결코 아니다.

그러나 여기서 개혁주의와 개혁주의 정당의 문제는 집권 후 사회주의적 변화나 급진적 변화를 실행하는 능력에 국한되지 않는다는 점도 말해 둬야겠다. 사실 그 문제는 의회 다수파가 되기 오래전부터 시작되고, 지금 이곳의 노동계급 투쟁에 매우 심각한 영향을 미친다. 새로운 좌파 개혁주의 정당들을 포함해서 개혁주의 정당들은 '선거주의적'이다. 즉, 압도적으로 그들의 주요 우선순위는 선거에서 승리하는 것이고, 그들이 성공과 실패를 평가하는 주요 기준도 선거에서 얼마나 성과를 거뒀는가 하는 것이다. 그러나 선거주의는 자체의 논리가 있고, 그 논리는 매우 확고하다. 즉, 우리가 선거에서 승리하려면 유권자의 절대다수까지는 아니더라도 적어도 다양한 유권자를 설득해서 우리에게 투표하도록 만들어야 한다는 것이다. 그러나 인구 다수의 의식은 지배계급의 사상, 즉 부르주아 이데올로기의 지배를 받는다. 그래서 모든 사람까지는 아니더라도 다수의 사람들은 다음과 같은 사상을 받아들인다. 기업은 이윤을 창출해야 하고, 우리는 (자본주의적) 법률을 준수해야 하며, (과도한) 이민은 문제이고, 모종의 공통된 국익이 존재하며, 전쟁이 벌어지면 우리 국군을 지원해야 한다 등등. 이것이 뜻하는 바는 주로 선거 승리에 몰두하는 좌파 정당은 표를 얻기 위해서라면 (자신들이 제시할 수도 있는) 모종의 급진적 강령을 수정하고 타협하라는 엄청난 압력을 받게 된다는 것이다.

이런 일은 여러 번 있었는데, 지금 영국에서 제러미 코빈과 노동당을 둘러싸고 다시 벌어지고 있다. 2015년 9월 노동당 대표 선거에서 베테랑 좌파인 제러미 코빈이 압도적으로 승리하자 모든 사람이 깜짝 놀랐다. 승리한 순간부터 코빈은 국내 언론의 엄청난 공격에 시달렸을 뿐 아니라 다른 노동당 국회의원들과 전임 노동당 대표들한테도 공격받았다. 전쟁·이민·아일랜드·팔레스타인·왕실 등 많은 쟁점에 관한 코빈의 견해는 주류의 '합의'와 어긋나는 것으로 보이고 이때문에 [노동당이] '선거에서 승리할 수 없다'는 이유로 그에게 비난이 쏟아졌다. 그래서 2016년에 다시 실시된 당 대표 선거에서 '온건파' 국회의원 오언 스미스가 코빈에게 도전했지만, 영국 전역에서 벌어진 열정적 대중 집회에 이례적으로 많은 사람들이 참가한 치열한 선거 운동 끝에 코빈이 훨씬 더 많은 표를 얻으며 재선에 성공했다.

그가 역대 어느 당 대표보다 더 많은 지지를 노동당원들한테 받았다는 사실을 감안하면, 이 두 번째 승리는 여느 때 같았으면 결정적 승리로 받아들여지고 거의 모든 사람들이 '당 대표를 지지하며 결집'했을 것이다. 그러나 이런 일은 일어나지 않았다. 노동당의 지도적 인물들이 거론한 주된 이유는 여론조사에서 노동당이 보수당보다 많이 뒤처진다는 것이었다. 이런 상황에서, 좌파적 견해를 거침없이 말하는 것으로 유명한 오언 존스나 폴 메이슨 같은 평론가들조차 엄청난 경고를 보내면서, 노동당은 이민 문제에 관한 "유권자들의 목소리에 귀를 기울여야" 하고 트라이던트 핵무기 체계를 반대하는 입장을 폐기해야 한다고 주장했다. 지금까지는 코빈이 이런 압력에 꽤 잘 버티고 있지만, 그가 약해지고 있다는 조짐들도 보인다. 그런 사례 하나는 영국의 유럽연합 탈퇴 여부를 결정할 브렉시트 국민투표였다. 그동안 코빈의 입장은 토니 벤이나 과거의 대다수 노동당 극좌파와 마찬가지로 반자본주의적·민주적 근거에서 유럽연합을 반대한다는 것이었다. 그러나 2016년에 그는 브렉시트 국민투표에서 유럽연합 잔류 운동을 지지하기로 노동당 우파·중도파와 합의했다.[327] 또 다른 사례는 코빈의 측근이자 예비내각 재무부 장관인 존 맥도널이 버킹엄궁전은 "국가 기념 건축물"이라며 3억 6900만 파운드나 되는 개조 비용을 지지한 것과[328] 이민에 관한 코빈의 발언이 갈수록 모호해지고 있다는 것이다.[329]

노동당이 흔히 그랬듯이 만약 선거 승리를 가장 중요한 일차적 목표로 여기게 된다면 이런 식의 미끄러지기가 점점 더 필연적인 것이 돼서 노동계급의 의식에 심각한 영향을 미칠 것이다. 예컨대, 보수당 뿐 아니라 노동당도 이민을 문제로 여기게 된다면 이것은 단지 주류의 합의를 받아들이는 것만이 아니라 그 합의를 실제로 강화하는 동시에 인종차별적 우파의 주장, 즉 이민자들은 문제이기 때문에 그들을 고국으로 돌려보내야 한다는 주장도 강화하는 것이다. 그리고 이와 비슷한 동역학은 트라이던트 핵무기와 그 밖의 많은 쟁점들에도 적용된다.

여기서 개혁주의적 태도와 혁명적 (레닌주의의) 태도가 어떻게 다른지를 살펴보는 것도 유익하겠다. 왜냐하면 혁명가들이 더 '원칙적'이고 더 비타협적이라는 것 이상과 관련된 문제이기 때문이다. 혁명적 마르크스주의자에게는 노동계급의 의식 수준을 높이는 것이 최고로 중요하고, 선거에서 승리하는 것보다 훨씬 더 중요하다. 왜냐하면 사회변혁의 주체는 노동계급이고 국회의원들은 부차적 구실만 하기 때문이다. 그러나 개혁주의자들에게는, 심지어 매우 좌파적인 개혁주의자들에게도 핵심 행위자는 국회의원들과 정부 장관들이고 노동계급은 보조적 구실만 할 뿐이다.

개혁주의적 선거주의의 악영향은 강령의 양보나 의식 수준의 저하에 국한되지 않는다. 노동계급의 투쟁 자체, 특히 대중 파업에도 악영향을 미친다. 파업에 관해 대중매체가 변함없이 인정하는 주류 합의의 핵심 요소는 다음과 같다. 첫째, 파업은 나쁜 것이고 둘째, 인기 없는 것이며 셋째, 특히 '폭력'을 수반하는 공격적 파업은 훨씬 더 나쁘고 인기 없는 것이다. 따라서 이데올로기적·정치적 입장을 완화하라는 압력이 존재하는 것과 꼭 마찬가지로 의회 밖 투쟁을 멀리하거나 무시하라는 압력도 존재한다. 더욱이, 이것은 노동조합 지도자들의 태도와 딱 들어맞는다. 흔히 모든 개혁주의 정당의 대들보(이자 주요 자금원)인 노조 지도자들도 마찬가지로 파업을 해결돼야 할 골치 아픈 문제로 여기면서 '성급한 사람들'과 투사들이 파업을 주도하지 못하게 막으려 한다.

경험

레온 트로츠키는 1924년에 펴낸 책 《10월의 교훈》에서 "지난 10년간 얻은 주된 교훈"은 "[혁명적] 정당 없이, 정당과 무관하게, 정당을 제쳐 놓고, 정당의 대체물로는 프롤레타리아 혁명이 결코 성공할 수 없다"는 것이라고 주장했다.[330] 이 말을 할 때 그가 염두에 두고 있던 것은, 1916~1923년 유럽에서는 자본주의에 맞서 수많은 봉기와 노동계급의 도전이 벌어졌지만(이탈리아·불가리아·스페인·헝가리·핀란드·아일랜드·영국, 무엇보다도 독일에서 그랬다) 오직 한 번 러시아에서만 혁명이 실제로 승리했다는 사실이었다. 이 승리는 볼셰비키당과 그 지도부가 한 구실 때문이었다고 트로츠키는 생각했다. 다른 모든 경우에, 특히 독일에는 볼셰비키 같은 정당과 올바른 혁명적 지도부가 없었기 때문에 혁명이 실패했다는 것이다.

물론 트로츠키의 이 주장을 두고 논쟁이 벌어졌다. 오늘날 혁명적 전망을 부정하는 사람들은 아니나 다를까 당시 혁명적 기회가 존재했다는 것도 부정하는 경향이 있다. 예컨대, 에릭 홉스봄은 다음과 같이 썼다.

우리 세대는 … 온건한 사민당 지도자들이 1918년의 독일 혁명을 배반했다는 이야기를 들으며 자랐다. … 1918~1919년의 몇 주나 심지어 몇 달 동안은 러시아 혁명이 독일로 확산되는 일이 실제로 일어날 것처럼 보였다.

그러나 그런 일은 일어나지 않았다. 나는 오늘날 이 점에 관한 역사적 합의가 존재한다고 생각한다. … 나는 당시 독일이 유럽의 혁명적 구역에 속했다고 생각하지 않는다. … 독일판 10월 혁명이나 그와 비슷한 어떤 것도 진지하게 지지받지 않았고, 그러므로 배반당할 필요도 없었다.[331]

그렇지만 "역사적 합의가 존재한다"는 홉스봄의 주장에도 불구하고 트로츠키의 결론을 뒷받침하는 상세한 역사적 연구서도 많다. 그 중에 가장 중요한 것으로는 크리스 하먼의 《패배한 혁명》과 피에르 브루에의 《1917~1923년 독일 혁명》을 들 수 있다.[332] 당시 상황은 혁명적 정당, 즉 "현대 군주"가 필요했음을 보여 준다는 것은 그람시가 1920년대에, 그리고 《옥중수고》에서 발전시킨 주장의 가장 중요한 부분이기도 하다.

그러나 그때 이후의 경험은 어땠는가? 사실 혁명적 격변이나 부분적 혁명은 많았다. 몇몇 사례만 보더라도 1925~1927년 중국, 1936년 스페인, 1936년 프랑스, 1944~1945년 이탈리아와 그리스, 1956년 헝가리, 1968년 프랑스, 1970~1973년 칠레, 1974~1975년 포르투갈, 1979년 이란, 1980~1981년 폴란드, 1989년 중국, 1997~1998년 인도

네시아, 2011년 이집트 등이 있다.[333] 그러나 이렇다 할 규모나 질을 갖춘 혁명적 정당이 존재한 경우는 하나도 없었고, 혁명적 돌파구를 뚫는 데 성공한 경우도 전혀 없었다. 물론 혁명적 정당이 존재하지 않은 것과 혁명적 돌파구를 뚫지 못한 것 사이의 인과관계를 규명하려면 구체적 분석이 필요하다. 그래서 트로츠키는 1936년의 프랑스와 스페인을 분석했고, 다른 많은 저자들도 1968년 5월 항쟁, 칠레, 포르투갈, 이란, 폴란드를 분석한 바 있다.[334]

여기서 이 모든 연구의 요점을 되풀이할 필요는 없겠지만, 나는 두 가지 사례를 들고 싶다. 그것은 1968년 5월 프랑스(50주년 기념일이 다가오고 있다)와 2011년 이집트 혁명이다.

1968년의 프랑스는 1917년 9~10월의 러시아나 1923년 여름과 가을의 독일처럼 혁명적 위기의 순간을 경험하지 않았다. 즉, 군대가 혁명 진영으로 넘어오지도 않았고, 물가가 미친 듯이 치솟지도 않았으며, 소비에트나 노동자 평의회가 존재하지도 않았다. 그렇지만 1000만 명의 노동자가 참여한 총파업이 벌어졌고(십중팔구 당시까지는 역사상 최대 규모의 총파업이었을 것이다), 수많은 공장이 점거됐으며, 당연히 파리의 거리에서는 학생과 학생을 지지하는 사람들이 CRS(시위 진압 경찰)를 상대로 격렬한 전투를 벌였다. 당시의 아주 신나는 혁명적 분위기는 거의 모든 참가자의 증언으로 입증된다.[335] 투쟁이 너무 위협적이어서 프랑스 정부는 완전히 혼란에 빠졌고, 군 장성 출신 대통령 드골은 허둥지둥 파리를 빠져나가 동료 장군들과 상의를 해야 했다.

그러나 반정부 운동 측의 정치적 지도(부)라는 면에서 보면 심각한 약점이 있었다. 당시 노동조합과 노동자 운동을 대체로 지배한 것은 매우 보수적이고 매우 스탈린주의적인 프랑스 공산당PCF이었다. 학생들 사이에는 다양한 혁명적 사상이 혼란스럽게 뒤섞여 있었는데, 다니엘 콘벤디트 같은 카리스마적 개인들을 중심으로 한 무정형의 아나키즘이나 자유지상주의적 공산주의도 있었고, 마오쩌둥주의자들이나 트로츠키주의자들의 아주 작은 단체 같은 이른바 '소집단'도 많이 있었다.[336]

운동을 혁명적 방향으로 발전시키려면, 즉 운동이 프랑스판 10월을 향해 나아가게 하려면 학생들의 혁명적 정신과 노동계급의 힘과 사회적 비중을 결합해야 했고 (자발적으로 시작됐지만 일관된 요구들이 없었던) 노동자들의 파업과 공장점거를 집중시킬 수 있는 강령적 요구들을 내놔야 했다. 그러나 공장을 지배하고 있던 프랑스 공산당은 이런 임무를 모두 거부했다. 공산당은 처음에 학생들의 반란을 "사이비 혁명가들이 드골 정부와 대자본 독점기업들을 이롭게 해주는 짓"이라며 비난했고[337] 거리 시위 때는 공산당원들을 질서유지대로 투입해서 학생들과 노동자들을 분리시켰으며 학생들이 공장으로 대표단을 보내면 그들을 쫓아 버렸다. 파업에 관한 한 공산당은 협상 타결과 조기 작업 복귀를 원했고 이를 위해 노력했다.

아나키스트·마오쩌둥주의자·트로츠키주의자 소집단들은 이런 분리를 극복하려 했겠지만 작업장이나 노조에 이렇다 할 기반이 없어서 대체로 무능했다. 분명한 사실은 노동자들과 학생들 사이에 뿌리내린 혁명적 정당이 필요했지만 없었다는 것이다. 그런 정당은 5월의 폭발적 사건이 일어나기 전에 미리 건설돼 있어야 했다. 물론 그런 정당이 있다고 해서 혁명의 승리가 완전히 보장되는 것은 아니었 겠지만, 혁명이 승리할 가능성은 분명히 있었을 것이다. 결국 프랑스 공산당은 노동자들의 반발에도 불구하고 몇몇 경제적 양보를 얻어 낸 것을 근거로 파업과 공장점거를 끝낼 수 있었고, 그 덕분에 드골 은 질서를 회복하고 이후 총선에서 승리할 수 있었다.[338]

2011년 이집트 혁명은 [프랑스] 5월 항쟁과 형태가 달랐다. 30년간 의 무바라크 독재 치하에서 탄압에 시달린 좌파와 노동운동은 모두 프랑스보다 훨씬 더 약했다. 이집트 공산당은 스스로 신용을 떨어뜨 렸을 뿐 아니라, 나세르주의와 얽히고설킨 것 때문에 자멸하다시피 했다. 또, 프랑스 공산당이 지배한 노조 연맹체인 노동조합총연맹CGT 과 비슷한 조직이 이집트에는 없었다. 이집트 '노동조합'은 국가의 통 제를 받는 기구였고, 사실상 노조도 아니었다.

반면에, 1월 25일 시작되고 1월 28일과 '낙타 전투'가 벌어진 2월 2 일 절정에 달한 이집트의 거리 전투는 [프랑스보다] 훨씬 더 컸고, 학 생들이나 카이로에 국한되지도 않았으며, 더 폭력적이어서 800명 넘 는 혁명의 순교자를 냈다. 또, 1월 28일에는 경찰을, 낙타 전투에서 는[339] 반혁명적 룸펜프롤레타리아인 이른바 '발타기야'를 모두 거리 에서 몰아냈고, 전국적으로 수백 개의 경찰서와 차량, 집권당 건물 이 불에 탔다는 점에서 이집트의 거리 전투는 훨씬 더 성공적이기 도 했다. 1000만 명이 참가한 총파업 같은 것은 없었지만, 파업들, 특 히 마할라 섬유 노동자들의 파업은 봉기로 가는 길을 준비하고 2월 10~11일 무바라크를 강제 사퇴시키는 데서 결정적 구실을 했다.

2016년* 1월 [이집트]에 커다란 혁명적 정당이 존재했다면 혁명을 강화하고 심화했겠지만, 그렇다고 해서 그때 그곳에서 노동자 권력을 수립했을 것이라거나 그럴 수 있었을 것이라는 말은 설득력이 없다. 그 시점에서는 군대와 무슬림형제단에 대한 환상이 너무 우세했기 때문이다. 대중 속에 뿌리내린 커다란 혁명적 정당의 존재가 실제로 상황을 바꿔 놨을 만한 때는 2013년이었다.

무바라크를 물리치고 혁명이 승리한 덕분에 [2012년에] 실시된 민주적 [대통령] 선거에서 무슬림형제단의 후보가 당선했다. 그러나 무슬림형제단 정부는 재앙이었다. 온건한 수동적 개혁주의의 가장 나쁜 특징들을 모두 보여 줬고, 경제 실정과 전반적 무능으로 대중을 철저히 소외시켰고, 그와 동시에 이집트 지배계급과 군부의 적대감을 불러일으켰다. 이런 상황에서 새로운 대중운동이 등장했다. 이 운동 역시 엄청나게 많은 사람을 끌어들였지만, 정치적 명확성은 전혀 없었다. 이 운동은 반정부 청원을 중심으로 발전했는데, 그 청원을 시작한 것은 타마로드(반란)라는 청년운동이었다. 타마로드의 지도적 인물들을 살펴보면, 타마로드 자체는 무바라크를 타도한 혁명 속에서 등장한 듯하다. 그러나 타마로드의 일부 집단은 군부와 연계돼 있었다는 사실이 나중에 드러났다. 무슬림형제단 [정부]에 반대하는 청원은 엄청난 지지를 받았고, 2013년 6월 30일 타마로드와 그 밖의 다양한 정치 세력들이(그중에는 구체제와 관련된 집단들도 있었다) 정부 퇴진을 요구하는 시위를 벌였다. 그날 거리로 쏟아져 나온 사람

---

* 2011년의 오타인 듯하다.

들은 2011년의 대규모 동원 때처럼 정말로 엄청나게 많았다.

그러나 이 시위 안에는 좌파적 관점에서 무슬림형제단 정부의 전복을 바라는 혁명가들도 있었고 군 장성들이 정부를 전복해 주기를 바라는 친親군부파도 있었다. 주도력을 발휘한 것은 후자였고, 결국 7월 3일 시시 장군이 이끄는 군부가 공격을 개시해서 무슬림형제단 출신의 대통령 무함마드 무르시를 체포하고 쿠데타를 일으켰다. 이 쿠데타는 순식간에 전면적 반혁명으로 바뀌었다. 무슬림형제단의 대응은 무르시의 대통령직과 그들의 정부가 '합법적'이라고 주장하면서 지속적 거리 항의를 독자적으로 조직한 것이었다. 그들은 두 군데에 농성장을 차렸다. 하나는 기자의 카이로대학교 근처에 있었고, 더 큰 농성장은 나스르시티의 라바 광장에 있었다. 거의 6주 동안 항의 농성이 계속되다가 마침내 8월 14일 시시 정권이 농성장을 침탈해 학살 만행을 저질렀다. 정권이 스스로 인정한 수치만 보더라도 적어도 638명의 무슬림형제단 지지자가 살해됐고, 수천 명 이상이 다치고 구속됐다.[340] 반혁명 쿠데타는 이제 군건히 확립됐고 피로써 보증을 받았으며, 이집트를 무바라크 통치 시절만큼이나 잔혹한 군부 통치로 되돌려 놨다.

이 기간 내내 이집트에는 만만찮은 혁명적 정당의 맹아가 존재했는데, 바로 '혁명적 사회주의자 단체RS'였다. RS는 과거에도 그랬고 지금도 여전히 뛰어난 조직이지만, 중동 좌파의 잔해 속에서 등장해 불법 상황에서 활동한 탓에 그들 자신의 잘못은 아니었지만 매우 작고 경험이 없었다. 조직이 성장하고 대중 속에 뿌리를 내리는 데 절대로 필요한 노력을 하는 과정에서 RS는 18일간의 혁명적 투쟁에 고

무된 청년 혁명가들을 대거 가입시켰다. 불가피하게 이 청년 신입 회원들은 레닌이 묘사한 유치한 초좌파주의로 충만했고, 이 때문에 다양한 실수를 저질렀다. 그러나 이런 문제들을 미처 해결하기도 전에 RS는 유난히 어려운 상황에 직면했다. 정치적으로 모호한 타마로드 운동과 6월 30일의 대중 동원에 제대로 대처할 준비가 돼 있지 않았던 것이다. 또, 수많은 사람이 행동에 나섰을 때 사건의 경로에 중요한 영향을 미칠 만한 규모도 안 됐다.

1917년 2월이나 6월의 볼셰비키처럼 크고 경험 있고 전투 경험으로 다져진 혁명적 정당이 존재했다면 2013년 6~8월의 재앙을 피했거나 피할 수 있었을까? 이 물음에 딱 부러지게 대답할 수 있는 사람은 아무도 없겠지만, 그럴 가능성 자체는 있었을 것이다. 공장과 지역사회에서 활동하는 노동자 투사들을 거느리고 농촌 마을에도 어느 정도 당원들이 존재하는 대중정당이 있었다면, 무슬림형제단에 대한 분노를 오른쪽이 아니라 왼쪽으로 끌어올 계획을 제시할 수 있었을 것이다. 그래서 엄청나게 많은 사람을 그 계획에 동참시켰다면, 새롭고 특별히 유리한 혁명적 기회들이 생겼을 것이다.[341]

마지막으로, 오늘날 유럽과 그 밖의 지역 상황을 살펴보자. 분명히 어떤 혁명적 위기도 존재하지 않는다. 그렇지만 극좌파와 극우파 사이에서 양극화가 발전하고 있고 중도파는 도처에서 위협받고 있다. 그래서 다시 정치조직이 중요해지고 있다. 2008년 금융시장 폭락 이후 강요된 신자유주의적 긴축정책에 대한 대중의 분노를 좌파가 모아 낼 수 있다면 사회 전체가 급진화할 수 있다. 그리스·스페인·아일랜드에서 바로 그런 일이 일어났다. 좌파가 대중의 분노를 모아 내지 못한다면, 인종차별적 극우파와 노골적 파시스트들이 득을 볼 수 있다. 프랑스·오스트리아·네덜란드·영국에서 그런 일이 일어났고, 물론 [미국의] 트럼프도 그런 사례다.

이런 경험이 보여 주는 것은 1917년 이후 100년 동안 중요한 경제적·사회적·정치적 변화에도 불구하고 혁명적 정당의 필요성이 결코 줄어들지 않았다는 사실이다. 왜냐하면 혁명적 정당을 필요하게 만든 계급투쟁의 근본적 특징들(부르주아 이데올로기의 헤게모니, 노동계급 대중의 정치의식과 자신감의 불균등한 발전, 자본주의 국가의 중앙집중적 권력, 개혁주의의 해롭고 배신적인 구실)이 아직 여전하고 가까운 미래에도 계속 영향을 미칠 것이기 때문이다.

결론

이 모든 경험에서 그리고 지금까지 내가 펼친 정치적 주장에서 나오는 결론은, 이 장의 서두에서 개괄한 레닌주의 정당의 핵심 원칙들과 주요 특징들이 혁명의 성공에 필수적인 정당을 건설하는 출발점이기도 하다는 것이다. 그것은 먼저 국제 사회주의 혁명에 분명하게 헌신하는 핵심을 구축하는 것에서 시작해서, 그런 핵심을 바탕으로 또 그것을 중심으로 작업장과 지역사회에서 벌어지는 노동계급의 일상적 투쟁과 최대한 가까운 관계를 확립해야 한다는 것이다.

이런 결합을 실제로 어떻게 이뤄 낼지는 물론 나라마다 또 구체적 상황에 따라 다를 것이고 오직 실천 속에서 결정될 수 있다. 그람시가 지적했듯이 "사실, '과학적으로' 예견할 수 있는 것은 오로지 투쟁

뿐이고, 투쟁의 구체적 계기들은 예견할 수 없다." 이 문제는 마지막 장에서 다시 살펴볼 것이다. 그러나 레닌이 매우 명확히 이해하고 있었듯이 혁명의 운명은, 따라서 인류의 운명도 그것에 달려 있다는 점은 분명하다.

5장
억압에 반대하는
투쟁과 레닌

지난 50여 년 동안 국제적으로 벌어진 계급투쟁과 정치투쟁을 대강 살펴보기만 해도, 노동계급의 기본적 경제·정치 투쟁과 나란히 (그러나 결코 노동계급 투쟁으로 국한되지 않는) 다양한 형태의 억압과 차별에 반대하는 많은 운동과 캠페인, 투쟁이 중대한 구실을 했다는 것을 분명히 알 수 있다.

그런 운동의 목록은 길게 열거할 수 있지만, 여기서는 가장 분명한 것 몇 가지만 언급하겠다. 즉, 식민주의와 아파르트헤이트에 반대한 투쟁, (공민권운동과 블랙파워부터 '흑인들의 생명도 소중하다' 운동까지 다양한 단계를 거친) 미국의 흑인 운동, (마찬가지로 다양한 단계를 거친) 여성해방운동이나 제2물결 페미니즘, 스톤월 항쟁으로 시작돼서 LGBT 운동과 LGBTQ(또는 LGBT+)로 진화한 동성애자 해방운동, 라틴계 미국인들의 운동, 1960년대 말의 국제적 학생 반란, 평화운동이나 반전운동, 팔레스타인 연대 운동 등등. 이런 운동들이 제기하고 다룬 쟁점은 훨씬 더 광범하다. 예컨대, 인종차별 반대 투쟁은 이민자, 망명 신청자, 난민도 포함하는 것으로 확대됐고, 이슬람 혐오의 발흥에도 맞서 싸우고 있다. 반파시즘 투쟁도 각국 특유의 쟁점들을 많이 다루게 됐는데, 예컨대 미국과 남미, 호주와 뉴질랜드 등지에서는 원주민 문제가 그랬고, 인도에서는 힌두교도 국수주의, 중국에서는 한족 국수주의, 이집트에서는 콥트인에 대한 멸시와 편견, 중동에서는 수니파와 시아파의 종파 분쟁, 유럽에서는 롬인[집시]에 대한 인종차별, 아일랜드에서는 유랑민에 대한 인종차별, 터키에서는 쿠르드인과 아르메니아인에 대한 인종차별 문제가 그랬다. 이 목록도 열거하자면 한이 없다. 또, 분명한 사실은 성性 정치와 관련된 쟁점들도 상당히 확대됐다는 것이다. 특히, 동성애에 대한 태도가 크게 변했고(물론 여전히 불완전하다), 트랜스젠더 문제도 불거졌다.

당시 이런 투쟁들의 다수는 '자유(민주)주의적 평등'이나 자유민주주의라는 이데올로기적·정치적 깃발 아래 전개됐(고 여전히 그렇)다. 그것은 민주주의에서는 모든 시민이 '인종', 종교, 민족, 젠더, 성적 지향 등의 차이와 무관하게 평등한 대우를 받아야 한다는 주장과, 그런 평등은 자본주의 사회의 경제적 토대에 도전하지 않고도 달성할 수 있다는 믿음이(었)다. 그러나 그런 자유주의적 입장과 함께 때로는 그 깃발 아래서, 때로는 그 깃발과 경쟁하면서 다른 깃발 아래 전개된 운동도 많이 있(었)는데, (흑인 민족주의나 분리적 페미니즘처럼) 분리주의 깃발 아래 전개된 운동도 있(었)고, 이런저런 종류의 정체성 정치나 더 최근에는 특권 이론과 교차성을 깃발로 내건 운동도 있(었)다.

억압에 반대하는 사회주의자들이나 마르크스주의자들은 항상 이 모든 투쟁 안에 존재했다(비록 소수파인 경우가 흔했지만 말이다). 그러나 이제 분명해진 사실은, 혁명적 사회주의 정당이나 운동은 말할 것도 없고 어떤 진보적 또는 좌파적 정당이나 운동이라도 이런 문제들에 관한 거의 종합적인 견해가 없으면 제대로 활동할 수 없다는 것이다. 5장에서는 이 운동들이 대부분 레닌이 죽고 40~50년 지나서 발전했지만 그래도 레닌에게는 이 문제들을 두고 지금도 벌어지는 논쟁에 기여할 만한 중요한 내용들이 있다고 주장할 것이다.

민중의 호민관

나는 이 주장을 하기에 앞서 레닌의 가장 중요한 저작 가운데 하나인 《무엇을 할 것인가?》를 폭넓게 인용하고 싶다. 1901년 말에 쓰인 《무엇을 할 것인가?》는 당시 러시아 사회민주주의자들 사이에서 '경제주의'라고 불린 경향을 격렬하게 비판하는 논쟁적 저작이었다. 여기서 독자들은 당시(그리고 제1차세계대전 전까지) 레닌과 마르크스주의자들이 국제적으로 사용한 사회민주주의라는 용어가 마르크스주의적 사회주의 운동을 뜻했다는 사실과 레닌이 사회민주주의자라고 말할 때 염두에 둔 것은 오늘날 혁명적 사회주의자라고 부르는 사람이었다는 사실을 기억해 두는 것이 좋을 듯하다. 당시 러시아 사회민주주의 운동에서 '경제주의' 경향은 사회민주주의자들의 주요 임무가 거의 오로지 공장과 작업장에서 자본가들에게 대항하는 노동계급의 경제투쟁에 집중하는 것이라고 주장했다.

레닌이 이런 생각과 경향에 격렬하게 반대한 이유는, 비록 그 자신도 경제 선동을 매우 많이 했지만 경제주의 경향은 당시 독일에서 발전하고 있던 에두아르트 베른슈타인의 개혁주의(즉, 수정주의)와 연결돼 있다고 봤기 때문이고, 또 그래서 러시아에서는 차르의 전제

정치에 대항하는 투쟁의 지도력이 (그 투쟁을 배신할 것이 뻔한) 자유주의 부르주아지에게 넘어가게 될 것이라고 생각했기 때문이다. 반면에, 레닌은 사회주의자들이 노동계급의 정치의식 수준을 높이려는 활동을 해야 하고 노동계급이 민주주의 투쟁(부르주아 민주주의 혁명)에서 주도권을 잡아야 한다고 주장했다.

경제주의와 논쟁하는 과정에서 레닌은 제정 국가에서 모든 형태의 억압을 폭로하고 그것에 도전할 필요가 있다는 주장을 발전시켰다. 《무엇을 할 것인가?》의 이 측면이 거의 주목받지 못한 이유는, 레닌이 노동계급을 무시했다는 증거라며 "사회주의는 노동계급의 외부에서 도입된다"는 레닌의 말에 압도적으로 초점을 맞추기 때문이다. 그러나 억압에 반대하는 투쟁을 강조하는 주장은 《무엇을 할 것인가?》에서도 중요했고 나중에도 계속 중요했다.

사회민주주의자들은 오로지 경제투쟁에만 매몰돼서도 안 되고 … 경제폭로가 자신들의 지배적 활동이 되도록 허용해서도 안 된다. 우리는 노동계급을 정치적으로 교육하고 그들의 정치의식을 발전시키는 일에 적극 나서야 한다. …

여기서, 정치적 교육이란 어떤 것이어야 하는가라는 문제가 제기된다. 정치교육이 전제정치에 대한 노동계급의 적개심을 고취하는 선전으로 국한될 수 있는가? 물론 그렇지 않다. … 이런 억압[노동자들에 대한 정치적 억압]의 모든 구체적 사례를 놓고 선동해야 한다(우리가 경제적 억압의 구체적 사례들을 중심으로 선동을 시작했듯이 말이다). 이런 [정치적] 억압은 그야말로 다양한 사회 계급에게 영향을 미치므로, 또 생활과 활동의 그야말로 다양한 영역에서(직장·공공 생활에서, 개인·가족 생활에서, 종교·학문 활동 등등에서) 분명히 나타나므로, 만약 우리가 전제정치의 **모든 측면**에 대한 **정치적 폭로**를 조직하는 일을 **책임지고** 시작하지 않는다면 노동자들의 정치의식을 발전시키는 우리의 임무를 수행하지 못할 것이라는 점이 분명하지 않은가? [정치적] 억압의 구체적 사례들을 중심으로 선동하기 위해서는 이런 사례들을 폭로해야 한다(경제 선동을 하기 위해서는 공장 내의 악폐를 폭로하는 것이 필요했듯이 말이다).[342]

레닌이 흔히 그랬듯이, 그는 요점을 잘 납득시키기 위해서 똑같은 주장을 거듭거듭 되풀이한다. 나는 레닌의 진술을 모두 다 인용하지는 않겠지만, 도움이 될 만한 진술 몇 개를 예로 들어 보겠다.

일반적으로 경제투쟁은 대중을 정치투쟁으로 끌어들이는 데 "가장 널리 적용될 수 있는 수단"이라는 것이 사실인가? 전혀 그렇지 않다. 단지 경제투쟁과 연관된 현상만이 아니라, 경찰의 탄압과 전제정치의 잔학 행위를 분명히 보여 주는 **모든** 현상 하나하나가 대중을 [정치투쟁으로] "끌어들이는" 데 "널리 적용될 수 있는" 수단으로서 손색이 없다. 농민에 대한 채찍질과 농촌 감독관의 횡포, 관료의 부정부패, 도시의 '서민'에 대한 경찰의 [강압적] 처우, 굶어 죽어 가는 사람들에 대한 학대, 계몽과 지식을 갈망하는 대중에 대한 억압, 부당한 세금 징수, 종교적 분파 박해, 병사들에 대한 굴욕적 대우, 학생과 자유주의 지식인에 대한 군대식 처우 등 이 모든 것은 그리고 이와 비슷한 수많은 다른 폭정 사례들은 비록 '경제'투쟁과 직접 연관되지는 않지만 그래도 일반적으로 정치 선동을 하는 데 그리고 대중을 정치투쟁으로 끌어들이는 데 "널리 적용될 수 있는" 수단과 계기로서 부족하다는 말인가? 사실은 정반대다.[343]

또

노동자들이 모든 종류의 폭정·억압·폭력·학대에(어느 **계급**이 당했건 간에) 대응하는 훈련을 받지 않는다면 노동계급의 의식은 진정한 정치의식이 될 수 없다.[344]

그리고 또

한마디로 노동조합 서기는 모두 "사용자와 정부에 대항하는 경제투쟁"을 수행하고 지원한다. [그러나] 이것은 아직 사회민주주의 활동이 아니라는 사실, 사회민주주의자들의 이상은 노동조합 서기가 아니라 민중의 호민관이어야 하며, 그는 폭정과 억압이 어디서 나타나든, 어떤 계층이나 계급의 사람들이 폭정과 억압에 시달리든 간에 그것에 대항할 수 있어야 한다는 사실은 아무리 강조해도 충분하지 않다.[345]

마르크스와 엥겔스로 거슬러 올라가 보면, 우리는 그들이 여성해방 문제나 민족 억압(특히, 아일랜드와 폴란드) 문제에서 진보적 견해를 지니고 있었다(특히, 당시의 기준으로 보면 그렇다)는 것과 미국 남북전쟁에서 노예제에 반대하는 북군을 분명히 지지했다는 사실을 알 수 있다.[346] 그러나 마르크스와 엥겔스의 저작에서는 레닌식의 강령적 진술, 즉 사회주의자와 사회주의 정당이 모든 억압 문제를 제기하고 적극적으로 투쟁할 절대적 필요성에 관한 주장을 발견할 수 없다. 또, 그런 태도는 제2인터내셔널에 소속된 다른 어떤 정당의 전형적 태도도 아니었다. 이 문제에 관한 레닌의 입장은 새롭고 진정으로 선구적인 것이었고, 레닌이 연대할 만하다고 언급한 집단들 중에 학생과 "종교적 분파들"도 있었다는 것은 눈여겨볼 가치가 있다. 더욱이, 그가 나중에 《무엇을 할 것인가?》에 나오는 일부 표현들을 스스로 멀리하면서, 그것들은 경제주의자들에게 대항하는 투쟁 과정에서 "막대기를 구부린" 것일 뿐이라고 말한 것과 대조적으로,[347] 모든 형태의 억압에 맞선 투쟁이라는 주제는 그의 정치 생애 내내 거듭거듭 제기하고 주장한 것이었다.

제정러시아에서 인종차별의 주된 형태는 반유대주의였으므로 이 문제를 살펴보는 것이 유용할 듯하다. 모든 러시아 혁명가들과 마찬가지로 레닌에게도 반유대주의를 철저하게 반대하는 태도는 혁명적 운동의 아주 초기부터 하나의 원칙이었다. 그리고 레닌이 지적했듯이 "혁명적 운동의 지도자들 중에서 유대인이 차지하는 비율은 (유대인 인구 전체에 비하면) 특별히 높았다." 주요 반유대주의 조직으로서 유대인 집단 학살, 즉 포그롬을 조직적으로 자행한 것은 '검은 백인단'이라는 초민족주의적 왕당파 집단이었다. 레닌의 모든 저작에서 '검은백인단'이라는 용어는 극단적 반동 세력의 대명사로 사용되는데, 그것은 마치 20세기 후반에 좌파가 파시즘이라는 용어를 그렇게 사용한 것과 비슷하다. [1917년 1월 9일 스위스] 취리히에서 1905년 혁명 [12주년] 기념 강연을 할 때 레닌은 다음과 같이 말했다.

차르 체제는 주민 가운데 가장 무지한 계층이 유대인에 대해 지니고 있던 가장 야비한 편견을 어떻게 이용할지를 아주 잘 알았습니다. 포그롬을 직접 지도하지는 않더라도 조직하기 위해 그런 편견을 이용했던 것입니다. 그래서 무고한 유대인들과 그 부인·자녀들이 끔찍하게 학살당했습니다. 이것은 문명 세계 전체에서 강력한 혐오감을 불러일으켰습니다.[348]

1914년 3월 레닌은 두마의 볼셰비키 의원단이 "유대인의 권리를 제한하는 모든 제약 조건과, 특정 민족 출신이나 일원이라는 이유로 권리를 제한하는 모든 제약 조건을 폐지하는" 법안을 제출한 것을 자랑스럽게 기록했다. 그러면서 다음과 같이 논평했다.

비러시아인들을 박해하는 것으로 노동자들의 주의를 돌리려고 애쓰는 '검은백인단'의 선동에 대항해서 노동계급은 [모든 민족의] 완전한 평등, 즉 특정 민족의 모든 특권을 완전하고 철저하게 거부할 필요성에 대한 확신을 표명해야 한다.

'검은백인단'은 유대인을 겨냥해 특별히 혐오스러운 선동을 하고 있다. 푸리시케비치 같은 작자들은 유대인을 희생양 삼아 자신들이 저지른 모든 죄악의 책임을 유대인에게 떠넘기려 하고 있다. 그러므로 러시아 사회민주노동당의 두마 의원단이 법안의 맨 앞에서 유대인의 처지를 부각한 것은 당연했다.

학교, 언론, 의회 연단 등 이 모든 것이 하나같이 유대인에 대한 무지하고 사악하고 야만적인 증오의 씨앗을 뿌리는 데 이용되고 있다.

이 추잡하고 야비한 짓에 관여하고 있는 작자들은 '검은백인단'의 인간쓰레기들만이 아니다. 반동적 교수, 과학자, 기자, 두마 의원 등도 그런 짓을 하고 있다. 수백만 루블, 심지어 수십억 루블이 사람들의 정신을 오염시키는 데 쓰이고 있다.

민족 억압에 반대하는 이 법안이 수십만 프롤레타리아의 지지 서명과 선언으로 강화돼야 한다는 것은 러시아 노동자들의 명예가 걸린 문제다.[349]

내전이 절정에 달한 1919년에 페틀류라와* 그 밖의 백군들이 우크라이나 등지에서 가장 끔찍한 학살을 자행하고 있을 때 레닌은 포그롬에 반대하는 짧은 연설을 했는데, 이 연설은 지금도 유튜브에서 들을 수 있다(영어 자막도 달려 있다).** 그것은 여전히 인종차별에 반대하는 사회주의적 대중 선전의 본보기로 남아 있다.[350]

앞서 말했듯이, 《무엇을 할 것인가?》에서 레닌은 종교적 박해에 맞서 소수 종파들을 방어해야 한다고 주장했다. 그는 확고한 무신론자였지만 종교의 자유 역시 확고하게 옹호하는 사람이었고, 사회주의 선전이 사람들의 종교적 감정을 해쳐서는 안 된다고 늘 강조했다.[351] 이런 맥락에서 혁명 초기에 볼셰비키와 이슬람·무슬림의 관계가 어땠는지를 살펴보는 것도 흥미로울 듯하다. 우리는 데이비드 크라우치가 이 주제를 다룬 뛰어난 글에서 배경지식을 얻을 수 있다.

무슬림들은 러시아 제국주의의 엄청난 압제에 시달렸다. 그 분노

---

* 시몬 페틀류라는 당시 우크라이나 민족주의자 군대의 최고사령관이었다.

** https://www.youtube.com/watch?v=rj7iRwzX-A0에서 들을 수 있다. 이 연설은 구글에서 '레닌lenin'과 '반유대주의antisemitism'를 함께 검색해도 나온다 ─ 지은이.

는 제1차세계대전 때 중앙아시아에 징병제가 도입되자 폭발했다. 1916년 여름에 대규모 반란이 일어나 러시아인 식민주의자 2500명이 목숨을 잃었다. 그러자 잔혹한 탄압이 뒤따랐다. 보복에 나선 러시아인들이 약 8만 3000명을 학살한 것이다. 그래서 1917년 차르 체제가 위기에 빠지자 수많은 무슬림이 급진화했다. 그들은 러시아제국이 부정한 종교의 자유와 민족적 권리를 요구했다. 1917년 5월 1일 제1차 전국 무슬림 대회가 모스크바에서 열렸다. 대표자 1000명 가운데 200명이 여성이었다. 뜨거운 논쟁 끝에 대회는 투표를 통해 하루 8시간 노동제, 사적 토지 소유 폐지, 보상 없는 대토지 몰수, 여성에게도 평등한 참정권 보장, 일부다처제와 퍼다* 폐지를 결정했다. 그 대회의 의의는 러시아 무슬림들이 세계 최초로 당시 이슬람 사회의 전형이었던 속박에서 여성을 해방시켰다는 것이다.[352]

크라우치는 또, 볼셰비키가 집권한 후 "그동안 차르 체제가 소수민족들과 그들의 종교를 억압하며 저지른 범죄에 대해 최대한 보상하는 것을 목표로 삼았다"는 사실도 보여 준다. [1917년] 11월 24일 신생 소비에트 정부는 "러시아와 동방의 모든 무슬림 노동자에게"라는 선언문을 발표했다.

러시아의 무슬림 여러분 … 러시아의 역대 차르와 억압자들은 여러분의 모스크와 기도원을 파괴했고, 여러분의 신앙과 관습을 짓밟았습니다. 그

---

* 퍼다purdah는 이슬람 국가들에서 여성이 남성의 눈에 띄지 않도록 집 안의 별도 공간에 살거나 얼굴을 가리는 것을 말한다.

러나 이제 여러분의 신앙과 관행, 민족적·문화적 제도들은 영원히 자유롭고 존중받을 것입니다. 다른 모든 러시아인들의 권리와 마찬가지로 여러분의 권리도 혁명의 강력한 보호를 받고 있다는 사실을 알아주시기 바랍니다.[353]

이후 사회적 약자 우대 정책이 실시돼서, 러시아어의 지배가 끝나고 학교와 정부 기관에서 토착어가 다시 쓰였으며 원주민들이 주요 직책으로 승진했다. 게다가,

러시아 차르들이 약탈해 간 이슬람의 성스러운 기념물, 책, 물건 등이 모스크로 반환됐다. 1917년 12월 신성한 오스만의 코란이 격식을 갖춰 페트로그라드 무슬림 대회로 양도됐다. 또, 무슬림의 종교적 기념일인 금요일이 중앙아시아 전역에서 합법적 안식일로 선포됐다.[354]

(나중에 스탈린 치하에서 전개된 반反이슬람 캠페인과 극명하게 대조되는) 이 모든 것은 많은 무슬림이 혁명의 편으로 넘어오게 하는 데 매우 성공적이었음이 드러났다. 또, 그것이 레닌의 사상과 태도를 반영했다는 것도 의심의 여지가 없다.

레닌이 죽기 직전에 스탈린과 관계를 끊고 그를 서기장 직책에서 해임하라고 요구하는 원인이 된 쟁점들 가운데 하나(십중팔구 가장 중요한 쟁점)가 바로 스탈린이 그루지야인들의 민족적 권리를 존중하지 않는 문제였다는 것은 결코 우연이 아니다.[355] 이 문제 때문에 레닌은 극도로 격분했다. 스탈린이 레닌의 입장을 '민족적 자유주의'

라고 비난하자 레닌은 1922년 10월 6일 쓴 글에서 다음과 같이 반박했다.

> 저는 지배 민족의 국수주의를 끝장내기 위한 전쟁을 선포합니다. 저는 이 빌어먹을 충치를 빼는 즉시 건강한 치아로 그것을 먹어 치울 것입니다.
> 저는
> 러시아인,
> 우크라이나인,
> 그루지야인 등이
> 교대로 연방 중앙집행위원회의 의장직을 맡아야 한다고 강력히 주장합니다.
> 강력히![356]

그루지야를 캅카스 연방으로 강제 통합하려는 스탈린의 계획에 항의해서 그루지야 공산당 중앙위원회가 사퇴하고 스탈린의 대리인인 오르조니키제가 사적 위협과 폭력으로 대응했을 때, 레닌은 (뇌졸중에서 이제 막 회복되고 있었는데도) 12월 30일에 다음과 같이 썼다.

> 저는 러시아 노동자들에게 제가 몹시 태만했다고 생각합니다. 왜냐하면 공식적으로는 소비에트사회주의공화국연방 수립 문제라고 부르는 이 악명 높은 자치공화국화 문제에 제가 있는 힘껏 단호하게 개입하지 못했기 때문입니다. …

제르진스키 동지가 저에게 알려 준 대로 오르조니키제가 물리적 폭력을 사용할 정도로 사태가 그렇게 극단적 지경에 이르렀다면, 우리 자신이 처한 상황이 얼마나 엉망진창인지를 쉽게 상상할 수 있습니다. 분명히 '자치공화국'을 만드는 일 자체가 근본적으로 잘못됐고 시기도 좋지 않았습니다.

흔히들 통합된 기관이 필요했다고 이야기합니다. 그런 확신은 어디서 나왔습니까? 제 일기의 앞부분에서 지적했듯이, 우리가 제정에게 물려받아 소비에트 기름을 약간 바른 바로 그 러시아 기구에서 나온 것 아닙니까? … 그런 상황에서는 우리 스스로 정당화한 "연방에서 탈퇴할 자유"는 단지 휴지 조각에 불과할 것이고, 전형적 러시아 관료만큼이나 실제로는 악당이며 폭군인 진짜 러시아인다운 남자, 즉 그 대러시아 국수주의자[스탈린]의 맹공격에 맞서 비러시아인들을 방어할 수 없으리라는 점은 아주 당연합니다. 소비에트와 소비에트화한 노동자들 중의 극소수만이 우유에 빠진 파리처럼 대러시아 국수주의 쓰레기의 물살에 휩쓸릴 것이라는 점은 분명합니다. …

여기서 우리는 '국제주의를 어떻게 이해해야 하는가'라는 중요한 원칙적 문제에 직면하게 됩니다.

이튿날에도 레닌은 그 문제로 돌아가서 다음과 같이 썼다.

저는 이미 민족문제를 다룬 여러 글에서, 일반적으로 민족주의 문제를 추상적으로 설명하는 것은 아무 쓸모도 없다고 말했습니다. 억압 민족의 민족주의와 피억압 민족의 민족주의를, 큰 민족의 민족주의와 작은 민족의 민족주의를 반드시 구별해야 합니다.

둘째 부류의 민족주의[피억압·약소 민족의 민족주의]와 관련해서 보면, 큰 민족의 국민인 우리는 역사적으로 거의 항상 무수한 폭력을 휘두른 죄를 저질렀습니다. 또, 우리는 자신도 모르게 수도 없이 폭력을 사용하고 모욕을 줬습니다. 비러시아인들이 어떤 취급을 받았는지는 제가 [어렸을 때] 볼가강 연안[의 작은 도시 심비르스크]에서 겪은 경험만 떠올려 봐도 충분히 알 수 있습니다. 폴란드인들은 항상 폴랴치스카라고 [경멸적으로] 불렸고 타타르인들은 별명이 프린스였으며 우크라이나인들은 언제나 호홀이라고 불렸고 그루지야인을 비롯한 캅카스 민족들은 늘 캅카시안이라고 불렸습니다.

이 때문에 억압 민족, 즉 이른바 '위대한' 민족(오직 폭력에서만 위대하고 폭력배로서만 위대하지만)에게 국제주의는 민족 간의 형식적 평등을 준수하는 것만이 아니라 실제로 존재하는 불평등을 보상하기 위해 억압 민족, 위대한 민족 자신의 불평등을 감수하는 것이기도 합니다. 이 점을 이해하지 못하는 사람은 누구든지 민족문제를 대하는 진정한 프롤레타리아적 태도를 파악하지 못한 것이고, 근본적으로는 여전히 프티부르주아적 관점을 지니고 있는 것이며, 따라서 분명히 부르주아적 관점으로 미끄러지고 말 것입니다. …

이런저런 방식으로 태도를 바꾸거나 양보를 해서, 과거에 '지배 민족'의 정부가 비러시아인들에게 가했던 모욕과 불신과 의심을 보상해 줘야 합니다. 문제의 이 측면을 무시하거나 '민족주의적 사회주의'라는 비난을 마구 남발하는 그 그루지야인[스탈린 — 지은이]은(사실 그 자신이야말로 진정한 '민족주의적 사회주의자'이고, 심지어 저속한 대러시아주의 골목대장입니다) 사실상 프롤레타리아 계급의 연대를 훼손하고 있습니다. 왜냐하면 프롤레타리아 계급의 연대가 발전하고 강화하는 것을 방해하는 가장 큰 요인이 바로 민족적 불평등이기 때문입니다.[357]

따라서 레닌의 정치 생애 처음부터 끝까지 두드러진 특징이 바로 모든 억압에 반대하는 투쟁이었으므로, 앞 장에서 살펴본 레닌주의 정당의 핵심 원칙 두 가지(혁명가들의 독립적 조직, 노동계급과 관계를 확립하기)에 셋째 원칙으로 모든 억압 반대를 덧붙일 수 있고 덧붙여야 한다.

프롤레타리아의 관점

그러나 레닌의 견해에 관한 이야기는 이것이 다가 아니다. 앞서 《무엇을 할 것인가?》에서 따온 문장, 즉 "노동자들이 모든 종류의 폭정·억압·폭력·학대에(어느 계급이 당했던 간에) 대응하는 훈련을 받지 않는다면 노동계급의 의식은 진정한 정치의식이 될 수 없다"는[358] 문장 바로 뒤에 다음과 같은 내용이 이어진다. "더욱이 노동자들이 사회민주주의 관점으로 대응하는 훈련을 받지 않는다면 결코 그럴 수 없다."

여기서 "사회민주주의 관점으로"라는 말은 무엇을 뜻하는가? 분명히 레닌은 "마르크스주의적 관점"과 "노동계급이나 프롤레타리아의 관점"이라는 표현도 많이 사용했다. 그리고 이것은 레닌에게 여러 가지를 의미했다.

첫째, 인종·민족·젠더의 차이와 무관하게 평등을 요구하는 것은 민주주의적 요구였고, 프롤레타리아와 프롤레타리아 정당은 다른 민주주의적 요구들을 위한 투쟁과 마찬가지로 그런 평등을 요구하는 투쟁에서도 주도력을 발휘해야 했다. 레닌은 프롤레타리아가 (부르주아) 민주주의의 요구들을 위해 투쟁할 때도 부르주아 자유주의자들보다 훨씬 더 일관될 것이라고 생각했다.

둘째, "선진적 계급"(레닌이 자주 쓰는 또 다른 표현이다)으로서 프롤레타리아는 혁명에서 모든 피억압 대중을 지도할 것이다. 물론 러시아에서 이 피억압 대중은 주로 농민이었지만, 많은 프티부르주아지와 피억압 민족들도 포함됐다. 여기서 지도한다는 말은 명령을 내린다는 것이 아니라 투쟁에 앞장선다는 뜻이었다. 그리고 레닌이 이렇게 지도하는 구실을 프롤레타리아에게 부여한 이유는 프롤레타리아의 이른바 도덕적 우위나 메시아적 사명 때문이 아니라, 객관적인 경제적·사회적 지위 때문이었다.

셋째, 억압에 맞서 싸우는 주된 이유 하나는 바로 단결을 가능하게 만들기 위해서였다. 즉, 여성과 남성의 단결, 유대인과 비유대인의 단결 등을 가능하게 하려는 것이었다. 이것은 심지어(또는 '특별히'라고 말할 수도 있겠다) 민족 억압 문제에도 적용됐다. 레닌은 억압 민족의 노동자들과 피억압 민족의 노동자들이 단결하려면 억압 민족의 노동계급이 피억압 민족의 분리 독립권을 옹호해야 하지만 그 궁극적 목표는 [노동계급의] 국제적 단결과 모든 민족[국민]국가의 자유로운 결합을 실현하는 것이라고 주장했다.

넷째, 정당 수준에서는 여성이나 유대인(이나 흑인 등)의 조직이 따로 존재하는 것이 아니라 통일된 단일 조직이 있어야 했다. 궁극적으로는 하나의 통일된 세계 정당이 있어야 했다(그리고 이것은 코민테른에서 부분적으로 실현됐다). 이 원칙 때문에 1903년 [러시아 사회민주노동당RSDLP 2차 당대회에서는] 유대인 분트와 날카로운 충돌이 일어났다. 분트는 유대인 사회주의 노동자들의 조직이었고 RSDLP에 가맹해 있었지만, 자율성을 보장받기를 원했을 뿐 아니라 러시아와 폴란드에서 유대인 노동자들을 대표하고 조직할 독점적 권리를 요구했다. 1903년 RSDLP 2차 당대회에서 볼셰비키와 멘셰비키가 모두 이 요구를 거부하자 분트는 퇴장해서 독자적 길을 갔다.[359]

다섯째, 억압에 반대하는 투쟁(즉, 인종·종교·민족·젠더의 평등을 위한 투쟁)은 자본주의에서는 성공적 결말을 맺을 수 없었다. 그러려면 사회주의 혁명이 필요했다. 그래서 [러시아] 혁명 후에 레닌은 부르주아 혁명이 일어난 지 수백 년이 지났건만, 또 평등을 지지하는 부르주아지의 모든 선언에도 불구하고 여성의 형식적·법률적 평등이라도 달성한 자본주의적 민주주의 국가는 단 하나도 없다고 거듭거듭 지적했던 것이다. 아래는 1920년 국제 여성의 날에 레닌이 연설한 내용인데(거의 전문을 인용하다시피 했다), 그의 견해를 압축적으로 그리고 분명히 보여 준다.

자본주의는 형식적 평등과 경제적 불평등을, 따라서 사회적 불평등을 서로 결합합니다. 이것은 자본주의의 주요 특징 가운데 하나입니다. 부르주아지의 지지자들은, 즉 자유주의자들은 이 사실을 교묘하게 은폐하고, 프티부르주아 민주주의자들은 그것을 이해하지 못합니다. … 그러나 자본주의는 심지어 형식적 평등(법 앞의 평등, 잘 먹는 사람들과 굶주린 사람들의 '평등', 유산자와 무산자의 '평등')의 문제에서조차 결코 일관될 수 없습니다. 그리고 이런 비일관성을 가장 분명히 보여 주는 것 하나가 바로 남성보다 낮은 여성의 지위입니다. 단 하나의 부르주아 국가도, 심지어 가장 진보적인 민주주의 공화국조차도 [여성에게] 완전한 평등권을 보장하지 않았습니다.

그러나 러시아 소비에트 공화국은 여성의 법률적 지위에서 모든 불평등의 흔적을 지체 없이, 그리고 **예외 없이** 지워 버리고 여성에게 완전한 법률적 평등을 보장했습니다.

한 사회의 문화 수준은 여성의 법률적 지위에서 가장 잘 드러난다는 말이 있습니다. 이 말은 심오한 진실의 일면을 보여 줍니다. 이런 관점에서 보면 오직 프롤레타리아 독재만이, 오직 사회주의 국가만이 더 높은 수준의 문화를 이룩할 수 있고 실제로 그것을 이룩했습니다. 그러므로 최초의 소비에트 공화국 창건(과 강화)은, 그와 함께 코민테른 창건은 필연적으로 노동하는 여성들의 운동에 새롭고 전례 없이 강력한 자극을 줄 것입니다.

왜냐하면 자본주의에서 직간접적으로, 이렇게 저렇게 억압받는 사람들이 보기에는 바로 소비에트 체제가, 오직 소비에트 체제만이 민주주의를 보장하기 때문입니다. 이 점은 [소비에트 체제의] 노동계급과 빈농의 지위를 보면 분명히 알 수 있습니다. 또 여성의 지위를 봐도 분명히 알 수 있습니다.

그러나 소비에트 체제는 **계급**을 폐지하기 위한, 경제적·사회적 평등을 실현하기 위한 최후의 결정적 투쟁을 나타냅니다. 우리에게 민주주의는 **불**

충분합니다. 심지어 억압받는 성[여성]을 위한 민주주의를 포함해서 자본주의에서 억압받는 모든 사람을 위한 민주주의조차도 불충분합니다.

노동하는 여성들의 운동은 단지 여성의 형식적 평등만이 아니라 경제적·사회적 평등을 위해 투쟁하는 것이 그 목표입니다. 주된 임무는 여성을 사회적으로 생산적인 노동에 끌어들이고 '가내노예제'에서 해방시키는 것, 즉 끊임없이 부엌일과 육아에 시달리며 무기력해지고 자존감을 잃어버린 상태를 벗어나게 만드는 것입니다.

그것은 사회체제와 관습을 급진적으로 개조해야 하는 장기적 투쟁입니다. 그러나 이 투쟁은 결국 공산주의의 완전한 승리로 끝날 것입니다.[360]

여성 억압이나 인종차별 등을 극복하고 뿌리 뽑으려면 자본주의를 전복해야 한다는 레닌(주의자들)의 견해는 너무 자주 여성이나 유색인종 등은 혁명이 일어날 때까지 '기다려야' 한다거나 아니면 혁명과 함께 여성차별과 인종차별은 '자동으로' 사라질 것이라는 견해로 곡해돼 왔다. 그러나 레닌(주의자들)의 견해는 결코 그런 것이 아니다. 레닌이든 어떤 진지한 레닌주의자든 여성이(또는 억압받는 다른 어느 누구도) 혁명이 일어날 때까지 '기다려야' 한다고 결코 주장하지 않았다. 자본주의에서는 모든 형태의 억압에 반대하는 투쟁이 시작될 것이고(틀림없이 시작된다), 이 투쟁들은 혁명의 중요한 요인이라고 주장했을 뿐이다. 그것은 단지 완전한 평등을 달성하는 것은 사회주의 혁명 없이는 불가능하다는 뜻일 뿐이다. 더욱이, 혁명은 완전한 해방의 필요조건일 수는 있지만 혁명 자체가 충분조건은 아니다. 앞서 인용한 레닌의 말처럼 "단지 여성의 형식적 평등만이 아니라 경제적·사회적 평등을 위한 투쟁"은 "장기적 투쟁"일 것이다.

오늘날 적용 가능성

사회주의자들은 모든 억압에 맞서 투쟁해야 한다는 레닌의 주장이 오늘날에도 적절하다는 것은 분명하다. 이 장의 서두에서 나는 지난 50여 년 동안 다양한 운동들이 중요한 구실을 했다고 말했다. 이 글을 쓰고 있는 2017년 2월에도 우리는 트럼프 반대 시위가 미국 전역과 어느 정도는 전 세계에서 벌어지는 것을 목격하고 있다. 이런 시위의 주된 초점은 그의 끔찍한 여성차별이었다(물론 그 시위들은 트럼프를 전체적으로 반대한다고 표명하기도 한다). 그래서 [대통령 취임식 날] 워싱턴에서는 수십만 명이 참가한 여성 행진이 벌어졌고, 다른 곳에서도 연대 행진이 벌어졌다. 둘째 초점은 트럼프의 공공연한 인종차별이었다. 그래서 트럼프가 무슬림 입국을 금지하고 난민을 거부하는 것에 반대하는 항의 물결이 일었다. 지금까지는 경제적 쟁점 때문에 사람들이 거리로 뛰쳐나온 것이 아니었다.

또, 모든 억압에 반대한다는 원칙이 지금은 일반적으로 대다수 노동운동과 노동조합운동에서, 그리고 대다수 좌파 운동이나 '진보' 운동에서 받아들여지고 있다는 것도 사실이다. 국제적으로도 그렇다. 물론 이것은 절대적이지 않고 앞으로도 그렇지 않겠지만,[361] 예컨대 1950년대와 그 직후의 상황, 즉 노동조합들이 인종차별, 여성 평등, 동성애자의 권리 등에 관해 정말로 후진적이고 반동적인 견해를 지니고 있는 경우가 매우 흔했던 때와 비교하면 엄청난 진보적 변화가 일어났다. 따라서 모든 억압에 반대해야 한다는 레닌의 주장은 1901년에는 선구적이었지만 이제 더는 진지한 좌파들 사이에서 논쟁의 대상이 되지 않는다. [그러나] "노동계급의 관점"으로 억압에 맞서 싸워야 한다는 레닌의 견해에 대해서는 그렇게 말할 수 없다. 반대로, 이 생각은 오늘날 '평등'을 옹호하는 많은 사람들한테 '이상하게', 거의 '기이하게' 들릴 것이고 확실히 '독단적' 주장처럼 들릴 것이다. 더욱이 이론적으로 그것은 지난 수십 년 동안 억압 반대 투쟁들을 지배한 다양한 이데올로기(자유주의, 분리주의, 정체성 정치, 특권 이론, 교차성)와 비판적 관계에 놓여 있다. 따라서 여기서 나는 이 문제에 초점을 맞출 것이다.

'평등'('법률적 평등', '기회의 평등' 등)을 위한 투쟁이 경제적 평등을 위한 투쟁이나 계급투쟁과 분리돼야 성공적으로 수행될 수 있다고 주장하는 자유주의적 견해는 대중성의 측면에서는 많은 '이점'이 있다. 이것은 지배계급과 대중매체를 가장 덜 위협하므로, 타협안을 도출해서 실질적 변화를 달성할 수 있는 최상의 전망을 제공하는 것처럼 보인다. 그것은 많은 시민·사회 운동가나 활동가에게 '상식'처럼 보이므로 그들은 흔히 그것에 동의하고 그것을 기꺼이 따른다. 심지어 그들의 개인적 또는 사적 견해가 그것보다 더 급진적일 때조차도 그런다. 그렇지만 역사적 사실들은 사뭇 다른 이야기를 들려준다. 1921년에 레닌은 다음과 같이 썼다.

종교, 여성의 권리 부정, 러시아인이 아닌 소수민족들의 불평등과 억압을 보자. 이것들은 모두 부르주아 민주주의 혁명의 문제들이다. 저속한 프티부르주아 민주주의자들은 8개월 동안 그것들에 대한 말만 늘어놨다. 세계 최고의 선진국 가운데 이 문제들이 **부르주아 민주주의 노선**에 따라 완전히 해결된 나라는 단 하나도 없다. 우리 나라에서는 이 문제들이 10월 혁명의 입법화로 완전히 해결됐다.[362]

2017년에도 이것은 여전히 사실이다. 미국은 당연히 가장 중요한 사례다. 240년 전에 "모든 인간은 평등하게 태어났다"는 원칙을 바탕으로 건국했지만, 미국은 아직도 인종차별과 여성차별이 넘쳐 나는 나라다. 미국의 선거법은 여전히 다수의 흑인과 빈민이 투표를 하지 못하게 막고 있다. 미국의 사법제도는 지구상의 어떤 나라보다 더 높은 비율로 주민을 감옥에 가둬 두고 있으며, 특히 흑인의 수감률은 유별나게 높다. 미국의 경찰은 자주 사람들에게, 특히 흑인들에게 총을 쏘지만 그래도 처벌받지 않는다. 미국은 여전히 자유롭고 안전하고 합법적인 낙태(러시아 혁명이 이미 1920년에 달성한 것)나 동성결혼의 보편적 권리를 확립하는 것과는 거리가 멀고, 미국에서 선거로 뽑힌 대통령은[363] 선거운동 기간에 성차별주의를 노골적으로 드러내고 여성을 성추행한 경험을 자랑스레 떠벌리는 작자다. 그러나 미국만 그런 것이 아니라, 부르주아 민주주의 세계 전체가 그 점에서는 마찬가지다. 내가 사는 아일랜드 공화국도 여전히 낙태가 헌법으로 금지돼* 있고, 교육제도는 여전히 단 하나의 종교적 교파, 즉 가톨

---

* 그 후 낙태죄에 반대하는 대규모 운동이 벌어져 2018년 헌법의 낙태 금지 조항이 폐지됐다.

릭이 지배하고 있다.[364] 프랑스는 프랑스 대혁명의 무대였고 현대 민주주의의 발생지이지만, 무슬림에 대한 엄청난 인종차별과 차별적 법률이 존재하고, 파시스트 조직인 국민전선의 마린 르펜이 2017년 5월 치러진 대통령 선거 결선투표에 진출하기도 했다. 다른 몇몇 나라에서도, 특히 헝가리·오스트리아·네덜란드 등지에서 파시스트와 극우 세력이 성장하고 있다. 요컨대, 자유민주주의는 자체 기준으로 보더라도 이런 '평등' 문제들을 다루는 데 비참하게 실패했다. 어디서나 남성과 여성의 평균임금 사이에는 성별 격차가 있다.

자유민주주의가 이렇게 실패한 데는 심각한 구조적 이유들이 있다. 자본주의 사회처럼 경제적 불평등에 바탕을 둔 사회, 즉 생산수단을 소유하고 통제하는 사람들과 그러지 못하는 사람들 사이의 불평등에 바탕을 둔 사회는 '기회의 평등'을 실현할 수 없다. 억만장자의 자녀와 가난한 집안의 자녀 사이에 기회의 평등은 존재하지도 않고 존재할 수도 없다. 법률이야 어떻든, 억만장자의 자녀는 건강, 교육, 주거 환경, 문화, 취업 기회, 연줄 등 인생의 기회를 좌우하는 모든 것에서 가난한 집안의 자녀보다 1000배나 더 유리하다.

그리고 심각한 불평등이 특징인 [사회]체제는 다른 많은 위계 구조와 불평등으로 지탱되고 거기서 이득을 얻는다(더 정확히 말하면 그 지배계급이 이득을 얻는다). 모든 사회 영역이 더 위계적으로, 더 불평등하게 조직될수록(학교, 병원, 대학, 사무실, 공장, 사회복지 기관, 군대 등) 지배계급은 이런 기관들 안에서 또 그것들을 통해서 자신의 의지를 더 많이 강요할 수 있고, 자본가계급과 노동계급 사이의 근본적 불평등을 더 많이 은폐할 수 있고, 그 불평등을 인간 본성 탓으로 돌리기도 쉬워진다. 지배계급이 한 부류의 사람들, 예컨대 이주 노동자들은 다른 사람들보다 기본권을 누릴 자격이 적다고 주장할 수 있는 한, 그들을 더 손쉽게 착취할 수 있는 값싼 노동[력]으로 만들기도 용이해진다. 지배계급이 여성을 '근본적으로 어머니와 주부'로 묘사하고 가족을 사회의 토대로 묘사할 수 있는 한, 많은 가사 노동과 육아 노동을 공짜로 얻을 수 있을 뿐 아니라 작업장에서 여성을 더 값싸고 더 취약한 노동 원천으로 이용해서 이득을 챙길 수도 있다.

게다가, 계급 분열과 극심한 경제적 불평등에 바탕을 둔 체제를 관장하는 자들은 자신들이 착취하는 사람들을 서로 적대하게 만드는 것이 자신들에게 유리하다는 사실을 알고 있다. 마르크스는 이것이 19세기 영국에서 아일랜드 노동자들에게 어떤 효과를 냈는지 탁월하게 분석한 바 있다.

영국의 공업·상업 중심지에서 노동계급은 어디서나 한결같이 서로 적대하는 두 진영, 즉 영국 프롤레타리아와 아일랜드 프롤레타리아로 나뉘어 있다. 평범한 영국 노동자는 아일랜드 노동자를 자신의 생활수준을 낮추는 경쟁자로 보고 미워한다. 영국 노동자는 아일랜드 노동자와 달리 자신은 **지배** 민족의 일원이라고 생각하고, 그래서 아일랜드를 억압하는 영국 귀족과 자본가의 도구 노릇을 한다. 따라서 **자신**에 대한 귀족과 자본가의 지배를 스스로 강화하는 셈이다. 영국 노동자는 아일랜드 노동자에 대해 종교적·사회적·민족적 편견을 품고 있다. 영국 노동자의 이런 태도는 마치 미국 남부의 옛 노예주州들에서 '가난한 백인들'이 '흑인들'을 대하던 태도와 거의 같다. 그러면 아일랜드 노동자는 원금에 이자까지 덧붙여서 보복한다. 그는 영국 노동자가 아일랜드의 영국인 지배자들과 한패이고 그들의 멍청한 도구라고 생각하는 것이다.

이런 적대는 언론, 교회, 만화 신문, 한마디로 지배계급의 뜻대로 움직이는 모든 수단에 의해 인위적으로 유지되고 강화된다. 이런 적대는 영국 노동계급이 조직돼 있는데도 무기력할 수밖에 없는 비밀이다. 이것이 자본가계급이 권력을 유지하는 비밀이다. 그리고 자본가계급은 이 사실을 잘 알고 있다.[365]

여기서 설명한 방식, 즉 분열시켜 지배하는 방식은 제국주의와 자본주의의 특징이다. 그것은 북아일랜드의 프로테스탄트 노동자와 가톨릭 노동자 사이의 적대감이든, 힌두교도와 무슬림 사이의 적대감이든, 중동의 수니파와 시아파 노동자 사이의 적대감이든 세계 도처에서 찾아볼 수 있다. 분열시켜 지배할 필요성 외에, 희생양으로서 유용성도 있다. 주택은 왜 부족한가? 편모·난민·외국인·집시 등이 주택을 모두 차지하고 있기 때문이다. 경제 위기는 왜 일어나는가? 은행가, 금융 투기꾼, 자본가 때문인가? 아니다! 유대인 은행가, 유대인 금융업자, 유대인 자본가 때문이고, 로스차일드 가문과 조지 소로스 때문이다.

여기서 작용하는 상쇄 경향을 고려할 필요가 있다. 정상적 시기에 자본가계급은 값싼 노동의 원천과 위계 구조들을 원하지만, 어느 정도 사회적 안정도 원하고 실제로 이민자와 '외국인들'이 필요하기도 하다. 일상적 시기에 미국의 흑인들을 공공연한 반란으로 몰아가는 것은 미국 지배계급에게 이롭지 않고, 영국의 아시아계 주민을 모두(그와 함께 이제는 강력한 중국·인도 부르주아지가 포함된 아시아계 부르주아지를) 소외시키는 것은 영국 부르주아지에게 이롭지 않다. 여성이나 다른 피억압 집단들도 마찬가지다. 따라서 자본가계급은 인종차별과 여성차별 등이 필요한 동시에, 인종차별에 반대하고 '형식적 평등'을 지지한다는 선언에서 득을 보기도 한다. 그러므로 그들은 그런 공개적 [평등] 선언과 분열시켜 지배하는 방식 사이에서 균형이나 긴장을 유지할 필요가 있다(피억압 집단 사이의 적대감이 너무 달아오르지 않게 안전한 수준으로 유지하다가 필요할 때는 써먹을 수 있어야 하는 것이다). 정치인들과 대중매체는 이렇게 두 마리 말을 타는 데 달인들이다. 그러나 1930년대와 2007~2008년처럼 체제가 심각한 경제 위기에 빠지면 희생양을 찾을 필요성이 커지고, 그러면 언제나 정치적 모험가들과 때로는 노골적 파시즘 운동이 전면에 나서서 증오를 부추긴다. 트럼프·패라지·르펜·빌더르스* 등이 지금 하고 있는 것처럼 말이다.

이 중에 어떤 것도 순조로운 과정이나 기계적 과정이 아니다. 지배계급 내에는 일정한 분업(데이비드 캐머런과 보리스 존슨, 〈데일리 익스프레스〉와 〈타임스〉와 〈가디언〉 등)뿐 아니라 많은 갈등과 다툼도 있다. 지금 미국에서 트럼프와 그의 [무슬림] 입국 금지 조치를 두고 갈등과 다툼이 벌어지는 것을 보면 알 수 있듯이 말이다. 그러나 대체로 보면 자본주의적 '자유'민주주의가 심한 편견과 인종차별, 젠더

---

* 나이절 패라지는 영국 독립당의 대표였다가 현재 브렉시트당의 대표가 된 극우 정치인이고, 헤이르트 빌더르스는 극우 정당인 네덜란드 자유당의 대표다.

억압 등을 극복하겠다는 약속을 정말로 이행할 가능성은 전혀 없다. 오직 [자본주의] 체제를 근절하는 것만이 그럴 수 있는 방법이다.

언뜻 보기에는 분리주의가 자유주의보다 훨씬 더 급진적인 듯하다. 분리주의는 앞서 말한 유대인 분트 사례가 보여 주듯이 다양한 시대에 다양한 형태를 취했다. 최근에 분리주의가 구체적으로 나타난 주요 형태는 흑인 운동과 이후 1960년대와 1970년대 미국에서 시작되고 나중에 다른 나라들에서도 모방되고 받아들여진 여성운동에서 찾아볼 수 있다. 당시의 시대정신에 따라 분리주의자들은 매우 급진적인 언어를 사용하면서, 흑인 혁명이나 여성 혁명 또는 페미니즘 혁명을 선언했다.[366]

왜 분리주의가 그때 발전했는지를 이해하기는 어렵지 않다. 흑인 운동의 경우에 그것은 다음과 같은 요인들의 산물이었다. 첫째, 미국에는 노예제의 유산인 린치와 짐 크로 법을[*] 포함해서 흑인에 대한 오랜, 그리고 매우 지독한 인종적 억압이 있었다. 둘째, 남부에서든 북부에서든 자유주의적 인종차별 폐지론자들의 비폭력 전략이 인종차별을 폐지하는 데 실패했고, 평화적 공민권운동에 대해 백인 사회는 (분리주의자들이 보기에) 폭력적으로 반응했다. 셋째, 그런 운동을 경험하면서 급진화한 새로운 흑인 세대의 조급증과 분노가 커져 갔는데, 학생비폭력조정위원회SNCC의 스토클리 카마이클 같은 사람

---

[*] 짐 크로 법Jim Crow Law은 미국 남북전쟁 이후의 재건 시기가 공식적으로 끝난 1877년부터 강력한 공민권운동이 전개된 1960년대까지 남부에서 효력을 발휘한 인종차별법의 통칭이다. 짐 크로는 백인이 흑인으로 분장하고 춤과 음악, 촌극 등을 섞어서 공연한 쇼의 주인공 이름으로 나중에 흑인을 경멸하고 비하하는 표현이 됐다.

들이 전형적 사례였다. 넷째, 인종차별 문제에서 미국의 노동운동은 일반적으로 수동적 태도를 취했고, 때로는 공모하기까지 했다.[367]

미국 여성해방운동의 경우에 분리주의 경향은 대체로 공민권운동이나 베트남전쟁 반대 운동, 학생운동에서 조직적 활동을 하던 급진적 여성들의 경험에서 생겨났고, 당시 그런 운동들에 존재하던 매우 여성차별적인 분위기 때문에 강력해졌다. 예컨대, 흑인 운동에서 여성의 지위를 묻는 질문에 대한 스토클리 카마이클의 악명 높은 답변을 보라. "우리 운동에서 여성의 지위는 엎드린 자세다."* 1960년대의 운동들에 여성차별적 태도와 행동이 널리 퍼져 있었던 것 자체가 여러 요인의 산물이었지만, 그중 하나는 미국 좌파가 역사적으로 허약했다는 것과 여성해방에 관한 초창기 사회주의 전통이 거의 완전히 퇴색했다는 것이었다.

그러나 아무리 이해할 수 있다손 치더라도, 전략으로서 분리주의는 근본적 결함이 있다. 흑인 분리주의의 경우에 간단한 사실은 아프리카계 미국인들이 미국 사회의 소수, 즉 인구의 약 14퍼센트에 불과하다는 것이다. 모든 아프리카계 미국인이 한 명도 빠짐없이 투쟁에 나섰다고 하더라도(이것 자체도 결코 일어날 법하지 않은 일이지만), 흑인 혁명으로 '백인'의 지배나 '백인 자본가의 지배'를 전복하는 것은 그냥 불가능했다. 현실에서 흑인 혁명을 추구하는 분리주의 전략은 미국 자본주의 국가에 패배할 것이 뻔한 방안이었을 뿐이다.

---

* 지위를 뜻하는 단어 position에는 '자세'나 성행위의 '체위'라는 뜻도 있다는 것을 이용해 말장난한 것이다.

그리고 실제로 일어난 일도 물론 그것이었다. 일부 흑인 혁명가들은 흑인들이 따로 만든 혁명적 조직이 (다수의) 다양한 인종의 혁명을, 말하자면 외부에서 또는 위로부터 지도할 수 있기를 바랐다. 그러나 이것은 과거나 지금이나 매우 비현실적인 생각이다. 그런 분리주의 조직은 지역사회나 작업장에서 흑인이 아닌 노동계급 다수와 실질적 관계를 확립하기 위한 정치와 간부, 기반이 없을 것이다. 공교롭게도, 여기서 우리는 볼셰비키·분트와 비슷한 점을 찾아볼 수 있다. 1903년에 분트는 러시아 사회민주노동당보다 조직원 수가 훨씬 많았다. 유대인 노동계급에 비해서도 그랬고, 절대적 숫자로도 그랬다. 그러나 1905년이나 1917년에 러시아 혁명을 실제로 지도하게 됐을 때, 분트는 경쟁자도 되지 못했다. 유대인 혁명가들, 예컨대 트로츠키·카메네프·지노비예프·스베르들로프 등은 혁명의 지도부에서 중요한 구실을 했지만(트로츠키는 결정적 구실을 했다), 분트의 조직원이 아니라 볼셰비키 당원으로서 그랬다.

여성에 관한 한, 남성의 지배에 대항해서 여성들이 따로 혁명을 일으키는 것이 수학적으로 불가능한지는 확실하지 않았지만(여성이 인구의 50퍼센트 이상을 차지했으므로), 여성들만의 혁명은 과거에도 그랬고 지금도 여전히 현실적 가능성이 없다. 혁명이 일어나면 비무장의 경제적 약자인 대중이 엄청난 경제적·군사적 자원을 가진 지배계급과 대결하게 된다. 그 대결에서 대중이 승리할 수 있으려면 그들이 압도 다수여야 한다. 심지어 대중이 다수일 때조차 국가의 물리력과 상투적 방식으로 대결해서는 승리할 수 없다. 국가의 물리력을 대중 편으로 획득하거나 적어도 중립화하지 못한다면 말이다. 인구의 51퍼센트인 여성이 인구의 49퍼센트인 남성에 대항해서 일으키는 혁명에서는 남성이 압도적으로 우세한 경제적·정치적·군사적 힘을 갖고 있기 때문에 그 혁명은 과거에도 그랬고 지금도 여전히 성공할 가망이 없다. 심지어 '모든' 여성이 계급을 초월하고 정치를 초월해서 단결할 수 있다고 하더라도 그렇다(그러나 그런 일은 일어날 수 없다). 이 마지막 요점은 파리코뮌부터[368] 마거릿 대처, 앙겔라 메르켈, 테리사 메이, 마린 르펜에 이르기까지 수많은 역사적 경험으로 입증됐다.

이런 엄연한 현실은 급진적 언사로 가려질 수 있었고, 한동안 그런 급진적 언사가 매우 많았다. 그러나 결국 실행 가능한 또는 현실성 있는 혁명적 전망이 전혀 없다는 점 때문에 혁명적 분리주의는 개혁주의적 분리주의로 진화했다. 그러나 직접적·제한적 개혁을 쟁취한다는 면에서 보더라도 분리주의는 결코 효과적인 전략이 아니었다. 어떤 구체적 운동에서도 분리주의는 운동의 [대중] 동원 능력을 최대한 확대하기보다는 오히려 제약하고 제한했다.

더욱이, 분리주의는 그 내재적 논리 때문에 파편화와 자기 제한[적 전략]을 부추겼다. 만약 백인들의 인종차별 때문에 아프리카계 미국인들은 백인들과 따로 조직해야 한다면, 남성들의 성차별 때문에 여성들은 남성들과 따로 조직해야 한다면, 흑인 여성들은 어떻게 조직해야 하는가? 분명히 그들도 따로 조직해야 할 것이다. 또, 흑인 여성들 사이에는 동성애 혐오가 있을지도 모르므로 레즈비언 흑인 여성들의 분리된 조직이 필요할 것이다. 이런 식의 분리는 한없이 이어질 수 있다.

혁명적 분리주의가 개혁주의적 분리주의로 무너져 내린 것과 파편화의 논리가 맞물린 결과로 나타난 것이 '정체성 정치'였다. 정체성 정치는 대체로 완전히 분리된 조직을 만든다는 생각을 포기하고 통합적 조직들(개혁주의 정당과 좌파 정당, 노동조합, 엔지오, 심지어 교육제도와 그 밖의 국가기관) 안에서 활동하는 것을 지지했지만, 그 바탕에 깔린 누군가의 '정체성'은 아프리카계 미국인이나 여성, 흑인 여성, LGBT 여성, 유색인 LGBT 여성 등등이었다.

정체성 정치는 엄밀한 의미에서 이론이라기보다는 실천이었다. 그것의 이론적 뿌리가 있었다면, 십중팔구 막스 베버의 주장, 즉 사회적 행동의 토대로서 계급보다는 '지위'나 사회적 위신이 더 중요하다는 주장과,[369] 수많은 대학교 사회학 강의를 통해 전수되고 (앞서 3장에서 살펴봤듯이) 푸코에게 영향을 미친 니체의 역사관, 즉 역사를 끝없는 권력투쟁의 작용으로 보는 견해, 그리고 계급투쟁을 마르크스주의의 거창한 이야기, 이른바 거대 서사라며 거부하고 '개인적 이야기'를 지지하는 포스트모더니즘이었을 것이다.[370]

정치적 실천으로서 정체성 정치는 개인들이 이론적 또는 정치적 소속이나 제휴 관계가 아니라, 인종과 젠더, 성적 지향 등으로 규정된 개인적 환경과 출신을 자기 활동과 세계관의 **토대**로 삼는 것을 수반했다. 다시 말해, 개인들이 경험한 억압이나 억압들이 특히 중요했다. 이것은 모임이나 회의에서 발언할 때 "노동계급 레즈비언으로서" 또는 "아일랜드계 미국인으로서 말씀드리겠습니다" 하고 말문을 여는 방식에서 찾아볼 수 있다. 정체성 정치의 언어에서는(정체성 정치는 언어를 엄청나게 강조한다), 로자 룩셈부르크가 마르크스주의자이자 혁명적 사회주의자로 보이지 않고 무엇보다도 폴란드 출신의 유대인 장애인 여성으로 보일 것이고 룩셈부르크 자신도 그렇게 봤을 것이다.

억압에 맞서 싸우는 전략으로서 정체성 정치는 점점 더 자본주의를 전복하는 데 초점을 맞추는 것이 아니라, 각각의 피억압 집단들이 체제의 구조들(국회, 지방의회, 대학 강단, 병원 이사회, 경찰서 등) 안에서, 또 좌파의 구조들(노동조합 위원회, 집회·시위 연단, 모임의 발언자 명단, 정당의 위원회 등) 안에서도 공정하게 대표되도록 하는 데 초점을 맞췄다. 이것은 사실 정당하고 진보적인 대의명분이었다. 여성 국회의원과 연사가 더 많아져야 하고 흑인 교수와 의사 등이 더 늘어나야 한다는 것은 옳았다. 그러나 전략으로서 정체성 정치는 지극히 제한적인 개혁주의, 일종의 최소주의적 개혁주의였고, 개인들의 출세 전략에 딱 들어맞아서 서로 융합하는 경향이 있었(는데, 특히 학계에서 그랬)다.

이것은 중요한 문제를 제기한다. 흑인 시장과 여성 국회의원이 선출되고 '소수자'가 교수로 또는 유색인이 경찰서장으로 임명된다고 해서 실제로 상황이 얼마나 개선되는가? 또는 '평범한' 대중, 즉 노동계급, 여성, 흑인, LGBTQ 사람들의 억압이 얼마나 완화되는가? 긍정적 효과가 전혀 없다고 말할 수는 없겠지만, 역사적 경험을 보면 그 효과가 미미하고 경제 상황 악화 같은 다른 요인들로 말미암아 아주 쉽게 뒤집어진다는 것을 매우 분명히 알 수 있다. 가장 분명한 사례는 버락 오바마가 미국 최초의 흑인 대통령으로 선출됐지만, 미국 흑인들의 빈곤율과 교도소 수감률, 경찰 손에 죽은 흑인의 비율에는 아무 영향도 없었다는 것이다. 마거릿 대처(와 지금의 테리사 메이)가 영국 총리로 선출된 것도 영국 노동계급 여성의 삶에는 아무 영향을 미치지 못했다. 그보다 더 하급의 국가기구와 사회적 기구에 ['소수자'나 유색인이] 임명되는 것도 마찬가지다. 여기서 핵심적으로 대조되는 것은 피억압 집단들이 집단적 대중투쟁(공민권운동, 여성운동, 장애인 운동, 동성애자 해방운동과 나중의 LGBT 운동)을 통해 얻어 낸 실질적 성과다. 후자는 비록 여전히 제한적이기는 하지만 훨씬 더 실질적이었다.

특권 이론과 교차성 [이론]은 정체성 정치가 발전한 것이자, 정체성 정치와 똑같은 지반 위에 서 있다. 어찌 보면 특권 이론은 백인·이성애자·비수감자 등이 '노력하지 않고 얻은' 다양한 이점에 초점을 맞춘다는 점에서, 자본주의 사회에서 억압받는 사람들이 경험하는 현실을 합리적으로 묘사한다고 할 수 있다. 슈퍼마켓에서 일하는 흑인 노동자는, 똑같은 일을 하는 백인 동료가 승진할 가능성이 더 높고 계산대에서 욕먹을 가능성은 더 낮고 [길을 가다 불심검문에 걸려] 체포당할 가능성도 낮고 만약 둘이 똑같이 체포당한다면 교도소에 갈 가능성도 더 낮다는 사실을 모를 리 없다. 마찬가지로, 똑같은 슈퍼마켓에서 일하는 여성 노동자는 남성 노동자보다 자신이 승진할 가능성은 더 낮고 성희롱당할 가능성은 더 높다는 사실을 잘 알 것이다. 또, LGBTQ 청소년은 이성애자 청소년이라면 겪지 않을 '동성애자 괴롭히기'와 왕따에 시달리기 쉽고 자살할 가능성도 높다. '특권'이라는 말이 이런 상대적 이점을 가장 잘 묘사하는 것인지 아닌지는 확실히 논란의 여지가 있지만, 현실의 다양한 경험은 결코 부인할 수 없다.

그러나 분석과 전략으로서 특권 이론은 심각한 약점이 있다. 첫째, 현존하는 다양한 이점과 특권을 묘사하지만, 이런 이점과 특권의 구조적·물질적 뿌리는 이해하지 못한다. 둘째, 사람들을 분열시킬 수 있는 비교적 사소한 이점과 사회의 근본적 [계급] 분열 사이의 차이를 제대로 파악하지 못한다. 셋째, 억압을 폐지하기 위해 억압자의 의식과 양심에 호소하는 방식에 지나치게 의존한다. 예컨대, "당신의 특권을 생각해 보라!"는 명령이 그렇다. 이것은 좌파 운동권 내부에서나 대학 캠퍼스에서는 어느 정도 효과가 있을지 모르지만, 기업의 경영진이나 국가 관리, 경찰서장, 군 장성 같은 중요한 억압자들에게 사용될 때는 전혀 효과가 없을 것이다. 넷째, "당신의 특권을 생각해 보라!"고 주문을 외듯이 하는 말은 바로 좌파 운동권이나 대학 캠퍼스에서도 정치적 논쟁을 대신하는 구실로 오·남용되기 쉽다. 그래서 '특권을 가진' 사람이 아무리 올바른 주장을 해도 일축해 버리고 '억압받는 사람'의 설득력 없는 주장을 지지할 수 있는 것이다. 다섯째, 개인적 특권을 강조하다 보면 단결과 연대가 절실히 필요할 때 억압받는 사람들과 착취당하는 사람들 사이의 분열에 초점을 맞출 수 있다.

앞서 예로 든 슈퍼마켓에서 일하는 흑인과 백인, 남성과 여성, 이성애자와 동성애자 노동자들은 이 점을 아주 잘 보여 준다. 앞서 지적했듯이, 이 노동자들은 '특권'의 정도 차이가 클 것이라는 점(과 또 내가 거론하지 않은 많은 차이, 예컨대 장애 유무, 나이, 체구 등의 차이가 있을 것이라는 점)은 사실이다. 또, 그런 많은 차이 때문에 이 노동자들 사이의 단결이 어려울 수 있다는 것과 그 슈퍼마켓에서 일하는 사회주의 노동자의 임무는 그런 이점에 바탕을 둔 모든 편견이나 억압적 행위에 대항하는 활동이라는 것도 사실이다. 그렇지만 이 모든 활동의 **목표**는 모든 슈퍼마켓 노동자가 단결해서 슈퍼마켓 사장에게 대항하는 것이다. 왜냐하면 그런 단결이 이뤄지지 않는다면 슈퍼마켓 사장은 **모든** 노동자를, 즉 흑인이든 백인이든 남성이든 여성이든 이성애자든 LGBTQ든 장애인이든 아니든 다 업신여기고 함부로 대할 수 있을 것이기 때문이다.

교차성 개념은 1989년에 흑인 페미니스트 학자인 킴벌리 윌리엄스 크렌쇼가 제기했다. 주로 흑인 여성의 상황에 일차적 관심이 있었던 이 개념은 어떻게 서로 다른 정체성과 억압 체제들이(이 경우에는 인종차별과 여성차별이) 교차하고 겹쳐서 독특한 정체성(흑인 여성)을 만들어 내는지를 살펴봤다. 원래 법률적·학술적 맥락 속에서 새로운 '사고방식'이나 이론적 틀로 제기된 교차성 개념은* 오랫동안 사용되지 않다가 최근에야 말하자면 '공개'됐고 훨씬 더 광범한 사람들에게 받아들여지기 시작했다(특히 좌파들 사이에서 그랬다). 분명히 교차성 개념의 범위는 인종차별과 여성차별이 겹치는 것에 국한되지 않고 모든 사회적 억압에 적용될 수 있다. 또, 특권 이론과 마찬가지로 교차성 개념도 확인된 경험적 현실과 결부돼 있고 그 현실을 묘사한다는 것도 분명하다. 아시아계 동성애자 장애인 남성이나 레즈비언 흑인 여성 또는 라틴계 노동계급 트랜스젠더 여성은 저

---

* 법학 교수인 크렌쇼가 제너럴모터스GM에서 해고당한 흑인 여성들의 소송사건에서 착안한 개념이 교차성이었다.

마다 상호 강화하는 다양한 억압에 시달리기 마련이다. 더욱이, 분리주의나 다른 형태의 정체성 정치나 특권 이론과 비교하면 교차성 개념은 연대를 훨씬 더 용이하게 해 준다. 즉, 교차성 개념을 이용하면 다음과 같이 말할 수 있는 것이다. "흑인이든 백인이든 여성이든 성소수자든 장애인이든 우리는 모두 교차하는 억압들로 고통받고 있으므로 서로 단결해야 한다." 이런 정신은 도널드 트럼프 취임식 날 벌어진 대규모 항의 시위에서 분명히 찾아볼 수 있었다.[371]

이렇게 교차성 개념은 사회주의적 입장과 가깝거나 가까워질 수 있지만, 그래도 여전히 레닌주의적 태도와는 상당한 차이가 있다. (다른 형태의 정체성 이론들과 마찬가지로) 교차성 이론에서도 사회 계급의 억압은 (비록 부정되지는 않지만) 여러 형태의 억압 가운데 하나일 뿐이고 많은 정체성 가운데 한 측면일 뿐이다. [그러나] 마르크스와 마찬가지로 레닌에게도 계급은 가장 중요한 범주였고,[372] 앞서 봤듯이 모든 억압에 반대해야 하는 이유를 제공한 것은 바로 노동계급의 관점이었다. 정체성 정치를 옹호하는 사람이라면, 이것이 노동계급에게 '특권을 부여하는' 부당한 처사라고 생각할 것이다.[373]

이 문제를 분석하려면, 계급 범주와 인종, 젠더, 젠더 정체성, 성적 지향, 장애 등 우리가 다루는 그 밖의 범주들 사이에 일정한 기본적 개념 차이가 있다는 점을 주의해야 한다. 마르크스가(그리고 레닌도) 사용한 계급이라는 범주는 착취하는 사회적 생산관계의 존재에서, 즉 인간 사회의 핵심 활동이 조직되는 방식에서 직접 그리고 필연적으로 도출된다. 제프리 디스티 크로익스가 썼듯이, "계급은 (본질적으로 하나의 관계인데) 착취라는 사실의 집단적·사회적 표현이다."[374] 따라서 젠더 평등이나 인종 평등이나 LGBTQ 평등을 말하거나 요구하는 식으로 계급 평등을 말하거나 생각할 수는 없는 법이다. 개념으로서 그리고 현실로서 사회 계급은 다른 계급들과의 불평등하고 적대적인 관계를 전제하는 것이고, 따라서 '계급 간의 평등'은 근본적으로 앞뒤가 안 맞는 말이다.

이렇게 착취와 관련지어 살펴보면, 노동계급이라는 범주는 다른 범주들이 배제하는 것을 포함하고 다른 범주들이 포함하는 것을 배제한다는 사실을 알 수 있다. 그래서 노동계급 범주, 특히 국제적으로 살펴본 노동계급 범주에는 흑인 노동자, 아시아계 노동자, 여성 노동자, 흑인 여성 노동자, LGBTQ 노동자 등이 모두 포함되지만, 흑인 자본가나 여성 자본가 등은 포함되지 않는다. 이와 달리 흑인이나 여성이라는 범주에는 흑인 자본가나 여성 자본가가 포함되지만 백인 노동자나 남성 노동자는 포함되지 않는다. 기타 등등. 확실히 이런 개념적 차이에 따른 배제가 운동이나 캠페인에서 사람들을 물리적으로 배제하는 것과 반드시 일치하는 것은 아니지만 전략의 차이를 낳는 것은 사실이다. 노동계급 관점은 정체성 정치가 흔히 분열시키는 사람들을 투쟁을 통해 단결시키는 경향이 있는 반면, 정체성 정치는 [노동]계급 정치가 분열시키려고 하는 사람들을 서로 단결시키려고 한다.

문제는 특정 억압에 반대하는 직접적 투쟁뿐 아니라 더 광범한 사회변혁을 위해서도 어떤 전략적 방향이 더 현실적이고 더 효과적인가 하는 것이다. 노동계급 관점, 즉 레닌의 견해를 지지하는 핵심 주장은 그것이 사람 수와 사회적 능력의 면에서 잠재력을 극대화한다는 것이다. 예컨대, 노동계급 관점은 대중 파업이나 총파업, 광범한 작업장 점거의 가능성을 제공한다. 이에 반대하는 주장은 그것이 순전히 추상적 가능성이라는 것이고, 현실에서 노동계급은 인종차별, 여성차별, 동성애 혐오, 협소한 경제주의적 이기심에 깊이 물들어 있기 때문에 그런 가능성이 실현될 합리적 전망은 결코 존재하지 않는다는 것이다. 특히, 억압받는 사람들을 위해서 노동계급이 그렇게 할 가능성은 없다고 한다. 따라서, 그리고 그사이에 각각의 피억압 집단은 스스로 조직해서 자기 일에 전념하는 것 말고는 대안이 없다는 것이다.

이에 대해서는 다음과 같이 답변할 수 있을 것이다. 노동계급 사이에서 인종차별과 여성차별을 비롯한 온갖 종류의 심한 편견을 찾아볼 수 있다는 것은 확실히 사실이다. 그렇지 않다면 그들은 탄압받고 착취당하고 소외되고 자본주의 대중매체의 공세에 시달리고 대체로 부르주아 이데올로기의 헤게모니 아래 있는 계급이 되지도 않았을 것이다. 그러나 그 정도를 과장해서는 안 된다. 노동계급보다는 중간계급이나 지배계급 사이에서 다양한 종류의 편견이 우세하다는 것을 보여 주는 역사적 증거가 많고 그 점은 오늘날도 마찬가지다. 특히, 조직 노동계급 사이에서 그런 편견은 훨씬 약하다.

이 점을 분명히 하기 위해, 인종차별과 관련지어 영국 노동운동의 역사를 잠시 살펴보자. 노동조합은 영국 노동계급의 가장 큰 대중조직이고 노동당의 주요 조직적·재정적 후원자이며, 노동계급 사람들의 다수는 노동당에 투표하는 경향이 있다는 것은 오랫동안 영국 정치의 근본적 사실이었다. 이와 달리 보수당은 정치자금을 주로 대기업에서 얻고 상층 중간계급과 지배계급 다수의 지지를 받는다. 그런데 사회주의적 관점에서 보면 노동조합과 노동당은 모두 인종차별 문제와 관련해서 자주 중죄를 저질렀다(하지 말아야 할 짓을 하고 해야 할 일을 하지 않은 죄를 모두 저질렀다). 그러나 대체로 노동조합과 노동당이 보수당보다 더 진보적이라는 것은 결코 부인할 수 없는 사실이다. 자기 대열 안에 노골적 우파 인종차별주의자들을 한결같이 숨겨 준 것은 바로 보수당이었다(예컨대, 이녁 파월,* 먼데이클럽,** 나중의 영국 독립당 지지자들, 로디지아와*** 남아공의 인종차별적 아파르트헤이트를 공공연히 지지한 자들). 반면에, 노동당은 인종차별에 강력하게 반대한 버니 그랜트, 다이앤 애벗, 제러미 코빈 같은 정치인들의 본거지였다. 마찬가지로, 노동조합운동은 흔히 인종차별 반대 운동을 지원했고 때로는 인종차별에 반대해서 [조합원들을] 적극적으로 동원했다. 이런 사실들은 보수당과 노동당·노동조합의 계급 기반 안에 있는 인종차별의 정도가 서로 다르다는 것을 반영한다.

이런 차이는 다른 억압 쟁점들에도 적용된다. 1967년에 동성애를 합법화한 것은 노동당 정부였고, 1988년에 동성애를 억압하는 [지방정부법] 28조를 도입한 것은 보수당이었다. 1967년에 낙태를 합법화한 것은 노동당이었고, 그것을 방해하는 주된 압력은 보수당에서 나

---

* 보수당 소속이었다가 얼스터 연합주의자가 된 영국 정치인.

** 유색인의 영국 이주를 반대하고 아파르트헤이트를 지지한 보수적 압력집단.

*** 로디지아는 짐바브웨의 옛 이름이다.

왔다. 흔히 여성 단체들과 함께 여성의 [낙태] 선택권을 옹호한 것은 영국노총이었다. 여기서 나는 영국 사례를 들었지만, 다른 나라들도 마찬가지다. 예컨대, 아일랜드에서도 1984년에 남아공 상품 불매운동을 주도한 것은 던스스토어의* 매장 노동자들과 그들의 노조였고, 2015년에 동성 결혼을 합법화한 헌법 개정안이 드디어 국민투표를 통과했을 때 찬성표가 가장 많이 나온 지역들은 대체로 노동계급 거주지였다.

그러나 가장 중요한 점은 무엇보다도 투쟁 과정에서, 특히 투쟁의 최고 형태인 혁명 과정에서 노동계급 내의 편견과 선입관이 대부분 극복된다는 것이고, 레닌이 강조했듯이 편견과 선입관에 반대하는 주장을 적극적으로 펼치는 의식적 사회주의자들과 혁명가들이 투쟁 안에 더 많이 존재할수록 그런 극복이 더 쉬워진다는 것이다. 1842년에 노예의 아들이자 혼혈인인 윌리엄 커페이를 전국집행위원으로 선출한 것은 바로 대중적인 혁명적 노동자 운동인 차티스트운동이었다. 1922년 [영국] 총선에서 인도 태생의 공산당원 혁명가인 샤퍼지 새클랫발라가 국회의원으로 선출된 곳은 노동계급 지역인 배터시Battersea였다. 노동자들의 조직인 페트로그라드 소비에트가 두 번이나(1905년과 1917년) 유대인인 레온 트로츠키를 의장으로 선출한 곳은 바로 혁명이 일어난 러시아였고, 동성애를 비非범죄화하고 낙태를 합법화한 것도 러시아 혁명이었다.[375] 혁명적 학생 지도자인 다니엘 콘벤디트가 '외국계'라는 이유로 우파들에게 공격을 받자

---

* 던스스토어는 아일랜드에 본사가 있는 다국적 유통업체다.

수많은 사람이 거리로 쏟아져 나와 "우리는 모두 독일계 유대인이다" 하고 외친 것은 1968년 5월 항쟁 때였다. 타흐리르 광장에서 무슬림과 콥트 기독교도가 단결해서 서로 상대방의 기도할 권리를 물리적으로 방어해 준 것은 2011년 이집트 혁명이 한창일 때였다. 투쟁이 전반적으로 고양되는 과정에서 피억압 집단들 자신의 투쟁이 발전하는 경향이 있다는 것도 사실이다. 1916년 부활절 봉기와 아일랜드 혁명 때 레즈비언 여성을 포함한 여성들이 중요한 구실을 했다.[376] 여성운동과 동성애자 해방운동을 탄생시킨 것은 1960년대 미국과 세계 각국의 전반적 급진화 물결이었다.

이와 달리 우리가 흔히 접하는 생각, 즉 먼저 흑인은 흑인끼리, 여성은 여성끼리 모이는 식으로 피억압 집단 자신들끼리 먼저 단결한 후에 다른 사람들과 동맹을 맺어야 한다는 생각은 언뜻 그럴듯하게 들리지만 사실은 공상적이다. 콜린 파월과 콘돌리자 라이스가 또는 힐러리 클린턴과 미셸 오바마가 흑표범당과 연대하거나 스톤월 항쟁에 동참하는 일은 결코 없을 것이다. 그들이 [흑표범당이나 스톤월 항쟁 관련] 기념식에 참석할 수는 있겠지만, 그것은 다른 문제다. 사실 모든 피억압 집단과 공동체는 노동계급 전체와 마찬가지로 불균등하고 불완전하게 급진화하고 단결한다. 시위에서, 피켓라인에서, 바리케이드에서 항상 더 선진적이고 급진화한 부위들이 행동 속에서 단결한 뒤에야 특정한 집단이나 공동체의 '완전한' 단결이 이뤄졌다.

그러므로 역사적 경험은 레닌이 옳았음을 보여 준다.* 억압에 맞서

---

* 여기서 내가 다루지 않았지만, 정체성 정치의 관점에서 흔히 제기되는 마지막 논

싸우는 레닌의 핵심 전략(그가 매우 강조했다)은 비록 100여 년 전에 수립된 것이지만 중요한 측면들에서 (오늘날 널리 퍼져 있는) 자유주의 전략이나 분리주의 전략, 정체성 정치의 전략보다 앞서 있다. 그러나 이렇게 말한다고 해서, 지난 수십여 년 동안 벌어진 피억압자들의 많은 투쟁에서 배울 것이 별로 없다거나 레닌의 말을 그저 되풀이하는 것으로 족하다는 뜻은 결코 아니다. 그보다 더 사실과 거리가 먼 것도 없고 그보다 더 레닌의 정신과 맞지 않는 것도 없다. 레닌 자신은 항상 삶에서 배우고 투쟁에서 배우고 노동계급에게 배우는 사람이었기 때문이다.

배워야 할 필요성

여성해방을 다룬 레닌의 저작들을 읽어 보면 그가 양성평등을 한결같이 옹호하지만 여성 억압에 관한 그의 분석과 이해는 분명히 제한적이라는 것을 알 수 있다. 그는 여성 억압을 부르주아지가 근절

점이 하나 있다. 억압을 끝장내는 전략으로서 노동자 혁명이나 사회주의가 적절하지 않다는 것은 소련부터 동유럽, 북한, 심지어 쿠바에 이르기까지 이른바 '공산주의' 국가나 사회주의 국가에 하나같이 여성 억압과 LGBTQ 억압이나 인종차별이 계속 존재했다는 사실로 입증된다는 것이다. 이 문제는 다음 6장과 7장에서 더 자세히 다룰 것이다. 여기서는 만약 이런 나라들이 정말로 사회주의의 사례이고 국가자본주의의 사례가 아니라면(나는 국가자본주의라고 생각한다), 억압에 맞서 싸우기 위한 레닌의 전략뿐 아니라 레닌주의 전체와 마르크스주의 전체도 틀렸음이 입증된다는 것만 말해 두겠다. 왜냐하면 이 스탈린주의 체제들은 인종차별과 여성차별을 다루는 데만 실패한 것이 아니라 노동계급을 해방하는 데도 실패했기 때문이다 — 지은이.

하지 못한 농노제와 봉건제의 유물이나 잔재로 여기는 경향이 있었고,[377] 그에게는 현대 자본주의에서 가족이 하는 구실에 대한 발전된 분석이 없었다. 1917년 러시아 혁명으로 동성애가 비범죄화한 것은 맞지만, LGBTQ 억압은 고사하고 동성애 억압에 대한 분석도 레닌한 테서는 찾아볼 수 없다. 그가 성과 성애에 관해 쓸 때, 예컨대 1915년 1월 이네사 아르망에게 보낸 편지에서 "더럽고", "깨끗한", "순간적 키스와 격정" 운운하는 것을 보면 그의 말이 현대인의 귀에는 금욕주의적이고 약간 당혹스럽게 들리기도 한다.[378] 독일 혁명가 클라라 체트킨이 레닌의 말이라고 회상한, 성에 관한 일부 언급들도 마찬가지다.[379] 오늘날 레닌주의자를 자처하는 누군가가 그와 비슷한 식으로 글을 쓰거나 말한다면 비웃음거리가 될 것이다. 또, 레닌은 장애나 장애인 권리를 위한 투쟁, 여기서 제기되는 쟁점들에 관해 언급하지 않았다. 그리고 특히 미국에서 강력했지만 미국에 국한되지는 않은 위대한 인종차별 반대 투쟁도 이 극히 중요한 문제에 관한 마르크스주의자들과 혁명가들의 이해를 심화하고 확대하는 데 기여했다는 것도 사실이다.

그러나 레닌이든 다른 어느 누구든 당대의 경험과 태도에서 완전히 벗어날 수 없고 아직 나타나지 않은 투쟁의 결과를 충분히 예상할 수 없다는 것은 당연하다. 이것은 투쟁과의 변증법적 상호작용 속에서 마르크스주의를 발전시켜야 한다는 점을 더 분명히 드러내 줄 뿐이고, 레닌이라면 이 점을 어느 누구보다 먼저 인정했을 것이다.

6장
레닌주의가
스탈린주의를 낳았는가?

스탈린주의라는 악몽

이오시프 스탈린은 1928년부터 1953년 죽을 때까지 절대적 독재자로서 소련을 지배했다. 스탈린 체제가 완전한 악몽이었다는 사실은 결코 얼버무릴 수 없다.

두루 알다시피 인권의 측면에서 스탈린 체제는 극단적 폭압을 자행했다. 어떤 종류의 민주주의도 존재하지 않았다. 모든 선거는 철저하게 조작돼서, 항상 집권 공산당 후보가 거의 100퍼센트 득표율로 승리하는 일당 국가 체제였다. 정치적·사상적·문화적 비판이나 반대는 일절 용납되지 않았다. 잇따른 숙청과 여론 조작용 재판에서 과거의 반대파나 장차 반대파가 될 수 있는 사람들은 기상천외한 범죄와 음모 혐의로 기소돼 항상 유죄를 선고받거나 시베리아의 수용소 군도로 보내졌다. 이것은 사실상 사형이나 다름없었다. 나라의 모든 사회생활은 전체주의적 일당 국가와 보안경찰의 강철 같은 통제를 받았고, 지적 생활은 대체로 카프카의 소설에 나오는 부조리하고 암울한 상황 같았다. 그래서 역사는 끊임없이 다시 쓰였고, 과학자는 사이비 과학 이론으로 알려진 이론들을 승인하라는 요구를 받고, 작곡가는 자신의 음악이 공인된 스타일이 아니라는 이유로 규탄의 대상이 될 수 있었다.

'지식인들'에게는 삶이 참을 수 없는 것이었을지 몰라도 말없이 조용히 살아가던 평범한 노동계급 사람들은 꽤 살 만했다는 주장도 있지만, 별로 설득력이 없다. 오히려 노동계급의 생활수준은 5개년계획의 공업화 자금을 마련하기 위해 급격히 떨어진 후 계속 낮게 유지됐다. 주거 환경은 끔찍했다. 노동규율은 극심했고, 노동조합 권리나 파업권은 존재하지 않았다. 물론 노동조합은 존재했지만, 일당 국가가 위에서 철저하게 통제했다. 노조는 또 산업(체)의 경영진을 구성하기도 했다. 그리고 수용소에 갇혀서 엄청난 규모의 강제 노동력으로 사용된 사람들의 압도 다수는 '평범한 사람들', 즉 노동자와 농민이었다. 게다가 기근이라는 재앙도 닥쳐서 1932~1933년 기근 때는 수백만 명이 굶어 죽었다(주로 우크라이나에서 그랬는데, 소련의 다른 지역들, 예컨대 카자흐스탄에서도 그랬다). 또, 1946~1947년의 더 작은 기근 때는 적어도 수만 명, 어쩌면 수십만 명이 굶어 죽었다. 이번에도 우크라이나가 가장 큰 타격을 받았지만 몰도바에서도 희생자가 많았다.[380]

이런 비난을 반박하는 유일하게 만만찮은 주장은 1930년대와 1950년대의 엄청난 경제성장과 발전을 지적하는 것이다(이 경제 발전 덕분에 소련은 후진국에서 주요 산업·군사 강국으로 변모할 수 있었다).[381] 그러나 이렇게 [스탈린 체제를] 옹호하는 주장에 대해서는 세 가지 중요한 반론이 있다. 첫째, 경제성장과 공업화는 소련의 노동 대중을 희생시켜서 이룩한 성과였다. 둘째, 역사적 관점에서 보면 그것은 비슷한 시기나 다른 시기에 자본주의 사회들이 이룩한 성과

보다 더 대단한 것도 아니었다. 예컨대, 미국이나 일본, 그리고 지난 수십 년간 중국에서도 그런 경제성장이 있었다. 셋째, 시간이 흐르면서 경제성장은 둔화하기 시작하더니 나중에는 거의 멈춰 버렸고, 그래서 1989~1991년의 체제 붕괴를 촉발했다.

스탈린 체제는 여성과 LGBT+ 사람들, 소수민족에게도 반동적 재앙이었다. 앞서 5장에서 봤듯이, 레닌 시대의 혁명은 이 모든 분야에서 엄청난 진보를 이룩했지만 스탈린 체제는 그동안 이룬 성과를 모두 뒤집어 버렸다. 러시아 혁명은 여성의 완전한 법률적·사회적 평등을 실현하겠다고 공언했고, 1920년에 소련은 세계 최초로 낙태를 완전히 합법화·자유화한 나라가 됐다. [그러나] 스탈린 체제는 1935년에 낙태를 다시 범죄화했고,[382] (자녀를 많이 낳은 어머니에게 주는) 모성 훈장을 도입했다. 1917년 말에 볼셰비키 정부가 취한 최초의 조치 하나는 동성애를 비범죄화한 것이었고, 정부 안에는 공공연한 동성애자도 있었다(예컨대, 게오르기 치체린은 1918년 5월부터 1930년까지 외무 인민위원을 지냈다). 1933년에 동성애는 다시 불법이 됐고, 1993년까지 계속 그랬다. 스탈린 시절에는 소수민족을 러시아화하는 정책이 일반적이어서 많은 소수민족이 극심한 억압에 시달렸다. 여러 민족 공화국이 해체되고 그 주민 전체가 강제 이주당했다. 예컨대, 1941년에 볼가 독일 공화국이 해체됐고, 1943년에 칼미크족이, 1946년에 체첸족과 크림 타타르족이 강제 이주당했다. 스탈린 체제는 또, 반유대주의를 냉소적으로 이용하고 부추기기도 했다[383]

이 모든 이유와 다른 많은 이유 때문에(여기서 나는 최대한 짧게 요약했다), 스탈린 치하 소련(이나 스탈린 사후 소련 또는 소련이 국

경선을 따라 확장시킨 복제 체제들)의 성격을 사회주의나 공산주의로 규정하는 것은 이 규정을 고집하는 많은 사람들이 익히 알고 있듯이 사회주의나 공산주의를 매도하는 것이다. 마찬가지로, 레닌과 스탈린 사이의 연속성을, 즉 레닌주의의 본질이 스탈린주의를 낳았다거나 초래했다고 주장하는 것은(나는 이런 주장을 '연속성 테제'라고 부르겠다) 곧 레닌과 레닌주의를 매도하는 것이다.

이 문제에 관한 논쟁은 적어도 1930년대 이후 맹렬히 계속됐지만, 한 번도 대등한 논쟁이었던 적이 없다. 연속성을 지지하는 쪽에는 다음과 같은 세력들이 포진해 있다. 첫째, 서방의 지배층 전체와 거의 모든 대중매체. 둘째, 역사학과 소련학 또는 러시아학을 필두로 한 압도 다수의 학문 분과. 셋째, 국제 사회민주주의자들의 다수. 넷째, 부르주아 지배층의 견해가 거울에 비친 것과 마찬가지 주장을 한 스탈린주의 체제들 자체와 압도 다수의 국제 공산주의 운동. 다섯째, 아나키즘의 가장 유력한 대변인인 노엄 촘스키를 비롯한 아나키스트들.

반면에, 레닌주의와 스탈린주의는 근본적으로 다르다고 주장하면서 불연속성을 지지하는 쪽에는 다음과 같은 세력들이 있었을 뿐이다. 레온 트로츠키나 트로츠키주의자들(토니 클리프, 라야 두나옙스카야, C L R 제임스, 핼 드레이퍼, 크리스 하먼, 알렉스 캘리니코스 같은 '비정설파' 트로츠키주의자들도 포함)과 그 밖의 몇몇 독립적 마르크스주의 지식인(랠프 밀리밴드, 라스 리, 마르셀 리브만), 그 중간에 위치한 아이작 도이처 등. 따라서 양적 측면에서 보면 그 논쟁은 게임도 안 됐다. 연속성 테제가 압도적으로 우세해서 '합의'라고 부를 수 있을 정도였으며, 마음 내키는 사람들은 그것을 그냥 사실이라고 단언했다.

더욱이, 연속성 주장은 표면적 현상과 부합한다는 상당한 장점이 있다. 연대순으로 보면 레닌주의가 스탈린주의로 이어졌고, 체제와 용어, 스스로 하는 주장의 측면에서 보면 외관상의 연속성이 있다 (적어도 자세히 들여다보지 않으면 그렇게 보인다는 말이다). 그러나 마르크스가 말했듯이, "겉으로 보이는 현상과 사물의 본질이 직접 일치한다면 모든 과학은 불필요할 것이다."[384] 그리고 태양이 지구 주위를 도는 것처럼 보이지만, 사실은 오늘날 우리가 모두 알다시피 그 반대다. 그렇다면 연속성 테제에 관한 실제 찬반 논쟁은 어떤가?

연속성 테제

먼저, 연속성 테제는 부르주아 이데올로기의 핵심 사상에 의존하고 또 그것으로 보강되고 있다는 사실을 지적해야겠다. 이 사상 역시 상식으로 널리 받아들여지는데, 그것은 바로 자본주의는 '인간 본성'에 부합하는 '자연스러운 것'인 반면, 사회주의는 인간 본성에 어긋나므로 폭력과 독재에 의해 사회에 강요될 수 있을 뿐이라는 생각이다. 이런 사고방식에 따르면, 생산수단의 사적 소유가 존재한 덕분에 국가권력이 제한되는 자유 시장 자본주의만이 자유나 민주주의와 양립할 수 있다.

이것은 우리의 집단적 사고에 훨씬 더 깊이 새겨진 두 가지 생각에 의해 더욱 확고해진다. 즉, 과거에도 늘 그랬듯이 앞으로도 사회적·정치적 위계 구조는 항상 존재할 것이고(이런 위계 구조 역시 인간 본성이다), 평범한 대중은 선천적으로 사회를 운영할 능력이 없다는 것이다. 따라서 평등한 사회나 계급 없는 사회는 공상일 뿐이고, 대중을 고무하는 혁명, 특히 노동자 권력과 사회주의의 이름으로 일으키는 혁명은 위험하고 실패할 게 뻔하다. 또, 그것은 본질적으로 기만적인 과정이다. 왜냐하면 순진하거나 부도덕한 지도자들이 자신의 목적을 위해 대중을 '이용해서' 혁명을 일으키지만 나중에 다시 대중을 원위치로 돌려놓기 때문이다. 따라서 레닌과 스탈린 사이의 연속성, 10월 혁명과 1930년대 스탈린 경찰국가 사이의 연속성은 이 일반적 패턴의 특별히 해악적인 사례처럼 보인다. 이 시나리오는 또, 역사를 권력의지의 충돌 과정으로 이해하는 니체·푸코의 역사관과도 비슷하다. 그래서 차르-레닌-스탈린이라는 연속적 장면은 권력투쟁의 끊임없는 작용 사례에서 하나가 더 추가된 것일 뿐이라고 여긴다.

인간 본성과 자본주의는 곧 자유이고 사회주의는 독재이며 모든 혁명은 폭정을 낳는다는 주장으로 말하자면, 어떤 의미에서는 마르크스주의 전체가 이 부르주아 옹호론에 대한 반박이라고 할 수 있다. 나는 과거에 여러 저작에서 이 문제를 폭넓게 다뤘으므로[385] 여기서 다시 자세히 살펴보지는 않고 다만 이 말만 하고 넘어가겠다. 즉, 평등주의적 수렵·채집 사회들이 수천 년 동안 존재했다는 사실 자체가, 위계적 사회구조와 계급 분열은 불가피하고 사회주의는 인간 본성과 양립할 수 없다는 생각을 반박하는 경험적 증거라는 것이다. 그러나 일반적으로 말해서, 레닌-스탈린 연속성 테제는 이런 이데올로기적 틀을 분명히 이야기하지 않은 채 제기된다. 오히려 그것은 그냥 역사적 사실인 양 주장된다(그래서 이런 보수적 가정을 혐오할 만한 촘스키 같은 사람에게도 받아들여질 수 있는 것이다). 그러나 그런 이데올로기적 틀이 배경에 존재한다는 것은 중요하다. 왜냐하면 '상식'이라는 지위 덕분에 그것은 연속성 테제가 무비판적으로 받아들여지는 데 큰 도움을 주기 때문이다. 이 테제의 구체적 내용은 다음과 같다.

1. 레닌은 처음부터 매우 권위주의적인 인물이었고, 독재자가 되려는 야심을 품고 있었으며, 심지어 전체주의를 꿈꾸고 있었다.

2. 볼셰비키당은 레닌이 자신의 야심을 이룰 수단으로 구상하고 건설한, 대체로 레닌의 작품이었다.

3. 1917년에 볼셰비키는 레닌의 독촉에 따라, 러시아의 위기와 혼란을 이용해 그리고 정부가 허약한 틈을 노려 기회주의적 쿠데타로 권력을 장악하고 러시아 사회에 자신들의 지배를 강요했다.

4. 이 지배는 1930년대의 전체주의적 경찰국가로 거의 고스란히 이어졌고 1989~1991년에 공산주의가 몰락하는 순간까지 지속됐다). 물론 [레닌 시대보다] 1930년대에 탄압 수준이 높아지기는 했지만, 그것은 근본적 변화나 질적 변화는 아니었다.

5. 이[1917년 10월의] 쿠데타와 나중의 스탈린 독재 사이의 연속성은 무엇보다도 볼셰비키 통치 초기에 레닌과 볼셰비키가 보여 준 권위주의적 행동으로 입증된다.

6. 또 다른 증거는 자칭 레닌주의자들이 권력을 장악한 모든 나라에서 결과는 본질적으로 똑같았다는, 즉 일당독재의 경찰국가 체제였다는 사

실이다. 동유럽, 중국, 북한, 쿠바, 베트남을 보라.

가장 일반적인 마지막 요점부터 먼저 살펴보자. 이 주장은 그런 나라들의 정치적 지도부가 스스로 선언한 것을 액면 그대로 받아들인다. 사실 이 모든 나라에서(쿠바는 예외다) 정치적 지도부는 [권력 장악 전에] 이미 철저하게 스탈린주의화한 상태였고 그들이 추구한 정치적 전략은 역사적 레닌의 전략(이나 이 책에서 옹호한 전략)과 닮은 구석이 전혀 없었다. 동유럽에서 '공산주의' 정권을 수립한 것은 아래로부터 노동자 혁명이 아니라, 제2차세계대전 말기에 그곳을 점령한 [소련의] 적군赤軍이었다. 크리스 하먼은 다음과 같이 썼다.

> 소련군은 자신이 임명한 자들로 하여금 동유럽 각국의 경찰과 보안경찰을 확실히 장악하게 했다. 그리고 소련의 지시에 저항하는 움직임을 분쇄하기 위한 조치들이 잇따라 취해졌다. 먼저, 공산당원이 아닌 장관들이 각료직에서 쫓겨났다. 그리고 사회민주주의 정당들이 당원들의 의사와 무관하게 공산당과 강제 통합됐다. 또, 스탈린한테서 조금이라도 독립할 기미가 보이는 공산당 지도자들은 … 재판을 받고 투옥되고 흔히 처형당했다. 불가리아의 코스토프, 헝가리의 러이크, 체코슬로바키아의 슬란스키가 모두 처형당했다. 폴란드의 고무우카와 헝가리의 카다르는 투옥되는 데 그쳤다.[386]

이것은 결코 레닌주의가 스탈린주의를 낳은 사례가 아니라, 스탈린주의가 스탈린주의를 낳은 사례였다.

중국과 쿠바에서는 모두 혁명을 수행한 것이 게릴라 군대였는데, 그 군대의 기반은 농민이었고 지도부는 중간계급이었다.[387] 중국 혁명과 쿠바 혁명은 레닌주의 혁명이 아니었다고 말하는 것이 곧 쓸데없이 세세한 것에 집착하는 태도는 아니다. 또, 원칙의 일부나 부차적 문제에 관한 견해가 다른 사람들을 레닌주의자로 인정하기 싫어서 일부러 협소한 정의나 독단적 정의를 채택하는 것도 아니다. 그것은 마르크스주의에(또, 레닌 자신에게도) 절대적으로 근본적인 문제, 즉 혁명의 계급적 성격과 정치적 지도부의 계급 기반에 관한 견해 차이다.

앞서 봤듯이, 마르크스와 레닌에게 혁명적 투쟁이나 혁명적 운동·정당의 사회적 기반은 무엇보다도 노동계급이었지 농민이 아니었다. 그 이유는 현대식 공업과 대도시에 집중된 노동계급만이 자본주의를 전복할 수 있는 잠재력과, 일단 국가권력을 장악하고 나면 생산하는 계급이자 동시에 지배계급으로서 계급 없는 공산주의 사회로 나아가는 길을 닦을 능력이 있는 유일한 계급이었기 때문이다. 이와 달리 농민은 혁명에서 프롤레타리아의 동맹으로서 중요한 구실을 했지만 자신들을 해방하거나 사회주의 건설을 지도할 능력이 없었다.

중국과 쿠바에서 농민들은 혁명적 게릴라 군대의 일반 사병이 돼서, 이미 크게 약해진 국민당과 바티스타 정권을 각각 물리칠 수 있었다. 그러나 그들의 사회적 지위가 농촌에서 농사짓는 것에 뿌리를 두고 있었기 때문에, 도시에 있는 주요 생산력을 통제해서 스스로 경제와 국가를 운영하는 일은 할 수 없었다. 오히려 농민들은 사회를 운영하는 일을 자신의 지도자들에게 넘겨줬는데, 그 지도자들은 새로운 국가자본가 지배계급의 맹아가 됐다. 따라서 중국이나 쿠바 체제의 반민주적 성격을 레닌주의 원칙의 적용 탓으로 돌리는 것은 완전히 틀렸다.[388]

앞서 이야기한 1~3번 항목과 관련해서는 이미 1장에서 살펴본 바 있다. 그것을 요약하면 다음과 같다. 권력욕이 레닌의 행동 동기였다는 생각은 그가 투옥과 망명과 고립이 뒤따르는 정치 활동을 시작하게 된 것을 설명하는 요인으로서는 심리학적으로도 설득력이 없고 초역사적이다. 또, 볼셰비키 분파와 나중의 독자적 정당은 결코 레닌이 독재를 휘두른 조직이 아니었다. 볼셰비키는 매우 민주적이고 매우 분명한 노동자 정당이었다. 그리고 10월 혁명이 성공한 이유는 바로 쿠데타나 군사 반란이 아니었기 때문이다. 오히려 노동계급의 압도적 지지를 받았기 때문에 성공했다.

이런 사실들에 더해서 나는 방법론적 고려 사항 하나를 이야기하고 싶다. 러시아 혁명처럼 세계사적으로 중요한 사건과 혁명으로 새로운 사회가 출현해서 80여 년 동안 변화해 온 역사적 과정을 무엇보다도 대규모 사회 세력이 아니라, 어떤 개인이나 소규모 조직의 사상·행동의 결과로 설명하거나 이해할 수 있다는 생각은 '위인' 사관의 특별히 노골적인 사례라는 것이다. 그것은 마치 18세기 영국 자본주의의 구조를 결정한 것이 올리버 크롬웰의 개인적 성격이나 신형군이라는 조직이었다거나 이탈리아 파시즘 체제를 형성한 주된 요인이 무솔리니의 독재적 개성이었다고 말하는 것과 비슷하다. 다시 말해, 그것은 사려 깊은 역사관이 아니다. 스탈린 체제가 발흥한 원인에 대한 진지한 분석은 러시아 혁명 이후 국내외에서 우세해진 객관적인 물질적 조건을 분석하는 데서 시작해야 한다. 그리고 이런 물질적 조건이 어떻게 러시아 사회구조에 영향을 미치고 계급 세력 균형을 좌우했는지를 살펴봐야 한다.

이렇게 말한다고 해서 기계적 결정론을 옹호한다거나 이데올로기나 정치, 심지어 개인의 구실을 부인한다는 뜻은 아니다.[389] 어떤 순간에는 서로 다투는 세력들 사이의 균형을 이데올로기나 정치, 개인이 결정적으로 뒤바꿔 놓을 수 있다는 것도 부인하지 않는다. 그러나 이런 것들이 설명의 사슬에서 있어야 할 위치는 원동력이 아니라 마지막 연결 고리라는 것이 내가 하고 싶은 주장이다. 그래도 다음과 같이 주장할 수 있는 가능성은 남는다. 즉, 러시아의 경제적 후진성 같은 객관적 요인들이 근본적이었다고 해도 레닌주의·볼셰비즘의 이데올로기와 조직적 실천이 스탈린주의의 출현을 용이하게 하는 데서 중요한 구실을 했다는 것이다. 여기서 1917~1922년에 레닌과 볼셰비키가 어떤 행동을 했는가 하는 문제가 결정적으로 중요하고, 바로 이 점을 근거로 새뮤얼 파버와 로빈 블랙번 같은[390] 반스탈린주의적 마르크스주의자들의 주장이 때때로 보수적·자유주의적·아나키즘적 반마르크스주의자들의 주장과 수렴되는 것이다.

레닌 탓으로 돌릴 수 있다고들 주장하는 범죄 목록은 경찰의 사건 기록부처럼 어마어마하다. 첫째, 처음부터 그는 다른 '사회주의자들', 즉 우파 사회혁명당이나 멘셰비키와 '광범한' 연합을 거부하고, 볼셰비키가 분명한 다수로서 좌파 사회혁명당과만 연합하는 협소한 정부를 원했다는 것이다. 그래서 레닌은 다원주의적 소비에트 민주주의에서 벗어나 일당독재를 향해 나아가기 시작했다는 것이다.

둘째, 볼셰비키는 끊임없이 제헌의회 소집을 요구했지만 레닌은 1917년 가을에 제헌의회 선거 실시를 반대하더니 마침내 선거가 실시돼서 볼셰비키에 반대하는 세력이 다수파를 차지하자 1918년 1월 제헌의회를 강제 해산시키고 일당독재를 향해 한 걸음 더 나아갔다.

셋째, 1917년 12월에 레닌이 출범시킨 체카, 즉 '반혁명과 사보타주에 맞서 투쟁하는 전 러시아 비상위원회'가 내전 기간의 적색테러에 책임이 있고, 나중에는 국가정치보안부(게페우GPU)와 내무인민위원부NKVD라는 보안경찰로 진화해서 1930년대 스탈린의 숙청, 즉 '대공포정치'를 낳았다.

넷째, 1918년 이후 레닌은 [혁명] 초기의 노동자 통제를 폐지하고 산업체의 1인 경영 정책을 강요했다.

다섯째, 레닌은 1917년 12월 카데츠 금지로 시작해서 1919년 5월 다른 모든 정당을 불법화하는 길로 한 걸음씩 나아가더니 결국 일당독재 국가를 수립했다.

여섯째, 레닌과 볼셰비키 정부는 1921년 3월 크론시타트 수병들의 반란을 잔인하게 진압했고 이와 함께 당내 분파도 금지해서 자유로운 토론과 논쟁을 끝장내는 길로 한 걸음 더 나아갔다.

연속성 테제 평가

이런 비난을 평가하는 어떤 논의라도 여기서 거론한 모든 비난이 결코 부인할 수 없는 역사적 사실에 바탕을 두고 있다는 점을 인정하는 데서 시작해야 한다. 볼셰비키 정부는 실제로 제헌의회를 해산했고, 정치적 독점 등을 확립했으며, 레닌이 이끌던 시기에도 점차 권위주의적으로 지배했다. 이런 사실들 덕분에, 연속성 테제에서 이 구성 요소가 주장 전체의 가장 강력한 부분이 되는 것이다.

그와 동시에, 이 각각의 비난에 대해서는 이야기의 또 다른 측면이 있다는 것도 인정해야 한다. 그래서 마르크스주의·레닌주의 관점에서는 부르주아 의회의 한 형태인 제헌의회보다는 소비에트가 더 높은 형태의 민주주의, 특히 노동계급 민주주의를 나타내기 때문에 제헌의회 해산이 정당했다고 주장할 수 있는 것이다. 또, 비록 쓰라린 것이기는 했지만 크론시타트 반란 진압도 정당한 것이었을 수 있다. 왜냐하면 페트로그라드로 들어가는 관문 격인 전략적 요충지에서 일어난 해군 수비대의 반란은 이제 막 끝난 내전에 다시 불을 붙일 위험이 있었고, 따라서 그 병사들의 주관적 의도와 상관없이 반혁명 세력에게 이용당할 수 있었기 때문이다. 그러나 이 각각의 비난을 평가하는 데 필요한 매우 세부적인 역사적 논쟁을 시작하기 전에 나는 먼저 다음과 같은 근본적 물음을 던지고 싶다. 왜 레닌과 볼셰비키는 점차 권위주의적으로 행동하게 됐는가?

레닌의 권위주의적 개성 탓이라는 대답은 우리가 이미 다루고 거부한 이유를 다시 들이미는 것이고, 다음과 같은 강력한 반론에 부딪힐 수도 있다. 즉, 만약 레닌의 개인적 심리가 정말로 문제였다면, 그는 주위의 다른 사람들에게 저지당했(거나 심지어 제거됐)을 수 있다는 것이다. 혁명 초기에 레닌의 말을 자동으로 따르는 분위기는 결코 존재하지 않았다는 것은 명백한 사실이고 얼마든지 입증할 수 있다.[391] 그렇지 않았다면 모든 또는 대다수 볼셰비키 지도자들의 집단적 정신 상태가 권위주의적이었다고 말해야 할 것이다. 그러나 이를 뒷받침할 증거도 없을뿐더러 오히려 그 반대를 입증할 증거는 많다. 예컨대, 모스크바에서는 페트로그라드와 달리 10월 무장봉기가 매끄럽게 진행되지 않았고 6일 동안 격렬한 시가전이 벌어졌다. 그래서 빅토르 세르주는 다음과 같은 일화를 들려준다.

[10월 ― 지은이] 29일 밤 [모스크바의] 봉기 사령부가 거의 함락될 뻔했던 끔찍한 하루가 지난 뒤에 24시간의 휴전이 이뤄졌다. 그러나 타격 부대가 도착해서 백위대 측에 합류하자 휴전은 곧바로 깨졌다. 적위대 측에는 포병이 증강됐다. 포병 중대가 광장에서 작전을 개시하자 백위대는 크렘린궁전으로 후퇴했다. 군사혁명위원회MRC는 역사적 기념물을 파괴하고 싶지 않았기 때문에 오랫동안 망설이다가 결국 크렘린궁전을 포격하기로 결정했다. 백위대는 11월 2일 오후 4시에 항복했다. "공안위원회는 해산한다. 백위대는 무기를 버리고 해산한다. 장교들은 계급을 표시하는 휴대용 무기만을 소지할 수 있다. 사관학교도 훈련용 무기만을 보유할 수 있다. … 군사혁명위원회는 [투항한] 모든 사람의 자유를 보장하고 침해하지 않는다." 그런 것들이 적위대와 백위대가 체결한 휴전협정의 주요 조항이었다. 그래서 반혁명의 전사들, 크렘린궁전의 도살자들, 즉 자신들이 승리했다면 적위대에게 눈곱만큼의 자비도 베풀지 않았을 자들(우리는 나중에 이것을 분명히 목격하게 된다)이 **자유롭게 풀려났다.**[392]

세르주는 다음과 같이 논평했다.

이 얼마나 어리석은 관용인가! 바로 이 사관생도들, 장교들, 학생들, 반혁명의 사회주의자들이 러시아 전역으로 흩어져서 내전을 조직했다. 야로슬라블, 돈강 유역, 카잔, 크림반도, 시베리아에서, 그리고 러시아 내의 모든 조직적 음모에서 혁명은 그들과 다시 만나게 된다.[393]

다음으로 사형제 문제가 있다. [10월] 무장봉기 바로 다음 날 카메네프의 발의로 사형제가 폐지됐다. 레닌은 이것이 오류라고 생각했고 총살 부대 없이 혁명을 방어하는 것은 불가능한 일이라고 봤다.[394] 그러나 총살 부대로 혁명을 방어하는 것은 한 무리의 권위주의적 지도자들이 개인적 독재 체제를 수립하는 행동이 결코 아니었다. 자유지상주의적이고 인도주의적인 본능을 깊이 간직하고 있던 혁명가인 빅토르 세르주는 볼셰비키의 일반적 성격을 다음과 같이 평가했다.

10월 혁명은 우리에게 프롤레타리아 정당의 거의 완벽한 모델을 제공한다. 그 정당의 투사들은 비록 상대적으로 소수일지 모르지만, 대중과 함께 대중 속에서 살고 있다. 혁명, 불법 지하활동, 망명, 투옥, 끝없는 이데올로기 투쟁 등 오랜 시험 기간을 거치며 그 정당은 뛰어난 활동가들과 진정한 지도자들을 얻었다. 그들의 비슷한 사고방식은 집단적 행동 속에서 더 강력해졌다. 개인의 주도력과 당당하고 강력한 개성은 지능적 중앙집중화, 자발적 규율, 인정받은 지도자들에 대한 존중과 균형을 이루고 있었다. 당 기구의 효율성에도 불구하고 당은 관료주의적 변형을 조금도 겪지 않았다. 당내에서 조직 형식에 대한 물신숭배 따위는 전혀 찾아볼 수 없었다. 당은 결코 타락하지 않았고, 수상쩍은 전통도 없었다.[395]

이와 다른 대안적 설명은 권위주의가 볼셰비키 이데올로기의 결과였다는 것이다. 그러나 이것은 결코 여러 사실과 맞지 않는다. 첫째, 1903년부터 1917년 초까지 볼셰비키·레닌주의 이데올로기는 러시아에서 프롤레타리아가 즉시 권력을 장악한다는 것을 결코 상정하지 않았기 때문이다. 볼셰비키는 러시아 혁명이 급진적 부르주아 민주주의와 자본주의적 소유관계의 한계를 넘어서 나아가지는 않을 것이라고 생각했다. 둘째, 볼셰비키가 소비에트 권력과 프롤레타리아 독재의 본질에 관한 이론적 개념을 구성했을 때는 일당 지배 체제라는 개념이 거기에 포함돼 있지 않았기 때문이다. 오히려 볼셰비키는 부르주아 의회가 있는 자본주의적 민주주의에서 그렇듯이 소비에트 국가에서도 [소비에트라는] 의회의 다수당이 정부를 구성할 것이라고 생각했다. 즉, 국가권력은 소비에트 대회에 있을 것이고 소비에트의 다수당이 정부를 구성할 것이라고 생각했다. 레닌은 1917년 11월 "러시아의 모든 정당 당원들과 모든 노동계급에게"라는 성명서에서 다음과 같은 견해를 표명했다.

제2차 전국 노동자·병사 대표 소비에트 대회의 다수파가 볼셰비키당 소속 대의원들이었다는 것은 상식의 문제입니다.
이 사실은 페트로그라드와 모스크바, 그리고 러시아 전역에서 막 성공한 혁명을 제대로 이해하는 데 근본적으로 중요합니다. 그러나 자본가의 지지자들과 무의식중에 자본가를 도와주는 자들은 그 사실을 끊임없이 망각하고 무시하고 있습니다. 그들은 새로운 혁명의 근본 원칙, 즉 '모든 권력을 소비에트로!'라는 원칙을 약화시키고 있습니다. 러시아에 소비에트 정부 말고 다른 정부는 없어야 합니다. 소비에트 권력은 러시아에서 승리했고, 이제 한 소비에트 정당에서 다른 소비에트 정당으로 정부가 넘어가는 것은 굳이 혁명이 일어나지 않아도 소비에트의 결정만으로도, 즉 소비에트의 대의원들을 새로 선출하는 것만으로도 보장됩니다[강조는 나의 것 — 지은이]. 제2차 전국 소비에트 대회의 다수파는 볼셰비키당 소속이었습니다. 그러므로 유일한 소비에트 정부는 볼셰비키당이 구성한 정부입니다.[396]

1917~1921년의 러시아 역사나 당시 레닌이 쓴 글들을 양심적으로 읽어 본 사람이라면, 레닌과 볼셰비키 정부의 행동을 결정한 주된 요인은 압도적으로 상황의 압력이었다는 사실을 알게 될 것이다. 심지어 볼셰비키 정부를 구성하는 최초의 조치에도 불가피성의 요소가 있었다(우리가 방금 봤듯이 레닌은 원칙에 따라 볼셰비키가 정부를 구성해야 한다는 것을 옹호할 태세가 돼 있었다). 무장봉기가 한창 진행 중일 때 사회혁명당과 멘셰비키가 소비에트 대회에서 퇴장해 버렸는데도 10월 혁명에 반대하던 볼셰비키 우파(지노비예프·카메네프·리코프 등)는 연립정부 구성을 요구했다. 그래서 협상이 시작됐지만, 우파 사회혁명당과 멘셰비키는 그들 자신이 [정부의] 다수파가 돼야 한다는 것과 레닌과 트로츠키를 정부에서 배제할 것을 요구했다. 다시 말해, 그들은 10월 혁명을 없었던 일로 해야만 연립정부에 참여하겠다는 것이었다. 결국 11월 18일에 좌파 사회혁명당과 볼셰비키의 연립정부가 구성됐다. 그러나 그 연립정부도 브레스트리토프스크 강화조약(이것 자체도 불가피성의 산물이었다) 체결을 둘러싸고 깨져 버렸다. 그러자 좌파 사회혁명당은 무기를 들고 [볼셰비키] 정부

에 대항했다. 그들은 독일과의 전쟁을 도발하기 위해 러시아 주재 독일 대사인 미르바흐 백작을 암살했고, 그 뒤에는 모스크바 거리에서 무장봉기를 감행했다.

마찬가지로 제헌의회 해산과 관련해서도 레닌은 소비에트의 지배라는 원칙을 불가피성에 대한 고려와 결합해서 설명했다. 예컨대, 레닌이 1917년 12월에 작성한 "제헌의회에 관한 테제"는 다음과 같이 시작한다.

1. 제헌의회 소집 요구는 혁명적 사회민주주의 정당의 강령에서 완전히 정당한 부분이었다. 왜냐하면 부르주아 공화국에서는 제헌의회가 최고 형태의 민주주의를 나타내기 때문이고, [부르주아적] 예비의회를 창설할 때 케렌스키가 이끄는 제국주의적 공화국은 다양한 방법으로 선거를 조작하고 민주주의를 위반할 준비를 하고 있었기 때문이다.

2. 혁명적 사회민주주의 정당은 제헌의회 소집을 요구하면서도, 1917년 혁명이 시작된 이후 줄곧 소비에트 공화국이 제헌의회가 있는 보통의 부르주아 공화국보다 더 높은 형태의 민주주의임을 거듭거듭 강조했다.

3. 부르주아 체제에서 사회주의 체제로 이행하기 위해, 즉 프롤레타리아 독재를 위해서는 (노동자·병사·농민 대표의) 소비에트 공화국이 (제헌의회로 치장된 보통의 부르주아 공화국보다) 더 높은 형태의 민주주의 제도일 뿐 아니라, 가장 고통 없이 사회주의로 이행하는 것을 보장할 수 있는 유일한 형태이기도 하다.

그러나 레닌은 계속해서 다음과 같이 말한다.

13. 마지막으로, 소비에트 당국에 대항하는, 즉 노동자·농민의 정부에 대항하는 카데츠와 칼레딘 [장군]의 반혁명 반란으로 시작된 내전은 마침내 계급투쟁을 최고조로 끌어올렸고, 러시아 민중이, 무엇보다도 러시아 노동계급과 농민이 직면한 매우 첨예한 역사적 문제들이 형식상의 민주적 방식을 통해 해결될 가능성을 모두 파괴해 버렸다.

14. 노동자·농민이 부르주아지와 지주의 반란(카데츠와 칼레딘의 운동에서 나타난 것과 같은)을 물리치고 완전히 승리하는 것만이, 즉 노예 주인들의 반란을 가차 없이 군사적으로 진압하는 것만이 프롤레타리아와 농민의 혁명을 실제로 보호할 수 있다. 혁명의 사태 전개와 계급투쟁의 발전으로 말미암아 '모든 권력을 제헌의회로!'라는 구호가(이것은 노동자·농민 혁명의 성과를 무시하는 것이고, 소비에트 권력을 무시하는 것이고, 제2차 전국 노동자·병사 대표 소비에트 대회의 결정과 제2차 전국 농민 대표 대회의 결정 등을 무시하는 것이다) 사실상 카데츠와 칼레딘 무리와 그 조력자들의 구호가 되고 있다. 이제 모든 민중은 만약 제헌의회가 소비에트 권력과 결별한다면 불가피하게 정치적으로 소멸할 수밖에 없는 운명이라는 것을 충분히 알고 있다.[397]

요컨대, 제헌의회가 반혁명 세력을 결집시키는 계기가 되는 것을 바라지 않는다면 제헌의회를 해산해야만 한다는 것이다.

혁명의 상황이 절망적일수록 점점 더 가혹한 조치들을 도입해야 할 불가피성과 압력도 증대했다. 그 주된 요인은 내전의 격화와 그에 따른 백색테러였다. 어떤 의미에서 반혁명적 내전은 10월 혁명 전에 이미 8월 말의 시도[코르닐로프 쿠데타]로 시작됐고 [10월] 무장봉기 직후에도 계속됐다. 10월 28일 밤에 사관생도들이 모스크바에서 볼셰비키가 점령하고 있던 크렘린궁전을 포위하고 함락했다. 크렘린궁전에 있던 노동자들은 항복하자마자 마당에 줄지어 늘어선 채로 기관총탄 세례를 받고 쓰러졌다. 세르주는 다음과 같이 말했다.

> 이런 대량 학살은 한 번으로 그치지 않았다. 사실상 모든 곳에서 백위대에게 붙잡힌 사람들은 학살당했다. … 이 사실들을 기억하자. 이 사실들은 혁명을 피바다에 빠뜨리겠다는 임시정부 옹호자들의 확고한 의지를 보여 준다.[398]

물론 이것은 반혁명 세력들이 어떻게 행동하는지를 보여 주는 사례인데, 파리코뮌 때부터 스페인의 프랑코, 칠레의 피노체트, 2013년 이집트의 시시까지 그런 역사적 사례는 많다. 1918년 초에 볼셰비키는 만약 자신들이 패배하면 어떤 운명을 맞을 것인지를 알려 주는 생생한 구체적 실례를 목격했다. 그것은 핀란드에서 노동자 봉기가 패배한 뒤에 자행된 백색테러였다. 8000명 넘는 '빨갱이'가 처형당했고, 포로로 붙잡힌 8만 명 가운데 1만 1000여 명이 굶어 죽도록 방치됐다. 존 리즈는 다음과 같이 말했다. "핀란드의 백색테러로 목숨을 잃은 빨갱이가 모두 합쳐 2만 3000명이었다. 그것은 볼셰비키의 마음속에 확고하게 각인된 운명이었고, 그들은 내전 기간에 그런 운명을 맞지 않겠다고 마음을 단단히 먹었다."[399]

그렇지만 이런 반혁명 기도가 1918년 중반에 주요 외국 열강의 간섭과 맞물려서 전면전으로 비화하기 전까지는 적색테러도 대규모로 자행되지 않았다. 또, 당시는 백군이 가장 야만적이고 잔혹하게 행동하던 때였다. 그들이 저지른 유대인 대학살은 나치[의 홀로코스트]를 예고하는 것이었다. 1919년에 우크라이나에서는 유대인 15만 명이 학살당했는데, 이것은 우크라이나 유대인 13명 가운데 1명꼴이었다.[400] 더욱이 이 내전의 가장 암담한 시기에 볼셰비키는 러시아의 대부분 지역에 대한 통제력을 상실했다. 그들은 사방에서 공격당하고 있었고, 페트로그라드를 거의 잃을 뻔했으며, 볼셰비키가 통제하는 지역은 대략 옛 모스크바대공국 시절의 영토와 비슷하게 축소됐다. 혁명과 볼셰비키는 완전히 말 그대로 사느냐 죽느냐 하는 갈림길에서 싸우고 있었다. 따라서 그들이 냉혹하고 잔인하게 대응한 것도 결코 놀라운 일이 아니다.

그러나 내전의 만행은 당시 상황의 유일한 요인이 결코 아니었다. 다른 요인은 카데츠·사회혁명당·멘셰비키 같은 정당들의 행동이었다. 레닌과 볼셰비키가 다른 '사회주의' 정당들을 포함해 다른 모든 정당을 금지하고 일당독재 국가를 수립했다고만 말하면 그것이 마치 이데올로기적 편협성에서 비롯한 결과처럼 보인다. 그러나 사실 다른 정당 금지는 이 모든 정당이 정도 차이는 있을지언정 백군을 지지했거나 반쯤 지지했고, 소비에트 정부에 대항하는 무장 행동에 연루됐다는 사실에 대한 대응이었다. 이 점을 가장 분명히 보여 주는 사례는 입헌민주당, 즉 카데츠였다. 그들은 이미 코르닐로프나 칼레딘(1917년 말에 반란을 일으킨 돈카자크* 백군의 지도자)과 협력하고

----

* 돈강 유역에 터전을 잡고 사는 카자크.

있었다. 그러나 제헌의회가 해산된 뒤의 우파 사회혁명당도 마찬가지였다. 그들은 1918년 5월 체코슬로바키아 군단의 반란을 전폭적으로 지지했고, 그 군단이 사마라를 점령하자 그곳에서 반反볼셰비키 정부를 구성했다. 체코슬로바키아 군단이나 그 밖의 백군 세력이 장악한 많은 지역에서도 카데츠, 우파 사회혁명당, '민중주의적' 사회주의자들, 멘셰비키가 다양하게 연합한 결과로 비슷한 일들이 벌어졌다. 여기에 더해서, 볼셰비키가 장악한 지역 안에도 음모와 테러 공격들이 있었다. 좌파 사회혁명당이 미르바흐 백작을 암살했다는 것은 이미 말했지만, 우파 사회혁명당도 1918년 6월 20일 볼셰비키 지도자 볼로다르스키를 암살했고, 8월 30일에는 사회혁명당원인 파냐 카플란의 레닌 암살 기도가 있었고,[401] 같은 날 또 다른 사회혁명당원이 체카의 책임자 우리츠키를 암살했다. 볼셰비키가 다른 정당들을 금지한 것은 바로 이런 사건들에 대한 대응이었다.

내전의 군사적 결과뿐 아니라 끔찍한 경제적·사회적 결과도 엄청나게 중요했다. 혁명과 내전 전에도 러시아는 이미 3년간의 파괴적 전쟁으로 말미암아 170만 명 이상이 목숨을 잃고 경제가 파탄 나는 등 심각한 고통을 겪고 있었다. 여기에다가 혁명 자체의 파괴적 효과와, 브레스트리토프스크 강화조약에 따른 인구·영토·산업의 심각한 손실과, 1918년 4월 이후 연합국의 전면적 봉쇄도 덧붙여야 한다.

1918년 무렵 러시아의 강철 생산량은 1913년 수준의 12퍼센트에 불과했다. 모든 산업의 상황이 거의 똑같았다. 철광석은 1913년 수치의 12.3퍼센트로 급감했고, 담배는 19퍼센트, 설탕은 24퍼센트, 리넨은 75퍼센트로 감소했다. 철도선로는 1913년 생산량의 40분의 1에 불과했다. 그리고 1918년 1월 무렵 러시아의 기관차 약 48퍼센트는 고장 나 있었다.

공장들이 문을 닫아서, 1918년 가을 무렵 페트로그라드에 남아 있는 노동자는 과거의 3분의 1에 불과했다. 물가는 엄청나게 치솟아서 바이마르 공화국 시절의 하이퍼인플레이션과 맞먹을 정도였다. 노동자들의 소득원에서 임금 이외의 항목이 차지하는 비율은 1913년 3.5퍼센트에서 1918년 38퍼센트로 증가했다. 많은 경우에 노동자들은 절망적 상황 때문에 도둑질을 하기에 이르렀다. 노동자 국가도 노동자들만큼이나 궁핍했다. 1918년의 국가 예산을 보면, 수입이 지출의 절반도 안 됐다.[402]

이 때문에 기근과 질병이 만연한 것도 필연적이었다. 노동자들이 식량을 찾아 농촌으로 떠나는 바람에 도시인구가 급감했고, 발진티푸스와 콜레라 같은 전염병이 창궐했다.

1918~1920년에 발진티푸스로 죽은 사람만 해도 160만 명을 헤아렸고, 그밖에 장티푸스, 이질, 콜레라로 죽은 사람이 또 70만 명이었다. … 사람들의 고통은 이루 형언할 수 없었다. 시체를 먹는 경우도 많았다. 러시아 인구의 4분의 1에 해당하는 3500만 명이 심각한 만성 기아에 시달렸다.[403]

이렇게 끔찍한 상황에서 볼셰비키가 가혹한 독재적 조치들에 의존할 수밖에 없었다는 것은 결코 놀라운 일이 아니다. 기근에 대처하고 도시의 대규모 아사를 방지하려면 무장한 노동자 부대들을 농촌으로 파견해서 강제로 곡물을 징발할 수밖에 없었다. 그러나 이 때문에 농민이 압도적인 나라에서 혁명[의 성공]에 필수적인 농민과의 [동맹] 관계가 파탄 나게 됐다. 또, 사회혁명당 같은 정치 세력들과의 관계도 악화했다. 왜냐하면 그들의 사회적 기반이 중농中農이었기 때문이다. 그래서 권위주의적 통치가 더욱더 필요해졌다.

이 시기의 레닌 저작들을 읽어 보면, 온 나라가 재앙에 직면했다는 사실을 절감하고 있는 사람의 글을 읽는 것 같다. 그는 이런저런 발언과 노동자들에게 보내는 편지에서 "극도로 어려운 상황", "절망적 상황", "이 고갈되고 황폐해진 나라" 같은 표현을 거듭거듭 사용했다. 몇 가지 예를 들어 보면 다음과 같다.

동지들, 며칠 전에 여러분의 대표, 즉 푸틸로프 공장의 노동자인 당원 동지 한 명이 저를 찾아왔습니다. 그 동지는 기근에 시달리는 페트로그라드의 극도로 비참한 상황을 자세히 설명했습니다. 우리가 모두 알다시피 식량 상황은 공업이 발달한 많은 주州에서도 심각하고, 기근은 일반적으로 노동자와 빈민의 집 문을 잔인하게 두드리고 있습니다. …

우리는 재앙에 직면해 있고, 그 재앙은 아주 가까이 와 있습니다. 참을 수 없을 만큼 어려운 5월에 이어서* 훨씬 더 어려운 6월, 7월, 8월이 찾아올 것입니다. … 나라의 상황은 극도로 절망적입니다.[404]

1919년의 첫 6개월은 전보다 더 어려울 것이다.**

식량 부족이 갈수록 심각해지고 있다. 발진티푸스가 극도로 심각한 위협

---

* 이 글은 1918년 5월 22일 쓰였다.

** 이 글은 1919년 1월 26일 쓰였다.

이 되고 있다. 영웅적 노력이 필요하지만, 지금 우리가 하고 있는 것으로는 턱없이 부족하다.[405]

그러나 레닌은 러시아가 직면한 재앙에 관해 이야기할 때마다, 이에 저항하고 혁명을 방어하기 위해 할 수 있는 모든 일을 다 하고 국제 혁명의 지원을 받을 때까지 버티겠다는 불굴의 투지도 함께 밝혔다. 그래서 앞서 인용한 글 바로 뒤에 다음과 같이 썼다.

우리가 곤경에서 벗어날 수 있을까?

물론이다. 우파Ufa와 오렌부르크를 함락하고, 남부 지방에서 우리가 승리를 거두고, 우크라이나에서 소비에트의 무장봉기가 성공한 덕분에 매우 유리한 가능성이 열리고 있다.

지금 우리는 겨우 굶어 죽지 않을 정도의 식량 배급에 필요한 것보다 훨씬 많은 곡물을 조달할 수 있는 상태가 됐다. …

이제 우리는 기근을 방지할 수 있을 뿐 아니라, 러시아의 비농업 지역에서 굶주리는 주민을 충분히 먹여 살릴 수도 있게 됐다.

모든 문제는 수송 상태가 열악하고 식량 노동자들이 엄청나게 부족하다는 데 있다.

우리는 최선의 노력을 다해야 하고, 노동자 대중을 움직여 행동에 나서도록 만들어야 한다. … 우리는 마음을 다잡아야 한다. 우리는 식량과 수송 업무에 대중을 **혁명적으로** 동원하는 일을 시작해야 한다. 우리는 '현재 하고 있는' 업무에 우리 자신을 국한해서는 안 되고, 그 한계를 넘어서 추가적 힘을 확보할 수 있는 새로운 방법을 찾아내야 한다. …

물론 굶주린 대중은 탈진해 있고, 그 탈진은 때로는 인간의 힘으로 감당할 수 없을 만큼 극심하다. 그러나 탈출구가 있고 다시 기운을 차릴 수 있다는 것은 의심의 여지가 없다. 전 세계에서 프롤레타리아 혁명의 성장이 점점 더 분명해지고 있고, 우리의 국내 문제뿐 아니라 외교 관계도 근본적으로 개선될 조짐이 보이기 때문에 더더욱 그렇다.[406]

이 인용문의 논조와 내용은 당시 레닌의 수많은 글과 편지, 발언의 전형이다. 레닌이 거듭거듭 거론한 국제 혁명에 관한 언급도 마찬가지다. 국제 혁명의 지원을 받을 때까지 버틴다는 것은 당시 모든 볼셰비키의 전망에서 중심적인 것이었고, 암담한 내전의 시기가 오기 오래전부터 그랬다. 러시아의 사회주의 혁명은 유럽 전역으로, 무엇보다도 독일로 혁명을 확산시키는 불꽃이 될 것이라는 예상과 기대가 내전의 가혹한 조치들을 정당화했을 뿐 아니라 10월 무장봉기 자체도 정당화했다. 1924년 말에 스탈린이 '일국사회주의' 이론을 선포하기 전까지는 한 나라에서만 사회주의를 건설하는 것은 불가능하다는 게 모든 러시아 마르크스주의자들의 공통된 의견이었다. 그래서 레닌은 거듭거듭 "우리의 혁명이 고립된다면 결국 승리할 가망도 없다는 것은 불 보듯 뻔하다"고 말했고,[407] 1918년 3월 7차 당대회에서는 다음과 같은 내용의 결의안이 공식적으로 통과됐다.

당대회는 러시아에서 승리한 사회주의 혁명을 공고히 하는 보장책으로서 믿을 수 있는 것은 오직 러시아 혁명이 세계 노동계급 혁명으로 전환되는 것뿐이라고 생각한다.[408]

지금까지 나는 당시 볼셰비키의 행동을 결정한 주된 요인이 (전체주의를 실현하려는 열망이 아니라) 내전의 참상과 그에 따른 경제적 재앙이었다고 강조했지만, 이에 대해서는 내전이 끝났는데도 볼셰비키의 독재는 완화되지 않고 오히려 강력해졌다는 반론을 제기할 수 있을 것이다. 어쨌든 앞서 열거한 레닌의 죄상 목록 가운데 두 가지, 즉 크론시타트 반란 진압과 당내 분파 금지는 내전이 끝난 뒤에[1921년 3월] 벌어진 일이기 때문이다. 그러나 사실, 볼셰비키 정부에 대한 압력은 적군이 승리한 뒤에 약해지기는커녕 오히려 더 강해졌다.

전투가 계속되는 동안에는 농민이 볼셰비키의 강제 곡물 징발에 몹시 분개하면서도 볼셰비키와 백군 사이에서 선택의 여지가 없었다. 왜냐하면 [볼셰비키 못지않게] 백군도 농민을 가혹하게 다뤘고, 백군이 승리한다면 지주들이 돌아올 것이고 그러면 혁명의 주요 성과인 토지를 잃게 될 것이라는 사실을 농민은 확실하게 알고 있었기 때문이다. 이런 선택에 직면했을 때 농민의 다수는 볼셰비키·공산당을 택했고, 따지고 보면 이것이 바로 내전에서 볼셰비키·공산당이 승리한 이유였다.[409] 그러나 내전이 끝나서 지주들이 복귀할 위험이 사라지자마자 농민들의 분노는 볼셰비키를 향하게 됐다. 이제 농민들이 보기에는 그토록 증오하던 식량 징발의 정당한 이유가 전혀 없었다. 그래서 그들은 정권에 대항하는 반란을 일으켰다. 토니 클리프는 당시 상황을 다음과 같이 요약했다.

내전이 끝나자 농민 봉기의 물결이 러시아 농촌을 휩쓸었다. 농민 봉기가 가장 심각했던 곳은 탐보프주州, 볼가강 중류, 우크라이나 지방, 캅카스

북부, 시베리아 서부였다. … 체카 보고서를 보면, 1921년 2월에만 러시아 곳곳에서 118건의 농민 봉기가 일어났다.[410]

농촌에서 일어난 반란은 재빨리 도시 노동자들에게 영향을 미쳤다. 많은 도시 노동자들은 얼마 전까지만 해도 농민이었거나 기근이 닥쳤을 때 식량을 찾아 농촌으로 되돌아갔다. 그래서 도시와 농촌의 유대가 강력했다. 페트로그라드에서 터져 나온 반反볼셰비키 파업들과 크론시타트 수병들의 반란도 이와 똑같은 과정의 일부였다. 그리고 농민·노동자·수병들의 이런 반란은 최고 지도부를 포함한 볼셰비키 당내의 긴장과 분열에도 반영됐다. 1921년 3월의 10차 당대회 전까지 4개월 동안 볼셰비키 당내에서는 국가와 노동조합의 관계 문제를 두고 격렬한 논쟁이 벌어졌다. 트로츠키와 부하린 등(8명의 중앙위원)은 국가가 노동조합을 통제해야 한다고 주장했다. 실랴프니코프와 콜론타이를 비롯한 노동자반대파는 노동조합이 생산을 통제해야 한다고 주장했다. 레닌과 지노비예프 등('[중앙위원] 10인의 강령')은 중간적 입장을 취해서, 국가와 당이 산업을 통제해야 하지만 노동조합도 국가에 맞서 노동자들을 방어할 권리가 있어야 한다고 주장했다. 레닌이 말했듯이, 그 국가가 "관료적으로 일그러진 노동자 국가"가 돼 버렸기 때문이다.[411]

그 논쟁은 치열하고 격렬했다. 그래서 레닌은 다음과 같이 확신하게 됐다. 첫째, [볼셰비키]당은 분열하기 직전이다. 둘째, 주민의 일부가 반란을 일으킨 상황에서 당의 분열은 혁명을 파괴하고 백군에게 문을 열어 줄 위험이 있다. 셋째, 문제의 뿌리는 전시공산주의의 경제

체제, 특히 강제 곡물 징발이다. 그러므로 위기의 해결책은 경제 전선에서 후퇴해 곡물의 자유 시장을 허용하는 신경제정책NEP을 도입하고 잠시 숨 돌릴 틈을 얻는 한편으로 당의 권력과 단결을 강화하는 것이라고 레닌은 생각했다. 그래서 다른 정당들을 금지하는 정책이 지속됐고 당내 분파도 금지하는 조치가 취해졌다. 다시 말해, 내전으로 인한 대규모 파괴와 경제 붕괴가 내전이 끝난 후에도 레닌과 볼셰비키를 계속 짓눌렀던 것이다.

지금까지 내가 주장한 바, 즉 레닌이 이끈 정부의 가혹한 조치들은 미리 정해진 권위주의 성향의 결과가 아니라 그들이 직면한 상황의 산물이었다는 주장에 대해 두 가지 다른 물음을 던질 수 있다. 내 주장을 고스란히 받아들인다고 하더라도 혁명적 정부가 살아남기 위해 취한 행동과 정책은 모조리 정당하다고 당연히 결론지을 수 있는가? 또, 그것들이 모두 정당하다고 하더라도 레닌이나 [볼셰비키] 정권의 행동이 전부 다 올바르거나 정당한 것이었다고 주장할 수 있는가?

둘째 물음에 대한 답은 분명히 그렇지 않다는 것이다. 예컨대, 빅토르 세르주와 에르네스트 만델은 둘 다 10월 혁명을 열렬히 지지하지만, 체카 설치를 중대한 잘못으로 여긴다. 그래서 세르주는 다음과 같이 썼다.

나는 볼셰비키 지도자들이 1918년에 저지른 가장 심각하고 가장 용납할 수 없는 오류 하나가 체카를 만든 것이라고 생각한다. 갖가지 음모와 [제국주의 열강의] 봉쇄와 간섭 때문에 그들은 분별력을 잃어버렸다. 모든 증거를 보건대, 혁명재판소들이 냉정하게 활동하고(특별한 경우에는 비밀리에 재판을 여는 것을 배제하지 않더라도) 변호권을 인정했더라면 권력 남용과 악행을 훨씬 덜 저지르고도 똑같이 효율적인 결과를 얻을 수 있었을 것이다.[412]

1920년 8월 폴란드 혁명을 고무하거나 촉발할 수 있을 거라고 잘못 판단해서 적군赤軍이 바르샤바로 진격했다가 크게 패배한 것은 분명히 심각한 정치적 실수였고 매우 해로운 결과를 낳았다는 사실은 레닌 자신도 인정했다.[413] 다른 정당들을 금지한 조치를 1921년 이후 영속적 정책으로 만들고 그것을 일종의 원칙으로까지 격상시킨 것도 오류였다.[414]

유감스럽게도 당시 레닌과 볼셰비키가 한 행동을 모두 살펴보면서 각각의 옳고 그름을 평가하려면 책 한 권 또는 몇 권이 필요할 것이다. 진실은 레닌이든 볼셰비키 전체든 다른 어느 누구든 그 시절을 겪으면서 엄청나게 불리하고 가장 어려운 상황 속에서 수많은 실수와 심지어 범죄를 저지르지 않고도 혁명을 방어할 수는 없었을 것이라는 점이다. 진정한 역사적 문제는 그들의 전반적 전략, 즉 국제 혁명의 원조를 받을 수 있을 때까지 가혹한 조치들도 불사하면서 어떻게든 버텨 보겠다는 전략이 옳았는가 틀렸는가 하는 것이고 틀렸다면 다른 대안이 있었는가 하는 것이다.

분명히 한 가지 대안은 있었다. 그것은 [혁명의] 패배와 반혁명의 승리라는 대안이었다. 그러나 '제3의 길', 즉 모종의 사회민주주의적 또는 자유주의적 중간 입장이 존재하지 않았을까? 레닌은 없다고 생각했다.

선진적이고 계급의식적인 노동자들이 승리하고 빈농을 자기 주위로 결속시키고, 엄격한 질서를 확립하고, 무자비하게 가혹한 지배 체제, 진정한 프롤레타리아 독재를 수립하든지(즉, 그들이 쿨라크[부농]를 굴복시키고 전국 수준에서 식량과 연료의 적절한 분배를 도입하든지), 아니면 부르주아지가 쿨라크의 도움과 줏대 없는 멍청이들(아나키스트들과 좌파 사회혁명당)의 간접적 지원을 받아서 소비에트 권력을 전복하고 러시아·독일의 또는 러시아·일본의 코르닐로프 [독재]를 수립해서, 민중에게 하루 16시간 노동을 강요하고, 매주 1온스[28.35그램]의 빵만 공급하고, 노동자들을 대거 총살하고 지하 감옥에서 고문하는(핀란드와 우크라이나에서 그랬듯이) 등의 짓을 자행할 것이다.

전자 아니면 후자, 둘 중 하나뿐이다.

중간의 길은 없다. 러시아의 상황이 극단적으로 심각하기 때문이다.[415]

빅토르 세르주도 다음과 같이 주장했다.

볼셰비키 독재가 무너졌다면, 순식간에 엄청난 혼란이 닥쳤을 것이다. 그 혼란을 틈타 농민 봉기가 일어나고 공산당원들이 학살당하고 망명자들[백군]이 돌아왔을 것이다. 결국은 순전히 사태의 압력 때문에 또 다른 독재가 수립됐을 것이다. 그러나 이번에는 반反프롤레타리아 독재였을 것이다.[416]

비극이게도, 그런 끔찍한 상황에서는 [레닌이]《국가와 혁명》에서, 또 마르크스가《프랑스 내전》에서 주장한 것과 같은, 관료주의로 일

그러지지 않은 사회주의적 민주주의는 가능하지 않았다. 하물며 국가 없는 사회로 곧장 나아가기 위해 필요하다고 아나키스트들이 주장한 "제3의 혁명"이 불가능했다는 것은 더 말할 나위도 없다(그래서 세르주는 아나키스트들의 그런 주장을 "유치한 착각"이라고 불렀다).[417]

그러나 볼셰비키 정권이 처음부터 레닌의 전체주의가 낳은 산물이었다는 생각을 거부하고, 넓게 보자면 백군의 승리와 모종의 러시아판 파시즘을 막기 위한 불가피성의 산물이었다는 것을 인정한다고 하더라도, 그 자체로는 여전히 '연속성 테제'를 논박하지 못한다. 스탈린주의의 발흥, 스탈린주의와 레닌주의의 관계에 대한 더 우월한 다른 분석도 필요하다.

반혁명으로서 스탈린주의

그런 분석의 열쇠는 스탈린주의 관료 집단의 성장이 객관적인 사회적 요인 두 가지가 상호작용한 결과임을 이해하는 것이다. 그 두 가지 요인은 러시아 프롤레타리아의 약화와 탈진, 그리고 러시아 혁명의 고립이다.

제1차세계대전 직전까지도 러시아는 여전히 유럽에서 경제적으로 가장 후진적인 지역에 속했다. 노동계급은 인구의 극소수였고 농민이 압도적으로 많은 나라였다(그런 이유로 레닌을 포함한 러시아 마르크스주의자들은 일반적으로 러시아가 아직 사회주의 혁명을 위한 준비가 되지 않았다고 생각했다). 그런데 전쟁 자체가 경제를 더욱더 파괴했다(비록 전쟁 때문에 수많은 농민이 군대로 징집돼서 부분적으로 프롤레타리아화하기는 했지만 말이다). 그 뒤에 혁명이 일어나고 브레스트리토프스크 강화조약이 체결되고 내전이 벌어지자 재앙적 결과가 뒤따랐다는 사실은 앞서 언급했다.

심지어 그때조차 경제적 후진성과 국제 상황은 상호작용하면서 서로 강화해 주고 있었다. 만약 1917년 말이나 1918년 초에 혁명이 독일로 확산됐다면, 브레스트리토프스크 강화조약도 없었을 것이고, 거의 틀림없이 내전도 없었을 것이다(왜냐하면 제국주의 열강의 지원 덕분에 [반혁명 세력이 힘을 얻어] 내전을 시작할 수 있었기 때문이다). 만약 1918년 말이나 1919년 초에 독일 혁명이 성공했다면, 내전은 훨씬 더 일찍 끝났을 것이다. 만약 러시아가 더 발전하고 더 도시화한 사회였다면, 내전의 성격도 매우 달라졌을 것이다. 즉, (사회주의 이론의 원래 구상처럼) 도시와 산업을 기반으로 한 노동자 시민군이 혁명을 방어할 수 있었을 것이다. 그러나 실제로는 러시아 백군의 성격 때문에 상비군, 즉 '고정된'(실제로는 이동하는)* 군대를 창설할 수밖에 없었다.

내전이 끝났을 때 러시아 경제는 완전히 파괴돼 있었다. 총 산업생산은 1913년의 31퍼센트 수준에 불과했고, 강철 생산은 겨우 4.7퍼센트 수준이었으며, 수송 체계도 붕괴한 상태였다. 1917년에 약 300만 명이던 산업 노동자가 1921년에는 125만 명으로 급감했다.

---

* 상비군을 영어로 'standing' army, 즉 '서 있는' 또는 '고정된' 군대라고 하는 것을 이용한 패러디인 듯하다.

또, 러시아 프롤레타리아의 정치적 상황은 그런 암울한 통계 수치가 보여 주는 것보다 더 열악했다. 노동계급의 전위, 즉 가장 투쟁적이고 정치의식 수준이 높은 노동자들의 상당수가 적군에 입대했고, 그들의 다수는 전쟁터에서 싸우다 죽었다. 살아남은 노동자들도 흔히 정치 활동에 더 열심히 참여했으므로 국가의 행정 업무를 맡게 되면서 더는 엄밀한 의미의 노동자가 아니게 됐다. 기근 때 식량을 구하러 농촌으로 떠나야만 했던 상황, 그리고 순전한 육체적·정치적 탈진도 노동계급을 더 약화시켰다.

그 결과, 러시아 노동계급은 의식과 투쟁 수준이 최고였던 과거 1917년의 희미한 그림자로만 남아 있었다. 1921년이 되면 전에 혁명을 일으켰던 계급은 이제 사실상 사라지고 없었다.

> 우리 나라의 산업 프롤레타리아는 … 전쟁과 극심한 빈곤과 파괴 때문에 탈脫계급화했다. 즉, 프롤레타리아가 자신의 계급 궤도에서 이탈해 이제는 프롤레타리아로서 존재하지 않게 된 것이다.[418]

마르크스주의 이론에서 노동계급이 사회주의 변혁의 주체이자 계급 없는 사회로의 이행을 선도하는 구실을 한다고 설명하는 근거는 혁명적 지도자들이 청렴결백하기 때문이 아니라, 노동자 대중이 스스로 사회를 운영할 수 있고, 이행기에 없어서는 안 될 혁명적 지도자들을 민주적으로 통제할 수 있기 때문이다.[419] 1921년의 러시아 노동계급은 사회를 운영할 능력도, 지도자를 통제할 능력도 없었다. 문제를 더 악화시킨 것은 부득이하게 차르 시대의 관리들을 대거 받아들여서 국가기구로 통합할 수밖에 없었다는 사실과 출세주의자들이 [볼셰비키]당으로 몰려들었다는 사실이다.[420] 이 단계에서 정권의 사회주의적 성격을 좌우한 것은 볼셰비키 전체 당원 가운데 극소수에 불과한 선임 당원들로 이뤄진 지도부의 의지였다. 레닌은 이 사실을 날카롭게 의식하고 있었다.

> 우리가 현실을 애써 외면하려 하지 않는다면, 지금 당의 프롤레타리아 정책을 좌우하는 것은 당의 사회적 구성이 아니라 당의 '올드 가드'라* 할 수 있는 소수 그룹의 엄청난 신망이라는 사실을 인정해야 합니다.[421]

이런 상황이 오랫동안 지속될 수는 없었다. 마르크스가 말했듯이, 결국은 사회적 존재가 사회적 의식을 결정한다. 이런 상황에서 당과 국가 엘리트의 관료화는 독자적 추진력을 얻게 된 객관적인 사회적 과정이었다. 관료화는 그 엘리트의 의도와 무관하게 진행됐다기보다는 그들의 의도를 거슬러서 진행됐다. 생애 말년에 레닌은 자기 눈앞에서 전개되는 사태를 보며 심각하게 걱정했고, 그 [관료화] 추세를 늦추거나 뒤집을 수 있는 조직적 장치를 찾는 일에 필사적으로 매달렸다. 그는 관료주의의 침투에 맞서 싸우기 위해 1920년 설립된 '노동자·농민 감사부'(라브크린)에 다양한 개혁 조치들을 제안했다. 1922년 12월에는 중앙위원회를 확대해서 새로운 노동자들을 충원할

---

* 올드 가드old guard는 원래 나폴레옹 1세의 친위대를 가리키는 말이었으나 '특정 조직의 보수적인 고참 회원들'이라는 뜻으로 쓰인다.

것과, 또 중앙통제위원회도 확대해서 라브크린과 통합할 것을 제안했다. 마지막으로 스탈린을 서기장에서 해임할 것을 제안했다.[422] [그러나] 이 중에 어떤 것도 실질적 효과가 없었고, 아래로부터 압력이나 동원이 없는 상황에서는 그럴 수도 없었다. 날이 가고 달이 갈수록 성장하던 국가와 당 관료들은 민중의 통제에서 벗어나 자신들의 권력을 강화했고, 각종 특권에 더욱 집착했으며, 노동계급과 점점 더 분리됐고, 국제 혁명에 대한 관심이 시들해졌다.

러시아 노동계급이 기진맥진한 상태였음을 감안할 때, 관료주의적 변질 과정을 막을 수 있는 유일한 길은 다른 나라에서 혁명이 일어나 승리하는 것이었지만 그런 일은 일어나지 않았다. 국제 혁명이 몽상이었기 때문이 아니다. 오히려 레닌과 트로츠키가 예상한 대로 헝가리·이탈리아·아일랜드·불가리아·독일 등 유럽 전역에 혁명의 물결이 일었다. 1919년 3월 영국 총리 로이드조지는 프랑스 총리 클레망소에게 보낸 편지에서 다음과 같이 썼다.

유럽 전체에 혁명의 정신이 가득 차 있습니다. 노동자들의 마음속 깊숙한 곳에는 전쟁 전의 조건에 대한 불만뿐 아니라 분노와 반란 의식도 존재합니다. 유럽의 이쪽 끝에서 저쪽 끝까지 인민대중은 기존의 정치·사회·경제 질서를 모두 불신하고 있습니다.[423]

그러나 모든 곳에서 혁명은 격퇴됐다. 결정적 패배는 1923년 가을 독일에서 당했다. 당시 독일 공산당은 특별히 혁명적인 상황에서 제대로 행동에 나서지 못했고, 그래서 절호의 기회를 놓쳐 버렸다. 러시아에서 진행된 관료화가 이런 패배에 상당히 기여했다는 것은 분명하다. 예컨대, 1923년에 트로츠키는 자신이 독일에 가서 독일 혁명의 성공을 돕겠다고 제안했지만, [소련] 공산당 지도부의 지노비예프·카메네프·스탈린은 이를 거부했고[424] 결정적 순간에 독일 공산당 지도부더러 행동에 나서지 말라고 조언했다.[425]

따지고 보면, 스탈린이 당을 지배하는 인물이 된 것은 이런 상황의 산물이었지 그가 이런 상황을 만들어 낸 것은 아니었다. 즉, 관료 집단이 스탈린을 자신들의 지도자로 '선택'한 것이다. 그러나 물론 스탈린은 당 기구의 책임자가 되자마자(그는 1922년에 서기장이 됐다), 그리고 나중에 당의 최고 지도자가 되자마자(1923년 이후) 그 지위를 이용해서 자기 지지자들을 승진시키고 자신에게 충성하는 기구를 건설했다. 1924년 가을 스탈린이 '일국사회주의'론을 선포했을 때, 그것은 1845년 이후의 모든 마르크스주의 전통과 모순되는 것이었고 사실은 그 자신이 그해 초에 쓴 글의 내용과도 모순되는 것이었다.[426] 그러나 구호로서 '일국사회주의'는 [관료] 기구의 분위기와 필요에 딱 들어맞았다. 그것은 혁명의 '영웅적' 시기의 위태롭고 위험한 일들을 잊어버리고 일상 업무에만 전념한 채 외국의 모험에 말려들기 싫은 관료들의 욕망에 호소하는 것이었다.

'일국사회주의'는 스탈린과 그 지지자들이 당내 반대파, 즉 처음에는 트로츠키파, 나중에는 지노비예프·카메네프파에 대항하는 투쟁을 벌일 때 사용할 수 있는 깃발 구실을 했다. 왜냐하면 반대파가 국제 혁명의 필요성을 강조하는 것은 러시아 혁명에 대한 신념이 부족하기 때문이라고 몰아붙이며 공격할 수 있었기 때문이다. 스탈린이 이 투쟁에서 결정적으로 승리한 것은 1927년이었다. 또, '일국사회주의' 구호는 정권의 1920년대 중반 경제정책과도 잘 맞았다. 그것은 신경제정책NEP을 거의 무한정 연장하면서, 트로츠키와 좌익반대파가 제안한 공업화 속도 증가를 거부하고, 당시 스탈린과 동맹 관계였던 부하린의 말처럼 "달팽이 걸음으로" 사회주의를 향해 나아간다는 전망에 따라 추진되던 경제정책이었기 때문이다.[427]

그러나 NEP와 결합된 일국사회주의 전략은 근본적 모순을 내포하고 있었다. 곡물의 자유 시장을 허용한 NEP는 분명히 소련 경제에 도움을 주고 사람들의 생활수준도 1921년의 재앙적 상태에서 회복시킨다는 목적에 부합했다. 그러나 NEP가 성공적일수록 농촌의 쿨라크(부농) 계급과 (쿨라크와 동맹한) 도시의 네프맨(상인과 무역업자) 계급도 성장했다. NEP가 오래 지속될수록 이 계급도 더 발전해서 공산당이 통제하는 국유 경제를 위협하는 세력이 됐다. 이 경향은 1927년 말과 1928년 초에 공공연히 분출해서, 농민들이 도시에 곡물을 내다 팔기를 대대적으로 거부하는 사태가 벌어졌다.

일국사회주의의 바탕에 깔린 전제는 소련이 서방의 군사적 간섭에 시달리지만 않는다면 '완전한 사회주의'로 진화할 수 있다는 것이었지만, 그것은 결코 보장되지 않았다. 더욱이, 직접적인 군사적 간섭 말고도, 아니 그보다 우선하는 것으로서 자본주의 세계가 가하는 경제적 경쟁 압력이 있었다. 레닌이 거듭거듭 강조했듯이, 이 자본주의 세계는 여전히 소련보다 훨씬 더 강력하고 훨씬 더 생산적이었다. 그런 경쟁 압력에 어떻게 저항할 수 있는가? '일국사회주의'론이 선포되기 전에 이 물음에 대한 답은 혁명을 확산시켜서 그런 압력에 저항해야 한다는 것이었고, 따지고 보면 오직 그 방법밖에 없다는 것이었다. 그런 전망[혁명의 확산]이 포기된 뒤에 나온 답은 자본주의 세계의 경쟁 압력에 저항하려면 소련의 군사력을 증강해야 한다는 것이었고, 또 그러려면 소련의 경제력을 강화해야 한다는 것이었다.

스탈린은 나중에 다음과 같이 밝힌 것처럼 이 문제를 제대로 파악하고 있었다.

아닙니다, 동지들. … 결코 속도를 늦춰서는 안 됩니다! 오히려 우리는 우리의 힘과 기회가 닿는 대로 최대한 속도를 높여야 합니다.

속도를 늦추는 것은 뒤처진다는 것을 의미합니다. 그리고 뒤처진 사람들은 패배합니다. 안 됩니다, 우리는 결코 패배할 수 없습니다. 옛 러시아 역사의 특징 하나는 끊임없는 패배였습니다. 러시아는 후진성 때문에 패배했습니다. … 군사적 후진성, 문화적 후진성, 정치적 후진성, 공업의 후진성, 농업의 후진성 때문에 패배했습니다. …

우리는 선진국들보다 50~100년 뒤처져 있습니다. 10년 안에 그들을 따라잡아야 합니다. 그러지 못하면 우리는 파멸할 것입니다.[428]

이 문제들이 수렴돼서 1928년에 곪아 터질 지경이 되자 스탈린은 NEP를 폐기하고 급격하게 노선을 전환했다. 1927년에 좌익반대파와 통합반대파를 결정적으로 패퇴시켰으므로 이제 그는 부하린과 친농민 우파를 공격할 수 있었다. 또, 그 과정에서 스스로 당의 최고 지도자, 소련의 독재자가 될 수 있었다. 스탈린은 농촌에서 더 많은 곡물을 강제 징발하는 캠페인을 시작했고, 1928년 중반에는 제1차 5

개년계획을 도입했다. 그것은 좌익반대파가 주장한 것보다 훨씬 더 높은 성장 목표치를 설정해서, 소련을 급속한 공업화의 길로 몰아가려는 계획이었다. 또, 곡물 징발이 원하는 대로 성과를 내지 못하자 농업의 강제 집산화도 시작했다.

이 세 가지(스탈린이 절대 권력을 확립하고, 농민을 국영 농장에 몰아넣고, 공업화를 급격하게 강행한 것)를 합쳐서 아이작 도이처는 "대전환"이라고 불렀고,[429] 다른 많은 사람들은 "제3의 혁명"[430] 또는 "위로부터 혁명"이라고 불렀다. 실제로는 그것은 심각한 반혁명이었다. 그것이 반혁명인 이유는, 그로 말미암아 기본적인 사회적·경제적 관계(마르크스주의 용어로는 사회적 생산관계)가 변형되고, 관료 집단이 새로운 지배계급으로 변모하고, 근본적으로 사람들의 필요(즉, '소비')를 위해 생산하는 경제에서 경쟁적 자본축적, 다시 말해 자본주의의 핵심 동역학에 따라 작동하는 경제로 바뀌었기 때문이다.

NEP 시기에 산업 생산 통제권은 당세포, 노조 공장위원회, 전문 경영자가 공유하고 있었다(이른바 트로이카 체제). 공업화 드라이브와 함께 트로이카 체제는 없어지고 경영자가 무제한의 통제권을 갖게 됐다. NEP 시기에 사람들의 생활수준은 대략 (완만한) 경제성장률과 비슷하게 상승했다. 이와 달리 1928년부터 1932년까지 5개년계획 기간에는 경제가 매우 급속하게 성장했지만 생활수준은 재앙적으로 하락했다. 그래서 알렉 노브는 다음과 같이 썼다. "1933년은 역사가 기록된 이래로 평화 시에 사람들의 생활수준이 가장 급격히 떨어진 해였다."[431] 그리고 마이클 헤인스와 루미 하산이 소련의 사망률을 연구한 결과를 보면, 출생 시 기대 수명이 1928년 39.9세에서

1932년 32.8세로 낮아졌다.[432] 토니 클리프는 《소련 국가자본주의》에서 풍부한 실증적 자료를 바탕으로 당시에 일어난 역전을 입증했다. 그런 역전을 잘 보여 주는 두 가지 사례만 들어 보겠다.

월 임금당 '식량 바구니'[433]

연도	바구니 수	지수
1913	3.7	100
1928	5.6	151.4
1932	4.8	129.7
1935	1.9	51.4

생산수단과 소비수단으로 총생산량의 분배(단위: 퍼센트)[434]

연도	1913년	1927~28년	1932년	1937년	1940년
생산수단	44.3	32.8	53.3	57.8	61.0
소비수단	55.7	67.2	46.7	42.2	39.0

이런 수치들의 의미는 《공산당 선언》에 나오는 다음과 같은 중요한 말을 떠올려 보면 분명히 알 수 있다.

부르주아 사회에서는 산 노동이 축적된 노동을 늘리는 수단일 뿐이다. 공산주의 사회에서는 축적된 노동이 노동자의 생활을 폭넓게 하고 풍요롭게 하며 장려하는 수단일 뿐이다.

세계 자본주의의 압력을 받은 소련은 제1차 5개년계획과 함께 임금노동을 가장 무자비하게 착취하는 것에 바탕을 둔 "생산을 위한 생산, 축적을 위한 축적"(마르크스, 《자본론》) 과정을 시작했다. 이런 착취의 사회적 행위자인 스탈린주의 관료 집단은 부르주아지의 역사적 사명을 떠맡음으로써 스스로 국가자본가 지배계급이 됐고, 다른 모든 지배계급과 마찬가지로 온갖 특전과 특권을 누리기 시작했다.

바로 이런 경제적 변혁이야말로 스탈린의 '위로부터 혁명'을 근본적으로 반혁명으로 규정하는 요인이다. 즉, 그것을 계기로 1917년의 노동자 혁명은 마침내 패배하고, 새로운 국가자본주의 형태로 자본주의가 복원된 것이다. 그러나 이 과정의 반혁명적 성격은 다른 많은 사실로도 드러나고 확인된다. 예컨대, 스탈린은 수많은 노동자와 농민, 거의 모든 올드 볼셰비키 지도자(혁명이나 레닌과 조금이라도 연관이 있던 사람들)를[435] 투옥하고 살해한 뒤에야 자신의 지배를 공고히 할 수 있었다는 사실, 악명 높은 수용소들에서 강제 노동을 광범하게 사용했다는 사실, 당원의 임금을 제한하는 '상한제'를 폐지했고 '평등주의'를 부르주아적 사고방식이라고 비난하는 공식적 캠페인을 벌였다는 사실, 하급자들에게 사용된 언어부터 군 장교들에게 부여된 엄청난 특권까지 일상생활에서 부르주아적 규범이 복원되고 성매매가 대규모로 되살아났다는 사실, 가혹한 형법에 따라 청소년에게도 장기 징역형과 사형이 선고되는 등 형사처벌이 강력해졌다는 사실이 그렇다.[436]

실제로 소련의 사회·정치 생활의 모든 측면에서 혁명 초기나 레닌의 정책과 유산 가운데 스탈린 체제가 짓뭉개지 않은 것은 거의 없었다. 스탈린주의는 레닌주의의 연속이나 완성이 아니라, 반혁명적 부정이다. 그리고 더 광범한 맥락에서 보면, 스탈린주의는 무솔리니와 이탈리아 파시즘의 승리, 1926년 영국 총파업에서 절정에 달한 영국 노동자 운동의 패배, 1923년 아일랜드 혁명의 패배, 1927년 중국 혁명의 참패, 무엇보다도 1933년 히틀러의 승리를 포함한 국제적 반혁명 과정의 일부로 볼 수 있다.

그런 일이 다시 일어날까?

스탈린주의의 발흥에서 객관적 상황이 결정적 구실을 했다는 내 주장을 대체로 받아들이면서도 그러나 그 과정을 촉진하는 데서 레닌주의 이데올로기가 한몫했다고 반론을 펴는 것은 여전히 가능하다. 이것은 《레닌주의* 이전》이라는 책에서 새뮤얼 파버가 취한 입장인데, 그는 자신의 견해를 [다른 글에서도] 다음과 같이 옹호한다.

"정권을 장악한 레닌주의"의 비민주적 관행은 대부분 엄청나게 파괴적인 내전 상황에서 발전한 것이고 실제로 그런 상황과 분리해서는 결코 이해할 수 없다. 그러나 이것은 소비에트 민주주의의 쇠퇴와 소멸을 설명하는 데 필수적 부분이기는 하지만 결코 충분하지는 않다.[437]

게다가, 파버는 혁명과 혁명적 지도부를 "자코뱅 비슷하게" 생각한 레닌의 견해가 중요한 구실을 했다고 주장한다.[438] 마찬가지로 사이먼 피라니도 다음과 같이 주장한다.

———

* 스탈린주의의 오타인 듯하다.

볼셰비키는 전위 노선과 국가통제주의 때문에 민주적 노동자 조직들의 창조적 잠재력을 깨닫지 못했고, 다른 노동계급 정치 세력들에게 너그럽지 못했으며, 이견을 가차 없이 억눌렀다.

그러면서 다음과 같이 덧붙인다. "아마 1921년에 다른 선택이 이뤄졌다면, 착취적 계급 관계가 다시 강요되는 것에 맞서 다른 형태의 저항이 가능했을 것이다."[439]

그런 주장들의 문제점은 분명한 입증 기준이 없다면 무한정 계속될 수 있다는 것이다. "그러나 레닌주의 이데올로기가 모종의 구실을 했다는 것은 확실하지 않은가?" 그 구실은 어느 정도인가? 30퍼센트? 10퍼센트? 5퍼센트? 이런 식으로 끝도 없이 계속될 것이다.[440] 그러나 정말로 중요한 문제는 레닌과 볼셰비키가 나중의 스탈린주의에 얼마나 책임이 있는지를 정확히 계산하는 것이 아니다. 오늘날 레닌주의적 혁명 정당을 건설한다면 (그리고 그 정당이 혁명을 지도해서 성공시킨다면) 스탈린주의의 악몽이 되풀이될 것인지 아닌지다.

지금까지 내가 제시한 분석은 마르크스주의 분석이라면 당연히 그래야 하듯이 물질적 조건과 계급 세력균형에서 시작해서 스탈린주의의 발흥과 승리를 근본적으로 (이데올로기나 심리의 산물이 아니라) 계급투쟁 과정으로 파악한다. 이런 분석이 매우 강력히 시사하는 바는 오늘날의 노동자 혁명은 새로운 형태의 스탈린주의로 변질되지 않을 것이라는 점이다.

첫째, 1917년 이후 100년 동안 전 세계의 생산력이 엄청나게 발전했고 막대한 부가 축적됐는데, 혁명이 일어나면 노동계급은 이런 생산력과 부를 이용할 수 있을 것이다. 오늘날 어떤 주요국에서 일어나는 혁명도 러시아 혁명 때보다 훨씬 더 높은 경제적 토대 위에서 시작될 것이다. 둘째, 이 점이 가장 중요한데, 국제적으로 그리고 거의 모든 개별 국가에서 오늘날 노동계급은 100년 전 러시아의 노동계급보다 엄청나게 더 크고 강력한 세력이다(이 점을 입증하는 수치들은 앞서 1장에서 제시했다). 노동계급을 해체하고 원자화하는 것은 1918~1921년보다 오늘날 훨씬 더 힘들 것이고, 반혁명 세력이 농촌에서 기반을 마련하는 것도 마찬가지일 것이다. 셋째, 세계경제의 국제적 통합도 훨씬 더 진척돼서, 만약 한 나라에서 혁명이 성공한다면 국제적으로 확산될 가능성이 크게 높아졌다. 교통·통신의 혁명은 이것을 크게 촉진할 것이다. 1917년에는 존 리드가 페트로그라드에 도착할 때까지 몇 달이 걸렸고, 러시아 혁명이 일어난 지 2년 뒤에야 그람시 같은 서유럽 사회주의자들이 레닌의 저작을 많이 읽을 수 있었다. 오늘날은 우리가 아랍의 봄 때 봤듯이, 혁명은 인터넷에서 실시간으로 방송되고, 혁명 지도자들과 평범한 노동자들이 똑같이 전 세계 노동자들에게 떨쳐 일어나 연대해 달라고 직접 호소할 수 있다. 그런 호소는 효과적일 것이다.

여기서 잠깐, 중국이나 브라질, 이집트, 스페인 또는 아일랜드에서 혁명을 지도하는 혁명적 정당 지도자들의 의도와 이데올로기에 관해 최악의 가정을 해 보자(물론 나는 그런 가정이 틀렸다고 생각한다). 그런 정당 지도부가 혁명 과정에서 수립된 노동자 권력과 노동자 민주주의를 약화시키고 권력을 전횡하려는 노력을 즉시 시작한다고 가정해 보자. 승리한 노동계급이 과연 그런 일이 일어나도록 허용할 이유가 있을까? 특히, 스탈린 치하 소련에서 일어난 일이 아직도 생생한 기억으로 남아 있는데 말이다.

소련의 노동계급이 그것을 허용한 이유는 그들이 믿을 수 없을 만큼 끔찍한 조건에 엄청난 타격을 받고 파괴돼 버렸기 때문이다. 미래의 노동계급이 그런 조건이 없는데도 소련에서 벌어진 일이 되풀이되도록 내버려 둘 것이라고 믿는 것은 노동계급의 능력을 극도로 비관적으로 보는 것이고, 보수적 '인간 본성'론이라는 가장 조야한 고정관념으로 후퇴하는 것이다. 물론 그런 '인간 본성'론은 아예 사회주의와 인간 해방 자체를 배제한다.

지금까지 내가 주장했듯이 혁명의 승리를 위해 본질적으로 레닌주의적인 혁명적 정당이 꼭 필요하다면, 혁명의 결과가 스탈린주의일 것이라는 두려움은 그런 정당을 건설하지 말아야 하는 이유가 결코될 수 없다.

7장
오늘날의 레닌주의

오늘날 레닌주의자가 된다는 것은 노동계급의 혁명가·투사가 된다는 것이다. 국제 노동자 혁명을 위해 싸우는 투사가 되지 않고도 마르크스주의자나 레닌주의자가 될 수 있다고 생각하는 사람들은 '마르크스주의'나 '레닌주의'라는 용어를 이 책에서 쓰인 것과는 매우 다르게 사용하는 셈이다.[441] 왜냐하면 그것이 바로 마르크스와 레닌의 모든 이론과 실천의 핵심이기 때문이다. 그러나 오늘날 실제로 혁명적 사회주의자가 된다는 것은 레닌의 정치를 떠받치고 있는 세 가지 핵심 기둥, 즉 그의 제국주의론·국가론·정당론(이 셋이 함께 러시아 혁명을 뒷받침했다)도 받아들인다는 것이다. 이것이 이 책의 주요 주장이다. 그러나 레닌이 죽고 난 이후, 삶은 다른 많은 문제를 제기했고, 그런 문제를 해결하는 것이 과거에도 그랬고 지금도 그렇듯이 진지한 사회주의적 실천의 전제 조건이다.

파시즘과 스탈린주의

1920년대와 1930년대에 새롭게 부각된 가장 중요한 쟁점 두 가지는 파시즘과 스탈린주의의 발흥이었다. 파시즘의 본질을 이해하고 그것에 맞서 싸울 전략을 발전시키는 문제는 1930년대 국제 노동운동 전체의 사활이 걸린 문제였고, 그 문제는 여러 번 되풀이되면서 지금까지 이어지고 있다(비록 아직까지는 [1930년대보다] 덜 심각하지만 말이다). '좌파'(즉, 사회민주주의자들과 공산주의자들)가 히틀러와 프랑코의 도전에 제대로 대응하지 못한 것은 통탄할 만한 일이었다. 처음에 그들은 나치에 대항하는 공동전선을 형성하는 데 실패해서 제대로 싸움 한 번 못 해 보고 패배하더니, 나중에는 오히려 민중전선을 만들어서 노동계급의 투쟁을 '민주적' 부르주아지와의 동맹에 종속시키는 바람에 프랑코에 대한 저항을 약화시키고 마비시키는, 똑같이 치명적인 짓을 저질렀다.

이 문제를 다루는 중요한 이론적 작업은 레온 트로츠키가, 그것도 그 당시에 했다. 트로츠키는 1929~1933년 터키에 망명해 있는 동안 쓴 일련의 뛰어난 글에서, 파시즘 운동의 계급적 성격에 관한 지금까지도 가장 설득력 있는 분석을 내놨고 노동자 공동전선이라는 [반파시즘] 투쟁 전략을 수립했다. 만약 이 전략이 제때 적용됐다면 히틀러의 집권을 막을 수 있었을 것이다. 오늘날 파시즘의 위협에 직면한 유럽에서 사회주의자들은 분명히 최근 상황에 맞는 구체적 분석을 해야 하지만, 그런 분석의 이론적 출발점은 여전히 트로츠키의 저작이어야 한다.

국제 좌파에게는 스탈린주의라는 문제가 더 다루기 어렵고 이론적으로 더 해로운 것이었음이 드러났다. 국제 운동(즉, 코민테른과 그 동조자들과 상당수의 좌파 사회민주주의자들)의 대다수는 스탈린과 소련에 거의 무비판적으로 충성했다. 스탈린에 대한 충성은 적어도 1956년에 흐루쇼프가 스탈린의 범죄들을 비난할 때까지 지속됐고, 소련에 대한 충성은 (비록 그 열의는 줄어들었지만) 훨씬 더 오래 지속됐다. 그러나 이것은 재앙적 결과를 초래했다. 단기적으로는 코민테른과 각국 공산당이 변질됐다. 즉, 공산당들이 적어도 부분적으로는 사회주의 투쟁의 도구가 아니라 소련 외교정책의 도구로 전락했다. 장기적으로는 사회주의가 불신받게 됐고, 수많은 노동계급 사람들이 떨어져 나갔을 뿐 아니라, 각국 공산당이 개혁주의로 돌아섰다. 그러나 스탈린주의에 반대하고 스탈린주의와 결별한 마르크스주의자들과 혁명적 사회주의자들 사이에도 스탈린주의 체제(처음에는 소련의, 나중에는 다른 나라들의)의 성격과 스탈린주의가 국제 운동에서 하는 구실에 대한 이론적 혼란이 있었다.

이런 혼란의 주요 근원은 스탈린주의 체제가 국가 소유, 즉 주요 생산수단의 국유화에 바탕을 두고 있었다는 사실이다. 많은 사회주의자들(과 부르주아지의 주류·우파)의 머릿속에서 자본주의는 기본적으로 사적 소유로 규정되는 것이었고 국가 소유는 사회주의 경제의 토대로 여겨졌다.[442] 그래서 1956년에 스탈린주의의 현실에 직면하게 된 국제 공산주의 운동은 대체로 스탈린주의는 사회주의적 토대 위에서 생겨난 상부구조의 문제라거나 심지어 지도자에 대한 '개인숭배'의 문제일 뿐이라는 공식에서 위안을 찾았다. 심지어 스탈린과 스탈린주의에 맞서 죽을 때까지 싸웠던, 그리고 스탈린주의의 반혁명적 성격을 간파했던 레온 트로츠키조차 국가 소유 문제에 걸려서 넘어졌다. 그에게는 여전히 노동자 국가의 성격을 규정하는 것이 바로 국가 소유였기 때문이다.

그래서 트로츠키는 모순된 주장을 했다. 즉, 그 자신도 인정했듯이 소련 국가는 결코 노동계급의 통제를 받지 않지만 그래도 여전히 노동자 국가라는 것이었다(따라서 변질된 노동자 국가라고 했다). 이 때문에 그는 1938~1939년에 잘못된 예측을 하게 됐다. 스탈린 체제는 내재적 모순으로 말미암아 전쟁의 충격에서 살아남을 수 없을 것이고 그래서 매우 빨리 붕괴할 것이라고 예측한 것이다. 그러나 제2차세계대전이 끝났을 때 스탈린 체제는 붕괴하기는커녕 오히려 동유럽 전체도 지배하게 됐고 1949년에는 중국으로까지 확대됐다. 그러자 많은 트로츠키 지지자들은 능동적 노동계급의 자력 해방 없이도 사회의 사회주의적 변혁이 가능하다는 생각을 받아들였고, 천천히 그러나 확실히 스탈린주의로(때로는 마오쩌둥주의나 카스트로주의 형태의 스탈린주의로) 후퇴했다.

반스탈린주의 좌파의 또 다른 흐름은 국가 소유와 노동자 국가를 동일시하는 견해를 거부했지만 자본주의와 사적 소유를 동일시하는 견해는 받아들였다. 여기서 나온 이론이 스탈린주의 체제(들)는 자본주의도 아니고 사회주의도 아니며 모종의 새로운 계급사회 또는 착취 사회라는 것이었다. 그래서 이 새로운 형태의 사회는 그 전체주의적 성격 때문에 서방 자본주의보다 더 반동적이므로 냉전에서 서방을 지지해야 한다는 정치적 태도를 취할 가능성이 생겨났다(스탈린주의 체제를 새로운 계급사회로 본 사람들 대다수는 그런 태도를 취했다). 마르크스주의를 이론적 배경으로 해서 그런 견해를 지니게 된 사람들에게 문제는 이 '새로운' 생산양식에 대한 분석이 역사유물론과 무관한 범주들에 의존하고 마르크스가 《자본론》에서 제시한 것과 같은 정치경제학적 토대가 없다는 점이었다. 요컨대, 이론적으로 그것은 일관성 없는 뒤죽박죽 견해였다.

국가자본주의론이 국가 소유에 대한 집착을 깨뜨린 뒤에야 비로소 이런 혼란은 해결됐다. 스탈린 치하 소련이 국가자본주의라는 사상은 오래되고 복잡한 역사가 있지만, 토니 클리프는 1940년대 말에 그것을 가장 일관된 형태로 발전시켰고 나중에 《소련: 마르크스주의적 분석》과 《소련 국가자본주의》라는 책으로 펴냈다. 클리프가 발전시킨 국가자본주의론의 출발점은 소유 형태가 아니라 실제 생산관계였다. 그리고 이 덕분에 가능해진 스탈린주의에 대한 이론적 분석은 다음과 같은 것들과 모순되지 않았다. 첫째, 소련 체제의 경험적 현실. 둘째, 노동계급의 자력 해방이라는 마르크스주의의 핵심 원칙. 셋째, 역사 발전과 자본주의의 운동 법칙에 대한 고전 마르크스주의의 분석. 또, 클리프를 비롯한 여러 사람들은 그 이론을 중국·베트남·쿠바 등에도 적용해서 국가자본주의론을 더욱 발전시킬 수 있었다.[443]

이 문제는 이른바 '공산주의의 붕괴'와 함께 중요성을 상실했고 지금은 확실히 1950년대나 1970년대보다 덜 중요하다고 말할 수도 있을 것이다. 그렇지만 이 문제가 여전히 유의미한 이유는 많은 스탈린주의 체제나 반쯤 스탈린주의적인 체제가 (북한·베트남·쿠바·중국에) 아직도 살아 있기 때문이고, 스탈린주의의 유산, 특히 유러코뮤니즘 형태의 스탈린주의가 여전히 국제 좌파와 노동조합운동의 광범한 부문에 상당한 영향을 미치고 있기 때문이며, 스탈린주의를 설득력 있게 해명하지 못한 채 이론적으로 일관된 사회주의 주장을 하는 것은 불가능하기 때문이다. 또, 서방과 러시아가 충돌할 때(예컨대, 우크라이나를 두고 또는 시리아에서) 우파 노동당원들과 사회민주주의자들은 언제나 미국을 편들고 다른 좌파들은 자동적으로 러시아를 편드는 경우가 있(고 그런 경우는 드물지 않)기 때문이다.

　나라마다 또는 시대마다 혁명적 사회주의자들이 일상적으로 다뤄야 하는 독특한 쟁점들이 많다는 것은 분명하다. 그러나 내 생각에 오늘날 사회주의자들과 사회주의 조직들이 혁명적 실천의 전제 조건으로 반드시 다뤄야만 하는 네 가지 핵심 문제를 꼽을 수 있다. 그 문제들의 해답은 그저 레닌을(또는 트로츠키를) '우러러본다'고 해서 찾을 수 있는 것이 아니다.

현재의 쟁점들

　첫째는 현대자본주의의 정치경제학이다. 즉, 제2차세계대전 후의 장기 호황과 1970년대에 찾아온 불황, 이에 대한 신자유주의적 대응, 2007~2008년의 금융 폭락과 이후 지금까지 지속되고 있는 상황을 모두 아우르는 이론적 분석이다. 물론 이 문제를 다룬 마르크스주의 문헌은 많다. 너무 많아서 여기서 요약하기도 힘들 정도다. 또, 이 문제를 다룬 마르크스주의자도 아주 다양하다. 예컨대, 과거에는 배런과 스위지와 키드런이 있었고, 지금은 로버트 브레너, 데이비드 맥낼리, 안와르 샤이크, 앤드루 클라이먼, 데이비드 하비, 조셉 추나라, 굴리엘모 카르케디, 그 밖에도 많은 사람이 있다. 그러나 이 많은 문헌과 사람 중에서 나는 특히 크리스 하먼, 알렉스 캘리니코스, 마이클 로버츠의 저작을 꼽고 싶다. 이 세 사람의 공통점은 자본주의 경제 위기의 근본 원인으로 이윤율 저하 경향을 들고 있다는 점이다(마르

크스의 이 측면은 레닌이나 레닌 세대의 다른 마르크스주의자들이 결코 주목하지 않은 것이다).[444]

최대한 간단히 말하면 그 주장은 다음과 같이 요약할 수 있다. 제2차세계대전 이후 대규모 군비 지출이 자본의 유기적 구성 증가 속도를 늦춰서 이윤율 저하를 상쇄했다. 그러나 이것은 자체의 모순을 낳았다. 미국은 일본이나 서독과 더 치열하게 경쟁해야 했고, 그러자 이윤율 저하 문제가 다시 불거져서 1970년대 중반과 1980년대 초에 경제 위기가 닥쳤다. 이 위기에 대한 자본주의의 대응 방식이 레이건과 대처가 앞장선 신자유주의 공세였다. 이것은 전체 부에서 노동이 차지하는 몫을 줄이고 자본이 차지하는 몫을 늘려서 이윤율을 회복하려는 국제적 노력이었다. 그러나 신자유주의는 비록 부와 소득을 사회 상층으로 재분배하는 데는 상당히 성공했지만, 그 근저에 있는 이윤율의 위기를 극복하는 데는 성공하지 못했다. 그래서 2007~2008년에 금융 붕괴가 일어났고 이후 대불황이 지속되고 있는 것이다. 또, 경기회복은 유난히 부진한 반면, 2년 후쯤 또 다른 경기 둔화와 불황이 닥칠 실질적 가능성도 있다.

정치적으로는 이런 분석에서 경제적 불안정이 지속되고 계급투쟁이 격화하며 정치적 양극화가 심해질 것이라는 전망이 나온다는 점이 가장 중요하다. 그리고 이런 상황에서는 혁명적 정치, 즉 레닌주의 정치가 국제적으로 만만찮은 영향력을 얻게 될 수 있다. 이 매우 중요한 문제는 조금 뒤에 다시 살펴보겠다.

엄청난 실천적 함의가 있는 둘째 쟁점은 오늘날 노동계급의 형태와 구조다. 이것은 부분적으로는 마르크스주의 노동계급론에 대한 도전, 예컨대 하트와 네그리의 '다중'론이나 가이 스탠딩의 '프레카리아트'론에 대응하는 문제다. 그러나 내가 이 책에서 줄곧 주장했듯이 노동계급이 혁명의 핵심 주체라면 오늘날 노동계급의 범위는 어디까지인지, 노동계급은 어디에 집중돼 있으며 어디서 가장 강력한 힘을 발휘할 수 있는지 등의 문제가 매우 중요해진다. 이런 문제들을 다룬 훌륭한 성과도 있었지만, 종합적 분석은 아직 나오지 않았다.[445]

셋째, 억압에 맞서 싸우는 문제가 있다. 앞서 5장에서 봤듯이, 레닌은 이 문제를 매우 중요하게 여겼고 오늘날의 사회주의자들도 마땅히 그래야 한다. 그러나 다뤄야 할 억압의 범위가 [레닌 시대 이후] 넓어지고 변화했다는 사실은 분명하다. 레닌은 항상 인종차별, 특히 반유대주의에 맞서 싸웠지만, 많은 중요한 역사적 사건들(나치와 홀로코스트, 미국의 공민권운동과 흑인 운동, 수많은 반식민지 투쟁, 아파르트헤이트 반대 투쟁, 대규모 이민 현상, 이슬람 혐오의 발흥, 난민 위기, 인종차별을 주요 이데올로기적 무기로 사용하는 극우파의 성장)이 결합돼서, 오늘날 인종차별 반대 투쟁은 국제적으로 레닌 시대와 질적으로 다른 결정적 중요성을 띤 문제가 됐다. 이 점은 특히 이슬람 혐오 문제에 적용된다. 지난 20여 년 동안 이슬람 혐오는 전 세계에서 인종차별의 주요 형태가 됐다. 5장에서 봤듯이, 볼셰비키는 러시아에서 무슬림의 권리를 원칙에 입각해서 옹호했다. 그러나 이슬람 혐오라는 쟁점 때문에 극좌파가 많은 혼란을 겪었다는 것도 분명한 사실이다. 특히 프랑스에서는 무슬림 여성이 히잡을 착용하는 기본권에 대해서도 극좌파가 혼란에 빠졌다.[446]

마찬가지로, 성차별에 반대하고 성 해방을 추구하는 투쟁도 확대됐다. 이 문제에서도 레닌은 원칙에 입각한 여성해방 지지자였고, 러시아 혁명은 동성애를 비범죄화했다. 그러나 최초의 '동성애자 해방' 투쟁과 오늘날의 LGBTQ 투쟁은 레닌의 경우와는 다른 중요성을 띠게 됐다. 모름지기 혁명적 운동이나 그 이름에 걸맞은 혁명적 정당이라면 이런 쟁점들과 (장애나 정신 질환 같은) 다른 쟁점들에 반응하지 않을 리 없다. 우리가 아직 예측하지 못한 새로운 투쟁들도 앞으로 생겨날 것이다. 레닌주의 전통에 서서 '민중의 호민관'이 되기를 열망하는 혁명적 사회주의자들에게 그 열쇠는 듣고 배우고 참여하면서도 핵심 원칙(노동계급 중심성)을 잊어버리지 않는 것이다. 여기서 중요한 점은 오늘날의 노동계급이 여성과 남성, 흑인과 백인, 다문화적 집단, LGBTQ와 이성애자 등등임을 이해하는 것이다. 대중적으로 단결한 노동계급 운동이라면, 예컨대 의료나 주택이나 최저임금을 쟁취하기 위한 대중적 노동운동이라면, 그 대열 안에서 이 모든 문제를 다뤄야 할 것이다. 그러지 않으면 운동이 분열해서 산산조각 나고 말 것이다. 그리고 오직 원칙에 입각해서 모든 억압을 반대한다는 것만이 그런 문제를 다루는 기준이 될 수 있다.

넷째, 레닌을 포함한 그 시대의 어느 누구도 전혀 눈치채지 못했던 기후변화라는 쟁점이 있다. 오늘날 기후변화는 사회의 생존, 어쩌면 인류의 생존 자체를 위협하고 있다. 마르크스의 마르크스주의를 포함해서 마르크스주의가 기후변화 문제를 이론적으로 다루는 데 아주 잘 준비돼 있다는 사실은 아마 놀라운 일일 것이다.[447] 마르크스주의는 기후변화를 인간이 자신의 노동 생산물과 자연에서 소외된 최고의 사례로 이해하고(마르크스는 1844년의 《경제학·철학 원고》

에서 그런 소외를 진단했다), 또 인간과 자연 사이의 '물질대사의 균열' 때문에 나타난 현상으로 이해한다(이런 균열은 자본축적과 이윤을 위한 생산에 바탕을 둔 사회의 산물이다).

그러나 기후변화는 미래에 일어날 수도 있고 일어나지 않을 수도 있는 (세계적 핵전쟁 같은) 어떤 '것' 또는 단일한 재앙적 사건이 아니다. 그것은 지금 진행 중인 과정이고, 이미 많은 사람들의 삶에 영향을 미치고 있으며, 그 영향은 앞으로 더 강력해질 것이다. 그래서 계급투쟁을 격화시키고 인종차별과 상호작용할 것이다. 그러므로 기후변화와 계급투쟁 사이의 이런 상호작용에 구체적으로 대응하는 것이 혁명적 사회주의자들의 정치적 무기 가운데 하나가 돼야 한다.

분명히 레닌 시대 이후의 이런 쟁점들은 목록이 크게 늘어날 수 있고, 미래에 새로운 쟁점들도 생겨날 것이라는 점은 확실하다. 그러나 레닌의 정치가 오늘날에도 적절하다고 주장하는 어떤 연구라도 다뤄야만 하는 중요한 문제가 하나 있다. 조직된 정치 세력으로서 레닌주의는 오늘날 세계적으로 허약하다는 것이다. 유감스럽게도 레닌의 목표, 즉 국제 프롤레타리아 혁명이라는 목표를 추구하는 조직들이 대체로 사회와 노동계급 운동에서 주변화한 세력이라는 것은 사실이다.

이런 주변화는 깊은 역사적 뿌리가 있다. 그것은 무엇보다도 20세기의 두 가지 큰 재앙, 즉 스탈린주의와 파시즘의 산물이다. 파시즘과 스탈린주의는 모두 사회주의 혁명가들을 가장 잔혹하게 탄압했지만, 스탈린주의 반혁명은 레닌의 이름으로 노동운동에서 진정한 레닌주의자들을 몰아내기도 했다(그것도 매우 효과적으로 그랬다).

예컨대, 레온 트로츠키가 1938년에 제4인터내셔널을 출범시켰을 때 그 창립 대회는 겨우 11개국의 대표 21명이 프랑스의 어느 집에 모여 하루 동안 열렸을 뿐이고, 21명의 대표 가운데 오직 한 명, 즉 미국의 맥스 샥트먼만이 만만찮은 조직을 대표한 사람이었다.[448] 그리고 당시에는 스탈린주의에 반대하는 혁명적 사회주의 경향치고 이렇다 할 규모가 되는 것은 어디에도 없었다.

노동계급과 사회주의 운동이 겪은 끔찍한 패배의 일부였던 이 고립은 전후의 엄청난 경제 호황으로 말미암아 더 악화했다. 호황 덕분에 노동계급의 생활수준은 높아졌고 개혁주의 경향들이 득세했다. 1960년대 말에 호황이 쇠퇴하고 전반적 급진화가 시작된 뒤에야 비로소 혁명적 마르크스주의 정치가 주변부 신세를 벗어날 수 있었다. [영국의] 국제사회주의자들IS은 1968~1974년의 산업 투쟁 고양기에 기반을 닦기 시작했고, 프랑스에서는 몇몇 트로츠키주의 조직들(가장 두드러진 것은 혁명적공산주의자동맹LCR이었다)이 1968년 5월 항쟁 속에서 등장했으며, 이탈리아에서는 혁명적 '노동자주의' 조직들이 크고 매우 전투적인 집단으로 출현했고, 유럽 전역의 공산당에서 분열해 나온 마오쩌둥주의자들이 꽤나 실질적인 세력을 형성하기도 했다.

그러나 1960년대 말과 1970년대 초에 유럽을 휩쓴 투쟁 물결은 1974년 포르투갈 혁명에서 절정에 달한 뒤 서서히 가라앉았고, 1970년대 후반기에는 토니 클리프가 "침체"라고 부른 것이 찾아왔다. 국제적으로 파업과 다양한 형태의 노동계급 투쟁 수준이 쇠퇴한 것이다. 계급 세력균형의 이런 변화로 말미암아 새로운 혁명적 조직들은 파괴되거나 정체했다.[449] 또, 그때 이후 혁명적 사회주의 조직들은 이따금 대중적 정치 운동을 지도할 수는 있었지만[450] 노동계급 안에서 대중적 뿌리를 내리거나 조직원을 확보하는 데는 결코 성공하지 못했다.

2008년의 금융 폭락 이후 긴축정책이 오랫동안 계속되자 이에 대응해서 새로운 급진 좌파 정치 경향들이 국제적으로 등장했지만, 이들은 혁명적 정치가 아니라 좌파 개혁주의를 표방했다(예컨대, 시리자, 포데모스, 버니 샌더스 선거운동, 노동당의 코빈과 그 지지자들). 더 혁명적 미사여구로 포장되기는 했지만, 라틴아메리카에서 나타난 운동들, 즉 베네수엘라의 우고 차베스, 볼리비아의 에보 모랄레스, 브라질의 노동자당PT을 지지하는 운동들도 마찬가지였다.

레닌주의가 오늘날에도 적절하다는 이 책의 주장이 어떤 의미가 있으려면 이런 상황이 바뀌어야 한다. 혁명적 상황이 실제로 존재하지 않는다면, 노동계급의 다수를 지도하는 진정한 혁명적 대중정당을 건설하는 일이 가능하지 않다는 것은 거의 확실하다. 그러나 혁명적 상황에서 진정한 대중정당으로 성장할 수 있으려면, 혁명이 시작됐을 때 이미 혁명적 조직이 일정한 수준에 도달해 있어야 한다. 즉, 혁명적 조직이 대중에게 믿을 만한 세력으로 보여야 하고 전국적인 정치적 논쟁에서 제 목소리를 낼 수 있어야 하는 것이다.

더욱이, 지금 이런 수준을 달성하는 것이 매우 시급한 이유는 국제적으로 진행되고 있는 정치적 양극화로 말미암아 장차 누가 대중의 광범한 분노를 분명히 표현할 것인지(혁명적 좌파인지 아니면 인종차별적·파시즘적 우파인지)를 두고 경쟁이 벌어지고 있기 때문이고, 기후 재앙의 가능성으로 말미암아 이 모든 일에 확정적이지는 않지만 그래도 실질적인 시간제한이 있기 때문이다. 그래서 고전적 레닌주의의 문제, 즉 무엇을 할 것인가라는 문제가 여기서 제기된다.

무엇을 할 것인가?

혁명가들의 고립은 객관적 근원이 있지만, 장기적으로 객관적 상황에 적응하다 보면 그런 상황을 벗어나는 데 도움이 되지 않는 습관들이 생겨날 수 있고 대체로 생겨난다. 오늘날 전 세계에 흩어져 있는 많은 소규모 '레닌주의' 조직들은 대부분 트로츠키주의 전통에서 유래했는데, 고립에 적응하는 과정에서 (흔히 무의식적으로) 제도화한 종파주의를 발전시켰다. 여기서 말하는 종파주의는 주로 다른 좌파 집단에 대한 강박관념이나 적대감도 아니고(비록 그런 것이 도처에 널려 있기는 하지만), 노동조합 안에서 활동하거나 공동전선에 참여하기를 형식적으로 거부하는 것도 아니며, 노동계급이 실제로 존재하는 곳에서 사실상 노동계급과 관계 맺지 못하는 활동 방법과 방식을 뜻한다.[451] 이런 종파주의에서 벗어나는 유일한 길은 노동계급 공동체와 관계 맺고 그 안에서 기반을 건설하려고 단호하게 노력하는 것뿐이다. 종파주의적 습관은 실천 속에서 깨뜨려야 한다.

노동계급 공동체 안에서 기반을 건설하는 일은 지금 같은 상황에서 단지 선전만으로 해낼 수 없다. 선동, 즉 지역 수준과 전국 수준 모두에서 매우 구체적인 목표를 달성하기 위한 운동을 벌이는 것도 필요하다. 그런 목표가 무엇일지, 그리고 운동의 성격이 무엇일지는 노동계급 사람들이 원하는 바를 실제로 들어 보고 그것을 바탕으로 결정해야 한다. 내 경험으로 보면 이것은 일부 혁명적 사회주의자들에게는 약간 낯선 생각일 수 있으므로 자세한 설명이 필요하다. 내 말은 지역 주민들이 모종의 반동적 조치(이민자를 비난한다거나 난민을 배제한다거나 노숙자를 위한 시설 건립을 막는다거나 하는 것)를 원하더라도 혁명적 사회주의자들이 그것에 동의해야 한다는 뜻이 아니다. 결코 그렇지 않다. 내 말은 지역 주민들이 수영장을 지키거나 어떤 녹지 공간을 보존하거나 부당한 세금에 저항하거나 병원을 살리거나 지역의 사회복지관을 개선하기를 원한다면 그런 대의와 운동에 관여하고 이를 위해 싸워야 한다는 뜻이다.

여기서 말하는 지역 수준의 운동과 전국 수준의 운동은 대립하는 것이 아니다. 오히려 흔히 한쪽은 다른 한쪽에 반영된다. 그러나 특정한 지역 운동들은 지역사회에서 발판을 마련하는 데 중요하다. 여기서 특별한 구실을 하는 것이 환경 쟁점들이다. 전체로서 환경 운동은 아주 당연하게도 세계적 쟁점들(특히 기후변화)에 초점을 맞추고 주로 중간계급으로 구성되는 경향이 있지만, 지역 수준에서는 환경 쟁점들이 흔히 노동계급 사람들에게 대단히 중요한 관심사다. 어쨌든 오염이나 유해한 쓰레기 폐기장, 아주 불쾌한 개발 등의 영향을 가장 많이 받는 곳은 바로 노동계급 거주지일 가능성이 높기 때문이다. 여기서 이해할 필요가 있는 것은 노동계급 사람들이 정치적 운동에 참여할 때는 그들이 실제로 승리할 수 있다고 생각할 때이며, 흔히 사람들은 중요한 도덕적 문제나 세계적 문제(세계의 빈곤을 퇴치하는 문제나 기후변화를 저지하는 문제 등)보다는 지역 쟁점들로 싸울 때 더 승리할 수 있다고 느낀다는 점이다. 물론 혁명가들은 이런 생각을 바꾸고 사람들의 시야를 더 넓히기를 바라지만, 그러려면 노동 대중이 실제로 있는 곳에서 시작해야지 우리가 바라는 곳에서 시작할 수는 없는 법이다.

많은 나라의, 특히 영국의 혁명가들은 지역사회보다는 노동조합에서 이런 종류의 기층 활동을 하는 데 더 익숙하다. 물론 노동조합 활동은 필수적이고 노동조합은 여전히 국제적으로 노동계급의 가장 중요한 대중조직이다. 그러나 최근에는 많은 나라에서 노동조합의 투쟁 수준이 낮았다는 것도 사실이다. 그 이유는 논쟁의 대상이 될 수 있겠지만, 어쨌든 그런 사실을 볼 때 지역사회에서 운동을 벌이는 것은 실제로 노동계급에게 다가가는 중요한 길이 될 수 있다.

2014년 이후 아일랜드에서 벌어진 수도세 반대 운동은 그 사례가 될 수 있다. 이상적 세계에서라면 아일랜드 수자원공사 직원들이 수도 계량기 설치를 거부하거나 수도 요금 징수를 거부하는 것이 수도세 부과를 막는 방법이었을 것이다. 그러나 실제로는 그런 일이 일어나지 않았다. 현실에서 수도세 반대 운동은 노동계급 지역사회에서 사람들이 자기 집 현관 앞에 수도 계량기를 설치하지 못하게 막으면서 시작됐다. 그런 상황에서, 있음직하지 않은 노동조합 행동과, 실제로 대중 시위와 대중적 납세 거부로 이어진 지역사회 행동을 대립시키는 것은 어리석은 행동(종파주의적 어리석음)이었을 것이다.[452] 지역사회 투쟁은 또, (레닌이 강조했듯이 혁명적 활동의 일부여야 하는) 선거운동의 기반으로서도 흔히 노동조합 활동보다 더 낫다.

지역에서 운동을 벌이다 보면, 혁명적 사상을 대중적 언어로, 즉 혁명가들이 말을 걸고 영향을 미치려고 하는 노동 대중의 언어로 전달하는 법을 배우게 된다(물론 이것은 전국 수준의 선전에도 적용된다). 많은 혁명가와 혁명적 조직이 고립돼 있다 보니 자신들만의 특수한 용어와 언어 습관을 발전시켰는데("사회주의자들로서 우리는 … 라고 말해야 합니다" 따위), 이것은 주로 자기들끼리 이야기하는 데 익숙해진 결과다. 노동 대중의 언어로 혁명적 사상을 전달하는 일을 실제로 어떻게 할 것인지는 사람들과 상호작용하고, 또 사람들의 이야기를 듣는 실천 속에서 배워야 하는 기예다.

이 책에서 그런 지침을 정해 줄 수는 없다. 어쨌든 나라마다 사정이 다를 것이기 때문이다. 그러나 내가 많은 것을 배운 좋은 사례 하나는 이집트 혁명 기간에 이집트의 '혁명적 사회주의자 단체'가 정기적으로 발표한 성명들이다. 이 성명들은 마르크스주의와 혁명적 사회주의 사상을 이집트 혁명의 언어로 표현했다.[453] 사람들과 대화하는 데서 또 다른 요소는 혁명적 레닌주의 조직과 개인들이 소셜 미디어를 효과적으로 사용하는 데 능통해야 한다는 것이다. 이제 소셜 미디어는 급진적 선전과 선동의 필수적 도구가 됐고,[454] 전에는 가능하지 않았던 방식으로 비디오와 대안적 TV 방송을 광범하게 사용할 수 있도록 해 준다.

분명히, 이런 종류의 활동을 하다 보면 온갖 종류의 개혁주의·지역주의·선거주의의 압력을 받게 될 것이고 그런 압력은 대항하지 않으면 안 될 만큼 현실적일 것이다. 그러나 [정치적] '오염'이 두려워서 노동계급 지역사회와 관계 맺는 데 필요한 종류의 활동을 거부하는 것은 신중한 선택이 아니다. 혁명가들은 혁명가가 아닌 사람들과 함께 대중적으로 활동하는 법을 배워야 한다. 그러나 레닌이 '기회주의적'이라고 불렀을 무원칙한 방식으로 활동해서는 안 된다.

여기서 제기되는 전략적 문제는, 노동 대중이 이른바 중도나 주류 [정당]에 투표하거나 그들을 수동적으로 지지하는 개혁주의에서 모종의 능동적 급진주의로 이동할 때 곧장 혁명적 사회주의로 옮겨 오지는 않았고 그럴 것 같지도 않다는 점이다. 그렇게 좌경화하는 사람들과 만나고 관계 맺기 위해 레닌주의자들은 (가능한 곳에서는) 전통적 개혁주의 정당과 명백한 혁명적 정당 사이의 어디쯤에 있는 과도적 조직을 만들 필요가 있을 것이다. 그런 조직은 혁명가들과 좌파 개혁주의자들, 아니 훨씬 더 정확히 말하면 혁명이냐 개혁이냐 하는 문제를 아직 깊이 생각해 보지 않은 사람들이 공존하면서 함께 활동할 수 있는 정치적 공간이어야 한다.

그런 정치적 공간은 지난 몇 년 사이에 실제로 나타났지만 때로는 철저하게 자본주의를 지지하는 정당들의 정치적·조직적 통제를 받았다(예컨대, 미국의 민주당 내부에서 벌어진 샌더스 선거운동, 영국 노동당 내부의 제러미 코빈 지지 운동). 이것은 완전히 이해할 만한 일이다. 왜냐하면 아직 개혁주의 의식을 가진 사람들에게는 새로운 정당을 건설하려고 노력하는 것보다는 이미 존재하는 이런 대중정당을 당장 바꿔서 선거에서 승리하는 것이 훨씬 더 '현실적인' 사회변혁 방법처럼 보이기 때문이다. 그리고 이런 일이 벌어지는 곳에서는 혁명가들이 실제로 존재하는 그런 대중운동과 관계를 맺는 것 말고는 선택의 여지가 없다.

그러나 이런 기득권층의 영역 안에 그렇게 '얽매이는' 것은 심각한 약점이 있다. 왜냐하면 개혁주의적 수단을 통해서는 사회주의적 사회 변혁이 불가능하기 때문일 뿐 아니라, 이런 정당들의 구조와 관료 집단이 기층의 급진적 활동가들을 해산시키는 일에 적극 나설 것이기 때문이다. 실제로 샌더스의 선거운동이 그런 일을 겪었고(샌더스가 힐러리 클린턴을 공개적으로 지지한 뒤에), 지금 노동당과 모멘텀* 안에서 코빈 지지자들에게 그런 일이 일어나고 있다. 여기서 결정적인 것은 바로 이 점이지, 공동전선에서 우파 개혁주의 견해를 지닌 사람들과도 협력해야 한다는 것을 부정하는 원칙주의적 또는 '순수주의'적 태도가 아니다. 철저하게 자본주의적인 미국 민주당은 말할 것도 없고 영국 노동당이나 그와 비슷한 전통적 의회주의·사회민주주의 정당 안에 붙박이처럼 계속 남아 있는 것은, 급진 좌파가 결코 자기편으로 설득할 수도 없고 심지어 달랠 수도 없는 사람들과 끝없는 관료적 내부 투쟁에 골몰할 수밖에 없는, 즉 사기 저하로 가는 지름길이다.

여기서 아일랜드 좌파의 경험이 유의미하다. 10여 년 전에 아일랜드의 극좌파는 확실히 허약했다. 그러나 레닌주의와 트로츠키주의 전통을 따르는 작지만 만만찮은 두 정당, 아일랜드 사회주의노동자당과 사회당이 있었다. 두 정당은 모두 광범한 기층 운동에 참여했는데, 쟁점들은 '쓰레기세' 반대, '가계 부담금'** 반대 등이었으며 수도세

---

* 제러미 코빈이 당 대표로 선출된 직후 그를 지지하기 위해 만들어진 노동당 내 정치조직.

** 아일랜드 정부는 재원 확충을 위해 재산세를 본격적으로 도입하기 전에 과도기적 조치로 가구당 100유로의 가계 부담금을 부과했다.

반대 투쟁에서 가장 큰 성공을 거뒀다. 그뿐 아니라 여성의 [낙태] 선택권 같은 비非경제적 쟁점을 내세운 운동에도 참여했다. 이런 운동 과정에서 두 조직은 각각 '이윤보다 사람이 먼저다PBP'와 긴축반대동맹AAA[2017년 3월 당명을 '연대'로 바꿨다] 같은 정당들을 건설했다.[455] 이 정당들은 투쟁적인 기층 활동가들과 더 사려 깊은 혁명가들을 모두 아우르는 일종의 과도적 공간이 됐고, 둘 다 선거에서 어느 정도 성공을 거뒀다.

2016년 2월 실시된 총선에서 AAA와 PBP는 동맹을 형성했고, 각각 3명씩 국회의원을 당선시키는 데 성공해서 총 6석을 확보했다(아일랜드 노동당이 7석, 신페인당이 23석인 것에 비하면 [큰 성과다]). PBP는 또, 스토몬트에 있는 북아일랜드 의회에도 2명을 진출시키는 데 성공했다.[456] 가장 중요한 점은 PBP가 남북 아일랜드에서 당원을 많이 가입시킬 수 있었고 그래서 당원이 1250명 이상이 됐다는 것이다. 인구가 겨우 640만 명에 불과한 나라에서(아일랜드 공화국이 460만 명, 북아일랜드가 180만 명) 이것은 매우 부족하지만 그래도 실질적 진보다. [인구 대비] 수치로 따져 보면, 이것은 프랑스나 영국에서는 대략 1만 2000명, 미국에서는 6만 명과 맞먹는 규모다.[457]

이런 경험을 예로 든다고 해서 PBP가 다른 나라에서도 그대로 따라 해야 할 모범이나 본보기라는 말은 아니다. 각국의 매우 다른 정치 지형을 감안하면 이것은 터무니없는 소리일 것이다. 예컨대, 포데모스가 있는 스페인 국가의 상황이나 프랑스 반자본주의신당NPA의 힘겨운 유산이나 영국 노동당의 사회적 무게를 떠올려 보라. 그렇지만 PBP는 우리가 뭔가를 배울 수 있는 그런 경험이다.

예컨대, 현재의 미국 상황을 살펴보자. 수십 년 동안 많은 좌파는 미국을 거의 황무지로 여기고 단념했다. 그러나 지금 트럼프를 집중적으로 다루는 주요 뉴스의 이면을 들여다볼 수 있는 사람 누구에게나 분명한 것은 상당한 규모의 새로운 좌파가 등장해서 이제 미국 정치 생활의 현실로 자리 잡았다는 것이다. 이 점은 2011년 가을 '점거하라 운동'으로 시작돼서 '흑인들의 생명도 소중하다' 운동, 버니 샌더스의 선거운동, [송유관 건설에 반대하며] 스탠딩록 원주민 보호구역에서 벌어진 항의 농성에 대한 지지와 연대, 트럼프에 반대하며 전국에서 벌어진 대규모 항의 행진에 이르기까지 일련의 거리 시위와 집회에서 분명히 드러났다(로스앤젤레스에서 [반트럼프] 행진에 참여한 75만 명은 어느 모로 보더라도 대단한 숫자다). 그러나 아직까지는 어떤 대규모 또는 전국 수준의 급진적 좌파나 혁명적 조직도 이런 정치적 소요에서 발전해 나올 수 없었다.

만만찮은 레닌주의 단체들이 실제로 존재하지만,[458] 현재로서는 그들이 곧바로 다수의 사람들을 끌어당길 수 있을 것 같지는 않고 한두 명씩, 기껏해야 소수의 사람들을 가입시킬 수 있을 것 같다. 그러나 그 단체들이, 예컨대 미국 민주사회주의당DSA처럼 수천 명의 회원을 거느린 다른 단체들과 손잡고 민주당의 대안으로서 신뢰할 만한 전국 수준의 급진적 조직을 출범시킬 수 있었다면, 그 조직은 당연히 크게 성장할 수 있었을 것이고 사람들을 사회주의적·혁명적 정치로 설득하고 끌어당기는 무대가 될 수 있었을 것이다. 비슷한 기회들은 다른 많은 나라에서도 생겨날 듯하다.

내 주장은 오늘날 레닌주의자들이 이런 기회를 만들어 내려고 적극적으로 모색해야 하며 그런 기회가 찾아왔을 때 꽉 붙잡을 준비가 돼 있어야 한다는 것이다. 물론 그런 주도력이 반드시 성공한다는 보장은 어디에도 없다. 오히려 다양한 실수와 실패가 거의 필연적일 것이다. 그렇다고 해서 주도력을 발휘하는 것 자체가 실수는 아니다. 세계적 상황으로 말미암아, 즉 트럼프와 르펜과 기후변화의 세계에서는 이제 평상시처럼 행동해서는 안 된다.

해낼 수 있을까?

혁명가들은 세계를 변화시키려면 자기 자신도 변해야 한다는 사실을 알고 있다. 그러나 지금까지 강력히 권고한 것과 같은 노력들이 비록 필요하기는 하지만 의지주의적으로 그런 노력을 아무리 많이 한다고 해도, 객관적 현실 자체가 거의 변함없이 똑같다면 아무 소용이 없을 것이다. 마르크스가 말했듯이 "사상이 현실을 향해 나아가려고 노력하는 것만으로는 부족하다. 현실도 사상을 향해 나아가려고 분투해야 한다."[459] 그러나 객관적 현실이 변함없이 똑같지는 않을 것이다. 바로 그래서 노력이 필요한 것이다.

전 세계에서 이미 벌어지고 있는 정치적 양극화와 2년 후쯤 또다시 닥칠지 모르는 경제 침체의 가능성, 그리고 이것의 엄청난 정치적·이데올로기적 영향은 잠시 제쳐 두자. 이 모든 것을 제쳐 둔다고 하더라도 우리가 여전히 직면하게 되는 과학적 사실은 급속히 심각해지는 기후변화가 닥쳐오고 있다는 것이다. 이것이 일단 어느 선을 넘어서고 수많은 사람들에게 관념적 추측이 아니라 당면한 현실로 받아들여지면(이는 불가피하다), [2007~2008년 이후의] 대불황이 그랬듯이 기존의 정치 지형을 산산조각 낼 것이다. 그러나 이번에는 그 파장이 훨씬 더 클 것이다.

지금 사회주의와 혁명을 반박하는 극도로 단순한 주장들이 많다(인간 본성은 변하지 않는다, 지금까지 실제로 바뀐 것은 아무것도 없다, 혁명은 항상 폭정으로 귀결된다 등등). 이런 주장들은 지적으로 빈곤할 뿐 아니라 우리가 온갖 반박 노력을 하고 있는데도, 그람시의 표현을 빌리면 '상식' 구실을 계속하면서 대중이 혁명적 사회주의를 지지하지 못하게 막고 있다. 기후변화라는 현실은 논쟁의 어조를 바꿔 놓을 것이다. 기후변화가 어떤 한계점에 이르는 것을 막기 위해 비상조치를 취해야 한다고 이야기하든, 아니면 기후변화가 시작되더라도 어느 정도 인간적 품위를 유지한 채 살아남으려고 노력해야 한다고 이야기하든, 이윤을 위한 생산에 토대를 둔 경제체제를 포기하는 것이 절대적으로 필요해질 것이다. 기후변화의 직접적 결과들(폭풍우, 홍수, 화재, 사막화 등)에 대처하기 위해서라도 사람들은 집단적 행동과 집단적 해결책을 추구하게 될 것이다.

그리고 기후변화와 (자본주의의 모순이 표현된) 경제 위기 사이에는 근본적 차이가 있다. 노동계급으로 하여금 경제 위기의 대가를 치르도록 만들 수만 있다면, 경제 위기 자체 속에 그 위기의 해결책이 들어 있다. 이것은 기후변화의 경우와 다른 점이다. 임금이나 복지를 아무리 삭감하더라도 화석연료 생산을 막거나 온실효과를 역전시킬 수는 없기 때문이다. 오직 계획적이고 사회화한 생산만이 그럴 수 있을 것이다.

물론 적어도 한동안 '대안'은 있을 것이고, 우리는 이미 그 대안이 어떤 것일지를 보고 있다. 트럼프식 '해결책', 궁극적으로는 히틀러식 '해결책'은 장벽과 철조망과 수용소를 건설해서, 최근 지중해에서 벌어진 [난민 익사 같은] 대학살은 비교도 안 될 만큼 많은 기후 난민들이 굶어 죽고 물에 빠져 죽게 하는 반면에, 부자들은 높은 지대의 외부인 출입 제한 주택가에서 자기들끼리 잘 먹고 잘 살게 하는 것이다.

그렇다고 해서 주로 기후변화에 초점을 맞추는 대중운동을 당장 벌여야 한다거나 벌일 수 있다는 말은 아니다. 지금 기후변화의 위협은 너무 추상적이어서 그 효과가 아직 나타나지 않고 있다. 그렇지만 그것은 지금 우리가 하는 모든 선전과 선동의 배경에 있어야 하고, 우리에게 시간이 얼마 없다는 사실을 떠올려 주는 것이 돼야 한다.

기후변화에 대한 야만적 대응을 막기 위해서는, 레닌이 비할 바 없이 명확하게 알고 있었듯이 혁명적 노동자 정당을 건설하고 제국주의를 물리치고 국가를 분쇄하고 노동자 국가를 수립해야 할 것이다. 그러려면 먼저 이런 생각을 노동계급 사람들이 지금 있는 곳에서 그들에게 전달할 수 있는 방법을 찾아야 한다.

후기

이 책에서 나는 (냉전적 시각에서 레닌의 개성을 우스꽝스럽게 묘사한 것을 반박한 경우를 제외하면) 일부러 레닌의 개성이나 독특하고 비범한 능력에 초점을 맞추지 않았다. 왜냐하면 레닌주의 원칙들이 여전히 적절하다는 내 주장이 오늘날 사회주의자들은 새로운 레닌이 되려고 해야 한다거나 그럴 수 있다는 말처럼 들리게 하고 싶지 않았기 때문이다. 내 주장은 오늘날 사회주의자들이 기본적 레닌주의 정치를 위한 활동을 해야 한다는 것이다. 그렇지만 어떤 사람에 관한 책을 쓰다 보면, 그 사람과 꽤나 지속적인 '관계'를 맺을 수밖에 없고 그에게 '사로잡히지' 않을 수 없다. 레닌은 (특히 철학과 경제학 분야의) 심오한 지적 능력과 의지의 엄청난 집중력을 아주 독특하게 결합시켰다. 그는 마르크스와 맞먹는 사상가는 아니다. 그럴 만한 사람이 과연 누가 있겠는가? 그러나 정치적 지도자로서 레닌은 스승보다 훨씬 뛰어났다.

내 생각에 레닌의 성격이 정말 고스란히 드러난 두드러진 순간이 그의 생애에서 네 번 있었다. 첫 번째는 [1917년] 10월 무장봉기 직전이었다. 당시가 무장봉기를 위한 적기라고 판단한 레닌은 아직 주저하고 있는 볼셰비키 중앙위원회를 설득해야 했다. 그래서 쓴 편지와 글들은 지금까지 내가 본 것 가운데 한 사람이 다른 인간 집단을 자신의 관점으로 설득해서 행동에 나서게 만들려고 애쓴 가장 치열하고 집중적인 노력이고, 그와 동시에 모두 심오한 마르크스주의적 분석에 입각한 것들이다.

두 번째는 내전의 상황이 최악이었을 때의 레닌이다(당시 레닌의 글과 발언을 앞서 6장에서 인용했다). 끔찍한 현실을 직시하면서도 에둘러 말하거나 얼버무리지 않고 그 현실에 저항하는 능력은 내가 보기에 비범하고 고무적이다.

세 번째는 생애 말년의 레닌이다. 당시 그는 [뇌중풍으로 쓰러져] 건강이 나빠졌는데도 관료 집단과 스탈린의 위험이 증대하는 것을 점차 깨닫고 어떻게든 생각하고 일하고 집필하기 위해 필사적으로 분투했다. 레닌이 실제로 자신이나 상황을 통제하지 못하는 것처럼 보인 적은 오직 이때뿐이어서 그 시기의 저작을 읽는 것만으로도 슬프기 이를 데 없다. 그러나 그는 투쟁을 멈추지 않았고, 다음과 같은 그의 말은 감동적이다. "저는 러시아 노동자들에게 제가 몹시 태만했다고 생각합니다."

네 번째는 1914년 8월이다. 당시 레닌은 오스트리아에 있었고, 제1차세계대전 발발 소식이 들려온 직후에 제2인터내셔널의 투항 소식도 들려왔다. 혁명가들에게는 전자보다 후자가 더 충격적인 소식이었다. 왜냐하면 레닌과 트로츠키, 부하린이 모두 증언했듯이, 전쟁은 다들 예상하고 있었기 때문이다. [제2인터내셔널의 투항 소식에 충격을 받은] 로자 룩셈부르크는 잠시 절망에 빠져서 거의 자살 직전까지 갔다. 그들 모두에게 그것은 마치 정치적 우주 전체가 갑자기 무너져 내리는 것 같은 일이었다.

그러나 레닌은 놀라울 만큼 신속하고 열의 있게 대응했다. 며칠이 채 안 돼 그는 근본적인 정치적 태도와 기본적 구호들을 다음과 같이 정식화했다. 제국주의 전쟁에 전면적으로 반대한다. 자국 정부의 패배를 바라는 혁명적 패배주의를 고수한다. 제2인터내셔널과 결별한다. '제국주의 전쟁을 내전으로 전환시키자!'고 주장해야 한다. 잠시 이 마지막 구호, 즉 레닌이 "유일하게 올바른 프롤레타리아의 구호"라고 부른 것을 살펴보자. 이것은 완전히 대담무쌍하고 언뜻 보면 너무 센 것처럼 느껴진다. 그래서 대다수 좌파에게, 심지어 레닌의 많은 동지들에게조차(그들은 전쟁이라는 끔찍한 재앙과 엄청나게 고조된 애국주의적 전쟁 열기에 직면해 있었다) 이 구호는 틀림없이 정신 나간 소리로 들렸을 것이다. 그러나 3년 후 레닌이 옳았음이 입증됐다! 제국주의 전쟁이 정말로 내전으로 전환된 것이다. 다시 한 번 우리는 타의 추종을 불허하는 레닌의 이런 능력, 즉 객관적 요인과 주관적 요인을 종합하는 능력, 객관적 상황에 대한 과학적 분석과 그런 상황을 변화시키려는 불굴의 투지를 종합하는 능력을 보게 된다.

당장 일어날 것 같지는 않더라도 여전히 가능성은 있는 제국주의 핵전쟁은 안타깝게도 내전으로 전환될 수 없지만, 제1차세계대전보다 더 많은 사람의 생명을 앗아 갈 기후변화는 그럴 수 있다. 어쩌면 '기후 변화를 체제 변화로 전환시키자!'는 구호가 앞으로는 크게 도움이 될지도 모르겠다.

후주

1   John Molyneux, "Lih's Lenin" online at http://johnmolyneux.blogspot. ie/2006/11/lihs-lenin-review-of-lars-t-lih-lenin.html 참조.

2   G Lukács, *Lenin: A Study on the Unity of his Thought*(London, 1970), p 89[국 역: 《레닌》, 녹두, 1985].

3   Lukács(1970), p 101.

4   Slavoj Žižek, "A Leninist Gesture Today: Against the Populist Temptation" in S Budgen, S Kouvalakis, S Žižek(ed), *Lenin Reloaded: Toward a Politics of Truth*(Durham and London, 2007)[국역: "오늘날 레닌주의적 제스처란 무엇인가: 포퓰리즘의 유혹에 맞서", 《레닌 재장전》, 마티, 2010]. 《레닌 재장전》에 실린 여러 글은 대체로 이런 정신을 표현하고 있다.

5   '후기 빅토리아시대 홀로코스트'의 끔찍한 실상에 관한 대단히 인상적인 설명 과 분석은 Mike Davis, *Late Victorian Holocausts: El Nino Famines and the Making of the Third World*(London, 2001)[국역: 《엘니뇨와 제국주의로 본 빈곤 의 역사》, 이후, 2008] 참조.

6   Danny Dorling, *Inequality and the 1%*(Verso, 2014), pp 2~3.

7   실업이 증가하면 거의 언제나 자살률도 높아진다.

8   레닌이 거듭거듭 지적했듯이, 민족주의는 억압 민족의 민족주의(예컨대, 영국 민족 주의)인지 아니면 피억압 민족의 민족주의(예컨대, 과거의 아일랜드 민족주의나 오

늘날의 팔레스타인 민족주의)인지에 따라 반동적일 수도 있고 진보적일 수도 있다.

9   스톡홀름 국제평화연구소가 발표한 수치를 보면, 2014년에 미국의 군비 지출은 다음 순위 7개국(중국, 러시아, 사우디아라비아, 프랑스, 영국, 인도, 독일)의 군비 지출을 모두 합친 것보다 많았다. http://books.sipri.org/product_info?c_product_id=496 참조.

10   https://www.quandl.com/collections/economics/gdp-as-share-of-world-gdp-at-ppp-by-country.

11   Angus Maddison, *The World Economy: Historical Statistics*(OECD, 2003), p 261.

12   이런 사태 전개에 대한 설득력 있는 분석은 Ha-young Kim, "Imperialism and instability in East Asia today", *International Socialism* 138. http://isj.org.uk/imperialism-and-instability-in-east-asia-today/[국역: "오늘의 제국주의와 동아시아의 불안정", 《제국주의론으로 본 트럼프 등장 이후의 동아시아와 한반도》, 책갈피, 2017] 참조.

13   Maddison(2003), p 261과 Quandle(https://www.quandl.com/collections/economics/gdp-as-share-of-world-gdp-at-ppp-by-country) 참조.

14   Global Strategic Trends out to 2045, gov.uk, 15 July 2014. https://en.wikipedia.org/wiki/List_of_countries_by_military_expenditures#cite_note-MoD-5.

15   Ian Rappel, "Capitalism and species extinction", *International Socialism* 147. http://isj.org.uk/capitalism-and-species-extinction/ 참조.

16   발리퍼모츠와 발리오건은 내가 사는 더블린 근처에서 오염의 악영향을 심각하게 받고 있는 지역사회 두 곳이다.

17   Maddison(2003), p 259에 나오는 수치들. 매디슨은 또, 기원후 1000년에 436GK$였던 세계 1인당 GDP가 2001년에는 6047GK$로(그리고 미국은 2만 7948GK$로) 증가했다고 계산한다. p 262 참조.

18   L Trotsky, "For a Workers' United Front against Fascism". https://www.marxists.org/archive/trotsky/germany/1931/311208.htm.

19   이 기발하고 재치 있는 말은 흔히 프레드릭 제임슨이 했다고 알려져 있지만, 제임슨 자신은 익명의 '누군가'가 한 말이라고 했다. http://newleftreview.org/II/21/

fredric-jameson-future-city 참조.

20 실증적 자료를 근거로 적어도 영국 국가에 관한 한 이 주장이 옳다는 것을 확인시
    켜 주는 고전적 연구서는 Ralph Miliband, *The State in Capitalist Society*(London,
    1969) 참조.

21 이 문제를 연구한 Roger Graef, *Talking Blues: The police in their own words*
    (London, 1989) 참조.

22 예컨대, Ferdinand Zweig, *The Worker in an Affluent Society*(London, 1961)
    참조.

23 John H Goldthorpe, David Lockwood, et al, *The Affluent Worker in the Class
    Structure*(Cambridge, 1969).

24 이런 경향들을 분석한 것은 John Molyneux, *What is the Real Marxist
    Tradition?*(London, 1985)[국역: 《고전 마르크스주의 전통은 무엇인가?》, 책갈피,
    2005] 참조.

25 Michael Hardt and Antonio Negri, *Multitude*(London, 2004)[국역: 《다중》, 세종
    서적, 2008].

26 Guy Standing, *The Precariat: The New Dangerous Class*(London, 2011)[국역:
    《프레카리아트, 새로운 위험한 계급》, 박종철출판사, 2014].

27 Paul Bairoch and Gary Goertz, "Factors of Urbanisation in the Nineteenth
    Century Developed Countries: A Descriptive and Econometric Analysis",
    Urban Studies 23(1986), pp 285~305에 나오는 수치들.

28 《공산당 선언》의 전반적 특징은 마르크스와 엥겔스가 자본주의 체제에 내재하는
    것으로 여긴 발전 경향들을 언급할 때 현재 시제를 사용한다는 점이다. 세계에 관
    한 그들의 진술이 당시에는 분명히 '틀리거나' 과장된 일반화처럼 보였지만 시간이
    흐를수록 점점 더 맞는 말이었음이 드러났다는 사실이야말로 [자본주의] 체제의
    역동성에 대한 그들의 놀라운 통찰을 입증하는 증거다.

29 리민치는 톈안먼 항쟁에 참여했다가 체포됐을 때는 자유 시장과 신자유주의를 지
    지하는 학생이었지만 감옥에서 마르크스와 마오쩌둥의 저작을 읽고 마르크스주
    의로 전향했다. 지금 그는 미국 유타대학교의 마르크스주의 경제학 교수다.

30 http://monthlyreview.org/2011/06/01/the-rise-of-the-working-class-and-

the-future-of-the-chinese-revolution.

31 http://data.worldbank.org/indicator/SP.URB.TOTL.IN.ZS.

32 http://data.worldbank.org/indicator/SP.URB.TOTL.IN.ZS.

33 http://www.worldatlas.com/citypops.htm.

34 이런 현상을 생생하게 묘사한 것은 Leslie T Chang, *Factory Girls: From Village to City in a Changing China*(2008) 참조.

35 Hsiao-Hung Pai, "Factory of the World: Scenes from Guangdong". https://placesjournal.org/article/factory-of-the-world-scenes-from-guangdong/?gclid=CjwKEAjwi4yuBRDX_vq07YyF7l8SJAAhm0rpS_Q8iewicCnJSqeVgHzf54GjIjd7nQsV2.

36 Hardt and Negri(2004), pp xiv~xv.

37 프레카리아트 개념에 대한 강력한 비판은 Kieran Allen, "Precariat: New Class or Bogus Concept?", *Irish Marxist Review* 9, 2014. http://www.irishmarxistreview.net/index.php/imr/article/view/111 참조.

38 Slavoj Žižek, "The Revolt of the Salaried Bourgeoisie", *London Review of Books*, 26 January 2012 참조.

39 또 지적해야 할 사실은 상대적으로 더 많은 임금을 받는 (서구) 노동자들이 (그들의 노동에서 더 많은 잉여가치와 이윤이 추출된다는 의미에서) 더 많이 착취당할 수 있다는 것이다. 이 문제에 관한 자세한 논의는 M Kidron, "Black Reformism: the Theory of Unequal Exchange" in *Capitalism and Theory*(London, 1974) 참조.

40 이 문제를 두고 《인터내셔널 소셜리즘》에서 벌어진 논쟁은 Simon Joyce, "Why are there so few strikes?", *International Socialism* 145, http://isj.org.uk/why-are-there-so-few-strikes/와 그 답변인 Martin Upchurch, "The end of the "safe space" for unions? A response to Simon Joyce" 그리고 Donny Gluckstein, "The question of confidence: A reply to Simon Joyce" in *International Socialism* 146, http://isj.org.uk/issue-146-2/ 참조.

41 "이런저런 프롤레타리아가, 심지어 프롤레타리아 전체가 당장 무엇을 자신의 목표로 여기는지가 중요한 것이 아니다. 문제는 프롤레타리아란 무엇인가, 그리고 그의 존

재에 걸맞게 역사적으로 무엇을 하지 않으면 안 되는가 하는 것이다." Karl Marx, *The Holy Family*. https://www.marxists.org/archive/marx/works/1845/holy-family/ch04.htm[국역: 《신성 가족》, 이웃, 1990].

42 K Marx and F Engels, *The German Ideology*. https://www.marxists.org/archive/marx/works/1845/german-ideology/ch01b.htm#b3[국역: 《독일 이데올로기》, 두레, 2015].

43 R P Browder and A F Kerensky, *The Russian Provisional Government 1917 — Documents*(Stanford, 1961), Vol 1, p 34에 나오는 오흐라나 보고서. T Cliff, *Lenin*, Vol 2(London, 1985), p 78[국역: 《레닌 평전 2》, 책갈피, 2009]에서 인용.

44 N N Sukhanov, *The Russian Revolution 1917 — A Personal Record*(Princeton, 1984), p 5.

45 A Gramsci, *Selections from the Prison Notebooks*(London, 1971), pp 196~197[국역: 《그람시의 옥중수고 1, 2》, 거름, 1999].

46 L Trotsky, *The History of the Russian Revolution*(London, 1977), p 171[국역: 《러시아 혁명사》, 아고라, 2017].

47 일주일이 채 안 돼 소비에트에서는 "1200명의 대의원이 날마다 회의를 열었다." Donny Gluckstein, *The Western Soviets*(London, 1985), p 20[국역: 《서구의 소비에트》, 풀무질, 2008].

48 Gluckstein(1985), p 21 참조.

49 R P Browder and A F Kerensky, *The Russian Provisional Government 1917 — Documents*, as above, Vol 2, p 848.

50 L Trotsky, *The History of the Russian Revolution*, as above, pp 421, 981 참조.

51 이 일에 관한 자세한 설명은 T Cliff, *Lenin*, Vol 2, pp 98~102 참조.

52 L Trotsky, *My Life*(New York, 1970), pp 295~296[국역: 《나의 생애 상·하》, 범우사, 2001]에 나오는 설명 참조.

53 그러나 사회혁명당에 대한 지지는 증가했다. 그래서 [우파] 사회혁명당이 370석을 얻었고, 좌파 사회혁명당이 40석을 얻었다. 그러나 사회혁명당의 지지 기반은 노동계급이 아니라 농민이었다.

54 페트로그라드에서는 그랬다. 모스크바에서는 무장봉기가 8일 더 걸렸고, 많은 유

혈 사태가 벌어져서 약 700명의 사상자가 발생했다.

55 멘셰비키 당원인 수하노프가 이 점을 분명히 증언하고 있다. Sukhanov(1984), pp 505~507 참조.

56 John Reed, *Ten Days that Shook the World*[국역:《세계를 뒤흔든 열흘》, 책갈피, 2005] 참조.

57 Tony Cliff, *Trotsky: Towards October 1879-1917*(London, 1989), p 274에서 인용.

58 L Trotsky, *Lessons of October*. https://www.marxists.org/archive/trotsky/1924/lessons/ch7.htm[국역: "10월 혁명의 교훈",《10월 혁명》, 아고라, 2017].

59 D Lane, *The Roots of Russian Communism*(Assen, 1969), p 26.

60 Lenin, "The Working Class and its Press"(1914), *Collected Works*, Vol 20, p 369 참조.

61 T Cliff, *Lenin: All Power to the Soviets*, as above, p 160 참조.

62 Sukhanov(1984), p 323.

63 L Trotsky, *History of the Russian Revolution*, as above, p 808.

64 Leonard Schapiro, *The Communist Party of the Soviet Union*(London, 1970), p 75 각주[국역:《소련 공산당사》, 문학예술사, 1982].

65 1921년 3월 독일 공산당이 노동계급의 다수를 설득하지도 않은 채 혁명을 '강요'하려 했을 때 바로 그런 일이 일어났다. 이 3월 행동의 결과로 공산당은 몇 주 만에 20만 명의 당원을 잃어버렸다. C Harman, *The Lost Revolution*(London, 1982), pp 198~202[국역:《패배한 혁명》, 풀무질, 2007] 참조.

66 Sukhanov(1984), p 648.

67 I Getzler, *Martov*(Cambridge, 1967), p 172에서 인용한, 마르토프가 악셀로드에게 1917년 11월 19일 보낸 편지. 수하노프와 마르토프가 이 명백한 사실을 인정하면서도 여전히 무장봉기에 반대할 수 있었던 이유는 멘셰비키로서 그들은 [러시아] 프롤레타리아의 권력 장악이 역사적으로 시기상조이고 실패할 운명이라고 생각했기 때문이다.

68 레닌이나 러시아 혁명을 다룬 TV 다큐멘터리나 신문 특집 기사는 모두 이런 견해를 바탕에 깔고 있다는 것이 거의 확실하다.

69 (오늘날 우리 문화에 깊이 자리 잡고 있는) 이런 어법, 즉 냉혹하고 이기적이고 권모술수에 능하고 권력에 굶주린 사람을 마키아벨리주의자라고 부르는 것을 보면 매우 얄궂다는 생각이 든다. 왜냐하면 그람시가 주장했듯이 진짜 마키아벨리는 마키아벨리주의자가 아니라 국민적·민주적 혁명가의 원조 같은 사람이었기 때문이다. A Gramsci, *The Prison Notebooks*(London, 1982) 참조.

70 Robert V Daniels, *The Conscience of the Revolution*(New York, 1969), p 11.

71 인간 본성은 근본적으로 이기적이라는 주장에 대한 내 반박은 J Molyneux, *The Point is to Change it: An Introduction to Marxist Philosophy*(London, 2011), Ch 8[국역: 《중요한 것은 세계를 변화시키는 것이다》, 책갈피, 2013]과 J Molyneux, *Is Human Nature a Barrier to Socialism?*(London, 1993) 참조.

72 Marc Ferro, *The Bolshevik Revolution: A Social History of the Russian Revolution*(London, 1985), p 227[국역: 《1917년 10월 혁명》, 거름, 1983].

73 Ferro(1985), p 211.

74 미국(과, 따라서 세계)의 소련학이 냉전, 미국 국무부, 중앙정보국CIA, 포드재단 등의 필요에 따라 만들어진 과정을 자세히 설명한 것은 Stephen Cohen, *Rethinking the Soviet Experience*(Oxford, 1985), Ch 1 참조.

75 T Cliff, *Lenin: Building the Party*(London, 1986), p 240[국역: 《레닌 평전 1》, 책갈피, 2010]에서 인용한 수치들.

76 레닌은 이런 현상을 다음과 같이 분명히 언급했다. "우리 당의 위기가 외부적으로 드러난 것 가운데 매우 특징적인 현상 하나를 살펴보자. 내가 말하려는 것은 지식인들이 당에서 도주했다는 것이다." V I Lenin, "On to the Straight Road"(1908), *Collected Works*, Vol 15, p 18.

77 '혁명적 패배주의' 또는 '혁명적 패전주의'란 전쟁이 벌어졌을 때 혁명적 사회주의자들은 반드시 '자국' 지배계급의 패배를 위해 노력해야 한다는 견해를 말한다.

78 레닌이 이런 생각을 밝힌 것은 스위스의 청년 사회주의자들에게 연설할 때였다. Robert Service, *Lenin*, p 235[국역: 《레닌》, 교양인, 2017].

79 V I Lenin, *What is to be Done?*(Moscow, 1969), pp 31~32. https://www.marxists.org/archive/lenin/works/1901/witbd/ii.htm[국역: 《무엇을 할 것인가?》, 박종철출판사, 2014].

80 Adam Ulam, *The Unfinished Revolution: An Essay on the Sources of Influence of Marxism and Communism*(New York, 1960), pp 170~171[국역: 《미완성 혁명》, 신태양사, 1963].

81 L Trotsky, *Stalin*(London, 1968), p 58.

82 마르크스주의의 정식화와 노동계급 사이의 관계에 관한 내 견해는 John Molyneux, *What is the Real Marxist Tradition?*, as above 참조. 또, James O' Toole, "Marx and Self-Emancipation", *Irish Marxist Review* 2, 2012. http://www.irishmarxistreview.net/index.php/imr/article/view/17/17도 참조.

83 이 점은 많은 저술가들이 지적했지만, 특히 강조한 사람은 라야 두나옙스카야였다. Raya Dunayevskaya, *Marxism and Freedom*(Lexington, 2003) 참조.

84 V I Lenin, "Preface to *Twelve Years*", *Collected Works*, Vol 13, p 108. https://www.marxists.org/archive/lenin/works/1907/sep/pref1907.htm.

85 Lenin, *Collected Works*, Vol 9, p 17. https://www.marxists.org/archive/lenin/works/1905/tactics/preface.htm.

86 Lenin, "The Reorganisation of the Party"(1905), as above, Vol 9, p 155.

87 As above, Vol 9, p 32. https://www.marxists.org/archive/lenin/works/1905/reorg/i.htm#v10pp65-029.

88 Lenin, "Good demonstrations of proletarians and poor arguments of certain intellectuals"(1905), *Collected Works*, Vol 8, p 31. https://www.marxists.org/archive/lenin/works/1905/jan/04b.htm.

89 Lenin, "Draft and explanation of a Programme for the Social Democratic Party"(1896), *Collected Works*, Vol 2, pp 93~94. https://www.marxists.org/archive/lenin/works/1895/misc/x01.htm.

90 레닌은 기회가 있을 때마다 이 주장을 수도 없이 되풀이했지만, 십중팔구 가장 종합적으로 진술한 것은 1905년에 쓴 책 *Two-Tactics of Social Democracy in the Democratic Revolution*, *Collected Works*, Vol 9, pp 15~140. https://www.marxists.org/archive/lenin/works/1905/tactics/[국역: 《민주주의 혁명 시기 사회민주주의당의 두 가지 전술》, 박종철출판사, 2014]일 것이다. 장기적으로는 트로츠키의 입장, 즉 러시아 혁명은 부르주아 민주주의 혁명으로 시작됐지만 프롤레타

리아가 권력을 장악함으로써 사회주의 혁명으로 성장·전환하게 될 것이라는 연속 혁명론이 러시아 혁명의 동역학에 대한 가장 정확한 평가였음이 입증됐다. 그러나 트로츠키는 이런 전망을 조직으로 구현하기 위해 투쟁하지 않은 반면, 레닌은 그렇게 했다.

91 Lenin, "On the 25th Anniversary of the Revolutionary Activity of G V Pleknanov"(1901), *Collected Works*, Vol 5, p 321. https://www.marxists.org/archive/lenin/works/1901/dec/15.htm.

92 Lenin, "Good demonstrations of proletarians and poor arguments of certain intellectuals"(1905), *Collected Works*, Vol 8, p 31. https://www.marxists.org/archive/lenin/works/1905/jan/04b.htm.

93 Lenin, "The Revolutionary Upswing"(1912), *Collected Works*, Vol 18, pp 102~109. https://www.marxists.org/archive/lenin/works/1912/jun/17.htm.

94 Lenin, "Classes and Parties in Russia"(1915), *Collected Works*, Vol 21, p 318. https://www.marxists.org/archive/lenin/works/1915/s+w/ch02.htm#v21fl70h-317-GUESS.

95 Lenin, *Collected Works*, Vol 2. https://www.marxists.org/archive/lenin/works/1895/finesfactory/finesfactory.htm 참조.

96 N Krupskaya, *Memories of Lenin*(London, 1970), p 62. https://www.marxists.org/archive/krupskaya/works/rol/rol01.htm[국역: 《레닌을 회상하며》, 박종철출판사, 2011].

97 L Trotsky, *My Life*(New York, 1970), Ch 7 and Ch 24.

98 John Merrington, "Theory and practice in Gramsci's Marxism", *Socialist Register*(1968), p 165에 인용된 안토니오 그람시의 말.

99 L Trotsky, *Stalin*(London, 1968), pp 64~65.

100 Lenin, "Our Tasks and the Soviet of Workers Deputies"(1905), *Collected Works*, Vol 10, p 10. https://www.marxists.org/archive/lenin/works/1905/nov/04b.htm.

101 L Trotsky, *Stalin*, as above, p 65.

102 Lenin, "Can the Bolsheviks Retain State Power?"(1917), *Collected*

Works(Moscow, 1967), Vol 26, p 34. https://www.marxists.org/archive/lenin/works/1917/oct/01.htm.

103 Lenin, "the Crisis Has Matured"(1917), *Collected Works*, Vol 26, p 84.

104 L Trotsky, *History of the Russian Revolution*, as above, p 987.

105 L Trotsky, *History of the Russian Revolution*, as above, p 989.

106 Lenin, *Left Wing Communism — an Infantile Disorder*(Moscow, 1981), p 64[국역: 《공산주의에서의 '좌익' 소아병》, 돌베개, 1992].

107 윌리 갤러커는 1922년 이후 몇 차례 선거에 출마했고 마침내 1935년 파이프주州 서부 선거구에서 국회의원으로 선출됐다.

108 Lenin, "The Question of Nationalities or 'Autonomisation'"(1922), *Collected Works*, Vol 36, p 600. https://www.marxists.org/archive/lenin/works/1922/dec/testamnt/autonomy.htm.

109 Lukács(1970), p 26.

110 플레하노프가 이끈 멘셰비키는 다가오는 러시아 혁명이 부르주아지가 지도하는 부르주아 민주주의 혁명일 것이라고 생각했다. 레닌은 프롤레타리아가 지도하는 부르주아 민주주의 혁명일 것이라고 생각했다. 트로츠키는 프롤레타리아가 부르주아 민주주의 혁명을 지도할 것이라는 점에 관해서는 레닌과 견해가 같았지만, 그 혁명을 프롤레타리아가 지도하기 때문에 사회주의 혁명으로 성장·전환할 것이고 국제 혁명으로 나아가는 첫걸음이 될 것이라고 생각했다. 바로 이것이 트로츠키의 유명한 '연속혁명'론이었다. 이 문제에 관한 자세한 논의는 John Molyneux, *Leon Trotsky's Theory of Revolution*(Brighton, 1981), Ch 1[국역: "트로츠키의 연속혁명", 《연속혁명, 평가와 전망》, 책갈피, 2003]과 Joseph Choonara, "The Relevance of Permanent Revolution: A Reply to Neil Davidson", *International Socialism* 131 참조.

111 Lenin, "The War and Russian Social Democracy"(1914), *Collected Works*, Vol 21, p 34.

112 Lenin, "The War and Russian Social Democracy", as above, pp 40~41.

113 유감스럽게도 이 문제를 여기서 살펴볼 수는 없지만, 이런 철학적 혁신(영어판 레닌 전집 38권에 실린 "철학노트"[국역: 《철학노트》, 논장, 1989]에 기록돼 있다)은

그의 사상적·정치적 발전에서 극히 중요했다. 변증법에 대한 레닌의 이해가 새롭게 심화했다는 증거는 1914년 이후 그가 쓴 거의 모든 저작에서 찾아볼 수 있다.

114 Lenin, "Preface to the French and German Editions"(1920), *Imperialism, the Highest Stage of Capitalism*(Peking, 1975), p 4[국역: 《제국주의, 자본주의의 최고 단계》, 아고라, 2017].

115 Lenin, *Imperialism*, as above, p 1.

116 Lenin, "Lecture on the 1905 Revolution"(1917), *Collected Works*(Moscow, 1964), Vol 23, p 253.

117 당시 '제국주의'라는 용어는 역사를 거슬러 올라가서 과거의 제국 건설을 지칭하는 데 흔히 사용됐다. 레닌 자신도 그렇게 말했다. "식민지정책과 제국주의는 이 최근 단계 자본주의 이전에도 존재했다." 그러나 레닌은 또 다음과 같이 강조하기도 했다. "자본주의 이전 단계들의 자본주의적 식민지정책이라 할지라도 [금융자본의 식민지정책과는] 본질적으로 다르다." Lenin, *Imperialism*, as above, pp 97~98.

118 레닌의 《제국주의론》이 이렇게 엄청난 영향을 미친 이유 하나는 국제 공산주의(스탈린주의)에서 레닌을 마치 우상처럼 숭배했기 때문이다. 또 다른 이유는 제3세계 민족주의가 레닌의 이론을 곡해해서 이용했기 때문이다. 마르크스주의와 제3세계 민족주의의 관계를 분석한 것은 John Molyneux, *What is the Real Marxist Tradition?*(London, 1985) 참조.

119 Lenin, *Imperialism*, as above, p 18.

120 Lenin, *Imperialism*, as above, p 31.

121 Lenin, Imperialism, as above, p 52에 인용된 R Hilferding, *Finance Capital*[국역: 《금융자본론》, 비르투, 2011].

122 Lenin, *Imperialism*, as above, p 69.

123 Lenin, *Imperialism*, as above, p 72.

124 Lenin, *Imperialism*, as above, pp 73~74. 흥미로운 사실은, 경쟁이 필연적으로 독점으로 변모한다는 마르크스의 주장을 실증하는 참고 문헌 목록을 레닌이 달고 있으면서도 마르크스가 《자본론》 3권에서 발전시킨 이윤율 저하 경향의 법칙은 언급하지 않는다는 것이다. 어떤 까닭인지 당시의 모든 마르크스주의 이론가들(카우츠키, 룩셈부르크, 부하린, 프레오브라젠스키 등)은 대체로 이윤율 저하 문제

를 무시했다. 그러나 레닌의 자본수출 이론과 제국주의 이론 전체를 이윤율 저하와 관련지을 수 있고, 자본수출이 제국주의 나라에서 자본의 유기적 구성을 낮춰서 이윤율 저하를 막는 '상쇄 경향'으로 작용할 수 있다는 것은 분명하다. 이것은 룩셈부르크의 결함 있는 개념, 즉 '순수한' 자본주의 경제에서는 잉여가치 실현이 불가능하다는 견해보다 제국주의를 더 만족스럽게 설명해 줄 수 있다.

125 Lenin, *Imperialism*, as above, p 76.

126 Lenin, *Imperialism*, as above, p 79.

127 Lenin, *Imperialism*, as above, pp 79~84 참조.

128 Lenin, *Imperialism*, as above, pp 92~93.

129 Lenin, *Imperialism*, as above, p 98.

130 Lenin, *Imperialism*, as above, p 118.

131 카우츠키 자신은 실제로 전쟁을 지지하지는 않았지만, 실제로 전쟁을 지지한 자들과 분명히 결별하지도 않았다. 오히려 그는 이 문제를 체계적으로 흐리고 혼란스럽게 만들었다.

132 Karl Kautsky, "Ultra-imperialism", *Die Neue Zeit*(September 1914). https://www.marxists.org/archive/kautsky/1914/09/ultra-imp.htm.

133 Lenin, *Imperialism*, as above, pp 143~144.

134 Chris Harman, "Analysing Imperialism", *International Socialism* 99, p 23[국역: 《크리스 하먼의 새로운 제국주의론》, 책갈피, 2009]. 이 중요한 글은 20세기에 제국주의가 발전한 과정을 추적해서 보여 주는 아주 유용한 안내서라 할 수 있다.

135 Lenin, "Imperialism and the Split in Socialism", *Collected Works*, Vol 23, p 109.

136 Lenin, *Imperialism*, as above, p 112.

137 이 문제를 다룬 수많은 글 가운데서도 특히 "The Right of Nations to Self Determination", *Collected Works*, Vol 20, pp 393~454 참조.

138 레닌은 특히 오스트리아 마르크스주의자인 오토 바우어가 민족문제의 해결책으로 제시한 '민족적·문화적 자치' 방안이 민족주의에 양보하는 것이라고 여겨 그것에 대항하는 투쟁을 중시했다.

139 물론 레닌이 이미 이런 노선을 고려하기 시작했다는 사실은 1913년에 써서 〈프라우다〉에 실은 기사들(영어판 레닌 전집 19권에 실린 "아시아의 각성"과 "후진적인 유럽과 선진적인 러시아" 등)을 보면 알 수 있다. 이런 글들은 분명히 2000년간 지속된 중국의 전제정치를 끝장낸 1911년 신해혁명의 영향을 받았다.

140 Lenin, "The Report of the Commission on the National and Colonial Questions"(1920), *Collected Works*, Vol 31.

141 Lenin, *Collected Works*, Vol 31, as above, pp 144~151.

142 Lenin, *Collected Works*, Vol 31, as above, pp 144~151.

143 이 대회의 전체 의사록은 John Ridell(ed), *To See the Dawn: Baku 1920: First Congress of the Peoples of the East*(New York, 2012) 참조. 이것을 보면, 이 전략이 실천에서 어떻게 적용됐는지를 아주 잘 알 수 있다.

144 http://www.bbc.com/news/magazine-26048324.

145 http://www.nytimes.com/books/first/k/keegan-first.html.

146 Niall Ferguson, *The Pity of War*(Penguin, 1998), p 462.

147 Ferguson(1998), p 460.

148 C Clark, *The Sleepwalkers: How Europe went to war in 1914*(Penguin, 2013), pp 560~561[국역:《몽유병자들》, 책과함께, 2019].

149 "Congresses of Social Democracy", http://www.marxists.org/glossary/events/c/congress-si.htm#1912.

150 In *International Socialism* 99(2003).

151 Alex Callinicos, *Imperialism and Global Political Economy*(London, 2009)[국역:《제국주의와 국제 정치경제》, 책갈피, 2011].

152 명확하게 하기 위해, 여기서 내가 말하고 있는 것은 금융자본이나 자본수출이 레닌 시대에 했던 것과 똑같은 구실을 한다거나 레닌이 주장했던 구실을 계속해서 하고 있다는 뜻은 아니라는 점을 강조해야겠다. 금융자본이나 자본수출[의 구실]은 이 책의 범위를 넘어서는 매우 복잡한 문제다. 예컨대, 자본수출은 레닌 시대 이후 감소했다가 다시 증대했다. 이 문제에 관심 있는 독자는 Mike Kidron, "Imperialism, Highest Stage But One" in *Capitalism and Theory*(London, 1974) 참조. 이 글에서 키드런은 금융자본 개념이 당시의 독일 상황에 지나치게

많이 근거했다고 비판하고 자본수출의 패턴에도 큰 변화가 일어났다고 지적한다. 또, 앞서 이야기한 하먼과 캘리니코스의 저작도 참조.

153 Lenin, "Imperialism and the Split in Socialism"(1916), *Collected Works*, Vol 23, p 109.

154 사회민주주의 정당이 아니라 공산당이 [노동운동에서] 우세했던 이탈리아와 프랑스 같은 나라들에서도(프랑스에서는 한동안 그랬다), 이 정당들은 혁명적 전략이 아니라 개혁주의 전략을 추구했다.

155 Tony Cliff, "The Economic Roots of Reformism", *Neither Washington nor Moscow*(London, 1982), pp 115~116[국역: "개혁주의의 경제적 뿌리", 《마르크스 21》 15호, 책갈피, 2016].

156 예컨대, T Cliff and D Gluckstein, *Marxism and the Trade Union Struggle: the General Strike of 1926*(London, 1986)[일부 국역: 《마르크스주의와 노동조합 투쟁》, 책갈피, 2014] 참조.

157 John Molyneux, "Understanding Left Reformism", *Irish Marxist Review* 6.

158 Lenin, "Imperialism and the Split in Socialism"(1916), *Collected Works*, Vol 23, p 120.

159 Lenin, *Imperialism*, as above, p 76.

160 Lenin, *Imperialism*, as above, p 117.

161 Chris Harman, "Analysing Imperialism", *International Socialism* 99, p 20.

162 《먼슬리 리뷰》는 십중팔구 당시 세계에서 지도적인 마르크스주의 경제학 잡지였고, 그들이 펴낸 가장 중요한 책은 Paul Baran, *The Political Economy of Growth*[국역: 《성장의 정치경제학》, 두레, 1984]와 P Baran and P Sweezy, *Monopoly Capital*[국역: 《독점자본》, 한울, 1984]이었다. 《먼슬리 리뷰》는 오늘날에도 여전히 중요한 잡지다.

163 P Baran, *The Political Economy of Growth*(Harmondsworth, 1973), p 416.

164 A Gunder Frank, *Capitalism and Underdevelopment in Latin America* (Harmondsworth, 1971), pp 35~36.

165 이 과정에 관한 논의는 John Molyneux, *What is the Real Marxist Tradition?* (London, 1985) 참조.

166 소련과 동유럽의 관계에서, 또 소련과 소련 국경 내의 많은 피억압 민족의 관계에서, 나중에는 소련과 중국의 관계에서도 드러난 제국주의적 성격에도 불구하고, 그리고 그것이 중소 분쟁의 진정한 이유였음에도 불구하고 좌파들의 견해는 그랬다.

167 Chris Harman, "Analysing imperialism", *International Socialism* 99, p 32.

168 Lukács(1970), p 91.

169 M Hardt and T Negri, *Empire*(Cambridge, MA, 2000), p 31[국역: 《제국》, 이학사, 2001].

170 Hardt and Negri(2000), pp xii~xiii.

171 일부 좌파 지식인들이 '시대정신을 포착하는' 방법 하나는 현재 주류 대중매체에서 유행하는 언어나 주제들을 받아들인 다음 그것을 급진적으로 비틀어서 표현하는 것이다. 예컨대, 부르주아 대중매체가 인터넷을 대대적으로 떠들어 댄다면, 다가오는 혁명은 인터넷 혁명일 것이라고 주장하는 책을 쓰는 식이다. 또, 세계화와 혼종성이 대유행이라면, 급진적 세계화와 체제 전복적 혼종성을 받아들이는 식이다. 이것은 '새롭게', 최첨단처럼 보이는 매력은 있지만, 좋은 이론(이나 실천)을 거의 만들어 내지 못한다. 따라서 현재나 당대의 진정한 과제를 붙잡고 씨름하는 것과 이것을 결코 혼동해서는 안 된다.

172 영국의 정치·문화 잡지인 〈뉴 스테이츠먼〉과 인터뷰할 때 그렇게 말했다. Alex Callinicos, "Toni Negri in Perspective", *International Socialism* 92, p 53[국역: "토니 네그리, 맥락 속에서 보기", 《아나키즘: 마르크스주의적 비판》, 책갈피, 2013]에서 인용.

173 카우츠키는 자본주의가 제국주의 간 전쟁으로 치닫는 경향을 극복할 수 있다는 '가능성'을 제기했을 뿐인데도 레닌의 비난을 받았다. [그러나] 네그리는 제국주의 간 전쟁이 아예 '불가능하다'고 말했다.

174 Joseph Choonara, "Empire built on shifting sand", *International Socialism* 109(2006), p 143.

175 Hardt and Negri(2000), p 190.

176 국제전략문제연구소IISS가 발표한 수치를 보면, 2015년 미국의 군비 지출은 5975억 달러로, 2위부터 9위까지 8개국(중국·사우디아라비아·러시아·영국·인도·프랑스·일본·독일)의 군비 지출을 모두 합친 5200억 달러보다 더 많았다. https://

en.wikipedia.org/wiki/List_of_countries_by_military_expenditures#cite_note-4 참조.

177 Perry Anderson, "Jottings on the Conjuncture", *New Left Review* 48, Nov-Dec 2007. https://newleftreview.org/II/48/perry-anderson-jottings-on-the-conjuncture.

178 Leo Panitch and Sam Gindin, "Global Capitalism and American Empire", in Panitch and Colin Leys(eds), *The New Imperial Challenge; Socialist Register 2004*(London, 2003); Alex Callinicos, "Imperialism and Global Political Economy", *International Socialism* 108; Leo Panitch and Sam Gindin, "Imperialism and Global Political Economy — A Reply to Alex Callinicos", *International Socialism* 109; Alex Callinicos, "Making Sense of Imperialism: a Reply to Leo Panitch and Sam Gindin", *International Socialism* 110.

179 Leo Panitch and Sam Gindin, "Imperialism and Global Political Economy — A Reply to Alex Callinicos", as above, p 195.

180 Alex Callinicos, "Making sense of Imperialism: a Reply to Leo Panitch and Sam Gindin", *International Socialism* 110, p 201.

181 예컨대, 우크라이나에서 벌어지는 복잡한 충돌을 레닌주의 원칙에 기초해서 분석한 뛰어난 글은 Rob Ferguson, "Ukraine: imperialism, war and the left", *International Socialism* 144 참조.

182 그런데도 레닌이 《국가와 혁명》을 펴낼 수 있었던 것은 1916년과 1917년 초에 이미 준비 작업을 다 해 놨기 때문이었다는 것은 분명하다. V I Lenin, *Marxism on the State*(Moscow, 1976)[국역: 《국가론 노트》, 두레, 1990] 참조.

183 Lenin, "Note to L B Kamenev", *Collected Works*, Vol 36, p 454. https://www.marxists.org/archive/lenin/works/1917/jul/07d.htm.

184 레온 트로츠키는 "공산주의인터내셔널 1차 세계 대회 선언문"을 마무리 지으며, "노동자 소비에트의 깃발 아래, 혁명적 권력투쟁과 프롤레타리아 독재의 깃발 아래, 제3인터내셔널의 깃발 아래, 만국의 노동자여 단결하라!" 하고 썼다. Leon Trotsky, "Manifesto of the First Congress of the Communist International". https://www.marxists.org/archive/trotsky/1924/ffyci-1/ch01.htm.

185 1934년에 민중전선 전략을 채택하고 1951년에 서유럽에서 사회주의로 가는 의회

적 길을 채택하면서 그랬다.

186 L Colletti, "Lenin's *State and Revolution*" in *From Rousseau to Lenin*(New York, 1972). R Miliband, "Lenin's *The State and Revolution*"(1970) in *Class Power and State Power*(London, 1983).

187 Lenin, *The State and Revolution*(Moscow, 1977), p 10[국역: 《국가와 혁명》, 돌베개, 2015]에 인용된 F Engels, *The Origin of the Family, Private Property and the State*[국역: 《가족, 사유재산, 국가의 기원》, 두레, 2012].

188 Lenin, *The State and Revolution*, as above, p 10.

189 Lenin, *The State and Revolution*, as above, p 11.

190 Lenin, *The State and Revolution*, as above, p 13.

191 Lenin, *The State and Revolution*, as above, p 17.

192 Lenin, *The State and Revolution*, as above, p 46.

193 Lenin, *The State and Revolution*, as above, p 17.

194 Lenin, *The State and Revolution*, as above, p 36.

195 Lenin, *The State and Revolution*, as above, p 12.

196 Lenin, *The State and Revolution*, as above, p 38.

197 Lenin, *The State and Revolution*, as above, p 38.

198 Lenin, *The State and Revolution*, as above, pp 30, 38.

199 Lenin, *The State and Revolution*, as above, p 41.

200 Lenin, *The State and Revolution*, as above, p 42.

201 Lenin, *The State and Revolution*, as above, p 42.

202 Lenin, *The State and Revolution*, as above, pp 42~43.

203 Lenin, *The State and Revolution*, as above, p 43.

204 Lenin, *The State and Revolution*, as above, p 48.

205 Lenin, *The State and Revolution*, as above, p 79.

206 Lenin, *The State and Revolution*, as above, p 114.

207 Lenin, *The State and Revolution*, as above, p 93.

208 Lenin, *The State and Revolution*, as above, p 112.

209 Lenin, *The Proletarian Revolution and the Renegade Kautsky*. https://www. marxists.org/archive/lenin/works/1918/prrk/democracy.htm[국역:《프롤레타리아 혁명과 배신자 카우츠키》, 소나무, 1991].

210 Lenin, *Left-Wing Communism — An Infantile Disorder*, as above. https:// www.marxists.org/archive/lenin/works/1920/lwc/ch09.htm.

211 이것은 내가 *Will the Revolution Be Televised? A Marxist Analysis of the Media*(London, 2011)라는 책에서 제시한 분석을 한 단락으로 압축한 것이다.

212 Marx and Engels, *The German Ideology*(1845). https://www.marxists.org/ archive/marx/works/1845/german-ideology/ch01b.htm.

213 http://www.theguardian.com/news/datablog/2010/may/31/senior-civil-servants-salaries-data.

214 http://www.theguardian.com/society/2014/aug/28/british-society-elitism-privileged-owen-jones.

215 http://www.independent.co.uk/news/uk/politics/british-army-could-stage-mutiny-under-corbyn-says-senior-serving-general-10509742.html.

216 Lenin, *The State and Revolution*, as above, p 17.

217 R A Dahl, et al, *Social Science Research on Business: Product and Potential*(1959), p 36에 나오는 말인데, Ralph Miliband, *The State in Capitalist Society*(London, 1973), pp 4~5에서 재인용했다.

218 당연히, 다원주의 이론에 덧붙여진 (파시스트 국가와 공산주의 국가를 모두 아우르는) '전체주의 이론'도 있었다. 예컨대, Carl Friedrich and Zbigniew Brzezinski, *Totalitarian Dictatorship and Autocracy*(Cambridge, 1956)[국역:《전체주의 독재정치론》, 정림사, 1971] 참조.

219 다원주의 이론에 대한 고전 마르크스주의적 비판은 앞서 말한 랠프 밀리밴드의 책《자본주의 사회의 국가》에서 찾아볼 수 있다. 밀리밴드의 책에는 매우 유용한 내용이 많지만, 흔히 지적되듯이 방법론적 결함 때문에 좌파 개혁주의적 결론들로 이어지는 경향이 있다.

220 노동조합의 계급적 차이는, 조합원들이 파업을 벌이고 있는 노조의 간부를 인터뷰

할 때 TV 뉴스 진행자가 질문을 던지는 어조나 내용을 다른 '엘리트' 대변인들과 인터뷰할 때와 비교해 보기만 해도 '알' 수 있다.

221 F Nietzsche, *The Will to Power*, s.636, p 121. https://archive.org/stream/completeworksthe15nietuoft#page/120/mode/2up[국역: 《권력에의 의지》, 청하, 1988].

222 F Nietzsche, *Beyond Good and Evil*, s.259. https://www.marxists.org/reference/archive/nietzsche/1886/beyond-good-evil/ch09.htm[국역: 《선악의 저편》, 아카넷, 2018].

223 M Foucault, "The Subject and Power" in H Dreyfuson and P Rabinow(eds), *Michel Foucault: Beyond Structuralism and Hermeneutics*(Chicago, 1983), p 211[국역: "주체와 권력", 《미셸 푸코: 구조주의와 해석학을 넘어서》, 나남, 1989].

224 M Foucault, as above, p 212.

225 Lenin, *The State and Revolution*, as above, pp 7~8.

226 M Bakunin, *The Programme of the International Brotherhood*(1869). http://www.marxists.org/reference/archive/bakunin/works/1869/program.htm.

227 M Bakunin, "Letter to La Liberté"(1872). http://www.marxists.org/reference/archive/bakunin/works/1872/la-liberte.htm.

228 Alexander Berkman, *What is Communist Anarchism?*(New York, 1972), pp 290~291.

229 Berkman(1972), p 233.

230 Berkman(1972), p 291.

231 《자유지상주의적 공산주의자들의 조직 강령》은 1926년에 〈디엘로 트루다〉(노동자의 대의)라는 정기간행물을 발행하던 네스토르 마흐노, 표트르 아르시노프, 그 밖의 러시아 아나키스트들이 작성했다. http://www.nestormakhno.info/english/platform/general.htm.

232 J Holloway, *Change the World Without Taking Power*(2002). http://web.archive.org/web/20110701110507/. http://libcom.org/library/chapter-11-revolution[국역: 《권력으로 세상을 바꿀 수 있는가》, 갈무리, 2002].

233 A Gramsci, *Selections from the Prison Notebooks*(London, 1982), p 238.

234 A Gramsci, *Selections from the Prison Notebooks*, as above, pp 238~239.

235 A Gramsci, *Selections from the Prison Notebooks*, as above, p 235.

236 A Gramsci, *Selections from the Prison Notebooks*, as above, p 240.

237 A Gramsci, "The Southern Question" in *The Modern Prince and Other Writings*(New York, 1972), pp 30~31[국역: 《남부 문제에 대한 몇 가지 주제들 외》, 책세상, 2004].

238 A Gramsci, *Selections from the Prison Notebooks*, as above, p 238.

239 헤게모니라는 용어는 노동계급이 민주주의 혁명의 헤게모니를 쥐려고 투쟁해야 한다는 맥락에서 레닌과 볼셰비키가 널리 사용했고, "나폴레옹이 유럽 전역에서 자신의 헤게모니를 확립했다"는 말에서 볼 수 있듯이 오랫동안 일상적으로 사용된 부르주아적 어법도 있다.

240 예컨대, Stuart Hall, "Gramsci and Us", *Marxism Today*(June 1987). http://www.hegemonics.co.uk/docs/Gramsci-and-us.pdf 참조.

241 Santiago Carillo, *Eurocommunism and the State*(London, 1977)[국역: 《맑스주의와 유로코뮤니즘》, 중원문화, 2012] 참조.

242 Ernesto Laclau and Chantal Mouffe, "Post-Marxism without Apologies", *New Left Review* I/166, November-December 1987[국역: "포스트맑스주의는 변명하지 않는다", 《포스트맑스주의?》, 민맥, 1992].

243 Chris Harman, "Gramsci versus Eurocommunism", parts 1 and 2, *International Socialism* 98(May 1977)과 99(June 1977)[국역: 《곡해되지 않은 그람시》, 노동자연대, 2012]. Ernest Mandel, *From Stalinism to Eurocommunism*(London, 1978), 특히 pp 201~220. Peter Thomas, *The Gramscian Moment*(Haymarket, 2010) 참조.

244 A Gramsci, *Selections from Political Writings, 1921-26*(London, 1978), p 340.

245 A Gramsci, *Selections from Political Writings, 1921-26*, as above, p 343.

246 A Gramsci, *Selections from Political Writings, 1921-26*, as above, p 357.

247 A Gramsci, *Selections from Political Writings, 1921-26*, as above, p 369.

248 A Gramsci, *Selections from the Prison Notebooks*, as above, p 57.

249 A Gramsci, *Selections from the Prison Notebooks*, as above, pp 180~183.

250 A Gramsci, *Selections from the Prison Notebooks*, as above, p 183.

251 A Gramsci, *Selections from the Prison Notebooks*, as above, pp 169~170.

252 불행히도 이런 주장은 알튀세르와 그람시를 거쳐 마르크스주의를 배운 학생들과 그렇게 가르친 강사들을 통해 학계의 정설이 돼 버렸다. 특히 1980년대에는 알튀세르의 저작과 그람시의 (일부) 저작은 읽었어도 마르크스주의 고전은 읽지 않은 학생과 강사를 흔히 만날 수 있었다.

253 A Gramsci, *Selections from the Prison Notebooks*, as above, p 357.

254 A Gramsci, *Further Selections from the Prison Notebooks*(London, 1995), p 507. "그람시의 결정적 기여를 몹시 강조하고 싶어 하거나 더 교묘하게 그람시와 레닌을 대립시키고 싶어 하는 평론가들의 다수는 결국 레닌의 저작에서 헤게모니가 차지하는 위치를 과소평가하거나 제3인터내셔널에 대해서는 거의 완전히 침묵한다"(C Buci-Glucksmann, *Gramsci and The State*, London, 1980, p 174).

255 S Carrillo, *Eurocommunism and the State*(London, 1977), p 10.

256 Carrillo(1977), pp 12~13.

257 https://www.marxists.org/reference/archive/althusser/1970/ideology.htm 참조.

258 Carrillo(1977), pp 22~23.

259 Carrillo(1977), p 34.

260 Carrillo(1977), p 49에 인용된 알튀세르의 말.

261 Carrillo(1977), p 68에 인용된 알튀세르의 말.

262 Nicos Poulantzas, *State, Power, Socialism*(London, 2000), p 20[국역:《국가, 권력, 사회주의》, 백의, 1994]. 풀란차스와 알튀세르 같은 부류는 ("이데올로기나 정치, 종교 등등에 관한 마르크스주의 이론은 존재하지 않는다"는 식으로) 무시하는 말을 즐겨 한다. 그런 말이 무슨 의미인지는 분명하지 않다. 그런 주제를 다룬 특정한 책이 없다는 뜻인가? 글쎄, 엥겔스의 《가족, 사유재산, 국가의 기원》이 있다. 아니면, 마르크스와 엥겔스의 저작 전체에 박혀 있는 일반적 이론이 존재하지 않는다는 뜻인가? 그러나 레닌의 《국가와 혁명》은 바로 그런 이론이 존재한다는 것을 정확히 입증하는 듯하다. 아마 그런 말은 자신이 기존 이론에 동의하지 않는다는 것을 괜히 복잡하게 표현하는 방식에 불과할 것이다.

263 Poulantzas(2000), pp 12, 15.

264 Poulantzas(2000), p 130.

265 Poulantzas(2000), p 129.

266 Poulantzas(2000), pp 132~133. 강조는 원문 그대로다.

267 Poulantzas(2000), p 136.

268 Poulantzas(2000), p 141.

269 Poulantzas(2000), p 254.

270 Poulantzas(2000), p 258.

271 Poulantzas(2000), p 258. 여기서 풀란차스는 분명히 그람시와 거리를 두면서 다음과 같이 쓰고 있다는 사실을 지적해 둘 만하다. "그러므로 그것은 전면적 기동전과 진지전 사이에서 양자택일하는 문제가 아니다. 왜냐하면 그람시의 어법에서 진지전은 항상 국가라는 요새를 포위하는 것이기 때문이다"(p 258).

272 머독의 뉴스인터내셔널, 타임워너, 디즈니 등.

273 John Molyneux, *Will the Revolution be Televised?*(London, 2011) 참조.

274 Carrillo(1977), p 105.

275 Poulantzas(2000), p 261.

276 Poulantzas(2000), p 252.

277 "인간의 생각이 객관적 진리를 파악할 수 있는지 없는지는 이론의 문제가 아니라 실천의 문제다. 인간은 실천을 통해 진리를, 즉 자신의 생각이 현실적이고 설득력 있고 현세적이라는 사실을 입증해야 한다. 실천과 괴리된 채 생각이 현실적인지 비현실적인지를 따지는 것은 순전히 스콜라철학적 문제다."

278 당시 이 문제는 많은 논쟁의 주제였으므로 그때 나온 말들을 다시 찾아보는 것도 꽤 유용할 듯하다. 2015년 3월 더블린에서 '시리자와 사회주의 전략'이라는 주제로 열린 토론회에서 나는 시리자 지지자인 헬레나 시핸 교수와 토론한 적이 있는데, 유튜브에서 그 토론회를 볼 수 있다. https://www.youtube.com/watch?v=v6xMwkKF6WA 참조.

279 그리스 국가의 기원과 특성에 관한 좋은 설명은 Kevin Ovenden, *Syriza: Inside the Labyrinth*(London, 2015), Ch 6, "Face to face with the Deep State" 참조.

280 이 장관들의 정치적 경력과 성격에 관해서는 Ovenden(2015), pp 118~130 참조.

281 *Financial Times*(5 April 2015). Ovenden(2015), p 130에서 인용.

282 Syriza: The Thessaloniki Programme, http://www.syriza.gr/article/SYRIZA--THE-THESSALONIKI-PROGRAMME.html#.V9vRWVUrLIU.

283 Syriza: The Thessaloniki Programme.

284 https://www.thenation.com/article/made-usa/.

285 N Bukharin and E Preobrazhensky, *The ABC of Communism*(London, 1969), p 180[국역: 《꼬뮤니즘 ABC》, 빛나는전망, 2011]. 트로츠키는 《배반당한 혁명》에서 국제연맹에 대한 소련의 태도가 스탈린 치하에서 어떻게 변했는지를 보여 준다. L Trotsky, *The Revolution Betrayed*(London, 1967), pp 193~204[국역: 《배반당한 혁명》, 갈무리, 2018] 참조.

286 http://www.newstatesman.com/world-affairs/2015/07/yanis-varoufakis-full-transcript-our-battle-save-greece.

287 http://www.independent.co.uk/news/uk/politics/british-army-could-stage-mutiny-under-corbyn-says-senior-serving-general-10509742.html. 또, 언론 보도를 보면 이 '익명의' 군 장성은 '분쟁'[1960년대 말 이후 영국에서 독립하는 문제를 두고 북아일랜드에서 벌어진 갈등과 폭력 사태] 기간에 북아일랜드에서 복무했으며, 아일랜드공화국군IRA을 비난하기를 거부한 코빈을 혐오했다고도 한다. 아일랜드 역사를 어느 정도 알고 있는 사람들이라면 그 장군의 말에서, [1921년] 아일랜드 분할로 가는 길을 닦은 1914년의 쿠럭 반란 때 영국군 [장교들]이 사용한 전술을 되풀이하겠다는 위협을 감지했을 것이다.

288 《무엇을 할 것인가?》를 그런 책으로 여기는 사람들은 심각한 실수를 저지르는 셈이다. 그것은 결코 [혁명적] 정당의 구실을 종합적으로 자세히 설명하는 완성된 책이 아니기 때문이다. 레닌 자신이 분명히 밝혔듯이, 《무엇을 할 것인가?》는 분파 투쟁이라는 매우 특수한 상황에서 논쟁을 위해 쓰인 저작이다.

289 L Trotsky, *The Revolution Betrayed*(1936). https://www.marxists.org/archive/trotsky/1936/revbet/ch05.htm.

290 L Trotsky, *History of the Russian Revolution*, as above, p 445.

291 핵심 문헌으로는 다음과 같은 것들이 있다. Tony Cliff, *Lenin*, Vols 1-4(London,

1975-1979)[국역: 《레닌 평전 1~4》, 책갈피, 2009~2013], 특히 1권 '당 건설을 향해'; Paul Le Blanc, *Lenin and the Revolutionary Party*(Chicago, 1993); Tamás Krausz, *Reconstructing Lenin*(New York, 2015) 그리고 Lars T Lih, *Lenin Rediscovered: What Is to Be Done? In Context*(Leiden, 2006). 여기에 내 책 《마르크스주의와 정당》도 조금 기여했다.

292 당시 사회민주주의라는 말은 혁명적 마르크스주의를 의미했고, 또 모든 사람이 그렇게 이해했다.

293 V I Lenin, "The Tasks of the Russian Social-Democrats"(1897), *Collected Works*, Vol 2, pp 323~352. https://www.marxists.org/archive/lenin/works/1897/dec/31b.htm.

294 Lenin, "A Protest by Russian Social-Democrats"(1899), *Collected Works*, Vol 4, p 167. https://www.marxists.org/archive/lenin/works/1899/sep/protest.htm.

295 Lenin, *What Is To Be Done?*(Peking, 1975), p 153. https://www.marxists.org/archive/lenin/works/1901/witbd/iv.htm.

296 Lenin, "A reply to the St Petersburg Committee"(1901), *Collected Works*, Vol 5. https://www.marxists.org/archive/lenin/works/1901/oct/15.htm.

297 Lenin, "A reply to the St Petersburg Committee", as above. https://www.marxists.org/archive/lenin/works/1901/dec/06.htm.

298 1903년 당대회와 볼셰비키·멘셰비키의 분열을 훨씬 더 자세히 설명한 것은 토니 클리프의 《레닌 평전 1》 5장과 내 책 《마르크스주의와 정당》 2장 참조.

299 이 에피소드를 자세히 분석한 것은 토니 클리프의 《레닌 평전 1》 15~17장 참조.

300 Lenin, "What Next?", *Collected Works*, Vol 21, p 111. https://www.marxists.org/archive/lenin/works/1915/jan/09.htm.

301 '중간주의'라는 용어는 독일 사민당 내에서 카우츠키파가 베른슈타인·노스케·샤이데만의 노골적 개혁주의 분파와 로자 룩셈부르크나 카를 리프크네히트의 혁명적 분파 '중간'에 있었던 데서 유래했다. 그래서 '중간주의'는 개혁과 혁명 사이에서 동요하거나 추상적으로 '혁명'을 받아들이면서도 행동에서는 거부하는 경향을 가리킨다.

302 Lenin, "Terms of Admission into the Communist International"(1920),

Collected Works, Vol 31, p 207. https://www.marxists.org/archive/lenin/works/1920/jul/x01.htm.

303 Lenin, "The Tasks of the Russian Social-Democrats", *Collected Works*, Vol 2, pp 323~352. https://www.marxists.org/archive/lenin/works/1897/dec/31b.htm.

304 Lenin, *What Is To Be Done?*, as above, p 153. https://www.marxists.org/archive/lenin/works/1901/witbd/iv.htm.

305 Lenin, *One Step Forward, Two Steps Back*(Moscow, 1969), p 58.

306 Lenin, "The Tasks of the Russian Social-Democrats", *Collected Works*, Vol 2, pp 323~352. https://www.marxists.org/archive/lenin/works/1897/dec/31b.htm.

307 Lenin, *What Is To Be Done?*, as above, p 100. https://www.marxists.org/archive/lenin/works/1901/witbd/iv.htm.

308 Lenin, *Left Wing Communism — an Infantile Disorder*, as above, pp 37~38. https://www.marxists.org/archive/lenin/works/1920/lwc/ch06.htm.

309 Lenin, *Left Wing Communism — an Infantile Disorder*, as above, p 43.

310 Lenin, *Left Wing Communism — an Infantile Disorder*, as above, p 44.

311 Lenin, "Speech in Defence of the Tactics of the Communist International" (1921). https://www.marxists.org/archive/lenin/works/1921/jun/12.htm.

312 *Theses, Resolutions, and Manifestos of the First Four Congresses of the Third International*(London, 1980), p 277.

313 Lenin, *Left Wing Communism — an Infantile Disorder*, as above, pp 28, 85.

314 K Marx and F Engels, *The German Ideology*(1845). https://www.marxists.org/archive/marx/works/1845/german-ideology/ch01b.htm.

315 이 점은 그람시(뿐 아니라 레닌과 클리프)도 강조했지만, 강단 그람시주의자들은 곧잘 무시한다. Antonio Gramsci, *The Modern Prince and Other Writings*(New York, 1970), p 15 참조.

316 Lenin, "The Reorganisation of the Party"(1905), *Collected Works*, Vol 10, p 32. https://www.marxists.org/archive/lenin/works/1905/reorg/

i.htm#v10pp65–029.

317 A Gramsci, *Selections from the Prison Notebooks*(London, 1982), p 335.

318 A Gramsci, *Selections from the Prison Notebooks*, as above, p 340.

319 더 자세한 설명은 Andy Durgan and Joel Sans, "'No one represents us': the 15 May movement in the Spanish state", *International Socialism* 132. http://isj.org.uk/no-one-represents-us-the-15-may-movement-in-the-spanish-state/ 참조.

320 "따라서 조직된 혁명가들은 자신들에게 적대적인 것처럼 보이는 운동에 건설적으로 관여하는 방법을 찾아야 한다. 이것이 뜻하는 바는 우리의 사상을 숨기지 않으면서도 조직을 가시적으로 드러내는 데 집착하지 말아야 한다는 것이다." Dugan and Sans, as above, p 34.

321 John Molyneux, *Anarchism: A Marxist Criticism*(London, 2011) 참조.

322 Íñigo Errejón and Chantal Mouffe, *Podemos — In the Name of the People*(London, 2016), pp 72~73.

323 Susan Watkins, "New Oppositions", *New Left Review* 98, p 15.

324 Errejón and Mouffe(2016), p 73.

325 Pablo Iglesias, "Understanding Podemos", *New Left Review* 93(May-June 2015), p 11.

326 John Molyneux, "Towards a Revolutionary Party in Ireland", *Irish Marxist Review* 16.

327 이 때문에 보리스 존슨이나 나이절 패라지, 인종차별적 우파가 [유럽연합] 탈퇴 운동을 완전히 지배하게 되는 유감스러운 결과가 빚어졌다.

328 https://www.theguardian.com/uk-news/2016/nov/19/mcdonnell-backs-buckingham-palace-revamp-as-petition-grows.

329 "우리는 결정적 조치를 취해서 노동자들의 임금과 조건을 악화시키는 정책을 끝장낼 것이고, [보수당이 폐지한] 이주민 지원 자금을 복원해 공공서비스를 지원하고 이주에 대한 공정한 규칙을 뒷받침할 것입니다." *Socialist Worker*, 22 November 2016에서 인용. https://socialistworker.co.uk/art/43724/Labour+needs+clarity,+not'slippage,+in+defence+of+migrant+workers.

330 Leon Trotsky, "Lessons of October", in *The Challenge of the Left Opposition(1923-25)*(New York, 1975), p 252.

331 Eric Hobsbawm, *On History*(London, 2004), pp 326~327[국역: 《역사론》, 민음사, 2002].

332 토니 클리프의 《레닌 평전 4》와 Duncan Hallas, *The Comintern*(London, 1985) [국역: 《우리가 알아야 할 코민테른 역사》, 책갈피, 1994]도 비슷한 결론을 내리고 있다.

333 여기서 나는 노동계급의 대중행동이 있었던 몇 가지 사례만 들었고, 1949년 중국 혁명이나 1959년 쿠바 혁명 같은 게릴라 군대의 혁명은 거론하지 않았다.

334 특히, Colin Barker(ed), *Revolutionary Rehearsals*(London, 1987)[국역: 《혁명의 현실성》, 책갈피, 2011] 참조.

335 예컨대, Ronald Fraser, *1968: a Student Generation in Revolt*(London, 1988) [국역: 《1968년의 목소리》, 박종철출판사, 2002]와 John Molyneux, "Reviewing 1968", *International Socialism* 38에 기록된 설명 참조. 나는 아주 운 좋게도 [1968년] 5월 중순 며칠 동안 파리에 있었고, 그 경험은 지금까지도 내 삶 속에 생생한 기억으로 남아 있다.

336 예컨대, 혁명만세Vive la Révolution, 혁명적공산주의청년단JCR, 노동자의목소리Voix Ouvrière, 국제공산주의조직OCI 같은 단체들이 있었다.

337 프랑스 공산당 지도자 조르주 마르셰가 그렇게 말했다고 5월 3일 자 〈뤼마니테〉가 보도했다. Tony Cliff and Ian Birchall, *France: the Struggle Goes On*(London, 1968), p 9에서 인용.

338 1968년 5월 항쟁에 관한 많은 설명 가운데 최상의 것은 Chris Harman, *The Fire Last Time*(London, 1988)[국역: 《세계를 뒤흔든 1968》, 책갈피, 2004] 참조. 개인적으로 나는 바로 이 경험 덕분에 혁명적 정당 건설의 필요성을 확신하게 됐고, 1968년 7월 혁명적 조직인 국제사회주의자들IS에 가입했으며, 나의 첫 책 《마르크스주의와 정당》을 쓰게 됐다.

339 낙타 전투는 TV로 중계돼 전 세계에서 볼 수 있었지만, 사실은 이집트 전역에서 벌어진 비슷한 많은 충돌 가운데 한 사례였을 뿐이다(이 사실은 사메흐 나깁이 알려 줬다).

340 그 사건을 "최근 역사에서 단 하루에 일어난 세계 최대 규모의 시위대 살해 사건 가운데 하나"라고 부른 [국제 인권 단체] 휴먼라이츠워치HRW에 따르면, 라바 광장 에서만 최소 817명이 살해됐다. 무슬림형제단은 약 2600명이 살해됐다고 주장했 다. http://en.wikipedia.org/wiki/August_2013_Rabaa_massacre 참조.

341 여기서 제시한 주장을 확대해서 내가 쓴 글은 "Lessons from the Egyptian Revolution", *Irish Marxist Review* 13, 2015 참조. 또, Philip Marfleet, *Egypt: contested revolution*(London, 2016)도 참조.

342 Lenin, *What is to be Done?*, as above, pp 70~71.

343 Lenin, *What is to be Done?*, as above, p 72.

344 Lenin, *What is to be Done?*, as above, p 86.

345 Lenin, *What is to be Done?*, as above, p 97.

346 "미국에서는 노예제가 공화국의 일부를 망가뜨리는 동안 노동자들의 독립적 운동 은 모두 마비됐다. 피부색이 검은 노동자에게 낙인을 찍는 곳에서는 피부색이 하 얀 노동자도 해방될 수 없다"(Karl Marx, *Capital*, Vol 1, p 284). (노동계급 외의) 억압 쟁점들에 대한 마르크스와 마르크스주의 전통의 대응을 더 광범하게 논하고 있는 것은 John Molyneux, *The Point is to Change It!*(London, 2012), Ch 9과 Kevin B Anderson, *Marx at the Margins*(Chicago, 2016) 참조.

347 레닌 자신이 다음과 같이 말했다. "《무엇을 할 것인가?》는 '경제주의자들'이 왜곡 한 것을 논쟁을 통해 바로잡은 것이고, 그 소책자를 다른 관점에서 보는 것은 잘 못이다." "Preface to the Collection *Twelve Years*"(1907), *Collected Works*, Vol 13, pp 107~108 참조.

348 Lenin, "Lecture on the 1905 Revolution"(1917), *Collected Works*, Vol 23, pp 236~253.

349 Lenin, "The National Equality Bill"(1914), as above, Vol 20, pp 172~173.

350 레닌과 반유대주의 문제를 자세히 살펴보는 흥미로운 논의는 Tamás Krausz, *Reconstructing Lenin*(New York, 2015), pp 255~280에서 '레닌과 포그롬'을 다 룬 부분 참조.

351 John Molyneux, "More than Opium: Marxism and Religion", *International Socialism* 119 참조.

352 Dave Crouch, "The Bolsheviks and Islam", *International Socialism* 110, p 43.

353 Crouch, "The Bolsheviks and Islam", as above, p 45에서 인용.

354 Crouch, "The Bolsheviks and Islam", as above, p 45.

355 다른 쟁점들은 외국무역의 국가 독점, 국가와 당에서 증대하는 관료주의, 정치국 내부의 분열, 스탈린의 권력욕과 (크룹스카야 등에 대한) 무례한 태도였다. 이 투쟁에 대한 자세한 설명은 Moshe Lewin, *Lenin's Last Struggle*(New York, 1970)과 Tony Cliff, *Lenin*, Vol 4, pp 188~236 참조.

356 Lenin, "Memo Combatting Dominant Nation Chauvinism"(1922), *Collected Works*, Vol 33, p 372.

357 Lenin, "The Question of Nationalities or 'Autonomisation'"(1922), *Collected Works*, Vol 36, p 600.

358 Lenin, *What is to be Done?*, as above, p 86.

359 분트의 역사는 Sai Englert, "The Rise and Fall of the Jewish Labour Bund", *International Socialism* 135 참조. 레닌의 입장은 "Does the Jewish Proletariat need an 'Independent Political Party'?", *Collected Works*, Vol 6, pp 330~336 참조.

360 Lenin, "On International Women's Day"(1920), *Collected Works*, Vol 30, pp 408~409.

361 대중조직으로서 노동조합은 항상 (더 광범한 사회에 존재하거나 특정한 노동자들 사이에 널리 퍼져 있는) 편견들을 어느 정도 반영하기 쉽다. 1984년 영국에서 전국광원노조가 대파업을 시작했을 때 그들이 펴낸 잡지에 핀업[벽에 걸어 놓고 볼 수 있는, 특히 옷을 거의 벗은 연예인 등의 사진]이 실렸던 일(파업이 끝날 때쯤에는 그런 사진이 사라졌다)이나 2012년 [일부 건설 노동자 등이] '영국의 일자리는 영국인 노동자에게'라는 요구를 내걸고 시위를 벌인 사건 등이 그런 사례다. 그러나 중요한 것은 이런 후진적 입장들이 극복됐다는 것이다.

362 Lenin, "Fourth Anniversary of the October Revolution", *Collected Works*, Vol 33, p 54.

363 여기서 지적해야 할 중요한 사실은 트럼프가 일반투표에서는 승리하지 못했는데도(그는 300만 표 차이로 졌다), 노예제 시대의 유산인 비민주적 선거인단 제도 덕

분에 대통령이 될 수 있었다는 것이다.

364 이 터무니없는 현상들은 모두 지금 격렬한 항의 운동에 직면해 있다.

365 Karl Marx, "Letter to S Meyer and A Vogt"(9 April 1870), in Karl Marx and Friedrich Engels, *Selected Correspondence*(Moscow, 1975), p 221.

366 Shulamith Firestone, *The Dialectic of Sex*(New York, 1970)[국역: 《성의 변증법》, 꾸리에, 2016]는 이런 부류의 고전이었다.

367 인종차별 문제에서 미국 노동운동이 보여 준 수동성은 노동자들의 일반적 권리를 위한 투쟁에서 보여 준 더 광범한 수동성(과 흔히 부패)의 일부였다.

368 파리코뮌이 패배했을 때 베르사유의 부르주아 '숙녀들'은 파리코뮌 참가자들, 특히 코뮌의 여성들에게 잔인한 보복을 가했다. P O Lissagaray, *The History of the Paris Commune of 1871*(London, 1976), pp 305, 316 참조.

369 M Weber, "Class, status, party", in C Wright Mills(ed), *From Max Weber*(London, 1970), pp 180~195 참조.

370 Jean-Francois Lyotard, *The Postmodern Condition: A Report on Knowledge*(Manchester, 1984)[국역: 《포스트모던의 조건》, 민음사, 2018] 참조.

371 미국뿐 아니라 더블린에서도 (비록 축소판이었지만) 그 점은 마찬가지였다.

372 마르크스가 보기에 역사는 정체성 투쟁의 역사가 아니라 계급투쟁의 역사다.

373 여기서 지적해 둘 만한 사실은 사회 이론과 문화 연구에 관한 학술적 담론은 '특권'이라는 용어를 써서 사회적 특권과 분석상의 우선순위를 섞어 버리는 경향이 있다는 것이다. 예컨대, "마르크스주의는 소비보다 생산에, 이데올로기보다 경제학에 '특권을 부여한다'거나 당연히 노동계급에게 '특권을 부여한다'"는 식이다. 이것은 혼란을 자아내고 오해를 부를 수 있다. 예컨대, 마르크스는 자본주의를 분석할 때 생산이 분석상으로 소비에 우선한다고 여겼지만 마르크스주의와 사회주의의 요체는 생산이 소비에 기여하도록(즉, 인간의 필요를 충족시키도록) 만드는 것이다.

374 G E M de Ste. Croix, *The Class Struggle in the Ancient Greek World*(London, 1983), p 43.

375 1920년에 러시아는 세계 최초로 낙태를 합법화한 나라가 됐다.

376 Mary Smith, "Women in the Irish Revolution", *Irish Marxist Review* 14 참조.

377 Lenin, "Fourth Anniversary of the October Revolution"(1921), *Collected*

Works, Vol 33, pp 52~54 참조.

378 Lenin, "Letter to Inessa Armand"(17 January 1915), *Collected Works*, Vol 35, pp 180~185 참조. 레닌이 이네사 아르망에게 보낸 편지들은 사적인 것이었지만 정치적인 것이기도 했다.

379 Clara Zetkin, "My Recollections of Lenin", in Lenin, *On the Emancipation of Women*(Moscow, 1985), pp 99~126 참조.

380 당시의 기근들로 죽은 사람의 숫자에 대해서는 서로 다른 자료가 엄청나게 많다. 진짜 수치는 십중팔구 결코 알 수 없겠지만, 여기서 내가 인용한 수치는 최소한의 것들이다.

381 이런 주장은 특히 소련 경제가 역동적으로 성장한 반면 서방은 대불황에 빠져 있던 1930년대에는 그럴듯하게 들렸다. 그러나 당시는 스탈린의 공포정치가 절정에 달한 때이기도 했다.

382 이 "세 배나 더 수치스러운 법률"에 관한 논의는 Leon Trotsky, *The Revolution Betrayed*(London, 1967), pp 149~151 참조.

383 Leon Trotsky, "Thermidor and Anti-Semitism"(1937) 참조. https://www.marxists.org/archive/trotsky/1937/02/therm.htm.

384 Karl Marx, *Capital*, Vol III(Moscow, 1966), p 817.

385 예컨대, John Molyneux, *Is Human Nature a Barrier to Socialism?*(London, 1993); *The Point is To Change It: An Introduction to Marxist Philosophy*(London, 2012), 특히 Ch 8 그리고 "Do revolutions always fail?", *Socialist Review*, April 2014, http://socialistreview.org.uk/390/do-revolutions-always-fail 참조.

386 Chris Harman, *A People's History of the World*(London, 1999), p 545[국역: 《민중의 세계사》, 책갈피, 2004]. 또, Tony Cliff, "On the class nature of the people's democracies", *Neither Washington nor Moscow*(London, 1982), pp 86~100 과 Chris Harman, *Class Struggles, Eastern Europe: 1945-83*(London, 1988), pp 15~41[국역: 《동유럽에서의 계급투쟁》, 갈무리, 1994]도 참조.

387 중국 혁명과 쿠바 혁명의 계급적 성격에 대한 분석은 Tony Cliff, "Permanent Revolution", *International Socialism*(1st series) 12, Spring 1963; John

Molyneux, *What is the Real Marxist Tradition?*(London, 1985), pp 41~65; Nigel Harris, *The Mandate of Heaven: Marx and Mao on Modern China*(London, 1978)와 Mike Gonzalez, *Che Guevara and the Cuban Revolution*(London, 2004)[국역:《체 게바라와 쿠바 혁명》, 책갈피, 2005] 참조.

388 이 과정에서 작용한 객관적 논리는 레닌에 대한 마오쩌둥이나 카스트로의 관계가 '올바른 것'이었는지 또는 '진정성 있는 것'이었는지와 아무 상관없다는 사실을 이해하는 것이 중요하다.

389 트로츠키는 만약 레닌이 1917년에 페트로그라드에 없었다면 10월 혁명은 일어나지 않았을 것이라고 주장했다. 아이작 도이처는 트로츠키가 이렇게 말한 것을 비판하면서, 트로츠키의 주장은 역사유물론의 기본 원리를 위반한 것이라고 주장했다. 그러면서 역사에서 개인의 구실은 매우 제한적이라는 플레하노프의 말을 인용했다. 내가 트로츠키를 지지하면서 이 논쟁을 다룬 것은 "Is Marxism deterministic?", *International Socialism* 68, pp 64~69 참조.

390 예컨대, John Rees, "In Defence of October", *International Socialism* 52와 뒤이은 논쟁인 Robert Service, "Did Lenin lead to Stalin?"; Samuel Farber, "In defence of democratic revolutionary socialism"; Robin Blackburn, "Reply to John Rees"; John Rees, "Dedicated followers of fashion" in *International Socialism* 55 참조.

391 브레스트리토프스크 강화조약을 둘러싸고 볼셰비키 당내에서 벌어진 중요한 논쟁을 보라. 강화조약을 체결해야 한다는 레닌의 주장은 한동안 소수파의 견해였고 [독일군이 러시아로 침입하는] 사태가 벌어진 뒤에야 비로소 레닌은 다수파가 될 수 있었다.

392 Victor Serge, *Year One of the Russian Revolution*(London, 1992), p 76[국역: 《러시아혁명의 진실》, 책갈피, 2011].

393 Serge, *Year One of the Russian Revolution*, as above.

394 Tony Cliff, *Lenin*, Vol 3(London, 1978), p 18 참조.

395 Serge, *Year One of the Russian Revolution*, as above, p 59.

396 Lenin, "To all Party Members and to all the Working classes of Russia"(1917), *Collected Works*, Vol 26, p 304. https://www.marxists.org/archive/lenin/works/1917/nov/06a.htm.

397 Lenin, "Theses on the Constituent Assembly"(1917), *Collected Works*, Vol 26, p 381.

398 Serge, *Year One of the Russian Revolution*, as above, p 75.

399 Rees, *International Socialism* 55, as above, p 33.

400 Rees, *International Socialism* 55, as above, p 36. 이 글은 백군이 저지른 잔학 행위들을 자세히 묘사하고, 백군 장성들과 그 부하들의 사고방식과 성격을 보여 준다.

401 카플란은 레닌에게 총을 세 발 쐈다. 한 발은 레닌의 목에 박혔고, 한 발은 어깨에 꽂혔다. 그 부상에서 레닌은 결코 완전히 회복되지 못했고, 십중팔구 일찍 사망하는 한 요인이 됐다. 카플란은 1918년 9월 3일 처형됐다.

402 Rees, *International Socialism* 55, as above, p 31.

403 Tony Cliff, *Lenin*, Vol 3, as above, p 90.

404 Lenin, "On the Famine: A Letter to the Workers of Petrograd"(1918), *Collected Works*, Vol 27, pp 391~398.

405 Lenin, "Everybody on Food and Transport Work"(1919), *Collected Works*, Vol 28, p 439.

406 Lenin, *Collected Works*, Vol 28, as above, pp 439~440.

407 Lenin, "Political Report of the Central Committee", *Collected Works*, Vol 27, p 88.

408 Lenin, "Resolution on War and Peace", *Collected Works*, Vol 27, as above.

409 이 사실은 심지어 반反레닌주의자의 우두머리 격인 레너드 샤피로도 인정한다. L Shapiro, *The Russian Revolution of 1917*(New York, 1984), p 184 참조.

410 Tony Cliff, *Lenin*, Vol 4, as above, p 130.

411 Tony Cliff, *Lenin*, Vol 4, as above, p 126에서 인용.

412 Victor Serge, *Memoirs of a Revolutionary*(Oxford, 1980), pp 80~81[국역: 《한 혁명가의 회고록》, 오월의봄, 2014]. 만델의 평가는 E Mandel, "October 1917: Coup d'état or social revolution" in Paul Le Blanc, et al, *October 1917: Workers in power*(London, 2016), pp 78~79 참조. 세르주와 만델의 이런 주장

이 옳은 것일까? 어쩌면 그럴지도 모르지만, 문제는 그리 간단하지 않다. 사실, 체카 설립은 좌파 사회혁명당이 주도했고, 레닌이 체카를 강력하게 통제하지 못했다는 것은 확실하다. 만델은 레닌이 오랜 친구이자 적수인 마르토프에게 전화를 걸어서, 위조 여권을 건네줄 테니 "즉시 이 나라를 떠나게. 그러지 않으면 며칠 안에 체카가 자네를 체포할 걸세. 나는 그들을 막을 수 없다네" 하고 말했다는 '일화'를 들려준다. As above, p 78.

413 Lenin, *Collected Works*, Vol 32, p 173 참조. 또, 적군의 바르샤바 진격에 반대했던 트로츠키가 *My Life*, as above, pp 457~460에서 한 설명도 참조.

414 내가 보기에 특히 유감스러운 것은 이 이른바 일당 지배 '원칙'을 트로츠키와 좌익반대파가 1920년대 중반에 마치 마르크스주의나 레닌주의 이론의 원칙처럼 받아들였다는 사실이다. 그러나 그것은 결코 원칙이 아니었고 처음에는 단지 일시적 비상조치로서 도입됐을 뿐이다. 나중에 트로츠키는 이 점을 바로잡았다. *The Revolution Betrayed*, as above, pp 265~268 참조.

415 Lenin, "On the Famine"(1918), *Collected Works*, Vol 27, as above, pp 391~398.

416 Serge, *Year One of the Russian Revolution*, as above, p 129.

417 Serge, *Year One of the Russian Revolution*, as above, p 128.

418 Lenin, "The NEP and the Tasks of the Political Education Departments"(1921), *Collected Works*, Vol 33, as above, p 65.

419 그래서 파리코뮌부터 《국가와 혁명》을 거쳐 소비에트에 이르기까지, [대표자를] 소환할 수 있는 원칙을 강조했던 것이다.

420 이 문제에 대한 폭넓은 논의는 토니 클리프의 《레닌 평전 3》 13장 참조.

421 Lenin, "Letter to Molotov"(22 March 1922)에 나오는 말. T Cliff, *Lenin*, Vol 3, as above, p 184에서 재인용.

422 당시 레닌의 삶이나 그가 스탈린과 충돌한 사건에 대한 설명은 Moshe Levin, *Lenin's Last Struggle*(Ann Arbor, 2005)과 토니 클리프의 《레닌 평전 4》 11~12장 참조.

423 E H Carr, *The Bolshevik Revolution 1917-23*, Vol 3(Harmondsworth, 1966), pp 135~136에서 인용.

424 Isaac Deutscher, *The Prophet Unarmed*(Oxford, 1978), pp 111~112[국역: 《비

무장의 예언자 트로츠키 1921~1929》, 시대의창, 2017] 참조.

425 Harman(1982), Ch 13 참조.

426 1924년 4월에 스탈린은 《레닌주의의 기초》에서 다음과 같이 썼다. "사회주의의 주요 과제, 즉 사회주의적 생산을 조직하는 일은 아직 완수되지 않았다. 몇몇 선진국 프롤레타리아의 공동 노력 없이도 이 과제를 한 나라에서 완수하고 사회주의가 최종 승리를 거두는 것이 가능할까? 아니다. 그것은 불가능하다"(L Trotsky, *The Third International After Lenin*, New York, 1970, p 36[국역: 《레닌 이후의 제3인터내셔널》, 풀무질, 2009]에서 인용). 그래서 나는 다른 책에서 다음과 같이 말했다. "스탈린이 이 모순을 '해결'한 방법은 이 구절을 정반대로 다시 쓰고('승리한 나라의 프롤레타리아는 권력을 공고히 하고 농민을 자기편으로 끌어들인 뒤에는 [한 나라에서] 사회주의 사회를 건설할 수 있고 건설해야 한다'), 초판을 회수해서 폐기해 버린 것이었다. 거기에 새로운 분석은 전혀 없었고, 그 전의 관점을 분명히 반영하는 새로운 정설의 선언이 있었을 뿐이다. 나중에 가서야 새로운 노선을 정당화하는 '분석들'이 덧붙여졌다." John Molyneux, *What is the Real Marxist Tradition?*(London, 1985), p 44.

427 니콜라이 부하린은 스탈린과 동맹해서 처음에는 트로츠키, 나중에는 트로츠키와 지노비예프·카메네프를 모두 비판했다. 부하린은 일국사회주의론의 주요 '이론가'였을 뿐 아니라, 볼셰비키당 지도부 내에서 농민의 이해관계를 대변한 사람이기도 했다. 이런 이유로 트로츠키와 좌익반대파는 부하린을 당내 우파로 보고 스탈린을 중도파로 봤다.

428 1931년 기업체 경영진 회의에서 스탈린이 연설한 내용이다. Isaac Deutscher, *Stalin*(Harmondsworth, 1966), p 328[국역: 《스탈린》, 한림출판사, 1984]에서 인용.

429 Isaac Deutscher, as above, p 296.

430 예컨대, Leonard Schapiro, *The Communist Party of the Soviet Union*(London, 1970), p 282 참조.

431 Alec Nove, *An Economic History of the USSR*(London, 1975), p 207[국역: 《소련 경제사》, 창작과비평사, 1998].

432 Michael Haynes and Rumy Hasan, *A Century of State Murder? Death and Policy in Twentieth-Century Russia*(London, 2003), p 64.

433 Tony Cliff, *State Capitalism in Russia*(London, 1974), p 40[국역: 《소련은 과연

사회주의였는가》, 책갈피, 2011].

434 Cliff, *State Capitalism in Russia*, as above, p 35.

435 지노비예프, 카메네프, 라데크, 부하린, 스미르노프, 프레오브라젠스키, 세레브랴
코프, 리코프, 톰스키, 라콥스키, 안토노프옵세옌코 같은 사람들과 물론 트로츠키
도 포함됐다.

436 Cliff, *State Capitalism in Russia*, as above, pp 59~65 참조. 빅토르 세르주는
1930년대 러시아 사회의 하층민들, 특히 여성과 아동의 엄청나게 충격적인 일상생
활 모습을 묘사한 바 있다. V Serge, *Destiny of a Revolution*(London, n.d.), pp
26~40 참조.

437 Samuel Farber, "In defence of democratic revolutionary socialism",
International Socialism 55, p 87.

438 Farber, *International Socialism* 55, p 91.

439 Simon Pirani, "Socialism in the 21st Century and the Russian Revolution",
International Socialism 128.

440 사실 이 문제는 《인터내셔널 소셜리즘》 등에서 아주 길게 논쟁된 적이 있다. 시작
은 《인터내셔널 소셜리즘》 52호에 실린 존 리즈의 글 "10월 [혁명]을 옹호하며"였
고, 이 글에 응답한 로버트 서비스, 새뮤얼 파버, 데이비드 핑클, 로빈 블랙번의 글
과 다시 이에 응답한 존 리즈의 글이 모두 《인터내셔널 소셜리즘》 55호에 실렸다.
이 논쟁은 《인터내셔널 소셜리즘》 126호와 128호에 각각 케빈 머피와 사이먼 피라
니의 글이 실리면서 다시 시작됐고, 《인터내셔널 소셜리즘》 129호에서 존 리즈와
실라 맥그리거가 이어 갔다. 케빈 머피의 책 *Revolution and Counterrevolution:
Class Struggle in a Moscow Metal Factory*(Chicago, 2005)도 이 문제에 크게 기
여하고 있다.

441 아마 학술적 의미의 마르크스주의자나 레닌주의자가 되거나 또는 스파르타쿠스
나 [영국혁명 때의 급진파] 제라드 윈스턴리 같은 역사적 인물을 존경하는 사람이
된다는 의미에서 그럴 것이다.

442 "토지국유화, 산업의 생산·운송·교환 수단 국유화와 함께 외국무역 독점이 소련
사회구조의 토대를 이루고 있다. 우리가 보기에는 프롤레타리아 혁명으로 확립된
이런 관계를 통해 노동자 국가인 소련의 성격이 기본적으로 규정된다." L Trotsky,
Revolution Betrayed, as above, p 248.

443 예컨대, Ygael Gluckstein, *Mao's China*(London, 1957); Nigel Harris, *The Mandate of Heaven: Marx and Mao in Modern China*(London, 1978); Tony Cliff, "Permanent Revolution", *International Socialism*(1st series) 12; John Molyneux, *What is the Real Marxist Tradition?*, as above 참조.

444 Chris Harman, *Zombie Capitalism: Global Crisis and the Relevance of Marx*(London, 2009)[국역: 《좀비 자본주의》, 책갈피, 2012]; Michael Roberts, *The Long Depression*(Chicago, 2016)[국역: 《장기불황》, 연암서가, 2017] 참조.

445 훌륭한 성과로는, 예컨대 Alex Callinicos and Chris Harman, *The Changing Working Class*(London, 1987)[국역: 《노동자 계급에게 안녕을 말할 때인가》, 책갈피, 2001]; Paul Mason, *Live Working or Die Fighting: How the Working Class went Global*(London, 2007); Chris Harman, "The Workers of the World", *International Socialism* 96[국역: "세계의 노동계급", 《세계화와 노동계급》, 책갈피, 2010] 등이 있다.

446 John Molyneux, "Secularism, Islamophobia and the Politics of Religion", *Irish Marxist Review* 16 참조.

447 존 벨러미 포스터의 저작, 특히 *Marx's Ecology*(New York, 2000)[국역: 《마르크스의 생태학》, 인간사랑, 2016]와 Paul Burkett, *Marx and Nature: A Red and Green Perspective*(New York, 1999) 참조. 또, Martin Empson, *Land and Labour: Marxism, Ecology and Human History*(London, 2014)도 참조.

448 샤트먼은 당원이 2500명이라고 주장한 미국 사회주의노동자당SWP의 대표였다. 다른 나라에서 온 사람들은 대부분 소규모 종파나 거의 허구적인 조직의 대표였다.

449 이 과정에 대한 설명은 Chris Harman, "Crisis of the European Revolutionary Left", *International Socialism* 4 참조.

450 그 사례로는 영국 사회주의노동자당SWP이 1970년대 말에 주도한 반나치동맹ANL 과 '록 어게인스트 레이시즘'[전자는 나치와 파시즘에 반대하는 공동전선이고, 후자는 백인 우월주의와 인종차별에 반대하는 음악 축제다], 1989~1990년에 밀리턴트 경향이 주도한 주민세 반대 운동, 2003년 영국에서는 전쟁저지연합(그 안에서 SWP가 결정적 구실을 했다)이 주도했고 다른 나라들에서도 흔히 혁명가들이 주도한 반전운동 등이 있다.

451 마르크스가 종파주의에 관해 말한 내용을 여기서 살펴보는 것이 적절할 듯하다.

"종파는 자기 존재의 정당성과 명예를 [노동]계급 운동과 **공통**으로 갖고 있는 것에서 찾지 않고 계급 운동과 자신을 **구별**해 주는 **특수한 표지**에서 찾으려 합니다." Marx to Schweitzer, 13 October 1868. https://www.marxists.org/archive/marx/works/1868/letters/68_10_13-abs.htm.

452 사실 아일랜드의 일부 노동조합들은 수도세 반대 운동에서 중요한 구실을 했지만, 지역사회 투쟁을 지지하고 대중 시위를 벌이는 방식이었지 산업 투쟁을 조직하지는 않았다.

453 나는 어떻게 해야 그럴 수 있는지를 우리 아일랜드 동지들, 특히 브리드 스미스와 리처드 보이드 배럿한테 많이 배웠다(두 사람 모두 지금은 국회의원이 됐다). 이 방향으로 나 자신이 노력한 사례로는 내 소책자 *People Power and Real Democracy*, http://johnmolyneux.blogspot.ie/2015/01/people-power-and-real-democracy.html와 *Profit versus the Environment*, http://johnmolyneux.blogspot.ie/2017/03/profit-versus-environment.html 참조.

454 이집트 혁명이나 당시의 다른 사건들이 '인터넷 혁명'이었다는 과장되고 터무니없는 주장을 제쳐 두면, 페이스북과 트위터가 투쟁에서 한몫한 것은 사실이다. 페이스북은 또, 아일랜드의 수도세 반대 투쟁에서 노동계급 지역사회들이 사용한 중요한 도구이기도 했다.

455 내가 이 글을 쓰고 있을 때 AAA는 당명을 '연대'로 바꾸겠다고 발표했다. 나는 또, 아일랜드 사회주의노동자당과 사회당은 각각 PBP와 AAA 안에서 모두 '레닌주의적' 혁명 정당으로 계속 남아 있었다는 사실도 강조하고 싶다.

456 2석은 각각 벨파스트 서부와 포일(데리) 선거구에서 얻은 것이었는데, 2017년 3월 실시된 최근 선거에서 포일의 의석은 상실했다.

457 아일랜드의 경험을 더 많이 알고 싶은 독자는 Kieran Allen, *1916: Ireland's Revolutionary Tradition*(London, 2016); Sean Mitchell and Kieran Allen, "Ireland After the Elections", *Irish Marxist Review* 15와 Kieran Allen, "Socialist Strategy in Ireland", *Irish Marxist Review* 17 참조.

458 내가 말하는 만만찮은 레닌주의 단체는 다음과 같은 조건을 갖춘 조직이다. 첫째, 마르크스주의의 이론적 전통에 대한 실질적 기초 교육이 돼 있어야 한다. 둘째, 한 줌밖에 안 되는 회원을 넘어서서 어느 정도 규모가 있어야 한다. 셋째, 다른 혁명가들이나 (아직) 혁명가가 아닌 사람들과도 함께 활동할 수 있을 만큼 정치적으로

성숙해야 하고 반反종파주의적 본능이 있어야 한다. 다시 말해, 미국 국제사회주의 단체ISO나 사회주의대안SA 같은 조직은 여기에 해당하지만, 예컨대 스파르타쿠스단 같은 종파들은 해당하지 않는다.

459 K Marx, "Contribution to the Critique of Hegel's Philosophy of Right, Introduction", in K Marx and F Engels, *On Religion*(Moscow, 1955), p 52[국역: "헤겔 법철학 비판 서문", 《헤겔 법철학 비판》, 이론과실천, 2011].